**Adam Smith:**
**An Enlightened Life**

Adam Smith:
An Enlightened Life

니콜라스 필립슨 지음
배지혜 옮김
김광수 감수

경제학의 아버지,
신화가 된
사상가

# 애덤 스미스

한국경제신문

나무랄 데 없는 전기다. 애덤 스미스의 경제학에 영향을 받은 우리 세대를 포함한 후손들에게 지금까지 알려진 것보다 더욱 비범했던 그의 선견지명을 일깨우는 교훈적인 작품이다.

〈뉴욕타임스The New York Times〉| 낸시 F. 코엔Nancy F. Koehn, 하버드 경영대학원 교수

훌륭한 작품이다. 애덤 스미스의 명성에 걸맞은 전기이자 시의적절한 작품이다.

〈월스트리트저널The Wall Street Journal〉| 제프리 콜린스Jeffrey Collins, 퀸스대학교 교수

뛰어난 통찰력을 바탕으로 한 생생한 묘사가 돋보인다. 애덤 스미스의 머릿속을 현실 세계로 옮겨놓은 전기다.

〈이코노미스트The Economist〉

주목할 만한, 그리고 기막힌 작품. 필립슨보다 스미스의 '깨달음이 가득한 삶'을 더욱 뛰어나게 묘사할 수 있는 작가는 없다.

〈타임스The Times〉

지성미 넘치는 흠 잡을 데 없는 전기. 《국부론》에 관한 필립슨의 설명을 읽고 있노라면 애덤 스미스의 시대와 우리 시대가 평행선 위에 놓여 있음을 부인할 수 없을 것이다.

〈워싱턴포스트The Washington Post〉| 마이클 더다Michael Dirda, 퓰리처상 수상 평론가

니콜라스 필립슨은 다정다감한 인물이었던 애덤 스미스가 어떻게 냉혹한 경제세계에서 신으로 추앙받게 되었는지를 설명함으로써 그가 지닌 두 가지 이면의 교집합을 보여주려 노력했고, 큰 성공을 거뒀다.

〈뉴요커The New Yorker〉| 애덤 고프닉Adam Gopnik, 작가

이 책은 경제학의 아버지이자 위대한 철학자 애덤 스미스에 대한 통찰력 있는 전기다. 저자는 간결하고 명확한 문체로 애덤 스미스 개인의 삶과 지적 발전 과정을 당시 정치, 사회적 배경과 함께 담고 있다. 위대한 사상가를 더욱 깊이 이해하기 위한 필독서다.

**황윤재, 서울대학교 경제학부 석좌 교수·한국경제학회장**

경제를 비롯해 세상의 모든 영역은 복합 다층적으로 연결되어 있다. 스미스는 경제학은 물론 윤리학, 법률, 역사, 수사학, 언어학뿐 아니라 천문학까지 넘나들며 폭넓은 지적 탐구를 했다. 이 책은 스미스의 생애와 철학에 대해 일반 대중도 쉽게 다가서도록 쓰인 평전이다. 독자들은 세계의 연결성을 기반으로, 한 거인 사상가의 명쾌한 해법에 성큼 다가서면서 기존에 그에게 가졌던 왜곡된 이미지에서 벗어나는 경험을 할 것이다.

**김광수, 성균관대학교 경제학과 교수**

이 책은 명성에 비해 잘 알려지지 않은 애덤 스미스 개인에 대한 이야기를 한 편의 영화처럼 생생하고 재미있게 들려준다. 무엇보다 애덤 스미스 사상의 배경, 그의 신념, 영향을 준 만남들을 통해 위대한 경제학자이자 철학자의 사상을 이해하는 데 도움을 주는 걸작이다.

**홍기훈, 홍익대학교 경영대학 교수**

**일러두기**

- 이 책에 쓰인 애덤 스미스의 철학·경제 사상과 관련된 일부 용어나 설명은《국부론》(김수행 역, 비봉출판사),《도덕감정론》(김광수 역, 한길사) 등을 참고하였다.
- 국립국어원의 표준어 규정 및 외래어 표기법을 따르되 일부 인명과 지명 등은 실제 발음을 따른 경우가 있다.

프롤로그

— 한 인간의 성품 자체는 생기 없고 따분한 것이어서 눈에 띄거나 깊은
인상을 남길 수 없다. 성품은 오직 행동을 통해서만 온전히 드러난다.

애덤 스미스, 《수사학 및 순수문학에 관한 강의Lectures on Rhetoric and Belles
Lettres》(1763)

1776년 3월 9일, 애덤 스미스의 《국부론》이 출판됐다. 데이비드 흄
David Hume은 "[다양한 독자층에 다가가기에] 생각을 너무 많이 요구하는 작
품"이라고 평했으나 이 책은 출간 즉시 에든버러, 런던, 파리의 정
계와 학계에서 상당한 독자층을 확보했다.[1] 스미스의 비평가 중 가
장 영민한 인물이자 매사추세츠 주지사를 지낸 토머스 파우널Thomas
Pownall조차도 "[대부분 사람이 실패했던] 인간 공동체의 지식인 과학 및 그
과학을 운용하는 데 중요한 첫 번째 원칙을 만들 체계를 세웠다. 이는
수학이 역학, 천문학, 그 외 과학 분야의 원리가 되는 것과 마찬가지

로 정치 활동을 이해하는 원리가 될 것"[2]이라며 스미스의 공을 인정했다.

《국부론》이 성공을 거둔 이후 스미스의 삶은 전과 달라졌다. 우선 스코틀랜드 관세청에서 수입이 좋은 직책을 맡게 됐다. 한직에 가까웠음에도 그는 성격상 강한 책임감을 가지고 가능한 한 많은 이사회 회의에 참석했으며, 참석할 수 없을 때는 사과를 전했다. 또한 스코틀랜드의 계몽된 지식인 중 크게 주목받으면서 에든버러로 문화 순례 여행을 하는 관광객들이 가장 만나고 싶어 하는 인물이 됐다. 지역 사람들은 그가 식사 중에 건네는 이야기나 기이한 행동들까지도 소중히 여겼다. 그러나 1780년대 들어 원래 나빴던 건강이 우울증으로 더욱 악화됐고, 그와 평생 함께 살았던 어머니마저 세상을 떴다. 사회적이지만 개인적인 삶을 중시하는 그와 평생 긴밀한 우정을 나누던 몇 안 되는 친구들도 하나둘씩 세상을 떠나면서 지식을 탐구하고자 하는 열정과 사기가 점점 고갈되었다. 《국부론》은 단지 일부에 불과하다고 말할 만큼 방대한, 그가 평생을 바친 연구 프로젝트가 절대 완성되지 못하리라는 사실이 점점 분명해졌다.

그는 인간의 본성과 역사에 대한 관찰을 바탕으로 진정한 인간 중심 과학을 발전시킬 수 있다고 믿었다. 프랜시스 베이컨Francis Bacon과 토머스 홉스Thomas Hobbs 같은 철학자, 후고 그로티우스Hugo Grotius와 사무엘 푸펜도르프Samuel Pufendorf 같은 이전 세기의 위대한 자연법학자, 그의 두 멘토였던 프랜시스 허치슨Francis Hutcheson과 데이비드 흄, 그리고 달랑베르d'Alembert를 비롯해 그가 매우 존경했던 백과전서파

encyclopédistes(프랑스 계몽사상가 집단-옮긴이))가 그랬듯이 말이다. 그가 생각하는 인간 중심 과학이란 다양한 사회 유형에서 찾을 수 있는 사회적·정치적 조직의 원리를 설명하는 것이었다. 동시에 국민의 자유와 행복, 국가의 부와 권력을 확장하고자 하는 계몽된 통치자가 따라야 할 정부 체제와 입법의 원리를 설명하는 것이기도 했다.

스미스의 연구 경력은 이 엄청난 프로젝트를 바탕으로 형성됐다. 1730년대와 1740년대 글래스고대학교와 옥스퍼드대학교의 베일리 얼칼리지college에서 공부하면서 허치슨과 흄을 통해 처음으로 인간 중심 과학이라는 개념을 접했다. 1748~1751년에 에든버러에서 했던 강의와 논문을 통해 자신만의 이론 체계를 세웠고, 1751~1764년에 글래스고에서 1년 동안은 논리학 및 형이상학 교수로, 그 이후에는 도덕철학 교수로 활동하는 동안 체계를 발전시켰다. 그는 언어학, 수사학, 윤리학, 법학, 행정학, 순수예술 및 천문학 원리에 이르기까지 놀라울 정도로 광범위한 주제에 관해 글을 썼다. 친구이자 전기 작가였던 듀걸드 스튜어트Dugald Stewart의 말에 따르면, 스미스는 언제나 인간의 본성에서 이런 주제들의 기원을 찾았다고 한다.

스미스는 1759년《도덕감정론》에서 인간 중심 과학이라는 거대한 이론의 첫 부분을 발표했다. 이 이론은 남성과 여성이 어떻게 자신의 도덕적 요구를 충족하고 자신이 속한 세계에서 스스로 편안하게 사는 법을 배우는지 설명했다. 또한 사회성 이론이자 윤리 이론으로, 근대 시민사회에서의 도덕적 경제moral economy(개인 간의 사회적, 심리적, 경제적 상호 작용이 도덕에 뿌리를 내리고 있거나 도덕적으로 유익한 결과를 수반한다는 견해-옮긴이)에 대한 실질적인 설명을 제공했다. 《국부론》은 이 이론의 두 번째 부분이다. 이 작품은 역사 속 다양한 시민사회의 정치경제학 political economy(시장에서의 생산, 분배, 교환의 과정은 국가의 공공정책과 불가분의 관계를 형성하고 있으므로 동시에 탐구할 필요가 있다는 접근법-옮긴이)을 설명하며, 제국의 확장과 상업의 성장으로 국제 질서가 변화하는 시기에 국민의 부와 자유, 행복을 확대하고자 하는 현대 정부가 직면한 문제를 날카롭게 분석했다. 그러나 이 프로젝트의 마지막 두 부분인 '문학의 모든 갈래와 철학, 시, 수사법의 철학적 역사'와 '법과 정부의 이론 및 역사'는 완성되지 못했다. 스미스는 1785년 친구에게 보낸 편지에서 "노년의 나태함에 격렬하게 맞서 싸우고는 있지만 빠르게 잠식당하는 기분이네"라고 말하기도 했다.[3] 당시 예순두 살이던 그는 몸이 예전 같지 않다고 느꼈다.

실제로 스미스의 건강은 나빠지고 있었다. 1787년 봄 런던으로 마지막 여행을 떠나기 전, 그는 유언 집행자 두 명에게 자신을 방문해 달라고 부탁했다. 오랜 친구인 화학자 조지프 블랙Joseph Black과 지질학자 제임스 허턴James Hutton으로, 이들 역시 마무리 짓지 못한 엄청난 연구를 계획 중이었다. 스미스는 두 친구에게 자신의 모든 강의 자료를 파기하고, 그 밖의 원고는 두 사람이 원하는 대로 하라는 말을 남겼다. 2년 후, 세상을 떠나기 몇 주 전 그는 친구들에게 부탁한 일을 다시 한번 상기시켰다. 허턴에게 이 일화를 전해 들은 스튜어트는 다음과 같이 적었다.

— 두 사람은 그가 바라는 대로 일을 처리할 테니 마음을 편히 먹으라며 거듭 안심시켰다. 스미스는 당시에는 만족스러워했다. 그러나 며칠이 지나도 불안이 말끔히 사라지지 않자, 둘 중 한 사람에게 자신의 글들을 즉시 파기해달라고 애원했다. 친구는 결국 그의 말대로 했다. 스미스는 그제야 안정을 찾았고 저녁에는 평소와 같은 평온한 상태로 친구들을 맞이할 수 있었다.[4]

그런 연유로 스미스가 연구 인생 내내 수정을 반복한 것으로 보이는 철학적 주제에 관한 7편의 미공개 소논문만 남았다. 이 소논문들은 스미스 사후에 유언 집행자들이 출판했으나 대부분이 잊혔다. 이를 두고 스튜어트는 다음과 같은 말을 남겼다. "그는 훗날 전기를 쓸 작가들을 위해 자신의 천재성이 드러나는 업적과 모범적인 사생활을 보여주는 자료 말고는 아무것도 남기고 싶지 않았던 모양이다."[5] 그는 지식인으로서 자기 사생활을 보호하기 위해 할 수 있는 일을 모두 마친 후 1790년 7월 17일 사망했다.

스미스가 원고를 불태운 이유는 다듬어지지 않은 자신의 주장들이 필연적으로 오해를 불러일으켜 '진리의 진보'를 지연시키고 사후에 자기 명성까지 훼손하는 것을 막기 위해서였는데,[6] 스튜어트는 그 결정을 비난했다. 스미스는 지적인 고상함에 대해 분명한 기준을 가지고 있었다. 《국부론》을 출간한 후(세 차례에 걸쳐 후속판을 출판할 때마다 계속 다듬었다), 다시 《도덕감정론》에 집중해 사회성 이론에 함축된 윤리적 의미를 발전시키고 다듬었다. 무엇보다 그는 글래스고에서 수학, 자연과학, 스토아철학을 공부하는 동안 숭배하게 된 지적 체계와 체계적 정신을 진정한 철학적 사상과 연관 지어 고찰하며 평생 애정을 쏟아 연구했다. 이런 지적 고상함은 그가 프랑스 철학을 동경했던 이유이자 영국에서는 찾을 수 없다고 생각한 자질이었다. 그는 1755~1756년 〈에든버러 리뷰Edinburgh Review〉에 기고한 두 글 중 하나에서 다음과 같이 말했다.

—— 모든 주제를 자연스럽고 명료한 순서로 배열하여 수월하게 사람들의 주의를 끄는 능력은 프랑스인 특유의 재능인 듯하다. 영국인들은 발명에만 몰두하느라 자기가 발견한 바를 정리하고 특정 방법으로 조직화하고 최대한 단순하고 자연스러운 방식으로 표현하는, 명예를 가져다주지는 못하지만 절대 덜 유용하다고 할 수 없는 작업은 무시하기로 한 듯 보인다.[7]

스미스는 이렇게 발견과 실험을 조직화하는 영국과 프랑스의 정신을 바탕으로 자신만의 인간 중심 과학을 창안했다. 완벽주의자로서 연구 속도가 느린 그에게 법학 및 인문과학에 대한 글래스고 강의를 개발·완성하고, 강의를 토대로 《도덕감정론》과 《국부론》에서 발전시킨 체계의 지적 프레임워크를 세우고, 논점을 이전 연구의 논점과 비교하며 재검토하는 일은 아주 방대한 지적 연구 작업이었을 것이다. 적어도 지나치게 건강을 염려하는 병약한 사람이 쉽게 해낼 수 있는 작업은 아니었다.

그가 자신에 대한 기록을 철저히 숨기려 했기 때문에 그러지 않아도 거의 기록되지 않은 그의 삶은 더욱 베일에 싸였고, 전기 작가들에게는 골칫거리로 남았다. 커콜디에서 보낸 어린 시절, 글래스고와 옥스퍼드에서의 학창 시절, 그리고 1745년 자코바이트 반란Jacobite rebellion(명예혁명 이후 영국과 아일랜드에서 스튜어트 왕조의 복위를 주장하며 일어난 난-옮긴이)을 피로써 종결지은 컬로든 전투의 여파 속에 철학 연구를 시작한 젊은 시절에 대해서는 알려진 바가 거의 없다. 개화된 학문의 전당으로서 본보기로 거듭나고자 노력 중이던 글래스고대학교에서 1751년부터 1764년까지 철학 교수로 활발히 활동하던 시기와 관세위원으로 재임할 때의 기록은 적게나마 남아 있다. 스미스가 서신에 좀 더 성실하게 답장했더라면 이런 공식 기관에 남은 기록이 그다지 중요하지 않았을 것이다. 그런데 안타깝게도 그가 쓴 서신 193통과 받은 서신 129통만 남아 있으며, 그나마도 이 중 반 이상은《국부론》을 출간한 이후인 인생 후반기에 주고받은 것들이다. 이 역시 사생활을 지키고자 했던 그가 강의 자료와 함께 서신들을 전부 파기해 버린 탓이다. 1776년 출판인이 자신의 오랜 친구인 흄의 서신을 출간하겠다고 말했을 때도 스미스는 "빛을 보기에 적합하지 않은 많은 내용이 출판되어 그를 좋은 기억으로 간직하려는 사람들에게 치욕을 안길 것"이라며 반대했다.[8]

사실 스미스는 자기가 세상을 떠난 후 달갑지 않은 서신들이 출판될 것을 그렇게까지 염려할 필요가 없었다. 그는 용건이 있을 때나 친구들이 닦달할 때만 답장을 하는 것으로 악명 높았다. 답장이 성의 없지는 않았지만 서신을 주고받는 것 자체를 사랑하며 동료들과 함께 하는 대화만큼 중요한 소통의 형태라고 여겼던 흄이나 제임스 보즈웰James Boswell, 볼테르Voltaire, 드니 디드로Denis Diderot의 서신만은 못했다. 스미스의 삶은 전반적으로 흔적을 발견하기가 쉽지 않다. 그는 흄과 달리 도시 생활이나 살롱 문화를 그다지 좋아하지 않았고 심지어 친구들과도 잘 어울리지는 않은 듯하다. 쉰세 살이던 1776년에《국부론》이 출간된 후에야 그는 사람들과 잡담을 나누거나 좌담에도 참여했는데, 우리가 그의 성품을 엿볼 수 있는 것은 이때의 일화 덕분이다. 마찬가지로 우리는 제임스 태시James Tassie가 그의 얼굴을 새긴 메달 2개를 만든 1787년 이전의 그가 어떻게 생겼는지도 알 수 없다. 그의 삶을 이해하려면 그가 사생활을 굉장히 중요하게 여기며 혼자만의 시간을 즐기는 사람이었다는 사실을 받아들여야 한다. 또한 일반적으로 인물의 전기를 쓸 때 바탕이 되는 자료가 만들어지는 사회적·정치적 세계에서 멀리 떨어져, 커콜디와 글래스고에서 그가 유일하게 관심을 쏟았던 여성인 어머니와 오랜 시간을 함께 보냈다는 점을 고려해야 한다.

그렇다면 스미스의 전기를 어떻게 완성할 수 있을까? 어떤 이들은 시도하지 말라고 얘기하기도 한다. 결국 그의 사상과 그가 살았던 세계를 제대로 설명하지 못한 채 마무리하게 되리라는 것이다. 물론 그래서는 안 된다. 전기는 정확한 과학이었던 적이 없고 앞으로도 마찬가지일 것이다. 전기 작가가 할 수 있는 일은 찾을 수 있는 자료를 모두

동원해 인물의 삶과 작품을 조명하는, 믿을 만한 이야기를 구성하는 것뿐이다. 하지만 전기는 인물이 전하고자 하는 메시지를 담고 있어야 한다. 애덤 스미스에 대한 주요 기록은 출판이 됐건 안 됐건 대부분 그의 글에서 찾을 수 있으므로, 그의 전기는 다른 어떤 인물의 전기보다 지적인 작품이 될 수밖에 없다. 이 책은 자체적인 형태의 계몽주의를 싹틔운 나라를 배경으로 스미스가 쓴 글을 통해 그의 사상과 성품이 어떻게 발전했는지를 추적할 것이다.

여기에서 전기 작가에게 운이 조금 따랐는데, 자신을 철저히 숨기려 했던 스미스의 노력이 완벽하게 성공하지는 못했기 때문이다. 1764년 그가 글래스고대학교의 도덕철학 강좌교수직에서 물러날 무렵 그의 강의는 전 세계적인 관심을 끌었고, 당시 학생들이 남긴 강의 노트들이 발견됐다. 1895년과 1958년, 지금까지 총 두 번에 걸쳐 이런 자료가 발견됐다. 첫 번째는 그가 마흔여섯 살이던 1763년과 1764년, 교수로서 보낸 마지막 해에 가르친 것으로 보이는 법학 강의 수강생이 남긴 자료다. 두 번째는 1762년과 1763년에 가르친 수사학 강의와 법학 강의 자료다. 두 자료 모두 완전하지는 않지만 노트를 남긴 학생들이 그의 강의를 거의 완벽하게 기록하려고 노력한 덕분에 중요한 내용들은 담겨 있다. 또한 연구 계획은 있었지만 결국 완성되지 못한 이론으로 남은 두 주제에 대한 그의 생각도 담겨 있다.

이 강의 노트들은 우리가 애덤 스미스의 철학을 보는 시각을 바꿔놓을 것이다. 자료들은《도덕감정론》에서 찾을 수 있는 사회 이론과 윤리,《국부론》의 정치경제학을 스미스가 완성하지 못한 인간 중심 과학이라는 큰 맥락 위에 놓음으로써 서로 연결한다. 인간의 성격이 어떻게 형성되며 사회가 어떻게 진보하는지에 대해 그가 얼마나 깊고 복합적으로 사고했는지를 일깨우는 한편, 자본의 분배와 이를 보호하기 위한 법과 정치 체계에 따라 인간 자아와 사회가 어떻게 형성되는지에 대한 그의 생각도 자세히 드러낸다. 그리고 스미스의 정치경제학을 공부하는 학생들이 자주 간과하는 사실, 즉 그의 연구 대상이었던 여러 유형의 사회에서 살고 있는 인간들은 물질적인 욕구뿐만 아니라 도덕적·지적·미학적 욕구로 움직인다는 사실을 일깨운다.

또한 이 강의 노트들은 스미스가 이뤘던 지적 발전 과정을 조명하기 때문에 상당한 전기적 가치를 담고 있다는 사실을 짚고 넘어가야겠다. 비록 교수 경력이 끝나갈 무렵에 맡았던 강의의 기록이지만, 그의 사상은 20대 후반이던 1740년대, 즉 에든버러에서 같은 주제를 연구하며 철학자로서 경력을 쌓기 시작한 더 먼 과거에 뿌리를 둔다고 할 수 있다. 에든버러에서 가르치던 시기의 기록은 남아 있지 않기 때문에 이 강의 노트들은 완성된 글로 남겨진 최초의 자료다. 스코틀랜드와 프랑스를 이끌던 도덕철학자들을 대적할 준비가 되어 있을 뿐 아니라, 스코틀랜드의 두 유명 대학에서 이뤄지는 철학 수업에 대해 우호적이지만 철저하게 비판할 준비가 되어 있을 만큼 야심 찼던 젊은 사상가의 기록이기도 하다. 또한 자신을 그로티우스·홉스·푸펜도르프의 후계자라고 여기며, 근대 유럽의 통치자들에게도 도움이 되는 법과 통치의 원칙에 관한 철학적 설명을 개발한 젊은 사상가의 업

애덤 스미스

적이라고도 할 수 있다. 스미스의 사상과 성품이 어떻게 발전했는지에 관심이 있는 역사가들이 밝혀낼 수 있는 것들이 아직 남아 있다는 뜻이다. 게다가 이는 스미스 자신도 허락했을 만한 전기 집필 방식이기도 하다. 그는 일상의 사소한 사건이라고 여기는 일들에 지나치게 몰두하는 전기 작가들을 못마땅해했지만(과연 제자인 제임스 보즈웰이 쓴 《존슨평전Life of Johnson》은 어떻게 생각했을지 궁금해진다), 문체와 단어 선정을 통해 글쓴이의 성품을 파악할 수 있다는 사실을 잘 알고 있었다. 저서 《수사학 강의Lectures on Rhetoric》에서 그는 학생들에게 글이란 작가의 설득 방법과 독자들에게 드러내고자 하는 개성을 연구할 수 있는 수사학적 행위라고 설명했다. 실제로 그는 자신의 '시스템'이라고 부르던 방식을 설명할 때 오래된 수사학 격언인 '글은 바로 글쓴이 자신이다le style, c'est l'homme même'를 덧붙이곤 했다. 이 책을 통해 그의 사상과 더불어 그의 문체도 엿볼 수 있을 것이다.

그러므로 이 책은 강인하고 야심 찬 젊은 철학자에 관한 이야기이자 그가 자신을 형성한 지적 세계를 어떻게 만났는지에 관한 이야기다. 자신이 속한 신분 사회와 국가 전체에서 역사적 사건이 벌어지던 시기, 스코틀랜드 사회 중산층 가정에서 태어나 고독하지만 사회적이고 둘째가라면 서러울 괴짜로 여겨졌던, 애정과 존경심을 불러일으키는 남자의 이야기가 될 것이다. 폭넓은 지식과 비상한 기억력, 체계적인 논거에 대한 열정을 바탕으로 근대 세계의 복잡성을 이해하고 다루기 쉬운 글로 옮겼던 철학자의 이야기이기도 하다. 이 책이 지적 전기가 될 수밖에 없는 이유다.

차례

**1장**
—

# 커콜디에서의
# 어린 시절

애덤 스미스는 1723년 6월 5일, 포스만의 작은 항구 도시인 커콜디에서 태어났거나 이곳에서 세례를 받았다고 알려졌다. 지금과 마찬가지로 당시의 커콜디는 특별할 것 없는 소박한 도시였다. 스코틀랜드의 여느 지식인들처럼 스미스의 가족도 사회의 중간 계급 신분에 속했다. 부모는 모두 비주류 젠트리gentry(기사 아래의 계급으로 귀족에 포함되지 않는 유산 계급-옮긴이) 출신이었고, 스코틀랜드 공직 사회와 정계의 바탕이었던 법조계와 군부, 정부 기관에 연줄이 있었다.

아버지 애덤 스미스 시니어Adam Smith senior는 능력 있는 야망가로, 1679년에 스코틀랜드 북동부의 장로교에서 세례를 받았다. 도시 애버딘과 에든버러에서 법학 교육을 받았으며, 1688년 명예혁명이 일어나고 1707년 연합법Act of Union이 제정되기까지 스코틀랜드 정계의 격변 속에서 성장했다. 당시 스코틀랜드의 국왕과 귀족들은 정부의 통제권을 차지하기 위해 세력을 다투고 있었고, 교회는 교리와 교회론을 놓고 분열되어 있었으며, 무역업계는 국가 간 전쟁 및 잉글랜드와의 경쟁으로 어려운 상황이었다. 잉글랜드와의 관계가 급격히 나빠지면서 스코틀랜드의 정치적 독립이 위태로워지고 있다는 근거 있는 두려움이 지속돼 정세가 전반적으로 불안정했다. 1705년, 스물여섯 살이던 스미스 시니어는 장로교 출신 귀족 사회의 주요 인사이자 새 국무장관으로 임명된 라우든Loudon 백작의 비서가 됐다. 그로부터 2년 뒤 정부 주요 기관인 스코틀랜드 군사법원의 서기가 됐고, 자코바이트주의가 만연한 가운데 명예혁명 후속 조약 동안 영향과 개신교 계승 여부가 불투명해지며 혼란에 빠졌던 기간에 국가의 보안 문제와 정치 상황을 깊이 통찰할 수 있었다. 1714년에는 파이프주(스코틀랜드 의회 구역-옮긴이)에서 가장 중요한 항구이자 주요 관세 수입원이던 커콜디의 세관장으로 임명됐다. 1723년까지 스미스 시니어의 연간 수입은 당시 기준으로 상당한 액수인 300파운드에 달했으며, 에든버러로 돌아가 스코틀랜드 정계에 진출할 수 있도록 자신을 알리는 데도 적극적이었다. 스미스 시니어는 두말할 것 없이 야심 차고 유망한 인재였다.

1710년, 스미스 시니어는 재력가이자 연합법 협상에 참여한 스코틀랜드 위원으로 에든버러의 유명 정치가인 조지 드러먼드George Drummond 경의 딸 라일리어스 드러먼드Lilias Drummond와 결혼했다. 둘 사이에는 휴Hugh라는 병약한 아들이 있었는데, 1749년 또는 1750년에 아들이 사망할 때까지 커콜디 세관에서 일한 것으로 전해진다. 라일리어스 스미스는 1716년과 1718년 사이에 사망했다. 1720년, 스미스 시니어는 다시 한번 좋은 집안과 결혼했다. 그의 두 번째 아내 마거릿 더글러스Margaret Douglas의 아버지는 옛 스코틀랜드 의회에 몸담았던 파이프주의 지주로, 경제적 기반이 탄탄하고 인맥 또한 넓었다. 그러나 두 번째 결혼 생활 역시 오래가지 못했다. 스미스 시니어는 둘째 아들 애덤이 태어나기 6개월 전인 1723년 1월에 사망했다.

　마거릿 스미스는 평생 재혼하지 않았다. 남편에게 부족함 없는 유산을 상속받은 그녀는 가족과 친구들이 있는 커콜디에서 긴 인생의 대부분을 보내며 아들에게 헌신했다. 애덤 스미스 역시 커콜디에 있는 집에서 오랫동안 살았다. 커콜디에서 학창 시절을 보냈으며 글래스고에서 학교에 다니고 교수로 재직하는 동안에도 긴 휴가를 보내기 위해 자주 커콜디를 찾았다. 1767~1773년에 《국부론》의 상당 부분을 커콜디에서 저술하기도 했다. 이 대작을 출간한 이후인 1778년에 관세위원으로 임명돼 에든버러로 거처를 옮겨야 했고, 여든네 살이던 어머니와 함께 캐논게이트에 있는 판무어 하우스에 정착했다.

　애덤 스미스와 어머니는 무척 친밀한 관계였다. 전기 작가 듀걸드 스튜어트는 "[마거릿 스미스가 아들에게] 한없이 인자했지만, 그녀의 방식이 절대 애덤의 기질이나 성격에 해로운 영향을 끼치지는 않았다. 애덤은 60년이라는 긴 세월 동안 자식으로서 어머니에게 쏟을 수 있는 최대한의 관심을 쏟으며 어머니의 사랑에 보답하는 드문 기쁨을 누렸다"라고 회상했다.[1] 버컨Buchan 백작 역시 "애덤 스미스에게 다가가는 방법은 세 가지가 있었는데, 그의 어머니, 그의 연구, 그의 정치적 견해였다. 이 세 경로를 통하면 그의 마음을 얻기가 쉬웠다"[2]라고 이야기하기도 했다. 1784년 어머니가 사망했을 때, 애덤 스미스는 자신의 출판 담당자였던 윌리엄 스트레이핸William Strahan에게 다음과 같이 말했다.

— 한 인간이 아흔 살에 생을 마감하는 것은 의심할 여지 없이 순리에 맞는 사건이므로 예측하고 대비할 수도 있을 것이네. 하지만 다른 사람들에게도 말했듯, 나를 사랑했거나 사랑할 어떤 이보다 내게 큰 애정을 준, 삶을 통틀어 내가 가장 사랑하고 존경한 사람과 영원히 이별한 후 나는 지금도 여전히 머리를 한 대 얻어맞은 것 같은 느낌을 지울 수가 없다네.[3]

이만하면 마거릿 스미스의 헌신은 충분히 보답받았다고 할 수 있을 것이다.

커콜디는 에든버러에서 북쪽으로 약 16킬로미터 떨어져 있다. 커콜디를 최초로 연구한 훌륭한 역사가 토머스 플레밍Thomas Fleming 목사는 1791년에 쓴 글에서 "[커콜디는] 양쪽으로 샛길 여러 개가 뻗어 있는 아주 긴 거리"[4]라고 묘사했다. 3킬로미터가 넘는 좁고 구불구불한 거리 양쪽으로 골목길과 샛길이 뻗어나가는 도시의 모습은 오래된 스코틀랜드 해안 마을에서 흔히 볼 수 있다. 커콜디 번화가는 유난히 긴 편인데, 지금까지도 쓰이는 커콜디의 별칭 '랭 튼Lang Toun('롱 타운Long Town'의 스코틀랜드식 발음-옮긴이)'은 이런 특징에서 비롯됐다. 도시가 이런 모습을 갖추게 된 이유는 지리학적 특성 때문이다. 18세기 동안 커콜디는 포스만의 긴 모래 해변을 향해 남쪽으로 경계를 넓혀 나갔다. 플레밍은 이 해안 길을 "길고 험준한 포장도로 위를 덜컹거리며 지날 필요가 없게 해주는, 여행자에게 안전하고 쾌적한 길"이라고 표현했다. 커콜디의 북쪽 경계는 가파른 계단식 언덕으로, 그 너머는 애덤 스미스의 가족과 밀접한 관계였던 저명한 지주 가문들의 영토가 있었다.

커콜디는 오래된 도시다.[5] 커콜디라는 이름은 켈트어인 '쿨디 Culdee'에서 파생됐다고 전해지며, 도시에는 로마와 초기 기독교가 정착했던 흔적이 남아 있다. 14세기에는 자치 도시 지위를 얻어 스코틀랜드 내부에서는 물론 외국과도 자유롭게 교역할 권리를 획득하면서 꽤 중요한 도시로 자리매김했다. 16세기 초 작은 항구가 발달하면서 지역 토산품인 올이 굵은 천, 못, 소금을 비롯해 가죽, 양모, 청어, 연어, 석탄, 목재와 같은 원자재 등을 수출하고 잉글랜드, 아일랜드, 저지대 국가(벨기에, 네덜란드, 룩셈부르크 지역을 일컬음-옮긴이)의 상품을 수입하는 지역 간 무역의 중심지가 됐다. 100년 후 커콜디의 상인들은 프랑스와 발트해 연안까지 교역 범위를 확장했다. 1644년까지 커콜디의 인구는 약 4,500명에 달했으며 선단 100척과 복잡한 길드 체제, 시의회를 갖춘 자치 도시가 됐다. 플레밍의 묘사에 따르면 "커다랗고 보기 흉한 돌무더기"였던 옛 세인트브라이스 교회도 증가하는 인구를 수용하기 위해 부속 건물을 지어야 했다. 1678년에는 시청이 확장되어 감옥, 마을 경비대, 식료품 시장, 화물 계량소를 갖추게 됐다. 규모가 엄청나지는 않았지만 탄탄한 부를 갖추게 된 커콜디 자치 도시의 엘리트들은 도시의 서쪽 끝에 저마다 저택을 지었다. 세금 신고 내역을 토대로 추측해보면, 1688년까지 커콜디는 스코틀랜드에서 예닐곱 번째로 중요한 자치 도시였으며 무역항으로서는 최고의 명성을 날리고 있었다.

그러나 영국의 정세를 바꾼 역사적 사건들이 발생하면서 커콜디의 경제는 어려움을 겪기 시작했다. 영국 내전 동안 왕당파와 맹약파 Covenanters(국왕의 권력 기반이었던 성공회에 반대해 스코틀랜드 장로파의 국민 맹약을 지지하는 세력-옮긴이) 군대 양쪽 모두에 점령된 커콜디에는 무거운 세금이 매겨졌다. 네덜란드의 회복 전쟁으로 무역은 심각한 타격을 입었고, 윌리엄 3세William III와 앤Anne 여왕의 통치 기간에도 여러 차례 전쟁이 발발해 상황이 점점 어려워졌다. 설상가상으로 연합법이 통과된 후에는 잉글랜드 무역상들과 치열하게 경쟁해야 했다. 그뿐 아니라 아메리카 대륙 및 카리브해 지역과의 무역 가능성을 고려하면서 잉글랜드와 조세 체계를 일치시키기 위해 스코틀랜드에 예외적으로 높은 관세와 소비세가 부과됐고, 이는 위기를 더욱 부채질했다. 당시 조세 체계를 개혁하는 데 애덤 스미스의 아버지가 깊이 관여했으리라고 여겨진다. 이런 역사적 변화가 커콜디의 상업 경제에 미친 영향은 재앙이나 마찬가지였다. 1673년에는 항구에 등록된 선박의 수가 24척이었는데 1760년에는 3척으로 줄었다. 1755년 도시 인구는 2,296명으로 100년 전 인구의 절반을 조금 넘기는 수준이었다. 상업 중심지로서의 입지도 잃고 말았다.

그러나 커콜디의 경제가 계속 침체하기만 한 것은 아니었다. 스미스가 학창 시절을 보낸 1730년대 들어 이 도시의 경제는 완전히 새로운 방향으로 발전하려는 조짐을 보였다. 새로운 앵글로-스코틀랜드 연합 시대의 초기 몇 년 동안 아마포 산업이 성장하면서 동부 스코틀랜드의 경제에 활력을 가져온 덕이다.[6] 아마포 산업은 잉글랜드 및 식민지와 거래하는 상인들, 농촌 실업률과 낮은 임대료에 관심이 있는 지주, 연합 이후 스코틀랜드 경제의 재건에 관심이 있는 애국자들의 주의를 끌었다. 농업지식개선협회Honourable the Society for Improvement in the Knowledge of Agriculture라는 거창하고 귀족적인 이름을 가진 단체도 아마포 산업에 주목했으며, 영국의 독립 공공기관인 수산 및 제조업 이사회Board of Trustees for Fisheries and Manufactures도 이 산업을 후원했다. 이 이사회는 스코틀랜드의 처음이자 마지막 식민지 계획이었던 대리엔 계획Darien scheme의 실패에 대한 보상으로 스코틀랜드에서 받은 자금을 투자하기 위해 1727년 설립된 조직이다. 사실 이사회는 시간과 자원 대부분을 아마포 산업에 투자했다. 파이프 지역의 부동산 자유보유권자들은 왕실 칙허 자치도시협의회에서 "[이 자금은] 스코틀랜드의 것이므로, 예정된 목적으로 운용되는 이 돈에 대해 대중보다 더 나은 권리를 주장할 수 있는 사람은 없다"라고 선언했다.[7]

아마포 제조업은 농촌에서 이뤄지는 지역적 산업이었고, 방적과 직조를 배운 소작농과 원자재를 공급하고 완제품을 구매해줄 기업가에게 의존했다. 파이프의 지주들은 세기 초 자신들의 지역에서 산업을 발전시키는 데 중요한 역할을 했다. 더너키어의 오즈월드Oswald 가문이나 메이볼의 애덤Adam 가문, 다이사트의 세인트클레어St. Clair 가문은 에든버러를 기반으로 전문 직업이나 군대 운용으로 자본을 축적한 가문들인데, 이들은 파이프 지역 부동산이 전망 좋고 가격이 합리적이어서 투자할 만하다고 생각했다. 1730년대가 되자 이런 지역 지주들은 능력 있는 사업가로 변신했다. 네덜란드·리가·상트페테르

부르크에서 아마를 수입했으며, 영지의 소작농에게 방적과 직조 기술을 배우게 하고 물레와 베틀을 장만해주기도 했다. 또한 외국에서 숙련된 아마 가공 기술자와 직공을 들여오는 한편, 생산된 옷감의 품질을 보증하는 숙련된 품질 검수자를 더 고용하도록 이사회에 로비하면서 경쟁이 치열한 수출 시장에 나서고자 공격적으로 활동을 시작했다.

이들은 1740년대까지 격자무늬 천, 이불감, 냅킨 등을 잉글랜드와 식민지에 수출했다. 도시와 인접한 토지를 소유하고 있던 오즈월드 가문은 특히 더너키어 지역의 토지 대부분을 아마포와 모직, 못 제조 사업과 관련이 있는 상인들에게 영구임대하며 사업에 두각을 나타냈다. 다이사트의 이웃 자치 도시에서 세인트클레어 장군은 '활기차고 성실한 주민들'에게 지역 시장과 잉글랜드 시장에 수출할 아마포 제품을 만들게 했다.[8]

커콜디는 제조업의 주요 생산지이자 시장으로서 산업의 중심지가 됐다. 1739년 시의회는 지역 아마포 무역을 발전시키기 위해 매년 7월 첫째 주 수요일에 아마포 직물 시장을 열기 시작했는데, 분명히 지주들의 압박이 있었을 것이다.[9] 커콜디는 1733년까지 매년 162킬로미터의 공인된 아마포를 생산해 지역 시장과 잉글랜드 시장에 팔았다. 1743년에는 생산량이 거의 두 배가 됐고, 1790년 스미스가 사망할 무렵의 생산량은 약 823킬로미터로 약 4만 5,000파운드의 가치에 달했다. 이런 상황은 도시의 경제활동을 더욱 활발하게 했다. 1773년에는 스타킹 생산을 시작했고 1780년에는 면직물 생산을, 1788년에는 선박 건조업을 시작했다.[10] 도시의 인구가 빠르게 증가하면서 주택 공급량도 급격히 늘었다. 요약하자면, 작지만 번성했던 도시에 광범위한 상업 시스템이 갖춰져 머잖아 일어날 산업혁명 기간에 훨씬 큰 변화를 이룰 준비가 되어 있었다는 뜻이다.

애덤 스미스는 이처럼 연합법을 비롯해 당시 유럽에 큰 변화를 가져온 정치 및 경제 시스템의 변화로 변혁의 바람이 거세던 지역에서 성장한 인물이다. 그리고 그의 가문은 스코틀랜드를 재건하려 했던 또는 당대 사람들의 표현대로 자기 영지와 지역 경제를 '개선'하려 했던, 토지를 소유한 전문직 엘리트였다.

소년 시절 스미스의 삶은 커콜디와 파이프 남부의 사회·경제·정치 세계에 단단히 뿌리를 두고 있었다. 이복형 휴와 아버지 쪽 가족 중 몇 명은 커콜디의 세관에서 일했다. 아버지의 유언에 따라 스미스의 후견인으로 지명된 허큘리스 스미스Hercules Smith는 커콜디의 세관장이었으며, 1740년에 스코틀랜드 아웃포트의 감찰관으로 승진하여 작은 항구들의 관세 징수를 관리했다. 아버지의 서기를 맡기도 했던, 애덤 스미스와 같은 이름의 사촌은 세관검사관이 됐다가 나중에는 커콜디의 세관장이 됐다.

어머니 쪽 가족은 좀 더 귀족적이었다. 스트라센드리의 더글러스 Douglas 가문은 파이프의 젠트리 가문과 결혼한 마거릿 스미스의 두 자매가 쉽게 접근할 수 있는 도시의 외곽에 영지를 가지고 있었다. 이 가문은 데이비드 흄의 친구이자 후원자이면서 다이사트의 자치 도시와 파이프 남부의 정계를 지배하던 강력하고 부유한 지식인 세인트클레어 장군과 알고 지내는 사이였다. 또한 그의 자치 도시와 맞닿은 잘 개발된 부동산을 가지고 있던 레이스의 퍼거슨Ferguson 가문과도 가까웠다. 이들은 세기 초에 이 지역으로 이주한 영향력 있는 가문인 메이볼의 애덤 가문과도 가까운 사이였다. 윌리엄 애덤William Adam은 수완이 좋은 유명한 건축가로서 자산을 축적했고, 스코틀랜드 공무국의 서기와 창고 관리인, 스코틀랜드 군수위원회의 메이슨으로 재직하면서도 꽤 많은 돈을 벌어들였다. 그는 1711년 커콜디에 글래든 저택을 지었고, 1730년대부터는 킨카딘셔에서 토지를 대규모로 확보하기 시작했다. 그의 두 아들 로버트와 존은 스코틀랜드에서 가장 훌륭한 건축가였을 뿐만 아니라 스미스의 평생지기이기도 했다.

그러나 도시와 애덤 스미스 자신에게 가장 중요한 지주 가문은 더 너키어의 오즈월드 가문이었다. 윌리엄 애덤과 마찬가지로 제임스 오즈월드James Oswald 대위 역시 도시로 갓 이주한 인물이었다. 그는 1703년 더너키어의 토지를 구입했고 시민권을 획득했으며 도시에서 공직을 찾는 데 필요한 저택을 손수 지었다. 그리고 1717년에 시장으로 선출됨으로써 도시에서 가장 큰 토지를 소유한, 가장 막강한 권력을 가진 정치인이 됐다. 가문의 부와 권력, 경제 발전에 대한 관심을 바탕으로 오즈월드와 그의 가족은 도시의 경제 회복을 주도하는 데 중요한 역할을 한 것으로 보인다. 아버지와 친구 사이였던 그는 애덤 스미스의 가정교사로 임명됐다가 아버지의 유언에 따라 법정 후견인이 됐다.

애덤 스미스는 제임스 오즈월드 대위의 아들이자 같은 이름의 제임스 오즈월드와 가까운 친구 사이가 됐다. 그는 스미스보다 여덟 살 위였는데 주목할 만한 사람이었다. 오즈월드 역시 스미스와 마찬가지로 어릴 때 아버지를 여의고 강인한 어머니 밑에서 자랐다. 훗날 그의 손주는 오즈월드의 어머니가 "성심을 다해 아들을 돌봤고, 스코틀랜드에서 받을 수 있는 최고의 교육을 제공하여 그의 재능을 빚었다"[11]라고 말했다. 그는 1741~1768년에 '개량 지향적' 지주이자 파이프 자치 도시와 카운티에서 가장 존경받는 하원 의원이 됐다. 실제로 그는 스미스가 존경할 수밖에 없는 인물이었다. 지적이고 학식이 높으며 독립적인 성향의 사람으로 당파정치를 멀리하고 정부 사업을 연구하는 데 몰두했다. 해군의 재무 상황에 관한 그의 통찰은 흄에게도 깊은 인상을 남겼다. 그는 "[하원 의회에서] 주목받을 수 있는 가장 확실한 방법은 시스템을 사업에 응용하는 것이다. 이를 제대로 이해하는 사람이라면 반드시 눈에 띌 것이다"라는 말을 남기기도 했다.[12] 오즈월드는 스코틀랜드 지식인들과 친분을 유지했으며 스미스의 또 다른 평생지기가 됐다. 그의 아들은 다음과 같이 언급하기도 했다.

— 두 분이 평생에 걸쳐 방해받지 않는 우정을 나누며 소통했다는 사실 은 잘 알려져 있다. [내가] 젊었던 시절 스미스 박사가 아버지의 능력 과 장점을 높이 사 열정적으로 칭찬하던 일을 생생히 기억한다. 그는 동시에 성공한 정치가로서 아버지가 가진 폭넓은 시야와 깊은 지식에 서 많은 것을 배웠다고 솔직하게 고백하기도 했다. 정치경제학에 대 해 자주 토론하면서 아버지는 스미스 박사의 이론적 추론을 돕기 위

해 실용적인 지식과 경험을 제공했으며, 그가 오랫동안 공들여온 품이 많이 드는 조사에도 엄청난 도움을 줬다.[13]

실제로 스튜어트는 정치경제학에 대한 관심을 발전시키도록 스미스를 설득하는 데 오즈월드가 결정적인 역할을 했다고 생각했다.[14]

《국부론》에서 스미스는 상업 국가로서 상업과 문화를 형성하는 과정에서 작은 마을의 역할을 깊이 있게 연구했다. 작은 마을들은 '지속적인 거래 마당이자 시장'으로서 평범한 사람들이 공정한 가격과 임금의 의미를 배울 수 있는 장소이며, 시간이 지나면서 자유와 질서의 의미에 대한 일반적인 진실을 인식하게 하는 장소였다.[15] 하지만 스미스는 또한 신중하고 지적이며 독립적인 농촌 유지들이 농촌의 경제 발전에 얼마나 중요한지 잘 알고 있었다. 하나의 계급으로서 그들은 큰 부나 빈곤 또는 스미스가 대부분 국가에서 경제·정치·도덕성을 해치는 암적인 존재로 여겼던 '비열한 독점욕'으로 부패하지 않을 이들이었다.[16] 커콜디와 파이프 지역 그리고 오즈월드, 세인트클레어, 애덤 가문 같은 에너지 넘치고 열정적인 이주자들을 고려하지 않는다면 상업 국가의 사회적 진보를 스미스가 어떻게 생각했는지 이해할 수 없을 것이다. 그가 자신의 진보 이론에 대한 예를 제공하면서 파이프 지역에서의 경험을 명확하게 인용한 적은 없지만, 여전히 참고할 만한 가치가 있다.

애덤 스미스는 모든 면에서 병약한 아이였다. 그의 출생일이 명확하게 전해지지 않은 것 역시 태어난 날 세례를 받았기 때문일 수 있다. 이는 오래 살지 못할 것으로 예상되는 아이에게 일반적으로 이뤄지던 관행이었다. 그는 어린 시절을 번화가의 서쪽 끝 아름다운 동네 로즈 스트리트에 있는 어머니 집에서 보냈는데, 애덤 가문의 글래드니 저택과 오즈월드 가문의 영지가 있던 더너키어에서 멀지 않은 곳이었다. 또 스트라센드리의 외삼촌 집에서도 불과 10킬로미터 정도밖에 떨어져 있지 않았다. 스미스가 떠돌이 집시 여성에게 납치됐는데 외삼촌이 구출했다는, 전기에서 빼놓을 수 없는 흥미로운 일화도 스트라센드리에서 일어났다고 알려졌다. 만약 이 이야기가 사실이라면 병약한 외아들이 홀어머니와 매우 가까운 사이로 지내게 된 데 크게 영향을 미쳤을 것이다. 퍼스에 있는 기숙학교로 보내진 이복형 휴와 달리 스미스는 자치 도시 내 힐가에 있는 학교에 입학했고, 어머니 집에서 지역 시장을 지나는 길을 걸어 통학했다. 이곳은 외부인들과 달갑지 않은 경쟁을 피할 수 있도록 지역 상인들을 외부 상인들로부터 보호하는, 길드의 규제 아래 운영되는 중세식 시장이었다. 어쨌든 그 덕에 스미스는 '시장의 흥정'을 구경할 기회가 많았을 것이다. 이를 그는 일상적인 대화와 마찬가지로 자연스러운 사회적 교류이자, 사회성과 공동체가 형성되는 데 중요한 역할을 하는 사회적 소통의 한 형태로 받아들였다.[17]

스미스는 1731년 또는 1732년부터 1737년까지 지역 자치 도시 학교에 다녔다. 학교는 1724년 데이비드 밀러David Miller가 새로운 총장으로 부임하면서 큰 변화를 맞이했다. 밀러는 쿠퍼 자치 도시 내 학교에서 인정받는 교육자였는데, 처음에는 근무지를 옮기기를 꺼렸다.[18]

**커콜디 힐 스트리트에 있는 자치 도시 학교**

1725년 설립되어 1743년 폐교되었으며 1964년 철거되었다. 애덤 스미스는 1731년부터 1737
년까지 이 학교에 다녔다.

그가 마음을 바꾸게 된 계기는 분명하지 않지만, 자치 도시 내에서 사회적 지위를 유지하고자 했던 오즈월드 부인의 강력한 의지가 영향을 끼쳤을 것으로 보인다. 그녀는 시의회에 그의 급여를 인상하라는 압박을 넣었거나, 아들 제임스의 과외를 해주는 대가로 밀러에게 가정교사 임금을 따로 지급했을 것으로 보인다.

시의회는 밀러에게 '반 크라운이나 지급할 여력이 없으니 반드시 필요한지 고려해달라'고 하기는 했지만,[19] 결국 사택을 새로 짓고 학비를 학기당 2실링 6펜스로 인상하는 데 동의했다. 또한 밀러가 제안한 새 커리큘럼을 적용하는 데도 동의했다.

밀러는 학교를 재편하는 데 상당한 열정을 쏟았다. 학교는 "[학생들이] 판단력을 발휘하고 철자를 바르게 쓰며, 올바른 글씨체로 올바른 사상을 가지고 올바른 언어로 글을 쓰도록" 번역과 해설을 바탕으로 하는 전통적인 교육을 하기로 했다.[20] 밀러는 훌륭한 고전학자였고, 전기 작가 이안 로스Ian Ross가 언급했듯이 스미스는 1737년에 학교를 떠날 무렵 이미 유명 작가들에 정통해 있었다. 실제로 그는 고전 교육을 중시하던 글래스고대학교 입학 첫해에 라틴어와 그리스어 수업을 면제받기도 했다. 그가 수업에서 사용한 역사 교과서 두 권이 아직 남아 있다. 첫 번째 교과서는 트로거스Trogus의 《연설 역사De Historiis Philippicis》로 정직한 군사 및 정치 리더십의 일화가 담긴 자료로 알려져 있다. 두 번째는 율리아누스 황제 재위 기간에 원로원 의원이었던 에우트로피우스Eutropius의 《로마사 요약Breviarium Historiae Romanae》으로, '애덤 스미스의 책, 1733년 5월 4일'이라는 표시가 남

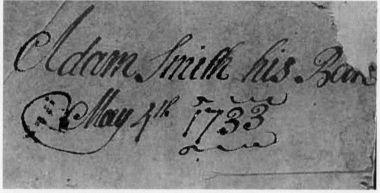

**에우트로피우스의 《로마사 요약》**

18세기 초 진보적인 교육 기관에서 주로 사용되던 교과서였다. 스미스가 사용하던 책이 아직까지 남아 있지만 면지에 연습용 서명이 남겨진 것으로 보아 그가 이 책을 그다지 중요하게 여기지 않았다는 사실을 알 수 있다.

아 있다. 로마 제국의 홍망성쇠는 전쟁과 정복 이야기로 전해졌고 전쟁의 존엄성과 명예롭지 않은 평화가 얼마나 수치스러운 것인지를 보여줬다. 군국주의 시대에 살고 있던 학생들에게 꼭 알맞은 읽을거리였던 셈이다.[21]

그러나 밀러의 교수법에서 가장 놀라운 특징은 그가 시민 교육을 위해 연극을 사용했다는 기록에서 찾을 수 있다. 이는 중부 스코틀랜드의 전위적인 사상을 따르는 학교에서 비교적 흔히 볼 수 있는 인본주의 교육법이었다. 댈키스고등학교는 1734년 〈율리우스 카이사르Julius Caesar〉와 이솝의 희극을 공연했으며, 좀 더 모험적이고 매력적인 앨런 램지Allen Ramsay의 스코틀랜드 전원 희곡 〈더 젠틀 셰퍼드The Gentle Shepherd〉를 무대에 올리기도 했다. 퍼스 그래마 스쿨도 비슷한 시기에 조지프 애디슨Joseph Addison의 〈카토〉를 공연했다. 밀러는 1734년 자신이 직접 쓴 〈조언을 위한 왕명: 또는 국가 발전의 기틀을 마련하기 위한 일반적인 소년 교육The Royal Command for Advice: or the regular education of boys the foundation of all other national improvements〉이라는 극을 공연하기도 했다. 극에는 상인, 차지농업가, 농촌 대지주, 귀족, 학교 총장 두 명과 '평의회의 고귀한 계획과 가치 있는 성과에 대해 칭찬과 축하를 보내는 대지주'가 등장했다.[22] 왕과 귀족보다는 중급 관료들이 주요 등장인물이었고, 고위 정치인보다는 관료들의 일상을 다뤘다. 흥미롭게도 학생들은 상원 의원뿐만 아니라 청원자 역할 역시 맡고 싶어 했던 것으로 보인다. 만약 정말 그랬다면 진취적인 휘그 대지주의 아들들에게 평범한 대중의 삶을 가르칠 수 있는 감탄할 만한 장치였다고 할

수 있다. 당연히 언론에서는 '관객에게 만족을 안겨준 공연'이었다고
보도했다.

정치적으로 올바르고 세련된 커리큘럼은 밀러의 교수법이 견고한
윤리적 핵심을 바탕으로 짜였다는 사실을 말해준다. 스코틀랜드 학
교 중 그의 학교처럼 전위적이고 고전적인 교육 방식을 따랐던 학교
들의 교과서를 통해 추측해보자면, 스미스에게 고전적인 윤리 사상
가들과 그 추종자들을 소개한 인물도 바로 밀러였을 것으로 보인다.

이런 일반적인 고전 자료에는 철학자 에픽테토스Epictetus의 《편람
Enchiridion》, 키케로Cicero의 《의무론De Officiis》, 조지프 애디슨과 리처드
스틸Richard Steele이 창간한 잡지 〈스펙테이터The Spectator〉에 실린 소논
문들이 포함됐을 것이다.[23] 스미스가 이름만 표시하고 날짜는 표시
하지 않은 케베스Cebes의 《타불라Tabula》와 함께 제본된 《편람》 1670
년 판은 대학에서 사용하기 위해 구입했을 것으로 보인다. 아니면
그보다 1~2년 앞서 커콜디에서 보내던 시절에 구입했을 가능성도
있다.[24] 밀러가 수업에서 〈스펙테이터〉를 사용하지 않았다고 하더라
도 어쩌면 스미스는 집에서 아버지가 가지고 있던 판을 읽은 적이
있을 것이다.[25]

〈스펙테이터〉에 실린 매력적이고 생각을 불러일으키는 도덕적 우
화와 윤리적·미적 반추를 장려하는 읽을거리는 당시 중산층 가정에
서 좋아하던 문학 장르이기도 했다. 글들은 스토아학파적인 세계관
을 제공했고 키케로와 애디슨의 글은 학생들에게 준스토아학파적 세
계관을 제공하여 자기 자신과 시민사회, 신에게 진 의무를 생각하게

했다. 또한 개인의 이익을 대중의 이익과 어떻게 일치시키는지도 가르쳤다. 학생들은 스스로 또는 타인과 함께 능동적으로 사회생활을 할 수 있다는 것을 깨달으며 마음의 평화와 자존감을 이해하고 즐기는 방법을 배우기도 했다. 무엇보다 공적 생활에서 철학의 가치와 철학에서 공적 생활의 가치를 깨달을 수 있었다. 윤리적으로나 사회학적으로나 이는 스미스가 줄곧 관심을 둔 주제였다. 이런 고전을 소개한 사람이 밀러가 맞다면, 스미스의 지적 발달에 그가 중대한 영향을 미친 셈이다.

앞서 언급한 작품의 저자들은 스미스에게 도덕적 세계를 보는 방식과 그 안에서 사는 법을 배우는 과정에서 발생하는 문제점을 논의할 때 필요한 언어를 제공했다. 《편람》은 좋은 가문의 영리한 학생을 위한 윤리 입문서로 오랫동안 가치를 인정받은 작품이며, 스토아학파의 윤리학 기초 교과서이기도 했다. 노예 신분이었던 에픽테토스는 자신이 통제할 수 없는 상황의 희생자이자 열정의 노예가 될까 봐 두려워하는 이들을 위해 글을 썼고, 당시의 남학생들은 이런 상황에 쉽게 공감할 수 있었다. 그의 저서는 여러 세대의 학생들에게 자신이 통제할 수 없는 삶과 통제할 수 있는 삶을 구별하는 방법을 익힘으로써 자기를 통제하는 기술을 배우는 것을 자유라고 생각하라고 가르쳤다.

"신체, 재산, 명성, 직위 등 우리의 행동이 아닌 모든 것은 우리에게 달려 있지 않다"라고 주장한 에픽테토스는 이런 요소들이 견뎌내고 멸시해야 할 무차별적인 것indifferentia이라고 언급했다. 반면 열정,

애덤 스미스

의견, 판단 등 "한마디로 우리의 행동인 모든 것"은 우리가 통제할 수 있는 것들로, 지능과 이성을 통해 규제하고 숙달할 수 있는 도덕적 에너지의 원천이라고 여겼다. 실제로 신이 의도한 대로 자연의 섭리에 따라 합리적으로 살고자 한다면 이성이 열정을 통제할 수 있어야 한다는 것이다.[26]

그러나 자기 통제의 기술을 배우기는 절대 쉽지 않다. 세상 그리고 세상의 순간적인 지지, 실망, 분노에서 철학적으로 분리되어야 하기 때문이다. 이는 또한 무차별 너머에서 도덕적이고 자연적인 세계가 제공하는 질서와 구조의 증거를 찾는 방법을 배워야 한다는 뜻이기도 하다. 무엇보다 자비로운 창조주에 대한 사랑을 키워야 한다는 의미다. 그럴 때만 자연과 하나가 됐다는 기분을 느낄 수 있으며, 정신과 이성이 육체와 열정을 지배할 때만 누릴 수 있는 아파테이아Apathaeia(모든 욕망에서 해방된 상태-옮긴이)를 경험할 수 있다는 것이 신진 스토아학파 에픽테토스의 주장이었다. 이런 환경일 때 그는 자유로울 수 있었다. 에픽테토스는 다음과 같이 이야기했다. "아니투스Anytus와 멜레투스Meletus(소크라테스를 고소한 세 사람 중 정치인을 대표하는 인물과 시인을 대표하는 인물-옮긴이)가 나를 죽일 수는 있겠지만 다치게 할 수는 없을 것이다."[27] 에픽테토스는 다른 작가들이 쓰고 감독한 연극을 통해 불안하고 고결한 마음을 가진 젊은 청년이 '마땅히 해야 할 행동을 하도록' 배우는 방법을 보여줬다. 그러면서 올바르게 행동하는 방법을 배우는 것은 자연이라는 위대한 작가의 작품을 구경하는 법을 배우는 것을 의미한다고 언급했다.

— 관찰자일 뿐만 아니라 해설가도 되어야 한다. 그러므로 인간이 비이성적인 피조물처럼 시작해 끝을 맺는다면 부끄러워해야 마땅하다. 시작이 어떻든 자연이 우리를 위해 정한 목적지에서 끝을 맺을 수 있어야 한다. 그곳은 사색과 이해, 자연과 조화를 이루는 삶의 방식에서 찾을 수 있다. 이런 것들을 구경하지 못한 채 죽지 않도록 주의하라.[28]

이렇듯 자연의 관찰자가 되는 법을 배우며 자유를 얻을 수 있다는 것이 스토아학파의 주장이었다.

일상생활에서 불확실성과 분노를 멀리하고 세상을 편안하게 살아갈 수 있도록 도덕적·지적 능력을 길러야 한다는 문제에 직면한 이성적·윤리적 행위자의 이미지는 스미스에게 깊은 감명을 줬다. 이런 사람들은 행복할 뿐만 아니라 덕을 행할 수 있으며, 더 사회적이고 효율적으로 살 수 있었다.

사실 그는 에픽테토스의 체계가 지나치게 엄격하며 사색의 윤리적 가치를 맹목적으로 신봉한다고 생각했지만, 이는 에픽테토스가 야만이나 다름없는 노예 사회에서 자랐기 때문이라고 이해했다. 스미스는 에픽테토스식 윤리에 깃든 정신을 윤리적 목적뿐만 아니라 사회학적 목적으로도 우러러보며 활용했다. 그는 사회적 능력은 궁극적으로 실망과 분노를 다스리는 능력에 달렸다고 주장했다. "밖이 아무리 부적절하더라도 안에는 고요와 평화와 화합만이 있었다"라는 말을 체감할 수 있어야 진실로 사회적인 행위자라고 믿었다.[29]

스미스는 윤리적 시스템이 다양한 사람과 장소에 따라 다르게 적용되어야 한다는 것을 어린 나이부터 깨달은 듯하다. 에픽테토스를 접한 시기와 비슷한 때에 키케로의 윤리학도 접했을 것으로 추측되는데, 키케로가 그리스 노예의 윤리학을 공화국 로마 자유 시민의 요구에 맞춰 어떻게 적용했는지 배웠을 것이다. 키케로는 에픽테토스처럼 세상을 경멸하는 태도를 보이지 않았으며, 에픽테토스의 주장처럼 덕을 이루는 유일한 방법이 사색뿐이라고 생각하지 않았다. 그는 일상적인 공무를 능숙하고 정직하게 공공의 이익에 따라 수행하는 방법을 배우는 것의 윤리적 가치에 관심을 뒀다. 실제로 스미스는 이런 "불완전하지만 획득할 수 있는 미덕"을 기르는 것을 키케로 사상의 핵심이자 "스토아학파식 실천적 도덕성"의 중요한 본질로 여겼다.[30]

〈스펙테이터〉에 실린 소논문들을 읽으면서 스미스는 고대에는 존재하지 않았던 자유 상업 문명 환경에서 살고 있는 현대인의 일상에 고대의 가르침이 어떻게 적용될 수 있는지를 알게 됐을 것이다. 애디슨이 지은 〈스펙테이터〉라는 제목은 의도적으로 에픽테토스의 말에서 따온 것으로 독자들이 기르고자 했던 핵심적인 윤리적 기술이자 로버트 번스Robert Burns가 훌륭하게 묘사한 "다른 사람의 관점에서 우리 자신을 보는" 기술을 떠올리게 한다.

키케로와 마찬가지로 애디슨 역시 자유 시민을 위해 글을 썼다. 여기에서 자유 시민이란 위대한 상업 도시인 런던의 시민이었다. 그가 지속적인 호소력을 발휘할 수 있었던 것은 그의 글이 지방의 젊은이들에게 왕국 내에서 가장 강력한 도시, 눈이 멀도록 찬란한 부와 권력을 자랑하는 도시에 대한 직접적인 관점을 제공했기 때문이다. 그의 글을 통해 독자들은 도시에서의 삶을 엿볼 수 있었고, 도시민들의 윤리적 희망과 두려움을 간접적으로 공유할 수 있었다. 그가 본 런던은 몇몇 작가가 묘사한 것처럼 "남성과 여성이 끊임없이 상품, 서비스, 감정을 교환하는" 삶의 무대이자 가장 넓은 의미로는 상업 도시였다. 그러나 한편으로는 당파, 종파, 신분, 직업, 나이, 성별로 분열된 세계이기도 했다(스미스뿐만 아니라 애디슨도 현대 윤리가 남성뿐만 아니라 여성의 욕구에도 관심을 가져야 한다고 생각했다). 의견과 유행이 수시로 변하며 가치관, 도덕, 정치, 종교라는 정적이고 고정된 기준이 헛된 것으로 치부되는 세상이기도 했다. 〈스펙테이터〉에서 가장 큰 인기를 누린 허구의 영웅 캐릭터 로저 드 커벌리Roger de Coverley 경은 이 세계를 두고 사람들이 "걷는 대신 뛰게 되는, 온전하고 적절한 동작을 취할 수 없는" 세계라고 표현했다.[31]

정치, 종교, 사업, 유행의 세계는 애디슨에게 무차별의 세계였다. 평범한 시민은 통제할 수 없는, 미덕이 있고 평화로운 삶을 꿈꾸는 시민이라면 거리를 둬야 할 세계이자 윤리적 개혁이 필요한 세계였다. 애디슨은 키케로처럼 '더 엄격하게' 스토아학파주의를 따르지 않았고, 엄격하게 에픽테토스식 미덕을 쌓으려는 사람들은 결국 어리석은 사회 부적응자가 되고 말리라고 생각했다. 그는 시민들이 일상생활의 업무를 수행하는 방식에 관심을 두고 단짝 친구들과 보낼 시간을 낯선 이들과 우정을 쌓는 데 투자한다면, 근대 도시에서의 삶이 부패하지만 않고 그 속에서 얼마든지 덕을 쌓을 수 있다는 것을 증명하고자 했다. 결론적으로 그것은 단순히 예의와 정중함을 기르고, 세상이라는 무대에서 배우이자 관객이 되는 방법을 배우는 문제라고 할 수 있었다. 다른 길을 걸어온 낯선 사람들과 함께 있으면 자신의 편견을 누그러뜨릴 방법을 배울 수 있으며, 세상에 대한 '광범위한' 견해를 받아들일 수 있게 된다. 그러면 관용·가치관·판단력을 기르고, 일상생활의 품위와 기쁨을 유지하는 데 중요한 역할을 하는 예절을 중시할 수 있다. 예의 바른 애디슨주의 시민들은 일종의 아파테이아를 경험하고, 종교적·정치적으로 절제하고, 적극적인 기독교 시민이 될 것을 장려하는 것이 사회적인 스토아학파주의의 형태라고 생각했다.

이런 고대와 현대 고전은 스미스에게 세상을 보는 간단하지만 세련된 방식을 제공했다. 고전을 통해 그는 인간을 도덕적·지적 능력을 기르는 데서 삶과 행복이 좌우되는 행위자로 볼 수 있게 됐다. 또한 자기 통제력을 사회성과 성공, 개인의 행복을 결정하는 필수적인 능력으로 보게 됐다.

매우 단순하면서도 매력적인 애디슨의 윤리를 주제로 한 소논문들은 특별한 가치가 있었다. 그의 소논문들을 통해 스미스는 처음으로 근대적인 상업 도시를 인간 본성을 타락시킬 힘뿐만 아니라 개선시킬 힘 역시 가진, 복잡한 다원론적 실체로 보게 됐다. 또한 감정의 교류와 사회적·도덕적 규범을 형성하는 사회적 기술로서 대화의 중요성을 알게 됐으며, 시민들이 예의와 정중함으로 '개선'하고 함양할 수 있는 기술로 여기게 됐다. 또한 소논문들은 스미스에게 사회성을 설명하는 데 필요한 언어의 기반을 제공했는데, 자신을 개발해야 할 명분을 굳건히 함으로써 근대 시민이 자기 의도와는 상관없이 사회 전체의 선을 촉진할 수 있다는 것이었다.

스미스는 이 모든 주장을 한창 발전 중인 도시 커콜디의 시민으로서 좁지만 독특한 관점을 통해 개발했다. 글래스고에서 학교에 다니면서 그는 스토아학파와 준스토아학파의 윤리학과 사회·사회성·공적 생활에 대한 이런 통찰이 어떻게 철학적으로 발전하여 정치 체계를 분석하는 데 적용되는지를 볼 수 있었다. 이를 바탕으로 그는 다양한 원칙하에 자신만의 분석을 개발해나갔다.

Adam Smith:
An Enlightened Life

2장
—

글래스고대학교와
허치슨의 계몽주의

스미스는 1737년 여름 고등학교를 졸업하고 10월에 글래스고대학교에 입학했다. 그의 나이 열네 살이었다. 이후 9년 동안 대학에 다녔는데 1737년부터 1740년까지는 글래스고에서, 1740년부터 1746년까지는 옥스퍼드 베일리얼칼리지에서 스넬 장학생으로 공부했다. 글래스고와 옥스퍼드에서의 학창 시절은 그의 지식이 발달하는 데 매우 중요한 시기였지만, 거의 아무런 기록도 남아 있지 않다. 1746년 옥스퍼드에 질린 그는 에든버러에서 지식인으로서 품격 있는 삶을 살 준비를 마치고 일자리를 찾아 스코틀랜드로 돌아왔다. 그는 수사학과 법학을 주제로 공개 강연을 해달라는 요청을 받았고, 강의를 통해 지식인으로서 신뢰를 쌓아갔다. 강의는 이후 그의 경력을 시작하는 데 중요한 역할을 했다.

스미스는 글래스고대학교에서 철학과 관련된 토대를 다졌다. 1720년대와 1730년대 글래스고대학교는 유럽 북부에 있는 소규모 개신교 대학 중 가장 세련되고 흥미로운 대학에 속했다. 옥스퍼드는 적어도 스미스가 속해 있던 휘그 장로교 모임에서는 지식적으로 발전이 없다고 여겨졌으며, 고교회High Church(직계적 전통성을 강조하며 교회의 권위, 직제, 성사 등을 중요시하는 유파-옮긴이)와 토리당의 근원지로 악명 높았다.

글래스고에서 스미스는 북부 유럽에서 가장 카리스마 있고 지적으로 창의적이며 독특한 철학 커리큘럼을 가진 수학과 교수 로버트 심슨 Robert Simson과 도덕철학과 교수 프랜시스 허치슨을 만났다. 허치슨은 스미스에게 고대와 근대의 도덕철학과 함께 동시대 사람들이 '실험적' 기반이라고 묘사하던 토대 위에 인간 행동 연구를 접목하는 문제를 소개했다. 그리고 심슨은 도덕철학을 과학적 토대 위에서 연구하는 데 수학이 얼마나 중요한지 깨닫게 해줬다.

옥스퍼드대학교나 베일리얼칼리지에서는 스미스가 글래스고에서 얻은 가르침을 확장하거나 의문을 제기하거나 대체할 수 없었다. 그러나 스넬 장학 제도를 제공했는데, 글래스고 졸업생들에게 기회가 주어졌다. 선발된 장학생들은 스코틀랜드에서 성공회의 성직자가 될 기회를 얻을 수 있으리라 꿈꾸며 최대 11년 동안 개인 연구를 할 수 있었다. 스미스가 실제로 성직자가 되기를 원한 적이 있는지는 알려지지 않았지만, 스넬 장학생이 되기 위해 그런 진로를 희망해야 한다는 요건은 그가 살았던 시대에는 이미 적용되지 않았다. 어쨌든 스넬 장학 제도는 확실히 개인 연구를 할 시간만큼은 무제한으로 제공했다. 스미스는 이 시간을 글래스고에서 받은 고도로 구체화된 철학 교육과 거리를 두는 데 사용한 것으로 보인다. 옥스퍼드에서 6년을 지내며 교육적 지평을 넓혔으며, 체계적인 연구에 대한 열정과 함께 자기 철학의 독특한 특징인 어마어마한 학식의 기반을 다질 수 있었다. 아마 그가 데이비드 흄의 철학을 처음 접한 곳도 옥스퍼드였을 것이다. 1748년 에든버러에 수사학과 법학 강사로 처음 등장한 젊은 철학

**글래스고 사람들이 자랑스럽게 여기던 대학 교정**

이 중 많은 건물이 17세기 중반에 지어지기 시작해 스미스가 도덕철학과 교수로 임명되어 글래스고로 돌아온 1750년대가 되어서야 공사가 마무리되었다. 존 슬레저John Slezer의 1693년 판 〈스코틀랜드 극장Theatrum Scotiae〉에는 학생 시절의 스미스에게 익숙했을 1707년경의 교정이 묘사되어 있다. 그림에서 보이는 건물들은 옥스퍼드대학교 또는 케임브리지대학교를 모델로 배치된 것으로 보이며 스미스는 1740년부터 1746년까지 옥스퍼드 대학교의 베일리얼칼리지에 다니면서 옥스퍼드대학교의 교정을 실제로 접하게 되었다.

자였던 스미스는 글래스고와 옥스퍼드라는 서로 다른 세계에서, 두 명의 위대한 멘토 허치슨과 흄 아래에서 발전을 이뤘다.

아마도 스미스의 눈에 글래스고는 커콜디와 완전히 다른 세상으로 보였을 것이다. 이전 세기 동안 변화를 거듭한 신흥 도시인 데다 그가 교수로 재직한 1750년대와 1760년대에는 훨씬 더 화려하게 변신했다. 인구가 빠르게 증가했고 무역 역시 브리스틀과 리버풀에 필적할 정도로 확대됐다. 이전에는 지역 소비를 위한 상품을 생산하는 데 그쳤던 제조업도 정제 설탕, 럼(또는 '글래스고 브랜디') 양조장, 아마포, 격자무늬 섬유, 비누, 밧줄, 코담배, 정제 담배 등 수출을 목적으로 제품을 생산하는 시설들이 많아졌다. 대니얼 디포Daniel Defoe가 1724~1725년에 쓴 글에는 1652년과 1677년에 발생한 참담한 화재를 극복하고 완전히 재건된 도시의 외관이 잘 묘사되어 있는데, 이를 통해 도시가 어느 정도 진보했는지 엿볼 수 있다.

— 글래스고는 실제로 멋진 도시다. 주요 대로 4개는 폭이 매우 적당하며 내가 어느 도시에서 봤던 것보다 훌륭하다. 집은 모두 석재로 지어졌으며 일반적으로 높이와 전면부가 같다. 낮은 층에는 둥근 기둥이 아닌 거대한 정사각형 도리아 양식 기둥에 세워져 있는데, 기둥 사이 아치는 건물에 아름다움을 더하고 건물을 튼튼하게 하며 상점으로 가는 통로가 되기도 한다. 한마디로 영국에서 런던을 제외하고 가장 깨끗하고 아름다우며 가장 잘 지어진 도시다.[1]

특이하게도 디포는 글래스고의 역사에 별로 관심이 없었다. 그의 관심을 끈 것은 언제나 새롭고 현대적이면서 무역과 상업, 문명의 발전에 호의적인 대상들이었다. 그러나 커콜디와 마찬가지로 근대 글래스고는 중세 과거에서 많은 것을 물려받았다.[2] 1175년경에는 왕실 헌장에 따라 대주교와 과두제 시의회가 시의 행정을 맡았다. 1690년에 주교 제도가 폐지되면서 시의회가 감독교회의 통제에서 벗어나고 시를 통치할 시장과 집행관들을 선출할 권한을 가지게 됐다. 하지만 이는 시 정부를 왕실과 지방 유지들이 통제하게 하는 결과를 낳고 말았다. 글래스고는 1688년 혁명과 하노버 왕조 및 연합법에 대한 확고한 충성심으로 명성이 자자한 도시가 됐다. 또한 훗날 아가일Argyll 3대 공작이자 로버트 월폴Robert Walpole 경의 가장 가까운 정치 고문이 된 아일러Islay 백작이 1725년부터 1761년까지 시 정부와 글래스고대학교를 관리하게 됐다. 스미스의 교육 환경과 학자로서의 경력을 형성한 교육 문화의 기틀이 이때 마련된 셈이다.

도시의 인구는 빠르게 증가하고 있었다. 17세기 중반 거주민은 약 1만 명으로, 이는 애버딘이나 던디의 인구와 맞먹는 수치였다. 세기말에는 1만 4,000명까지 늘었는데 당시 에든버러의 인구는 3만 명이었다. 18세기 중반 무렵에는 3만 1,000명까지 늘었으며, 스미스가 생을 마감할 무렵에는 거의 8만 1,000명에 달했고 계속 증가하는 추세였다.[3] 경제적으로나 정치적으로나 스코틀랜드의 여타 왕실 자치 도시와 비슷한 수준이었다. 글래스고를 왕실이 통제하게 되면서 자치 도시 시민권을 가진 이들에게 자치 도시 내의 무역 활동을 독점할 권리, 시장과 박람회를 주최할 권리, 일반적인 상권과 산업을 규제하는 재판을 할 권리가 부여됐다. 이런 특권은 14개의 길드 또는 '법인화'를 통해 행사됐으며, 그중에서도 상인의 법인화가 가장 큰 의미를 지녔다.

17세기 후반 글래스고에는 400~500개의 상인 공동체가 있었고 그중 100개는 무역업에 종사했다. 크리스토퍼 스마우트Christopher Smout가 '바다 모험가'라고 불렀던 이런 작은 그룹들은 17세기와 18세기 초, 도시에 주목할 만한 경제적 확장이 일어나게 한 원동력이었다.[4] 16세기 글래스고 상업 무역 대부분은 스코틀랜드 서부의 연안에서 이뤄졌는데, 17세기 초부터 무역 규모가 확장됐다. 상인들은 프랑스를 상대로 와인과 소금을 거래했고, 네덜란드와는 사치품과 식품을, 노르웨이와는 목재 거래를 시작했다. 서쪽의 행상인들은 잉글랜드 서부 해안과 런던을 다니며 아마포와 털실을 판매했다. 1656년에는 한 상인이 바베이도스와 담배 및 설탕을 거래하려 했다가 실패했다는 기록이 남아 있다. 무엇보다 얼스터 식민지를 스코틀랜드 서부의 장로교가 장악하면서 글래스고와 글래스고대학교는 새로운 상업 및 학문적 삶의 중심지가 됐다.

1660년 복원 이후 100년 동안 글래스고의 경제는 스코틀랜드의 어떤 자치 도시보다 빠르게 확장하며 결정적인 도약을 이뤘다. 글래스고 사람들은 카나리아제도, 아조레스제도, 마데이라제도, 카리브해의 잉글랜드 식민지, 캐롤라이나, 버지니아, 뉴저지, 뉴욕, 매사추세츠의 농장들과 교역을 시작했다. 동시에 노르웨이 및 발트해 연안과의 교역도 점점 확대되고 심화되다가 1689년에 전쟁이 발발한 후 중단 됐고, 1713년에 결국 끝을 맺었다. 이 무역은 소, 가죽, 청어, 석탄과 같은 1차 상품을 와인, 브랜디, 고급 직물, 설탕, 아마, 대마와 같은 원 자재를 비롯해 본토에서 구할 수 없는 모든 상품과 교환하는 형태였 다. 그러나 18세기 중반에 도시의 대표적인 사업으로서 막대한 부를 가져다준 상품은 담배였다. 연합법 이전에는 담배 거래가 완전히 불 법이었는데도 담배 무역이 이뤄질 수 있었던 이유는 글래스고 사람 들이 다양한 식민지 농산물을 수입하는 데 전면적인 통제를 가한 잉 글랜드 항해조례Navigation Acts의 각종 제재를 피하는 데 능숙한 밀수업 자였기 때문이다. 그러나 연합법에 따라 스코틀랜드에 대한 이런 제 재가 풀린 후에도 담배 무역이 기반을 확고히 다지기까지는 시간이 걸렸다. 1710년대 글래스고 사람들이 합법적으로 수입한 담배는 연 간 약 63만 5,000킬로그램이었고 1720년대까지도 136만 킬로그램 정도였지만 1741년에는 362만 8,000킬로그램, 10년 후에는 952만 5,000킬로그램으로 늘었다. 막대한 양이 불법으로 수입되는 것에 대 해 런던과 에든버러에서는 끊임없이 불만이 터져 나왔다. 1751년 스 미스가 교수로서 글래스고로 돌아왔을 때 글래스고 담배 거상들은 런던과 잉글랜드 수출항에서 들어오는 담배를 다 합친 것보다 많은 양을 수입하고 있었다.

글래스고 사람들이 담배 무역에서 성공을 거둘 수 있었던 비결은 단순하다. 런던과 브리스틀 상인들이 선호하던 대규모 재배자들보다 는 직접 거래가 가능한 소규모 재배자들에게 집중했기 때문이다. 잉글랜드 상인들은 대리인으로서 수수료를 받고 잉글랜드 및 대륙 공급 업체에 아메리카 대륙의 담배를 판매하는 방식을 선호했다. 이런 과정은 복잡하고 시간이 오래 걸렸기에 재배자들은 대금을 받기까지 시간이 걸리는 점을 고려하여 상품 가격을 높게 책정했다. 그에 비해 글래스고 상인들은 소규모 재배자에게 직접 상품을 구매하는 방식을 선호했으며, 대금을 신속하게 지급하는 대신 더 낮은 가격에 거래할 수 있었다. 심지어 글래스고 상인들과 거래하는 재배자들은 현금뿐만 아니라 필수품이나 사치품의 형태로 대금을 받기도 했다. 이렇게 유연한 거래 방식은 수익성도 좋았다. 글래스고의 가격이 일반적으로 잉글랜드의 가격보다 낮았던 덕분에 글래스고 상인들은 재배자에 대해 좀 더 강력한 통제권을 가질 수 있었다. 또한 교역품을 창고에 보관하는 사업뿐만 아니라 제조업까지 활성화됐다.

모든 무역이 그렇지만 담배 무역은 특히 비용이 많이 들고 위험한 일이었다. 잉글랜드 및 유럽을 상대로 수입과 수출을 반복함으로써 막대한 이익을 남길 수는 있었지만, 담배가 시장에 과잉 공급되어 그러지 않아도 간접비가 높은 무역에서 상품 가격마저 내려가는 위험을 무역상들은 끊임없이 감수해야 했다. 긴 여정을 위해 선박을 구매하거나 임차하여 대비시켜야 했으며, 상품이 팔리지 않고 재고품으로 남을 때를 대비해 현금흐름을 유지하는 데서도 항상 문제가 발생했다. 또한 관세가 현금 유동성에 치명적인 영향을 미쳤다. 이런 이유로 상인들은 시장을 조작하게 됐다. 1737년까지 주요 담배 거상들은 혼인을 통해 대규모 연합체로 발전했고, 고유한 자체 규정과 프로토콜을 가지고 까다로운 스코틀랜드 상업법에 대처했다. 실제로 1760년대까지 글래스고로 수입된 담배의 절반 이상을 알렉산더 스피어스Alexander Speirs, 존 글래스포드John Glassford, 윌리엄 커닝혜임Willam Cunninghame이 이끄는 3개의 거대한 연합체가 통제했다.

이런 가족연합체가 발전하면서 도시의 무역 경제를 지배하는 엘리트였던 담배 거상들은 제조업의 발전에도 엄청난 힘을 발휘했다. 1660년부터 1740년 사이 보글Bogle 가문은 설탕 정제업, 비누 제조업, 포경업, 무두업을 시작했으며 몽고메리Montgomery 가문 역시 설탕 정제업, 비누 제조업, 병 제조업을 시작했다. 딘위디Dinwiddie 가문도 무두업과 밧줄 제조업 등에 뛰어들었다. 이들의 친인척과 친지들이 도시를 장악하는 것은 시간문제였다.[5] 예를 들어 1740년부터 1790년까지 글래스고의 시장이 대부분 담배 거상이었다. 통치 세력과 도시가 우호적인 관계를 유지하게 하려고 상권을 주름잡던 과두 세력이 수단과 방법을 가리지 않았다는 사실은 놀라울 따름이다. 그러니까 1724년에 디포가 감탄했고 1737년에 스미스가 경험한 이 도시는 주목할 만한 발전 단계를 거친 놀라운 장소가 틀림없다. 도시가 이렇게 확장될 수 있었던 것은 서로 긴밀하게 연결된 과두 세력의 기술과 기획력 덕분이었다. 이들은 오래된 중세 자치 도시 체제의 가능성과 한계, 항해조례에 따른 위험을 알고 있었고 전쟁과 제국주의가 만연한 시대에 대서양 무역이 확장되면서 열린 기회를 활용하는 방법도 잘 알았다. 다시 말해, 도시의 발전은 지역 경제의 작용을 제한하는 보호주의적 규제에도 불구하고 (어쩌면 그것 덕분에) 번성했던 기업가 정신이 만들어낸 업적이라고 할 수 있다. "비열한 탐욕, 상인과 제조업자들의 독점욕"이라는 유명한 말을 남겼을 때, 아마도 스미스는 자신이 자세히 관찰해온 덕분에 익히 알고 있는 글래스고의 담배 거상들을 염두에 뒀을 것이다.[6]

글래스고의 눈부신 경제 성장이 역사가들의 관심을 독차지하면서 18세기 역사에서 주목할 만한 가치가 있는 또 다른 사건인 장로교 경건주의Presbyterian pietism(17세기 말 독일의 루터파 내에서 일어난 종교 운동. 새로운 학문이나 문화에 반감을 품고 금욕 생활을 부활시키고자 했다-옮긴이)는 관심 밖으로 밀려났다. 한 동시대인이 18세기 중반에 남긴 묘사에서 당시의 역설적인 상황이 잘 드러난다. "시민들의 정신을 사로잡은 주요 대상은 상업과 종교였으며, 시민사회에서 중요한 위치를 확보하는 가장 좋은 수단은 부와 경건함이었다."[7]

경건주의는 제대로 연구된 적 없는 깊고 단단한 뿌리를 가지고 있다. 종교개혁 이전 글래스고가 단지 지역 무역항에 불과했을 때, 국가 전체에서 도시의 가치는 전적으로 대주교의 지위와 대학에 달려 있었다. 그 후 분명하지 않은 이유로 스코틀랜드 남서부는 죄악, 은혜, 선택받은 자의 구원에 대해 엄격한 관점을 유지하며 세속적인 권력과 심지어는 종교 주체까지도 불신하는 급진적 장로교의 근거지가 됐다. 17세기와 18세기, 종교 부흥을 이야기하는 대중적인 설교가 활개를 치자 장로교와 성공회 지도자들은 깊은 고민에 빠졌다. 왕정복고 시대 글래스고에서는 기성 교회뿐만 아니라 시민 정부를 위협하는 선동적인 맹약 운동도 널리 퍼졌다. 또한 1690년 이후 복권된 장로교(1688년 명예혁명 이후 왕위에 오른 윌리엄 왕은 스코틀랜드에서 감독교회를 폐지하고 장로교회를 다시 승인했다-옮긴이)에 골칫거리가 된 급진적이고 반율법주의적인 종파가 계속해서 생겨나고 있었다. 스미스 시대의 스코틀랜드인들에게 가장 충격을 준 사실은 1742년 이곳에서 캠버스랑 부흥 운동이 시작됐다는 것이다. 이 급진적인 운동 때문에 도시는 일시적으로 이전 세기 동안 종파 간의 유혈 사태로 빚어진 전시 상황으로 돌아가는 듯했다. 페니퀵의 존 클러크John Clerk를 비롯하여 온건파 장로교인들은 새로운 운동 때문에 사람들이 다시 "맹약파 시절처럼 급진적인 비밀 집회에 참석하게" 될까 봐 두려워했다.[8]

글래스고는 급진적인 신앙심의 중심지가 됐다. 1638년 글래스고에서 열린 스코틀랜드 교회 총회General Assembly(장로교회의 최고 의결기관-옮긴이)에서 글래스고는 주교 제도 폐지에 찬성표를 던졌다. 주교 부재 기간에 글래스고대학교는 능력 있는 총장이었던 로버트 베일리Robert Baillie의 지휘 아래 맹약파의 중요한 교육기관 역할을 했다. 왕정복고 시대에 도시는 의회와 정부가 손쓸 수 없을 만큼 스코틀랜드 장로파의 비밀 집회가 활발하게 열리는 지역으로 이름을 날렸다. 1688년 이후 장로교 반대파Dissenter가 급격히 늘어나 18세기 후반에는 전체 인구의 40퍼센트가 반대파였는데 대부분 분리주의 종파의 신도들이었다. 세기 내내 지역 장로회와 교회회의는 교리적 정통성을 고수하는 것으로 명성을 떨쳤으며 인간 본성, 시민사회, 구원 가능성을 덜 비관적인 시각으로 보는 '온건적' 장로교를 발전시키려는 시도에 완고한 적대감을 표시했다. 도시의 문화는 이런 경건주의에 깊은 영향을 받았다. 디포가 지적했듯 글래스고에서 안식일 엄수주의Sabbatarianism가 퍼진 것은 스코틀랜드인의 기준으로 봐도 예외적인 것이었다.[9] 글래스고 역사가인 존 깁슨John Gibson은 1777년 "사람들이 주일에 산책하는 것이 법으로 금지됐다. 해가 진 이후에는 누구도 집 밖으로 나올 수 없기 때문에 주일 저녁에는 가로등도 밝히지 않았으며, 사치나 삶의 순수한 즐거움을 누리는 사람도 거의 없다시피 했다"라고 기록했다.[10]

글래스고의 정통 장로교는 글래스고대학교의 역사를 형성하는 데 직간접적으로 중요한 역할을 했으며, 이런 역할은 다음 100년 동안 계속 이어졌다. 다른 대학들과 마찬가지로 종교개혁 이후 글래스고대학교의 주요 임무는 개혁된 교회의 교구와 학교를 위해 남학생들을 교육하는 것이었다. 존 녹스John Knox(종교개혁의 주요 인물-옮긴이)를 비롯한 이들이 절대 간과해선 안 된다고 생각했던 작업이다. 그는 1572년 총회에서 "무엇보다도 교회가 대학에 속박되지 않도록 보전해야 한다. 그리스도 안에서 평화롭게 학교를 세우도록 설득하라. 다만 강단을 그들의 판단에 맡겨선 절대 안 되며, 지배권 밖에 두어서도 안 된다"라고 경고했다.[11] 교회를 향한 경고였지만 그는 대학이 경건한 공동체를 만드는 데 핵심적인 역할을 할 수 있다는 것을 잘 아는 뛰어난 전략가였으며, 성직자와 신도들은 이 말을 절대 잊지 않았다.

스코틀랜드 교회와 왕실은 언제나 대학 행정에 쉽게 간섭했다. 옥스퍼드나 케임브리지의 대학들과 달리 스코틀랜드의 소규모 대학들은 재정이 부족한 데다 정치적 개입에 반대하는 목소리를 낼 만한 든

든한 뒷배도 없었다. 게다가 종교개혁 이후 150년 동안 스코틀랜드는 종교적·정치적으로 매우 불안정했기 때문에 글래스고뿐만 아니라 다른 지역의 대학에도 정치적 개입은 일상적인 일로 여겨졌다. 글래스고대학교 역시 1630년대 후반 왕정복고와 명예혁명 이후 종교개혁 기간에 제명당했다(애버딘대학교 역시 1715년 자코바이트 반란 이후 제명당했다). 각 사건이 일어날 때마다 대학에서 가르치던 총장과 교수, 운영위원회 위원 중 적절한 충성 맹세와 신앙 고백에 서명하기를 거부하는 이들은 모두 해고됐으며, 그들의 '지시'는 이단 또는 이교의 증거로 철저한 조사를 받았다. 독실한 장로교에서는 특히 이런 작업에 심혈을 기울였다.

1638년과 1690년 장로교가 복권되면서 스코틀랜드의 대학들은 성공회의 흔적을 지우고 전반적인 교육 체계의 기반인 철학 커리큘럼을 재구성하려고 노력했다. 5개 대학의 운영위원회는 모든 대학에서 의무적으로 사용할 수 있는, 교리상으로 건전한 철학 교과서를 만들라는 지시를 받았다. 1640년대에 이미 같은 프로젝트를 시도한 적이 있었지만 시작조차 하지 못했고, 그 후에도 교과서에 실릴 내용을 두고 저자들 간에 논쟁이 벌어지는 바람에 프로젝트는 흐지부지되고 말았다. 결과와는 상관없이 이런 일화는 정통 장로교인들이 경건한 국가를 건설하는 데 대학과 철학 교과과정이 얼마나 중요한지 알고 있었다는 사실을 보여준다. 한 가지 알아둬야 할 것은, 앞으로 이야기하게 되겠지만, 이런 중요성을 반대 세력 역시 인식하고 있었다는 사실이다. 어느 곳보다 장로교를 독실하게 믿었던 도시인 글래스고의 대학 역사에서 가장 두드러지는 모순은, 온건한 장로교 교수들이 휘그 정권과 상업의 시대가 요구하는 자질에 더 부합하는 대안적인 장로교 학술 문화를 성공적으로 개발하는 과정에서 글래스고대학교가 지적 산실이 됐다는 것이다.

글래스고대학교의 학술 문화를 다시 세우는 이런 주목할 만한 움직임은 명예혁명과 1690년 장로교 복권에 뿌리를 두고 있다. 어떤 면에서 글래스고대학교는 혁명을 잘 극복했다고 할 수 있다. 1690년부터 1720년까지 왕실은 정치적 인맥이 좋고 유명한 총장 두 명을 파견했다. 바로 윌리엄 던롭Willam Dunlop과 존 스털링John Stirling이다. 두 사람은 교회사·식물학·법학·의학 강좌를 개설하고, 왕실에서 지원받은 자금으로 식물원을 꾸미고 새로운 과학기구들을 사들였다. 시간과 끈기가 필요하긴 했지만, 두 총장은 대학의 불안정한 재정도 극복했다. 1650년대에 150명이었던 학생 수가 1702년에는 약 400명으로 증가한 것을 보면 이들이 얼마나 성공을 거뒀는지 가늠할 수 있다. 학생 중 상당수는 잉글랜드와 아일랜드의 장로교 공동체 출신이었다.

하지만 스털링이 총장으로 있는 동안 대학은 도시와 점점 더 불편한 관계가 됐다. 우선 스털링의 확고하고 고압적인 운영 방식은 학생들과의 관계에서나 교수진 사이에서 격렬한 분란을 일으켰다. 1717년 그의 경솔한 행동으로 갈등은 절정에 달했다. 학교법인 이사rector(대학을 운영하는 데 필요한 여러 권한을 총장과 공유하며, 영국 법령상 대학 행정 기구의 하나인 대학법원의 의장)를 선출할 권리를 학생들이 가지도록 법률에 명시되어 있는데, 이를 박탈하려 했던 것이다. 이런 조치로 폭동이 일어나 퇴학 조치와 소송이 이어졌고, 학생들은 의회에 진정서를 제출했다. 설상가상으로 이런 혼란 탓에 대학은 이단주의의 온상이 되고 있다는 의심을 받게 됐다. 정통파의 바람과 달리, 오랫동안 글래스고의 급진적인 장로교 문화를 걱정해온 왕실에서는 스코틀랜드 교회와 시민사회가 서로 더 협조적이고 덜 적대적인 관계를 맺어야 한다고 강조하는 온건한 장로교 교수들을 임용할 것을 권장했다.

존 심슨John Simson은 가장 덜 정통파다운 인물이었다. 그는 에든버러와 레이던에서 교육받았으며 1708년에 새로운 신학 강좌교수로 임명됐다. 스코틀랜드 교회의 기본 교리 문서인 〈웨스트민스터 신앙고백서Westminster Confession of Faith〉가 합리적으로 옹호될 수 있다는 도전적인 제안을 한 인물로, 1715년까지 스코틀랜드 서부의 급진적 성직자들 사이에서 문제 인물로 낙인찍혔다. 반대자들은 그가 "자연적 이성과 타락한 본성의 힘에 너무 과한" 공을 돌리고, "자유로운 은혜의 효과나 신의 계시는 충분히 고려하지 않았다"라고 주장했다. 1716년과 1726년 사이 그는 정통파에게 가장 미움을 받는 인물이 됐다. 대학 행정에 간섭하는 성직자들에게 저항하기 위해 대학이 적극적으로 노력했으나, 그는 아르미니우스설Arminianism(그리스도의 죽음은 선택받은 자들만을 위한 것이 아니라 만인의 구원을 위한 것이라는 설-옮긴이), 소치누스주의Socinianism(기독교의 중요 교리인 속죄와 삼위일체설을 부정하는 종교관-옮긴이), 아리우스주의Arianism(그리스도의 신성을 부인하는 종교관-옮긴이)의 형태로 이단을 부추긴다는 평가를 받으면서 지역 장로회 및 총회와 지속적으로 마찰을 빚었다. 1729년 오랜 소송과 왕실의 압력으로 심슨은 마침내 더는 신학을 가르치지 말라는 명령을 받았다. 스미스의 학생 시절 내내 그는 정통 장로교의 심장부에서 합리적인 원칙을 바탕으로 한 신학을 가르치는 것이 얼마나 위험한 일인지 일깨우는 본보기가 됐다.

이런 학문적 논쟁은 당시 존재감을 드러내고 있던 스코틀랜드 정치인 아일러 백작이 급부상하는 데 일종의 기회가 됐다. 총리였던 로버트 월폴 경과의 친분 덕분에 1720년대 들어 권력이 급속히 강해진 그는 '스코틀랜드의 왕관 없는 왕'으로 알려지게 됐다. 그는 실험 과학과 문학, 스코틀랜드 대학교의 미래에 진정한 관심을 가지고 있는 지적이고 교양 있는 사람이었다. 1726년 그는 대학의 구조와 커리큘럼을 점검하기 위해 시찰을 주선했다. 논리학·형이상학·도덕철학·자연철학 분야에 새로운 강좌를 신설했고, 새로운 교수단 내에서 관할권 다툼을 방지하기 위해 모든 대학교수의 교육 의무도 신중하게 정의했다. 아일러 백작은 1761년 사망할 때까지 대학의 행정을 주의 깊게 살폈다. 그의 강좌교수직 선출에서 그의 조언이 대부분 먹힐 만큼 그는 막강한 힘을 발휘했다. 1729년 허치슨이 도덕철학 강좌교수로, 1751년 스미스가 논리 및 형이상학 강좌교수직에 임명된 데도 아일러 백작의 지지가 결정적인 역할을 했다. 그뿐 아니라 1752년 스미스가 도덕철학 강좌교수로 자리를 옮긴 후 흄이 논리 및 형이상학 강좌교수직에 도전했을 때, 이를 좌절시킨 것도 그의 반대가 결정적인 역할을 했다. 그는 정통파 장로교를 '레위인levites(이슬라엘의 12지파 중 하나-옮긴이)'이라 여기며 언제나 반대했고, 그들을 반대하는 만큼 온건 파는 열렬히 지지했다. 일찍이 1730년대에 아일러 백작은 프랜시스 허치슨, 그리스어 교수 알렉산더 던롭Alexander Dunlop, 인류학(라틴어) 교수 알렉산더 로스Alexander Rosse, 수학과 교수 로버트 심슨을 포함해 신중하게 선별한 교수진과 온건파 지지 모임을 구성했다. 이들이 훗날 스미스의 대학 교육에서 많은 부분을 담당한 교수들이다.[12]

허치슨이 1729년 도덕철학 강좌교수로 임명된 것은 이런 새로운 학술 문화를 형성하는 데 가장 결정적인 지점이었다. 이는 그가 대학 온건파 장로교 그룹에서 가장 확실한 지도자여서가 아니라 그가 새로운 철학 커리큘럼에 이념적·지적 정의를 더할 수 있는 인물이었기 때문이다. 허치슨은 학문으로서의 철학에서 새로운 목소리를 냈는데, 그의 철학은 종교에 관대했으며 교회와 시민사회 사이가 서로 순응적이어야 한다고 여겼다. 정치적 태도에서는 급진적 휘그당에 속했으며, 근대 기독교 국가의 평신도와 성직자를 교육하는 문제에 새로운 접근 방식을 도입하는 데 전념했다.

일류 도덕철학자이자 모범적인 교수였던 허치슨의 가르침은 스미스에게 큰 울림을 줬다. 그는 얼스터 지방 출신으로 글래스고대학교에서 성직자가 되기 위해 공부했다. 전임자인 거숌 카마이클Gersholm Carmichael에게서 도덕철학을 접했는데, 카마이클은 매우 지적이고 독창적인 정통 장로교인으로 허치슨에게 푸펜도르프의 세련된 자연법학도 전수했다. 그는 허치슨에게 존 심슨John Simson의 근대 신학도 소개했는데, 심슨은 계시보다는 자연법칙에 기반한 기독교 변증론 체계를 발전시키려는 시도가 얼마나 위험하고 어려운지를 보여준 인물이기도 했다. 허치슨은 1717년 아일랜드로 돌아와 더블린에서 영향력 있는 반대파 학교를 운영했으며, 이곳 지식인 그룹의 주요 구성원이 됐다. 이 그룹은 당시 가장 영향력 있는 휘그당 지도자이자 대학 개혁을 옹호하는 주요 인물인 몰스워스Molesworth 자작을 중심으로 형성됐다.

몰스워스 자작은 허치슨이 신학적 관심의 배경인 이데올로기적 틀을 넓히고, 자유 국가에서 대학 교육의 역할이 무엇인지 생각하도록 이끌었다. 그는 1688년 잉글랜드 국민이 획득한 자유를 보존하고 완전하게 하는 문제를 깊이 고민한 급진적 휘그당으로, 다음과 같은 기록을 남겼다. "헌법을 지키기 위해 유혈 사태를 반드시 자주 거쳐야만 하는 걸까? 잉글랜드 왕의 권력이 너무 작거나 너무 크기 때문에 지속적이거나 안정적인 평화를 기대해서는 안 된다는 외국인들의 조롱을 헛소리로 만들 순 없을까? 우리는 언제까지 변덕스러운 국가로 그려져야만 할까?" 세계에서 잉글랜드의 역할이 커지는 시대인 만큼 잉글랜드인은 세계에 대한 지식을 넓히고 정치 지도자의 문화와 교육에 관심을 가져야 했다. 이는 성직자의 온상이 되어 총장의 입맛에 맞는 교육을 제공하던 대학을 개혁해야 한다는 의미였다. 몰스워스 자작은 당시 대학교수 대부분과 그들의 가르침, 정치관을 경멸했다.

── 매 순간 배울 기회가 있는 선한 원칙, 도덕, 이성의 개선, 정의에 대한 열망, 자유의 가치, 국가와 법률에 대한 의무 같은 더 중요한 '참된 배

움의 대상'들이 생략되거나 무시되는 경향이 있다. 실제로 그들은 [학생들에게] 모든 미덕의 꽃이라고 부르는 상급자에 대한 굴복과 권위에 대한 완전하고 맹목적인 복종을 자주 언급해서는 안 된다는 사실을 잊는다.[13]

1730년대까지 몰스워스 자작의 제자들은 스코틀랜드의 여러 대학에서 좋은 자리를 차지했다. 조지 턴불George Turnbull은 애버딘의 마리샬 대학에, 윌리엄 위셔트William Wishart는 에든버러대학교에, 허치슨은 글래스고대학교에 자리를 잡았다. 이들은 모두 턴불이 "이 편협한 편견 덩어리 국가"라고 묘사한 국가에서 "자유와 미덕의 이익을 증진하고 젊은 세대의 가치관을 개혁"하겠다는 야망을 공유했다.[14] 커콜디에 있는 데이비드 밀러의 학교에서 도입한 커리큘럼과 마찬가지로 이들의 새로운 커리큘럼은 고대인에 대한 연구를 기반으로 했으며, 몰스워스 자작은 이들에 대해 이렇게 언급했다. "이들은 국가에 의존했으며 국가의 지지자로 여겨질 자격이 있다. 국가와 별개의 이해관계를 가질 수 없었던 그들은 국가의 선을 증진하고 촉진하는 데 헌신했고, 이제 우리는 그들의 영연방에 따랐던 행운이 더는 지속되지 않는다는 사실을 알게 됐다."[15]

근대 영국의 자유를 수호하는 교수와 철학자들에 대한 이런 만족스러운 묘사를 허치슨은 동경했고 스미스는 깊이 매료됐다. 허치슨은 개혁적이고 창의적이며 근면 성실한 교수로 빠르게 자리를 잡았다. 그는 라틴어를 받아쓰게 하는 오래된 관행을 버리고 도덕철학 강의를 수사학적 언어방식으로 바꿨으며, 그 강의는 잉글랜드, 아일랜드, 에든버러에서 온 학생들에게 인기를 끌었다. 에든버러 최초의 수사적 언어 방식 및 문예학 교수인 휴 블레어Hugh Blair도 그의 제자였다.

— 자연종교, 도덕, 법학, 정부에 관한 강의를 일주일에 5일씩 하면서도 3일은 그리스어와 라틴어로 도덕에 관한 주제를 다뤘던 고대 작가들에 대한 강의도 진행했다. 매주 일요일 저녁에는 구름떼처럼 몰려든 청중 앞에서 기독교의 진리와 탁월함에 대해 가르쳤다. 허치슨은 교육을 잘 받은 청년들을 아꼈으며 그들의 모든 관심사에 귀 기울이고 격려하고 친목을 다지면서 존경과 사랑을 듬뿍 받는 교수가 됐다. 그가 자신이 몸담은 대학에서 뛰어난 정신과 문학에 대한 고상한 취향을 키우고 지원했다는 사실은 길이 인정받을 만하다. 특히 그간 소외되어온 그리스어와 같은 고대학 연구를 되살리며 만족스러워했다. 그런 지식에 대한 열정과 탐구 정신은 그로부터 널리 퍼져 나갔으며 (…) 사교 모임과 방문에서 학생들이 나누는 일상적인 대화가 학문과 가치관이라는 주제를 바탕으로 매우 열정적으로 바뀌었다.[16]

허치슨의 친구이자 동료인 윌리엄 리치먼William Leechman은 이런 '학문, 자유, 종교, 미덕 및 인간의 행복에 대한 이성적 열정'이 허치슨의 모든 가르침에 스며들어 있었다는 말을 남겼다. 자연신학과 도덕철학을 가르칠 때, 그는 "[제자들을] 외적 관점에서 내적 자아, 즉 인간의 영혼에 대한 사색으로 인도하고, 도덕적 구성이라는 장치를 통해 신의 지혜와 자비의 예를 보여줬을 때 제자들은 신선한 기쁨과 경이로움으로 충만해졌다. 또한 우리 영혼의 아버지의 영광스러운 완전함에 대한 새로운 증거들을 알아보게 됐다"라고 했다. 정치에 대한 강의에서는 '인류의 행복을 위한 공민적·종교적 자유의 중요성'을 강조했으며 학생들에게 공공심public spirit을 일깨우고 형성하는 데 공을 들였다. 리치먼은 "그에게 공공심이란 알 수 없거나 명확하게 이해되지 않는 모호하거나 막연한 도리가 아니라 인간 행복의 모든 갈래와 그것을 증진하는 수단에 대한 계몽되고 보편적인 열정이었다"라고 덧붙였다.[17]

스미스가 옥스퍼드로 떠난 지 1년 뒤인 1741년 4월 7일에 했던 유명한 설교에서 리치먼은 글래스고의 몰스워스 추종자들이 평신도와 신학도에게 전파하기 시작한 시민적 특성을 훌륭하게 갖춘 온건적인 장로교 목사의 이미지를 각인시켰다. 그는 근대 목사가 정직함, 예절, '편견 없는 마음 상태'를 통해 세상과 구별되어야 한다고 봤다. 또한 '세상 밖에서 사는 것처럼' 순수한 마음을 유지하면서 세상 속에서 자유롭고 편안하게 움직일 수 있어야 하며, 권력자들의 속임수를 경계해야 한다고 생각했다. "그들의 지위와 품성에 합당한 관심을 가지는 동시에 그들의 진리, 미덕, 경건함, 품위를 더 존중한다는 것을 보여주어야 한다. 다른 한편으로는 오만함과 뻔뻔함, 비굴하게 아첨하는 것을 피해야 한다." 요약하자면 리치먼은 정통파 장로교인들이 혐오하는 표현을 인용해 신과의 '우정'을 키워야 한다고 결론지었다.[18]

곡절이 많았던 교육 프로그램을 통해 허치슨은 신학관에 입학하거나 신학과 관련된 직업을 가지고자 하는 학생들에게 기독교 시민의 의무를 가르치며 도덕철학을 글래스고대학교 철학 커리큘럼의 정수로 만들었다. 허치슨의 프로그램은 장로회에서 논쟁의 여지가 있었고, 그가 더블린에서 반대파 목사로 있을 때부터 익히 알았듯 당연히 저항에 부딪혔다.[19] 통제할 수 없기로 악명 높은 대학에 허치슨이 질서를 도입할 수 있으리라고 믿어주는 로버트 워드로Robert Wodrow 같은 이들도 더러 있었지만, 그의 교수 임명은 정통파 사이에서 의심을 불러일으켰다.[20] 허치슨은 잠재적인 반대자들에게 취임 강연 내용을 이해시키려 노력했고, 요점 중 일부를 "겸손한 사람으로서 매우 빠르게 [원문 그대로 표현이다] 전달하려고도 했으나 그의 의도는 제대로 받아들여지지 않았다."[21] 그도 그럴 것이, 이 강연은 허치슨의 가장 급진적인 사상적 기반을 마련하기 위해 설계됐기 때문이다.

대학에서 자리를 잡은 후 허치슨은 신학도들과 대화를 나누고 그들의 설교에 대해 토론하는 등 신학과 교수의 영역을 침범하며 운을 시험하기 시작했다. 허치슨은 가치관과 의견을 공유할 교수 지망생을 찾아 나섰으며, 1743년 윌리엄 리치먼을 신학 강좌교수로 임명하는 위대한 업적을 남겼다. 그는 "스코틀랜드 신학의 새로운 지평을 열 수 있게 됐다"라고 환호하며 "마침내 스코틀랜드에서 유일하게 자격이 충분한 신학 교수를 확보했다"라고 덧붙였다고 전해진다.[22] 그는 제자인 로버트 파울리스Robert Foulis와 앤드루 파울리스Andrew Foulis를 대학의 출판 담당자로 선정하고 출판 사업을 맡기는 데도 중요한 역할을 했다. 두 사람은 고대 및 근대 작가의 작품을 정교하고 소장 가치가 높은 판본으로 출판했다. 28개 판본이 출판된 허치슨의 작품이 그들의 출판물 중에서 가장 인기를 끌었다.[23] 1746년 경력이 끝날 무렵 그는 자신이 가르친 스코틀랜드인 학생뿐만 아니라 잉글랜드와 아일랜드 출신 학생들을 하나로 결속시켰고, 이 중 다수가 영국과 미국에서 온건파 장로교를 형성하는 데 결정적인 역할을 했다. 한때 그의 가르침이 〈웨스트민스터 신앙고백서〉의 내용과 일치하지 않는다는 이유로 학생들에게 공격받았을 때, 한 무리의 학생들이 그를 변호하는 글을 출판하기도 했다. 그의 뒤를 이은 스미스처럼 허치슨 역시 애정과 충성심을 불러일으키는 비범한 능력을 지녔던 모양이다.

허치슨과 아일러 백작은 글래스고대학교의 명성을 변화시켰고, 북부 유럽에서 가장 흥미로운 대학으로 만들기 위해 끊임없이 노력했다. 최대 경쟁자였던 에든버러대학교에서 제공하는 것과 같은 법률 및 의학 교육을 제공할 자원은 없었지만, 철학 커리큘럼만큼은 스코틀랜드에서 타의 추종을 불허했다. 이런 사실이 마거릿 스미스와 그녀의 지적이고 교양 있는 커콜디 친구들에게 알려지자, 그녀는 아들에게 가장 적합한 도시가 글래스고라고 결정했다.

스미스는 자신에게 매우 잘 맞는 커리큘럼뿐만 아니라 대학의 외관과 독특한 학풍에 깊은 인상을 받았다. 건물은 스코틀랜드에서 가장 큰 공공건물에 속했으며 이전 세기 중반에 졸업생이었던 재커리 보이드Zachary Boyd의 어마어마한 기부금과 공공기금으로 지어졌다. 훨씬 큰 옥스퍼드의 대학들과 닮은 건물에는 두 군데의 넓은 마당과 휴

게실, 다양한 도서가 갖춰진 도서관, 학생·운영위원회·교수들을 위한 기숙사가 마련되어 있었다. 1737년 스미스가 입학했을 때는 새로운 세대의 교수들을 위한 주택(또는 사택)이 막 완성되어 있었다. 디포는 "모두 석조 건물이었으며 높고 위엄이 있었다"라고 적었다. 대학의 성당 건물은 도시의 스카이라인에서 독보적으로 눈에 띄었다.[24]

글래스고대학교는 도시와는 차별화된 문화와 대학 문화의 위엄을 강조하는 독특한 사회적 학풍을 발전시키며 막강한 경쟁 상대였던 에든버러대학교의 학풍과 현저한 대조를 이뤘다. 에든버러대학교에는 글래스고대학교처럼 화려한 건물이 없었고, 대학의 정체성 또한 부족했다. 교수진은 도시 본당의 목사나 의사 또는 법률가이기도 했으며, 학교 내에 기숙사가 없었기 때문에 학생들은 도시에서 알아서 생활해야 했다. 스미스의 시대에 에든버러의 교수와 학생들은 자신을 더 넓은 사회적·정치적·문화적 세계의 일부로 보기 시작했고, 이런 에든버러의 환경이 학문을 익히고 공손함을 배우는 데 유리한 환경이라고 여겼다. 반면 글래스고의 학계는 학교 내에 머무르는 경향이 있었다. 교회와 얽혀 있는 교수도 많지 않았으며 교수들이 도시에서 전문적인 일을 찾는 데 관심을 가지도록 장려할 수 있을 만큼 의학이나 법학 학부가 빠르게 확장되고 있지도 않았다. 부유한 학생들 대부분은 도시에서 지내고 싶어 했지만 글래스고의 특징인 청교도 문화 때문에 에든버러에서처럼 도시와 대학을 쉽게 오가는 것이 어렵다는 점을 깨닫게 됐다. 알렉산더 칼라일Alexander Carlyle은 이를 글래스고 학생들이 에든버러 학생들보다 더 열심히 공부한다는 뜻으로 해석하면서도, 그들에게는 "수도에서만 얻을 수 있는 세계에 대한 지식이나 신뢰할 수 있는 예절과 태도"가 부족하다고 (다소 우월감에 젖어) 덧붙였다.[25]

글래스고에는 에든버러처럼 학계와 시민이 서로 교류하고 고유한 계몽 형태를 발전시킨 학문, 문학, 공손함을 배양하는 동아리와 클럽 역시 부족했다. 사실 글래스고에도 앤드루 코크런Andrew Cochrane 시장처럼 상업적 기반을 갖춘 지식인이 있었다. 그의 정치경제 클럽은 1750년대에 번성했으며 스미스는 그 클럽에서 상인들이 사업과 상업 정책에 대해 토론하는 걸 접하기도 했다. 그렇지만 도시의 계몽을 이끈 것은 대학과 교수들이었고, 이런 폐쇄적인 대학 문화가 스미스에게는 매우 잘 맞았다. 생의 말년에 그의 친구들은 그가 에든버러를 방문하지 않으리라고 생각할 정도였다. 스미스는 글래스고 시절을 "살면서 가장 도움이 됐으며, 따라서 가장 행복하고 영광스러운 시기였다"라고 묘사하기까지 했다.[26] 막 새롭게 탈바꿈한 글래스고대학교에서 그는 지적 교양과 이념적 관심을 탐구하는 철학 커리큘럼을 연구하기 위해 정착했다.

큰 틀에서 보면 글래스고의 전통적인 커리큘럼은 스코틀랜드의 여타 대학과 다를 것이 없었다. 한 학년은 10월 10일부터 6월 중순까지 방학이 거의 없이 진행됐다. 2학년 때까지는 인류학(또는 라틴어)과 그리스어에 집중했고, 라틴어를 잘하는 학생들은 1학년을 건너뛸 수 있었다. 3학년이 되면 논리학·형이상학·전통철학 입문을, 4학년 때는 도덕철학을, 5학년 때는 자연철학을 공부했다. 그러던 교과과정이 스미스 시대에 들어 훨씬 다듬어졌다. 3학년이 되면 기하학과 고급 그리스어를 배울 수 있었고, 4학년 때는 고급 기하학과 고급 인문학을 배울 수 있었다. 마지막 해에는 수학, 자연법학, 라틴어, 그리스어를 더 깊이 공부할 수 있었다. 철학을 배우는 3년 동안 "학생들은 여러 학급과 휴게실에서 자주 반박하고 논쟁하는 연습을 할 수 있었다. 그리고 12월 10일경부터 모든 학부생이 공개 시험을 치러야 했는데, 매주 3일 이상 2~3주 동안 진행됐다."[27]

스미스는 이미 커리큘럼의 첫 2년을 면제받을 정도로 라틴어와 그리스어에 능통했다. 1737년 열네 살 때 3학년으로 입학해 존 라우든 John Loudon의 논리 및 형이상학 수업을 들었고, 알렉산더 던롭의 그리스어 특별 수업도 수강했을 가능성이 있다. 허치슨과 친분이 없었던 라우든은 진지하고 지적인 정통파 장로교인이었으며, 글래스고대학교에 남아 있는 정통파 교수였다. 그의 지적 세계는 인간의 자연적 타락에 대한 믿음과 신의 은총을 통해서만 접근할 수 있는 하느님의 도성과 육신의 세계를 구분하는 거대한 장벽에 대한 믿음으로 형성된 아우구스티누스주의적 세계였다. 이는 스미스가 생각하는 세계와는 완전히 달랐다. 그의 영민한 제자 스미스는 세속적 욕구가 도덕의 적이 아니라 도덕과 미덕의 부모라고 반박하기도 했다.

라우든은 학생들에게 정신의 다양한 속성과 사고의 기술을 소개하는 것이 자기 임무라고 생각했다. 그리고 이를 실현하기 위해 정통 기독교인 대부분이 그랬듯 말브랑슈Malebranche(프랑스의 철학자-옮긴이), 더프리스De Vries(네덜란드의 식물학자-옮긴이)의 글이나 포트로열의 논리 같은 정교한 근대 아우구스티누스주의 저술을 활용했다. 그리고 교과서로는 아르노Arnauld와 니콜Nicole의 고전인 《사고의 기술The Art of Thinking》을 사용한 것으로 보인다. 전위적인 학생들은 그의 교수법이 구식이라고 생각했다. 한 예로 토비아스 스몰렛Tobias Smollett(스코틀랜드의 소설가-옮긴이)은 "논리학이라는 예술이 삼단 논법으로 논할 수 있는 일종의 술책으로 변형됐다"라고 불평했다.[28] 물론 라우든 역시 학생들에게 고대와 근대 세계에서 사용된 주요 형이상학 체계를 소개하긴 했다. 다만 그 이유는 철학의 진정한 목적이 기독교의 근본적인 진리, 특히 《웨스트민스터 신앙고백서》에서 장로교인들이 준수해야 한다고 되어 있는 진리를 설명하고 강화하는 것이라는 고전적인 가정에 따라 학생들이 신학적인 오류를 범하지 않게 하려는 것이었다.

스미스는 정신을 바라보는 라우든의 관점과 그의 신학에 논란의 여지가 있다는 것을 깨달았을 것이다. 라우든의 논리학 및 형이상학 과정과 동시에 진행됐던 허치슨의 성령론 과정(신의 존재와 본성을 탐구하는 학문)의 원리는 라우든 강의의 원리와 극명하게 달랐다. 허치슨이 이 시한폭탄 같은 주제를 특유의 신중한 태도로 다루면서 라우든의 수업 내용과 다른 점을 최소화하려고 한 것은 사실이다. 그럼에도 이 주제에 대한 그의 본심은 라우든과 정통 장로교가 옹호하는 모든 것과 모순되는 내용을 가르친 도덕철학과 자연법학 강의에서 곧 명백해졌다. 윌리엄 리치먼은 다음과 같이 말했다. "[허치슨은] 신의 존재, 단일성, 완전성을 입증하기 위해 많은 사람이 인용해온 모든 형이상학적 논증의 정당성과 영향력에 대해 여전히 강한 의구심을 품고 있다." 그리고 이렇게 덧붙였다. "그런 시도는 절대적 확실성을 제안해 우리를 인도하기보다 우리의 정신을 의심과 불확실성이 가득한 상태로 이끌어 절대적으로 회의적인 시각을 가지게 한다."[29] 허치슨은 신학적 지식을 쌓을 수 있는 확실한 토대는 인간 본성과 자연 세계에 대한 연구뿐이라고 여겼다.

스미스는 대학에서 가장 저명한 학자 대부분의 수업을 들었다. 로버트 딕Robert Dick에게서 뉴턴Newton 물리학을 접하고 자연철학에 심취하게 됐다. 이단적 성향이 있는 신학과 교수의 조카인 위대한 수학자 로버트 심슨에게는 유클리드Euclid 기하학을 배웠고, 이 학문의 우아함과 명료함, "완벽하고 철저한 증명"에 감탄했다.[30] 스미스의 친구 아치볼드 매클레인Archibald Maclaine은 듀걸드 스튜어트에게 스미스가 대학에 다니는 동안 수학과 자연철학 연구를 가장 좋아했다고 전했다. 확실히 스미스는 평생 수학적 설명을 존중했다. 스튜어트는 "아버지[에든버러의 수학 교수 매슈 스튜어트Matthew Stewart]가 스미스에게 상당히 어려운 기하학적 문제를 상기시켰다. 두 분의 우정이 시작될 무렵 아버지가 몰두해 있던 문제였고, 유명한 심슨 박사가 아버지께 연습 삼아 풀어보라고 준 문제였다"라고 회상했다.[31] 여기에서 볼 수 있듯 유클리드 기하학은 스미스에게 인간 본성을 연구할 실험적 토대를 마련하는 데 중요한 통찰을 제공했다. 하지만 그가 자연철학과 수학에 관심을 가지게 된 데는 허치슨의 공이 가장 컸다. 스미스에게 고대와 근대의 도덕철학을 소개하고, 근대 세계에서 철학의 중요성에 대한 독특한 사고방식을 갖게 한 것도 바로 그였다. 뛰어난 철학적 지성을 바탕으로 헌신적으로 강의하는 그의 수업에서는 지적 즐거움을 찾을 수 있었고, 스미스는 그를 "잊을 수 없는 허치슨 박사"라고 묘사하기도 했다.[32] 허치슨은 18세기 초 영어권 국가에서 가장 열정적이고 존경받는, 혁신적인 철학 교수였다.

도덕철학 강좌교수로 임명되기 전 허치슨은 인간 본성의 원칙, 미덕의 본성, 사회성의 의미에 대한 통찰로 철학계에서 명성을 쌓고 있었다. 글래스고대학교 강의에서 그는 자기 철학의 정치적 의미를 연구하는 데 전념했으며, 그 덕분에 영국과 아메리카 대륙 식민지의 급진적인 휘그당에서 어마어마한 명성을 떨치게 됐다. 그는 더 폭넓은 주제도 연구했는데, 17세기 철학 프로젝트 중 가장 야심 찬 프로젝트가 된 새뮤얼 본 푸펜도르프Samuel von Pufendorf가 제시한 것이었다. 그는 인간 본성의 원리와 자연법칙의 원리를 통해 정부의 원리를 해석하고자 했다. 이 프로젝트는 17세기 후반부터 유럽 대부분의 유수 대학에 소개됐으며, 거숌 카마이클이 허치슨에게 소개하기도 했다. 정치적 의식이 있는 철학자라면 정부 사업과의 관련성을 높이 평가할 만한 프로젝트였지만, 허치슨은 이 프로젝트에 결함이 있으며 근본적인 구조를 대대적으로 개편해야 한다고 생각했다. 수정주의 정신이 충만했던 스미스는 곧 근대 철학에서 가장 강력하고 야심 찬 프로젝트를 접하게 된다.

푸펜도르프의 아이디어가 야심 차고 정치적인 사상가들에게 왜 그렇게 매력적이었는지는 쉽게 이해할 수 있다. 푸펜도르프는 공적 생활에서 철학이 얼마나 중요한지 깊이 깨닫고 있었다. 그 덕에 17세기 후반 유럽의 통치자들이 직면한 가장 어렵고 혼란스러운 정치적 문제를 해결했으며, 그중 몇 가지 문제를 해결하는 데 직접 나서기도 했다. 그는 16세기 후반의 종교 전쟁과 1618년부터 1648년까지 30년 전쟁이 지속되는 동안 어린 시절을 보내면서 내전과 종파 간의 극심한 갈등이 유럽 대부분 국가의 정치적 기반을 어떻게 훼손했는지 똑똑히 목격했다. 실제로 그의 생애 첫 기억은 고향 작센에서 종파 갈등으로 일어난 학살과 관련이 있다고 한다.[33] 그는 종교개혁 이후 유럽의 정치 생활을 집어삼킬 뻔했던 정치적 무정부 상태의 혼돈을 경험했으며, 어떻게 하면 신념과는 관계없이 한 국가의 국민이 공유하는 원칙을 기반으로 정치사회를 재건할 수 있을지 고민했다.

이는 쉬운 일이 아니었다. 홉스와 마찬가지로 그는 인간이 천성적으로 위험하며 비사회적이고 "비정치적인 동물"이라고 여겼으며 "불필요한 것에 대한 갈증", "(모든 악 중에서 가장 해로운) 야심", 그리고 "상처에 대한 즉각적인 분노와 복수에 대한 열렬한 욕망"으로 움직인다고 봤다.[34] 홉스처럼 철학, 정치, 정부 사업에 관심을 가졌던 그는 자연적으로는 통제할 수 없는 인간이라는 종이 도덕과 정의, 정부에 최우선으로 복종해야 할 필요성을 어떻게 이해하는지를 설명하고자 했다. 이런 의문에 대한 이해가 정치 생활과 사회적 삶의 기반이라고 생각했기 때문이다. 푸펜도르프는 인간이 정치적 군주에게 복종해야 할 필요성을 깨닫기 훨씬 전에 가정에서의 삶을 통해 자신의 타고난 약점을 인식하고 협력의 필요성을 느낀다고 생각했다. 그의 견해에 따르면, 시민사회는 홉스가 주장한 대로 두려움 때문에 형성되는 것이 아니라 "다른 인간에게 당할 위험이 있는 부상으로부터 가족을 보호하려는" 신중하고 조심스러우며 가부장적인 가장들이 맺은 계약의 산물이며, 사회의 미래 또한 사실상 이런 가장들의 행동에 달린 것이었다.[35]

그가 본 시민사회는 엄격하고, 권위주의적이며, 무미건조했다. 국민이 깨달은 정의에 대한 기본 개념은 그들의 욕구 및 야망과 끝없이 충돌했고, 그들을 통치하는 것은 통치자 대부분이 직면한 문제였다. 푸펜도르프는 대부분 국가에서 분란, 폭동, 내전이 고질적이라는 가정을 두고 연구했다. 그는 자신과 같은 학식 있는 고문과 적절한 교육을 받은 집정관을 갖춘 절대군주제를 통해서만 국가의 평화를 유지하고 국민이 사회적으로 행동하게 할 수 있다고 끊임없이 지적했다. 국왕과 국민이 권리와 자유를 두고 지속적으로 다퉈온 현대 영국처럼 혼란스러운 체제에서는 국가의 안정이 끊임없이 위협받는다는 것이었다. 이런 관점에서는 군주가 통치권을 가져서는 안 된다고 여기는 장로교보다 왕을 최고 수장으로 인정하는 루터교가 더 바람직하게 여겨졌다. 푸펜도르프 사상에서 반대파 교리는 불신해야 하는 대상이었으며, 과시적인 소비 탓에 탐욕과 욕망이 조장될 수 있다는 이유로 사치와 상업 역시 못마땅하게 여겨졌다. 그러나 신중한 관리를 통해 효율적으로 통제되는 학교와 대학이 존재하는 행운이 따른다면 군주는 "오랜 훈련을 통해 소수의 사람이 [시민의 의무를 수행하며] 꽤 바람직한 행동을 하도록 교육할 수 있고", "인간 대부분이 속하는 저속한 이들은 두려움으로 지배해야 한다"고 여겼다.[36]

애덤 스미스

그는 시민 계급이 인간 본성을 환멸에 가득 찬 시각으로 바라보고, 시민사회를 통해 인간을 하나로 묶을 필요성을 암울하고 금욕주의적으로 인식하며, 신에 대한 두려움을 간직하길 바랐다. 이런 시민들만이 정치권력자와 정의와 도덕을 존중하는 법을 배우고, 그것들이 그 자체로 자신들에게 적절하며 고결하고 경건한 시민으로서 가져야 할 의무라고 생각할 수 있기 때문이었다. 또한 시민들은 '안전해지려면 사회성을 갖춰야 한다'라는 기본적인 교훈도 배울 수 있었다.[37] 푸펜도르프의 도덕철학을 1648년 베스트팔렌 조약에 의한 불안정한 국제 평화 상태를 유지하는 문제를 다루는 철학적 정치인들의 반응으로 본다면, 그의 도덕철학의 정치적 목적은 국가의 생존을 보장하는 데 필요한 최소한의 사회성을 확보하는 것이었다.

그러나 18세기가 시작되면서 이런 암울한 자연법학 체계는 시대에 뒤떨어진 설득력 없는 주장으로 여겨졌다. 유럽 국가들의 체제는 이전과 달랐고, 계속 변화하고 있었다. 정부가 붕괴하거나 고질적인 내전 상태에 빠질지도 모른다는 두려움 대신 프랑스 제국주의에 대한 부담감이 자리를 잡았다. 상업과 세계적 제국이 확장되면서 국제 관계가 변화했고, 경제적 확장과 사치품이 국가의 정치적·도덕적 구조에 어떤 영향을 미치는지 같은 어려운 질문이 제기됐다. 푸펜도르프 체제의 기반이 됐던 원리에도 의문이 제기됐다. 스코틀랜드와 잉글랜드 철학자들은 절대군주제보다 명예혁명과 그 후속 조약으로 조성된 혼합 통치 구조와 입헌군주제가 사회적 행동을 촉진하기에 더 좋다고 확신했고, 온건파 신학자들은 신을 가혹하고 보복적인 존재로 보는 푸펜도르프의 루터교적 관점에 반발했다. 스미스에게 허치슨의 가르침이 중요했던 이유는 그가 이런 중요한 의문들에 대한 비판적인 관점뿐만 아니라 이런 의문 아래 자리한 사회성 자체의 본질과 인간 본성의 원칙에 관한 더 광범위하고 근본적인 질문을 제시했기 때문이다.

푸펜도르프에 대한 전면적이고 광범위한 허치슨의 비판에 학생들은 열광했을 것이다. 인간이 사회적으로 행동하는 이유가 단순히 군주나 신에 대한 두려움 때문이라고 말할 수 있을까? 푸펜도르프가 이야기한 이기적이고 신중하며 기회주의적인 본능보다 진실하고 지속할 수 있는 사회성이 인간 본성의 원칙에 더 깊은 뿌리를 두고 있는 것만은 확실했다. 부모나 주인, 군주의 권위가 계약에 근거한다는 푸펜도르프의 주장은 사실일까? 이는 인간의 본성과 문명화 과정을 위험할 정도로 편협하고 선택적으로 보는 관점이 아닐까? 더 나쁘게 생각한다면 인간 본성의 타락에 관한 암울한 신학적 가정을 바탕으로 인간 본성의 모든 측면을 왜곡해서 보는 것이 아닐까? '과학적'이라고 불리는 시대라면, 푸펜도르프의 날카로운 편집자인 장 바르비락Jean Barbyrac이 말했듯, 인간 본성과 사회성의 원리에 대한 연구를 실증적 토대 위에 두고 연구하는 새로운 도덕과학이 필요하지 않을까? 불안함으로 가득 찬 푸펜도르프의 세계를 훨씬 뛰어넘어 상업 사회로 발전하고 있는 문명의 필요에 맞게 정치·사회·정부의 기반이 되는 원칙을 설명할 때가 되지 않았을까?

인간 본성에 대한 푸펜도르프의 암울한 아우구스티누스적 견해를 허치슨은 끔찍하게 혐오했다.

— 우리는 [그런 도덕주의자들에게] 인간 본성의 밝은 면에 대해서는 아무것
도 듣지 못했다. 그들은 어떤 종류의 본능에 관해서도 이야기하지 않
는다. 인간이 서로 유대하게 하는 자연스러운 애정이나 타고난 애착,
연민, 동료애, 감사하는 마음, 우리 자신뿐만 아니라 모든 인류를 향한
호의를 품은 저술가들을 존경하고 사랑하려는 결심, 선한 행동에 대
해 다른 사람들에게 존경과 존중을 받을 때 느끼는 자연스러운 기쁨
같은 것들에 대해 이야기하지 않는다. 하지만 이 모든 것은 인간의 삶
에서 대단한 영향력을 발휘한다.[38]

허치슨은 우리가 자비롭고 이기적인 열정과 애정을 가지고 있다는
사실을 고려하며, 정부의 기능과 의무에 대해 푸펜도르프가 주장하
는 것과 매우 다른 이해를 제공하는 도덕 이론을 세우고자 했다. 그
의 사상은 섀프츠베리Shaftesbury 3대 백작의 이단적이고 영향력 있
는 저서《인간, 예절, 의견 및 시대의 특성Characteristicks of Men, Manners,
Opinions and Times》(1711)에서 출발했고, 인간은 자신의 관대한 애정에
따라 행동할 수 있다고 느낄 때 가장 만족하는, 고결하고 사회적이
며 본질적으로 '자비로운' 행위자라는 사실을 증명하려고 했다. 그
는 근대 사회의 풍파를 거치는 동안 청년들(그는 '성숙한 젊은이'라고 부르
기를 좋아했다)이 '마음의 언어'를 무시하고, 세상과 자신의 의무를 이
기적이고 냉소적으로 보게 됐다는 섀프츠베리의 견해에 동의했다.

또한 성숙한 젊은이가 아름다움·미덕·우정·인간애에 대한 사랑을 기르고, 이들에게서 얻을 수 있는 물질적 이득이라는 천박한 가치가 아니라 이들 본연의 가치를 평가함으로써 자비로운 자아를 발견할 수 있다는 것을 보여주는 섀프츠베리의 윤리에 관심을 기울였다. 그리고 이런 깨달음을 진실로 좋아하는 주변인들과 함께할 때만 얻을 수 있다고 믿었다.

무엇보다 허치슨은 이렇게 자신을 개발하는 동안 사회성, 애국심, 자유를 기를 수 있다는 섀프츠베리의 믿음에 동의했다. 그러나 허치슨에게 그의 윤리학은 너무 이단적이고 반기독교적이었다. 조직화된 종교가 파벌주의를 조장하고 인간의 타고난 사회적 능력을 훼손한다는 것이 섀프츠베리의 견해였기 때문이다. 더욱이 철학자로서 허치슨은 이기적인 열정과 자비로운 열정 사이의 관계에 대한 섀프츠베리의 분석이 확실하지 않다는 사실을 잘 알고 있었다. 이는 1711년 처음 출판됐고 1723년에 재출판되어 널리 알려진 《꿀벌의 우화Fable of the Bees》에서 버나드 맨더빌Bernard Mandeville이 매우 강력하게 입증한 약점이었다. 허치슨도 계몽주의를 철학적으로 재치 있게 풍자한 이 작품의 1723년 판을 더블린에서 읽었던 듯하다. 맨더빌은 허치슨이 무시할 수도, 수용할 수도 없었던 철학적 자극제였고, 스미스 역시 평생 맨더빌의 그림자에서 벗어나지 못했다.

《꿀벌의 우화》는 인간 본성의 어리석음을 신랄하게 풍자한 작품으로 사회적인 감정이 자애로움에서 나온다는 섀프츠베리의 주장을 냉소적으로 봤다. 가난한 저널리스트였던 맨더빌은 귀족이었던 섀프츠

애덤 스미스

베리의 이상주의적이고 현학적인 사고와 허세 가득한 문체에 평범한 시민다운 현실적 냉소주의와 일상적인 언어로 맞섰다. "이 고귀하신 작가(섀프츠베리 경의 성품을 두고 하는 말이다)는 단순히 인간의 본성에서 보고 싶은 것만 본다. 그리고 인간은 사회를 위해 만들어졌으므로 사회에 대해 친절한 애정을 품고 태어나며, 자신이 속한 사회의 복지를 추구하는 경향이 있다는 순진한 가정을 하고 있다." 그는 섀프츠베리의 그런 감상은 "인간에 대한 찬사다. 약간의 열정을 발휘해 우리가 인간의 고귀한 본성이 얼마나 존엄한가에 대한 '고결한 감상'에 젖게 할 수 있다면 현실이 될 수도 있다. 하지만 그런 감상은 진실이 아니니 얼마나 유감스러운가?"라며 냉소적으로 풍자했다.[39]

맨더빌에게 인간의 모든 욕망은 자비롭든 이기적이든 한 가지 목적을 가지고 있었다. 그 목적이란 그가 훗날 '자기애'라고 묘사한 감정과 자만심을 느끼는 데 기여하고 충족시키는 것이었다. 또한 "가장 이기적이고 의지가 강한 인간이라는 동물이 가장 사회적이고 유순하다"라는 인간 본성의 궁극적인 모순을 설명하는 요소 역시 자만심과 자만심의 단짝이라고 할 수 있는 수치심이었다.[40] 이 모순을 어떻게 설명해야 할까? 맨더빌에게는 이 문제가 인간이 어떻게 부모, 양육자, 스승, 친구, 특히 자만심과 자존감을 만족시키기 위해 욕망을 탐닉하는 것보다 억제하는 것이 낫다고 믿도록 사람들을 속이는 '빈틈없는 정치가'에 의해 '파산하는가'를 설명하는 문제였다. 또한 '아첨이라는 기술'에 관한 이야기이며, 다른 사람을 열심히 착취하는 동안 자기 또한 착취당하고 있었다는 사실을 발견하는 삶이라는 끝나지 않는 희극에 대한 이야기이고, 인간이 어떻게 자신에게 목줄을 달아 사회화되게 하는 문화와 언어라는 그물에 걸리는지에 관한 이야기이기도 했다. 젊은이들이 자비로운 애정이라고 부르는 것을 탐닉함으로써 사회성을 갖출 수 있다는 섀프츠베리의 주장을 그는 위험하고 터무니없다고 생각했다. 또한 "습관으로 굳어지면 다른 사람을 속이게 될 뿐 아니라 자기도 알아보지 못하는 완전한 위선"에 빠지게 한다는 점에서 윤리적으로도 외면당할 만한 주장이었다.[41] 이 주제에 대해 맨더빌이 직접 언급한 적은 없다. 그렇지만 아마도 그는 정숙한 생각을 하는 선량한 사람이라면 인간이 언제나 위선적으로 자신을 기만할 수 있다는 사실을 거리를 두어 냉소적으로 고찰하고, 교화적인 문화와 관습의 제약이 없더라도 친절한 이들에게 기꺼이 복종할 것이라고 제안했을 것이다.

맨더빌의 작품은 매우 뛰어난 사회적 분석이었다. 이야기는 문명화 과정에 대해 선구적인 설명을 제시하며 일상생활에서 남성과 여성(맨더빌은 남성뿐만 아니라 여성의 성격이 형성되는 과정에도 관심을 가졌다)은 맨더빌이 '욕구' 또는 '필요'라고 묘사한 것을 바탕으로 움직인다는 사실을 증명했다. 맨더빌 자신도 인식한 것처럼 그의 분석은 사회의 생존 능력이 달린 모든 문화적 제도, 가치 체계, 도덕과 정치, 철학과 기술, 기술·과학·상업의 발전, 심지어는 언어까지도 인간의 욕구와 사회적 승인에 대한 갈망으로, 자신을 존중하는 행동이 고결하며 공동체에 이익을 가져다준다는 멸시받을 만한 망상으로 움직인다는 것을 보여줬다.

애덤 스미스

── 그러니 악은 이롭다.

정의의 울타리 안에서,

아니, 위대한 민중이 있는 곳에서,

국가가 필요로 하듯,

굶주림이 먹을 것을 찾게 하듯.

국가는 미덕만으로 살아남지 못하며,

황금기를 되찾으려거든

민중은 도토리처럼

자유롭고 정직해야 한다.[42]


스미스는 인간 본성과 그에 내재된 문명에 대한 인류의 진화적 본성을 연구하는 접근 방식의 역사성을 예리하게 인식했다. 그러나 그의 스승 허치슨이 충격을 받은 이유는 따로 있었다. 동시대 비평가들과 마찬가지로 맨더빌의 냉소주의에 큰 충격을 받았다. 인간의 모든 행동이 자만심에서 비롯된다는 주장 때문은 아니었다. 정통 기독교인들에게 그런 주장은 성 오거스틴과 그의 제자들을 통해 잘 알려져 있었다. 마찬가지로 선택받고 헌신하는 소수가 자신의 욕구를 통제하는 방법을 배우게 한다는 이성의 미약한 불꽃이 존재함을 맨더빌이 믿지 않는다는 사실 때문도 아니었다. 허치슨을 놀라게 한 주장은 가치관, 미덕, 나아가 정의와 자유에 절대적 기준이 존재한다는 우리의 믿음이 끊임없이 자기를 기만하고 위선을 부리는 능력의 산물이자 단순한 망상일 뿐이며, 타고난 타락적 본성을 가리기 위해 만들어지는 이런 망상을 통해 인간은 삶을 경멸하면서도 인내하게 된다는 주장이었다. 허치슨이 명확하게 느꼈듯, 《꿀벌의 우화》는 시민들이 자신과 타인의 동기를 불신하도록 부추겨 신뢰, 질서, 자유의 바탕이 되는 우정과 사회성이라는 자연스러운 감정을 훼손하는 진정한 도덕철학에 대한 치명적 위협이었다.

허치슨은 이런 냉소주의에 큰 충격을 받았고, 글을 쓰고 강의를 하는 동안 계속해서 그를 언급했다. 그는 맨더빌이 철학자 중 가장 위험한 인물이며 "이익 외에 다른 승인의 원칙을 인용하는 대신 '자기애'라는 한 가지 요소로 돌려막는다"라고 언급하기도 했다.[43] 허치슨은 인간 행동에 대한 자비로운 애정의 중요성을 입증할 새로운 방법을 찾아 자비롭게 행동하는 경향이 있는 사회는 더 높은 수준의 자기 통제가 가능하므로 절대적인 군주의 관심을 필요로 하지 않는다는 것을 증명하고자 했다. 이 프로젝트를 통해 그는 이기적인 욕구와 자비로운 욕구의 관계, 문명화 과정을 고찰했다. 게다가 섀프츠베리의 악명 높은 이단적 자연신학을 반박할 수 있었다. 그는 더블린에서 〈인콰이어리Enquiries〉를 통해 이 프로젝트의 기반을 다졌으며 이를 통해 철학적 명성을 얻었다. 글래스고에서는 이 프로젝트에 내포된 윤리적·정치적 의미를 발전시켰다. 스미스는 허치슨의 이런 철학적 행보에 문제의 소지가 있다고 생각했지만, 두고두고 이 프로젝트를 기억했다.

허치슨은 근대 철학의 자원을 사용하여 고대인의 윤리를 다시 세우고 근대 철학의 냉소적인 오류를 완전히 걷어낼 수 있는 사회성과 미덕에 관한 이론을 개발하고자 했다. 그는 인간이 자신의 욕구와 관심을 돌아보고 사회적 행동 능력의 궁극적 바탕인 도덕과 정의, 정치적 충성을 이해하기 시작하는 환경에 관심을 가졌다. 이를 밝혀 내기 위해서는 사회적 상호작용의 과정과 도덕이 필요한 상황에서 우리가 배우와 관객으로서 행동하는 방식을 생각해야 했다.

허치슨은 인간을 자연적으로 탐구하는 행위자로 봤다. 우리는 다른 사람들의 동기에 관심을 가지도록 태어났으며, 자연적으로 고결해 보이는 행동을 인정하고 악해 보이는 행동은 거부한다는 것이다. 물론 첫 번째 판단은 잘못된 것일 수 있으며 다른 사람의 동기는 원래 생각했던 것보다 모호할 수 있다.

하지만 허치슨은 우리가 상대방의 동기에 대한 새로운 증거를 찾았을 때 얼마나 신속하고 본능적으로 도덕적 반응을 조정하는지, 상대방에 대한 감정이 얼마나 쉽게 바뀔 수 있는지를 깨닫고 큰 충격을 받았다. 그는 우리가 타인의 도덕적 행동을 판단할 때, 그런 행동을 유발했을 자비의 정도를 측정한다는 것을 증명하는 데 어려움을 겪었다. 그리고 타인의 행동으로 이익을 얻는 사람의 숫자가 늘면 그 사람에 대한 우리의 인정과 애정도 자연스럽게 증가한다는 사실에 적잖이 놀랐다. 이런 발견을 통해 그는 '자비로운' 행동과 '이기적인' 행동에 대한 인간의 태도가 근대 도덕주의자들이 생각했던 것보다 복잡하다는 것을 보여줬다. 우리는 가족의 재정 문제를 신중하게 처리하는 충실한 남편을 자연스럽게 인정하고 존경할 것이며, 그런 행동을 하는 그를 고결하다고 생각할 수도 있을 것이다. 같은 맥락에서 우리는 가족과 친구들을 위협하는 신중하지 못한 관대함을 악하다고 생각할 것이다. 이런 결론은 다음과 같은 사실을 보여줬다. "자기애는 자비와 마찬가지로 전체의 이익에 필요하며, 사람들을 응집시키는 매력은 전체의 상태를 안정적으로 유지하는 데 중력만큼이나 필요한 존재다. 이렇게 추가적인 동기가 없다면 자기애는 일반적으로 자비로운 행동에 반할 것이며, 악의와 같아지거나 악의에서 비롯된 행동만큼 악한 영향을 미친다."[44]

허치슨의 분석에서 강점은 우리의 도덕적 성격을 형성하는 사회성 교육과 도덕적 행동이 이성이나 이익에 대한 측정으로 통제할 수 없는 과정에 따라 결정된다는 사실을 명백하게 증명한 데 있다.

— 우리 이성의 나약함, 타고난 허약함과 궁핍에서 비롯되는 행위는 너무나 거대해서 행위자에게 어떤 행동은 전체에 유리하고 반대의 경우에는 해롭다는 것을 보여주는 이성에 대한 추론을 끈기 있게 해온 사람이 거의 없을 정도다. 자연의 창조자는 우리에게 신체를 보존하려는 본능을 줬듯, 우리가 고결한 행동을 하도록 신속하고 강력한 가르침을 주어 도덕주의자들이 상상하는 것보다 우리를 더 잘 단련시켰다.[45]

그는 완벽하게 자신을 개발한 도덕적 행위자의 '자연스러운 마음속 감정'은 규칙적이고 체계적인 방식으로 작동하며 관습이나 교육과는 거의 관련이 없다고 봤다. 그리고 이런 감정이 인간 본성 자체의 구조와 밀접하게 연결된 내적 메커니즘으로 통제된다고 생각했다.[46] 이

메커니즘이 바로 그가 이야기해 논란을 불러일으킨 도덕감각이다. 도덕감각은 지금까지도 그 속성이 계속 논의되고 있는 인간 본성의 명백한 역량이다. 중력의 원리로 자연 질서의 원리를 설명했던 뉴턴과 같은 방식으로 허치슨은 도덕감각을 통해 우주 도덕질서의 원리를 설명했다. 이를 바탕으로 그는 "모든 것은 조화를 이룰 수 있다"라고 주장했다.[47]

이는 오래된 스토아학파의 격언에 새로운 철학적 생명력을 불어넣을 수 있는 결론이었다. 그러나 이런 결론은 정치 생활에 대한 허치슨의 사상에 지대한 영향을 미친 의문들을 제기했다. 그는 자신의 사상이 주관적이라는 사실을 충분히 인식하고 있었다. 타인의 동기를 정확히 해석했다고 어떻게 확신할 수 있을까? 단지 고결한 것으로 보이는 행동을 받아들이는 우리의 도덕감각이 옳았다고 어떻게 확신할 수 있을까? 이것은 미덕과 악덕에 대한 절대적 기준이 없다는 것을 드러내는 게 아닐까? 맨더빌의 주장처럼 사회성은 단지 관습의 문제라는 뜻일까? 그렇다면 맨더빌의 주장에 따라 남을 판단하지 않으면서 도덕주의자가 왈가왈부하기에 미덕은 너무 사적인 문제라고 생각하는 것이 더 낫지 않을까?

하지만 허치슨에게 그런 결론은 모든 인간 본능 중 가장 자연스러운 본능과 인간의 성격을 이해할 수 있게 해주는 자질을 억압하는 것이었다. 그는 시민들이 자유롭게 도덕적 호기심을 탐닉하고 자연적인 가치관으로 다른 사람의 행동을 판단할 수 있어야 한다고 생각했다. 그러면 각자 다른 도덕적 가치관을 가진 사람들이 타인의 도덕적 행동을 판단하는 가장 좋은 방법은 타인의 행동이 대중에게 온전한 사랑을 제공했다는 증거를 확인하는 것이라는 데 모든 시민들이 동의하리라고 봤다. 관용과 자비를 기반으로 세워진 국가는 도덕감각으로 지배될 것이라는 의미였다. 이는 허치슨이 인간의 자비에 대한 찬가를 작곡하는 데 영감을 준 관점이었다.

— 자기애에서 비롯된 장애물을 제거할 수만 있다면 본성에 따라 우리는 자비를 향하게 될 것이다. 과도한 이기심에서 비롯된 고통과 모든 열정을 이해하면 자기애가 우리의 타고난 자비로운 성향을 저해하는 것을 멈출 수 있으며, 이 고귀한 성향이 이익에 대한 그릇된 관점과 무지의 속박에서 벗어날 때 결국 자기애의 도움으로 도덕적인 성품을 갖출 수 있다. 그런 다음 인간은 인간사에 대한 성찰을 통해 어떤 행동이 보편적 선을 가장 효과적으로 도모했는지, 보편적 규칙 또는 원칙이 무엇인지, 어떤 환경에서 그들의 근거가 변하며 어떤 환경에서 예외를 인정함으로써 우리의 선한 성향이 인류의 이익에 합당한 지식과 이성으로 인도될 수 있도록 하는지 고민하게 된다.[48]

허치슨은 글래스고 정치사회에 대한 매우 독특한 관점을 연구해 스미스의 재학 시절 동안 두 권의 책을 발간했다. 첫 번째 저서는 1742년 《도덕철학에 대한 짧은 소개A Short Introduction to Moral Philosophy》라는 제목으로 출판됐다. 두 번째 책은 잊혔다가 그가 사망한 후인 1755년 그의 아들이 《도덕철학의 체계A System of Moral Philosophy》라는 제목으로 출

판했다. 허치슨 본인은 이 책을 "정리되지 않아 뒤죽박죽인 책"이라고 생각했다.[49]

정치사회에 대한 그의 견해는 확실히 독특하고 참신했으며, 근대 철학의 자원을 사용하여 급진적 휘그 정치사상 같은 옛 사상을 부활시켰다고 볼 수 있다. 그는 시민들이 도덕감각을 통해 자신의 권리와 정치적 의무를 어떻게 배우는지를 보여줬고, 이를 통해 정치사회가 기반으로 하는 원칙에 대해 푸펜도르프가 주장한 '악명 높은 계약 시스템'보다 자연스러운 설명을 할 수 있게 됐다고 주장했다.

이는 단순히 낡은 이념을 새로운 이론으로 되살리는 문제가 아니었다. 권위주의적인 제도에 얽매이고 당파정치에 대한 두려움에 가득 찬 인간 본성에 냉소적인 관점을 가진 시민들은 자신의 권리에 대해 편협하고 부분적인 견해를 갖게 될 것이며, 그러면 논쟁을 일삼으며 분열되고 만다.

이와 대조적으로 허치슨이 주장한 자유로운 체제에서는 사회와 창조주를 향한 시민들의 도덕감각과 애정으로 통제되는 시민사회를 발전시킬 수 있다. 이런 사회는 달갑지 않은 군주에게 저항할 권리가 있다는 것을 시민들이 인식하며 종교적 관용이 보장되는, 탐욕스럽고 막강한 영주로부터 소지주와 소작농이 보호되는 입헌군주제의 모습을 갖추게 될 것이다. 이 사회에서는 상인들이 적당한 이윤을 위해 거래하고 산업을 발전시키며 고용을 늘리려는 열정이 동기가 될 것이다. 또한 완벽한 사회의 바탕인 자선 활동과 올바른 풍속이 확산되도록 장려함으로써 미덕에 대한 시민의 능력을 키울 것이다. 그럼으로써 모든 사람에게 창조주에 대한 이해와 사랑을 자아내는 넓은 의미의 '창조'에 대한 관점을 제공할 수 있을 것이다. 미덕을 바탕으로 한 모든 행위의 궁극적인 원동력은 푸펜도르프가 주장하는 양심이 아니라 신에 대한 고결하고 차별적인 사랑이기 때문이다.

대부분 이전 세기의 급진적인 휘그당에서 영감을 받은 허치슨의 정치사상을 글래스고대학교의 학생들은 구식이라고 생각했을 것이다. 달갑지 않은 왕에게 저항할 권리가 있다는 놀랍도록 급진적인 사고는 앨저넌 시드니Algernon Sidney의 공화주의와 국민이 원할 때마다 새로운 통치자를 세울 수 있다는 조지 뷰캐넌Georgy Buchanan의 견해와 닮았다. 이전 세대의 급진파와 마찬가지로 그는 과두정치의 위협을 억제하기 위해서는 농업법을 마련하고 자주 선거를 실시해야 한다고 주장했다. 또한 자유로운 사회를 유지할 수 있느냐 아니냐는 중산층, 특히 젠트리 계층에 달렸다고 믿었다. 젠트리 계층은 과도한 부나 빈곤으로 부패하지 않았으며, 그가 심취해 있던 기독교 및 스토아학파적 계몽주의의 가치를 공유할 능력을 갖췄다고 생각했기 때문이다.

스미스는 허치슨에게서 철학을 배우며 영감도 얻곤 했다. 허치슨의 도덕철학을 통해 그는 지속적으로 중요하게 여겼던 핵심적인 문제를 생각하기 시작했다. 홉스, 푸펜도르프, 허치슨과 마찬가지로 수사학·법학·윤리학·정치경제학에 대한 스미스의 관심은 사회, 문명의 발전, 문명화 과정을 촉진하는 정부의 역할에 대한 이해의 기반이 되는 사회성과 사회 교류 과정에 대한 질문으로 돌아갔다. 도덕감각의 작용에 대한 허치슨의 세밀하고 절묘한 분석을 통해 스미스는 사회성 및 사회에 대한 연구는 일상에서 경험할 수 있는 사회적 상호작용 과정에서 시작되어야 한다는 사실을 깨달았다. 또한 사회적으로 생활하는 능력의 기반이 되는 정의, 정치적 의무와 도덕성의 기원에 대한 고전적이고 근본적인 질문을 다시 검토해야 한다는 사실도 알게 됐다. 도덕성에 대한 자기 생각이 옳다는 것을 확신하고자 하는 시민의 욕구에 대한 관심과 사회적이면서 고결한 사회의 발전을 도모하는 정부의 의무에 대한 관심은 도덕적·지적 욕구를 만족시키려는 끊임없는 욕망과 사회적 존재에 생기를 불어넣는 물질적 욕구 사이의 관계에 대해 심오한 질문을 던졌다. 이 역시 스미스가 생애에 걸쳐 고민한 주제였다.

그러나 스미스는 인간 본성과 신의 본질적인 자비라는 개념이 철학적이지 않다고 생각했으며, 이에 대한 확신에서 비롯된 도덕감각이 실재한다는 허치슨의 믿음에 절대 동의할 수 없었다.

스미스는 시민을 자애롭고 고결한 존재로 그리는 허치슨의 견해가 사회성에 대한 일반 이론의 근거로 삼기에는 너무 신비롭다고 생각했다. 무엇보다 푸펜도르프의 사상과 급진적인 휘그당이 설득력을 얻었던 17세기를 상기시키며 자비로움과 이기심 같은 인간 본성에 대한 불필요해진 논쟁을 되새기게 하는 허치슨의 견해에 역사적인 통찰이 부족하다고 생각했을 것이다.

역사를 중시했던 에든버러의 여느 지식인과 달리, 허치슨은 세상의 변화가 유럽의 국가 체제와 맨더빌이 그토록 훌륭하게 풍자한 상업의 변혁적 힘을 압도하고 있다는 사실을 그다지 심각하게 인식하지 않았던 모양이다. 편안한 삶을 누리는 시민의 도덕적 생활은 민감하게 관찰했지만, 정치권력의 본질이 변하고 있다는 사실이나 근대 세계의 정부가 마주한 문제들에는 놀라울 정도로 둔감했다는 것이 그의 약점이라고 할 수 있다. 훗날 스미스는 푸펜도르프가 연구한 이런 주제들에 다시 관심을 기울이게 됐다.

Adam Smith:
An Enlightened Life

3장
—

# 옥스퍼드대학교와
# 흄

스미스는 학기가 끝나기 직전인 1740년 5월에 글래스고를 떠났다. 그는 확실히 "나쁜[약화된] 습관이 있었고 외모는 불량했으며 말주변도 없었다. 자주 공상을 하느라 멍해 보이기 일쑤였고 심지어 멍청해 보일 때도 있었지만" 그럼에도 좋은 평가를 받았다. 그리스어 교수는 그를 "우리 학교의 여느 학생처럼 매우 훌륭한 학생"이라고 평가하기도 했다.[1] 그는 어머니도 만나고 옥스퍼드에 오래 머물 준비도 할 겸 커콜디를 방문했다. 당시 그는 스넬 장학생으로 선발된 상태였고, 이 제도를 통해 연간 40파운드를 받으며 베일리얼칼리지에서 최대 11년을 보낼 수 있었다.[2]

스미스는 옥스퍼드로 떠나면서 큰 기대를 하지 않았다. 그가 살았던 커콜디와 글래스고의 혁신 휘그당원들은 옥스퍼드대학교를 성공회에 열광하는 자코바이트주의자들의 온상이자 학문적으로 무능한 교육기관의 전형이라고 생각했다. 옥스퍼드를 날카롭게 비평하기로 유명한 니컬러스 앰허스트Nicholas Amhurst는 1721년 "휘그당원끼리 또는 토리당원끼리 반목하고, 석사들이 박사 및 대학 수뇌부에 맞서고, 수석 펠로들과 주니어 펠로들이 맞서고, 대학끼리 대립하는가 하면 대학 내에서도 갈등이 발생하곤 한다"라고 썼다. 설상가상으로 이 시기는 옥스퍼드의 교육과 학문에 대한 낮은 평판이 국가적 스캔들로 떠오르고 있었다. 휘그 언론에서 교수들은 밤낮으로 먹고 마시고 잠만 자며 후배들을 속이는 게으르고 무식하며 음흉한 인물로 그려져 국민적인 조롱거리가 됐다.[3] 역사학과 흠정교수(왕실이 인정한 명예교수-옮긴이)였던 데이비드 그레고리David Gregory는 "선조들이 정한 규칙을 고수하고 이제까지 가르쳐온 오래된 교육 방식에 여전히 크게 의존하며 다른 대안을 찾지 않았기 때문에 커리큘럼에 약간의 결함이 생겼다"라고 밝혔다.[4]

옥스퍼드대학교 역시 세기 초 수십 년 동안 스코틀랜드의 대학들을 긴장하게 했던 왕실 시찰의 부담을 안고 있었다. 하지만 용케 정부의 간섭에서 멀리 떨어져 지내며 치욕스러운 학문적 명성을 보전할 수 있었다. 이에 에그몬트Egmont 경은 옥스퍼드 시스템이 "펠로들을 게으르게 하지만, 자신들의 상황에서 고난을 맛보고 대학 생활에 대한 전망이 사라지면 세상 밖으로 나갈 궁리를 열심히 하게 될 것"이라고 말했으며, 그와 비슷한 급진적 휘그당원들도 분노했다. 베일리얼칼리지에서 6년을 보낸 스미스도 그의 말에 동의했을 것이다.[5] 《국부론》에서 그 역시 휘그식 표현을 빌려 이런 약점을 통해 그가 경멸했던, 스코틀랜드의 체계와는 놀라울 정도로 대조되는 옥스퍼드대학교의 체계적 실패를 엿볼 수 있다고 주장했다. 학생들의 수업료가 아닌 월급으로 생활하던 옥스퍼드대학교의 교수들의 행태에 관해 스미스는 다음과 같이 언급했다.

— 이럴 때 교수들은 자기 의무와는 가능한 한 반대로 행동하게 된다. 인간이라면 누구나 편안하게 살고 싶어 한다. 노동력이 많이 드는 일을 하거나 보수가 정확히 같다면 더더욱 그렇다. 그들은 통상적인 이익을 얻기 위해 자신의 의무를 완전히 무시하거나 혹은 그렇게 하는 것이 허락되지 않는다면 가능한 한 가장 부주의하고 방종한 방식으로 자신의 의무를 수행할 것이다. 선천적으로 활동하기를 좋아하는 사람이라면 자신이 관심을 둔 활동을 할 수도 있을 것이다. 아무 이점도 얻을 수 없는 의무를 다하느니 관심 있는 활동을 하면 어떤 식으로든 얻는 게 있을 테니까. (…) 옥스퍼드의 일반 교수 대부분은 최근 수년 동안 가르치는 척조차 하지 않게 됐다.[6]

옥스퍼드의 역사가들은 당파정치에서 비롯된 이런 묘사가 대학의 약점을 과장하며, 인정받지 못하는 구식 커리큘럼으로나마 열심히 가르치려 했던 이들의 노력을 깎아내린다고 불평해왔다. 그러나 적어도 스미스는 옥스퍼드대학교나 베일리얼칼리지에서 가르치는 방식을 통해 많은 것을 배운 것 같지는 않아 보인다. 연구생들 역시 특징이랄 게 없는 그저 그런 학생을 모아놓은 수준이었다. 스미스의 친구 중에는 지도교수의 감독 덕분에 많은 것을 배웠다고 말한 이도 있었지만, 학생들에게서 등록금만 뜯어가며 전혀 가르치지 않는 것으로 악명 높은 교수를 견뎌야 했다는 친구도 있었다. 또 다른 친구 매슈 비티Matthew Beattie는 교수를 좋아하기는 했지만 교육은 대부분 자기주도학습으로 이뤄졌다고 밝혔다.[7]

애덤 스미스

또한 대학이 자코바이트 성향이 짙었던 탓에 학구적인 휘그 장로파 학생들에게는 특히 좋은 곳이 아니었다. 베일리얼칼리지의 조건부 펠로십과 지역 로열티 프로그램은 토리당 자코바이트 성향이 강한 잉글랜드 남서부 카운티와 연계되어 있었다. 예컨대 1688년 연구원생 다섯 명이 선서 거부자(혁명 후 윌리엄 왕과 메리 여왕에 대한 신종 서약을 거부한 이들을 일컫는다-옮긴이)라는 이유로 퇴학당했다. 그리고 1745년에는 베일리얼 학장이 하노버 왕가에 대한 지역의 충성심을 보여주기 위해 조직된 옥스퍼드협회에 가입하기를 거부하기도 했다(윌리엄 왕과 메리 여왕은 스튜어트 왕조다-옮긴이).

설상가상으로 베일리얼칼리지는 스넬 장학생들을 특별히 환대하지 않았다. 글래스고대학교와 베일리얼칼리지는 스넬 장학 제도를 놓고 불화를 빚어왔다. 이 제도는 매년 12명의 스코틀랜드 대학생들이 최대 11년 동안 베일리얼칼리지에서 공부할 수 있도록 존 스넬John Snell이 기증한 유산으로 1677년에 시작됐다. 그러나 스넬의 유언은 내용이 상당히 모호했고, 그중에서도 장학생 선발 조건에는 '잉글랜드 성공회에서 신품 성사를 읽을 준비가 됐으며 스코틀랜드에서 성공회에 가입할 준비가 된 자'라는 조항이 있었다. 이 조항은 스미스가 장학생으로 선발되기 2년 전인 1738년 삭제됐다. 베일리얼칼리지는 장학생을 선발하지 않고 재단 자산을 학교 자체 목적으로 사용한다는 비판을 받아왔으며, 부당한 대우를 받고 있다는 장학생들의 불평도 끊이지 않았다. 실제로 1744년에는 학생들이 글래스고대학교 평의회에 베일리얼칼리지에서 부당한 대우를 받고 형편없는 기숙사 방에 방치됐다며 진정서를 내기도 했다. 당시 베일리얼칼리지 사감은 스코틀랜드 학생들이 "학교를 그렇게도 싫어한다면" 전학을 가는 것이 나을 거라고 응수했다.[8]

그렇다면 스미스는 옥스퍼드대학교에서 무엇을 원했을까? 듀걸드 스튜어트는 스미스가 잉글랜드 성공회에서 경력을 쌓을 준비를 하고 있었다고 생각했지만, "종교 문제에서 그는 일찍이 볼테르의 제자가 됐다"라고 보는 현대적 견해를 고려하면 스미스는 그럴 생각이 없었던 것으로 보인다.[9] 아들의 법정 후견인이자 아가일 공작의 비서였던 윌리엄 스미스William Smith와 오즈월드의 조언을 통해 마거릿 스미스는 스넬 장학 제도가 아들에게 어떤 성과를 이뤄낼 시간을 주리라고 생각했을 것이다. 귀족 집안의 가정교사가 되거나 어쩌면 스코틀랜드에서 교수직을 맡을 수 있으리라고 기대했을 것이다. 게다가 윌리엄 스미스는 아가일 가문의 저택이 있는 옥스퍼드셔 애더버리에 살고 있었고, 스미스를 가까이에서 지켜볼 수 있을 뿐만 아니라 공작에게 소개해줄 수도 있었다. 어쨌든 스미스가 옥스퍼드에 도착한 직후 그의 후견인에게 보낸 첫 번째 편지를 보면 그가 앞으로 펼쳐질 미래에 관해 거의 환상을 품고 있지 않았다는 사실을 알 수 있다.

——— 1740년 8월 24일, 옥스퍼드

선생님.

어제 보내주신 편지에 동봉된 16파운드를 받았습니다. 그저 감사할 따름입니다. 하지만 그보다 제게 기꺼이 해주신 값진 조언에 훨씬 더 감사드립니다. 대학 생활을 하면서 앞으로 어떤 해보다 이번 해에 지출이 많을 것 같아 걱정이 됩니다. 입학하는 해에 학교에 내야만 하는 유별나게 사치스러운 학비 때문이지요. 옥스퍼드에서 공부를 너무 열심히 해서 건강을 해치는 사람이 있다면 그 책임은 온전히 그 자신에게 있을 것입니다. 여기에서 할 일이라고는 하루에 두 번 기도하고 일주일에 두 번 강의를 들으러 가는 것뿐이니까요.

존경을 담아,

애덤 스미스 올림[10]

스미스는 옥스퍼드 시절에 대해 매우 말을 아꼈다. 이 시기에 주고받은 편지 중 현재까지 전해지는 것은 간결한 편지 세 통뿐이다. 그중 하나가 어머니에게 쓴 것인데 편지를 자주 쓰지 않아 죄송하다는 내용이 담겨 있다(그는 어머니에게 자주 사과하곤 했다). 1744년 7월의 편지에서 그는 다음과 같이 썼다. "더 자주 편지를 쓰지 못한 것에 대해 변명의 여지가 없습니다. 매일 어머니를 생각하지만 항상 우편물 수거 시간이 지날 때까지 편지 쓰는 것을 미루게 됩니다. 일이 있거나 친구와 함께 있을 때도 있지만 대부분은 제 게으름 때문입니다."[11]

베일리얼칼리지의 기숙사 비용 장부를 참고하면 스미스는 거의 계속 학교 기숙사에서 지내면서 스넬 장학금과 1742년부터 워너 장학금을 통해 매년 추가 지급된 8파운드 5실링, 그리고 가족이 정기적으로 보내주는 돈으로 소박하지만 꽤 편안하게 살았던 것으로 보인다. 스미스가 어떤 강의를 들었는지는 알 수 없으며, 심지어 지도교수의

**아가일 공작**
'스코틀랜드의 왕관 없는 왕'으로 불리기도 했던 아일레이 백작이자 3대 아가일 공작이었던
아치볼드는 비공식적으로 학교를 후원했다(초상화는 앨런 램지의 작품이다). 그는 대학 행정
을 꾸준하고 신중하게 지켜보면서 대학에 필요한 의제를 현대화시키는 데도 깊이 관여했다.
그의 비서였던 윌리엄 스미스는 애덤 스미스의 후견인이었다.

이름조차 알려지지 않았다. 그가 어떤 책을 읽고 어떤 도서관에 출입했는지도 알려지지 않았다. 평생 책을 사랑했던 그는 아마도 형편이 될 때마다 책을 샀을 것이다. 어쩌면 옥스퍼드만이 아니라 에든버러의 서점에서 우편 주문을 했을 수도 있다. 하지만 도서관을 이용하는 데는 어려움이 있었을 것이다. 베일리얼칼리지의 학부 도서관은 스미스가 찾는 책을 가지고 있지 않았을 것이고, 대도서관과 보들리안 도서관은 문학 석사 이상에게만 공개되어 있었다. 다만 친절한 교수들이 그를 대신해 책을 빌려줬을 가능성은 있다. 가장 그럴듯한 추측은 윌리엄 스미스가 옥스퍼드에서 약 30킬로미터 떨어진 애더버리에 있는 훌륭한 도서관을 사용할 수 있게 해줬으리라는 것이다.

하지만 스미스는 배우기 위해 옥스퍼드에 간 것이 아니었다. 그는 글래스고대학교의 교육과 물리적·시간적 거리를 두면서 자기만의 관심사를 발전시키고자 했고, 이를 실현했다. 스튜어트에 따르면 스미스는 이 시기에 정치, 순문학, 이념사, '사회의 발전'에 관한 관심을 지속적으로 발전시켰다.

──— 모든 분야에서 인간 본성에 관한 연구, 구체적으로 이야기하면 인류의 정치사에 관한 연구는 애덤 스미스의 호기심과 야망의 지평을 무한대로 넓혀줬다. 이 분야는 그의 다재다능함과 종합적인 천재성을 모두 발휘할 기회를 제공하는 한편, 사회의 행복과 발전에 기여하고자 하는 열정도 만족시켰다. 한가할 때면 덜 복잡한 순문학을 연구한

덕분에 이 연구는 더욱 다각화됐는데, 애덤 스미스는 옥스퍼드로 떠난 이후부터 이 연구에 줄곧 열정을 다한 것으로 보인다. 그 후에도 연구에 대한 애정은 계속됐고, 나이를 먹은 후에도 젊은 시절 얻은 지식을 간직하고 있었다. 그의 기억은 대화를 더욱 풍요롭게 했을 뿐만 아니라 발견의 연결성과 순서를 가장 잘 추적할 수 있는 과학의 역사를 통해 진리를 탐구하는 정신의 자연적 진보에 관한, 그가 가장 좋아하던 이론에 예시를 제공해줬다.[12]

그가 고대와 근대 세계의 정치 구성을 다룬 동시대 문학에 대해 거의 백과사전과 같은 지식을 습득하기 시작한 것도, 다른 시대의 다른 시절에 살았던 사람들의 예절과 관습에 주목하는 연구에 대한 평생의 관심을 발전시킨 것도 옥스퍼드 시절일 것이다. 특히 지난 세기에 프랑스에서 발전한 인간 본성의 원칙에 관한 방대하고 복잡한 자료를 접한 것도 이 시기였다. 훗날 애덤 스미스는 혼자 프랑스어를 공부한 일을 회상하기도 했는데, 아마도 커콜디에서 데이비드 밀러에게 라틴어와 그리스어를 배울 때처럼 프랑스어를 영어로 번역하고 다시 프랑스어로 번역하는 방식을 사용했던 것 같다.[13]

　고대 철학과 근대 철학을 회의적으로 비평한 피에르 벨Pierre Bayle의 《역사 및 비평 사전Dictionnaire Historique et Critique》(1696)은 진지한 젊은 철학자에게 필수적인 자료였다. 데카르트Descartes, 말브랑슈, 파스칼Pascal, 라 로슈푸코La Rochefoucauld, 러신Racine, 마리보Marivaux를 통해 그는 최근까지 프랑스 철학과 문학의 바탕이 됐으며 푸펜도르프와 맨더빌이 고민했던 인간 본성에 대한 어둡고 복잡한 아우구스티누스주의적 관점을 자세히 파악할 수 있었다. 이는 인간 본성의 나약함, 이성의 약점, 상상의 기만적인 힘, 격정적인 열정, 부패한 세상에서 종교에 기대지 않고 고결하게 살아가는 삶의 어려움을 강조하는 관점이었다. 허치슨과 마찬가지로 스미스는 인간 본성에 대한 이런 견해가 적절하지 않으며 어리석다고까지 생각했다.《도덕감정론》에서 스미스는 자유사상가로서 도덕적 구별moral distinctions의 실상을 부정하는 라 로슈푸코의 견해를 겉보기에는 그럴듯하고 우아하지만 간악하기 짝이 없다고 묘사했다(훗날 그는 자신이 알고 지내며 좋아했던 라 로슈푸코 공작의 항의를 존중하여 이 발언을 철회했다).[14] 그는 인간의 비참함의 본질에 대한 파스칼의 감성적 분석을 "징징대는 도덕주의자"의 연구라고 평가했다.[15] 이런 분석에서 그가 중요하게 여긴 것은 인간 본성에 대한 연구에 적용된 미묘한 심리적 요소들과 끊임없이 발생하는 심리적 욕구의 복잡성에 대한 철학자들의 통찰력이었다.

이런 작가들은 지적이고 학식이 높은, 좋은 가문에서 태어난 엘리트 계급을 위해 글을 쓴 것으로 잘 알려져 있다. 이들이 다소 난해한 자기들만의 세계를 넘어 부와 권력, 자만심, 자존감을 쫓는 평범한 시민들의 세계를 들여다보는 일은 거의 없었다. 어쩌면 맨더빌과 스미스가 알고 있었을 한 소논문에서 피에르 니콜Pierre Nicole은 탐욕과 같은 가장 경멸스러운 욕망도 인간의 자만심에 활력을 불어넣을 수 있다는 사실에 경탄했다. 또한 의도치 않았더라도 그런 욕망이 임의의 자선 행위보다 공익에 훨씬 도움이 된다는 사실에도 놀랐다.

── 예를 들어 여행을 할 때 대부분 장소에서 우리는 지나가는 사람들을
도울 준비가 된, 그들을 위해 숙소를 준비해둔 사람들을 만난다. 우리
는 우리가 원하는 방식으로 그들의 서비스를 이용한다. 우리는 그들
에게 주문하고 그들은 우리의 요구에 따르며, 그런 행위가 자신들에
게 기쁨을 준다고 믿게 한다. 그들은 우리가 요구한 것들을 주저 없이
제공한다. 그런 행동이 봉사 정신 자체에서 우러나온 행동이라면 감
탄할 만할 것이다. 그들을 행동하게 하는 원동력은 탐욕이며, 봉사를
요구함으로써 우리가 그들에게 호의를 베풀고 있다고 믿게 할 만큼
기꺼이 그런 행동을 한다.

다른 사람을 위해 집을 짓고 가구까지 완전히 채운 다음 기꺼이 열쇠
를 넘길 수 있으려면 봉사 정신이 얼마나 커야 할지 생각해보라. 탐욕
은 아주 기쁘게 이런 행위를 하게 한다. 약재를 구하러 인도까지 가려
면 또는 가장 불쾌하고 고통스러운 요구를 수행하려면, 어느 정도의
봉사 정신이 필요할지 생각해보라. 탐욕은 이 모든 것을 불평 없이 해
내게 한다.[16]

스미스는 선한 행동이 가장 악한 욕망에 영향을 받을 수 있다고 생각
했지만, 다른 사람들의 인정을 받기 위해 행동하는 것처럼 보이려는
욕구에 더 관심이 있었다. 발달의 여러 단계에서 인간이라는 종이 요
구하는 물질적·도덕적·지적 욕구와 자긍심을 얻고자 하는 갈망에
관심을 가졌고, 이런 주제들은 그의 도덕철학을 형성하는 데 가장 중
요한 역할을 했다. 그는 이 주제와 관련하여 당대 프랑스 문학에서 많

은 것을 배웠다. 스미스는 러신을 매우 존경했고, 그의 작품 〈페드르 Phaedre〉가 "어쩌면 모든 언어를 통틀어 현존하는 가장 훌륭한 비극"이라고 생각했다.[17] 스미스가 생각한 것처럼 러신은 "각 장면의 감정과 행동에 자유롭게 이입할 수 있도록"[18] 에우리피데스Euripides(고대 그리스의 비극 시인-옮긴이)의 프롤로그를 사용하여 줄거리를 설명하는 훌륭한 방식을 따랐다. 그리고 극을 보는 관중에게 삶과 명예를 해치려는 위협적인 욕망을 통제하기 위해 고군분투하는 등장인물을 보여줄 수 있도록 극의 중심 목적을 명확하게 드러냈다. 하지만 이 작품의 여주인공 페드르는 에우리피데스의 여주인공과는 달랐다. 그녀는 필멸의 존재인 평범한 인간의 예법을 초월하는 요구에 응답했다.

스미스가 《도덕감정론》에서 다루기도 한 페드르라는 인물은 평범한 청중들이 "방종에 죄책감을 느끼면서도 그녀와 아들의 근친상간에 공감하며 심지어 페드르를 사랑하게 만들 수 있는 여성이었다. 바로 그 방종과 죄책감은 어떤 면에서는 청중에게 그런 감정을 가지도록 설득했다." 스미스는 이렇게 덧붙였다. "그녀의 두려움, 수치심, 후회, 공포, 절망은 이로써 더 자연스럽고 흥미로워진다. 애정 관계에서 발생하는 모든 부차적 열정(감히 이렇게 부를 수 있다면)은 필연적으로 더 격정적이고 맹렬해진다. 우리가 동감한다고 말할 수 있는 부분은 이런 부차적 열정들일 것이다."[19]

스미스는 프랑스 도덕주의자들의 관심을 끌었던 아주 생생하고 복잡한 심리적 딜레마를 상당히 다른 심리학적 관점에서 관찰하려고 했다. 여기에서 그는 극작가이자 소설가인 마리보의 발자취를 따랐다. 스미스는 옥스퍼드 시절 마리보의 작품을 탐독하며 매우 존경했다. 마리보는 니콜이 쓴 일반 시민들의 도덕적 딜레마에 관심이 있었는데, 이런 딜레마가 파스칼과 그 추종자들의 딜레마만큼 시급하고 복잡하게 보였기 때문이다. 마리보는 애디슨의 〈스펙테이터〉를 존중하며 1721년부터 1724년까지 자기 나름대로 〈스펙테이터 프랑세즈 Spectateur Français〉를 발행하기도 했다. 그가 관습 연구에 관심을 둔 이유는 "인간사를 성찰하는 사람"이 추구할 수 있는 "마음의 과학La science du coeur"의 기반을 다지는 데 도덕주의자들에게 필요한 모든 자료를 제공했기 때문이다.[20] 허치슨과 마찬가지로 그는 "알고 느끼는 것의 분별없는 측면"에 관심이 있었고, 어떤 면에서 스미스는 그런 연구에 필요한 자료를 얻는 데 소설의 가치를 높이 평가했다.[21]

—— [무엇보다] 수용할 만한 유일한 학교이자 언제나 열려 있는 유일한 학교, 모든 사람이 다른 사람을 연구하고 모든 사람이 제자이자 스승이 될 수 있는 학교, 그리고 어쩌면 인류 전체를 대표하는 사회이기 때문이다. 이 지식은 예외 없이 우리의 사회적 교류에서도 찾을 수 있다.[22]

애디슨을 존경했던 마리보는 프랑스 고유의 방식으로 '마음의 과학'에 접근했다. 애디슨처럼 명랑하고 사회적인, 일반 대중을 위한 글을 쓰는 대신 파리의 사교계와 문학가들을 대상으로 글을 썼다. 그리고 애디슨이 세상에서 정직하게 사는 삶의 '편리함'을 강조한 데 반해 마리보는 그런 삶의 어려움에 주목했다. 이는 1730년에서 1742년 사이에 마리보가 발표한 장대하고 심오한 풍속소설《마리안의 생애 La Vie de Marianne》의 주제이기도 하다. 이 소설은 자신이 어디 출신인지 모르는, 고결함과 도덕적 의리 말고는 아무것도 가진 것이 없는 고아의 이야기를 그린다. 소설 속 마리안은 사람들과 만나 친분을 쌓고 무례한 취급을 받는다. 그리고 동시대 사람 대다수를 괴롭혔던 문제로 고통받는데, 다른 사람들의 행동을 어떻게 해석해야 하며 그 해석이 적절한지 어떻게 알 수 있는가라는 문제였다. 그녀의 삶은 "인간의 삶과 성격을 확실히 깨닫게 해준 사건의 연속"이었지만, 자신을 이해하기에는 충분하지 않았다. 실제로 마리보의 위대한 이 소설은 절대 완성되지 못했다.[23]

스미스는 마리보의 작품을 통해 마리보가 일반 시민의 심리적 요구에 관심을 가졌으며, 그런 심리적 요구가 앵글로색슨 도덕주의자들이 인식하는 것보다 더 복잡하고 까다롭다는 사실을 알아봤다. 이런 이유로 스미스는《도덕감정론》에서 다음과 같이 논평했다. "사랑과 우정, 그 외 모든 개인적·가정적 애정의 고상함과 섬세함을 가장 잘 묘사하는 시인이자 소설가인 러신과 볼테르, 리처드슨Richardson, 마리보와 리코보니Riccoboni는 이런 점에서 제노Zeno, 크리시포스Chrysippus, 에픽테토스보다 훨씬 나은 스승이다."[24]

옥스퍼드가 스미스에게 고대와 근대 철학에 대한 지식을 확장하고 인간 열정의 작용에 대한 이해를 깊게 하기 위한 시간과 역량을 제공했다면, 데이비드 흄의 철학을 접한 것은 스미스가 지식인으로서 발전하는 데 큰 획을 그은 사건이었다. 그는 철학의 토대를 마련하는 데 필요한 역량을 얻을 수 있었을 뿐만 아니라 흄과 깊고 지속적인 우정을 나눴다. 1711년에 태어나 스미스보다 열두 살이 많은 흄은 출신 배경과 성장 과정이 스미스와 비슷했다. 우선 두 사람은 모두 중간 계급 출신이며 흄은 법, 군부, 지방 정부와 연줄이 있었던 베릭셔Berwickshire 가문의 막내아들이었다. 두 사람은 모두 독실한 장로교인이자 홀로된 어머니 밑에서 자랐다. 실제로 흄은 제임스 보즈웰에게 어릴 적에는 신앙심이 있었다고 인정했다.[25]

흄은 1723년 열두 살의 어린 나이에 에든버러대학교에 진학해 법조인이 되기 위해 공부했다. 하지만 여느 학생들처럼 법학 공부가 지루하다는 사실을 깨닫고 철학과 문학으로 눈을 돌렸다. 1720년대 후반까지 그는 기독교인으로서의 신앙심을 모두 잃었으며, '인간 중심 과학'이라고 부르게 될 연구의 인식론적 토대를 마련한 것으로 보인다. 그 후 10년은 베릭셔에서 홀로 연구 활동을 이어갔다. 스미스가 글래스고 생활을 마무리 지은 1739년 1월 무렵에는 프랑스에서 보내며 《인간 본성에 관한 논고Treatise of Human Nature》의 제1권을 썼다. 스미스가 옥스퍼드로 이사한 지 3개월 후인 1740년 11월에는 제2권인 《도덕에 관하여》를 발간했다.

흄이 "열정적인 철학가 사이에서 작은 소란조차 일으키지 못하고 주목도 받지 못한 채 언론에서 사생아 취급을 당했다"라고 이야기했듯,[26] 《인간 본성에 관한 논고》의 출판은 스코틀랜드 계몽주의에 큰 영향을 미치지는 못했다. 이 작품의 제1권은 법률가이자 철학자인 헨

**데이비드 흄**
데이비드 흄은 스미스의 가장 가까운 친구 중 한 명이었으며 스미스의 철학에 가장 영향을 많이 미친 인물 중 하나다.

리 홈Henry Home이 논평을 위해 보낸 사본을 통해 허치슨에게 알려졌다. 그러나 허치슨은 종교를 매우 회의론적으로 보는 흄의 이론에 충격을 받았고, 1745년 흄이 에든버러의 도덕철학 강좌교수로 임명되지 않도록 모든 영향력을 발동했다. 따라서 허치슨이 매우 아끼는 제자였던 스미스에게 그의 작품을 소개했을 리는 없어 보인다.

스미스가 흄의 연구에 대해 알게 된 것은 1741년과 1742년에 출판된《도덕, 정치, 문학적 평론Essays Moral, Political and Literary》의 첫 두 권을 통해서일 가능성이 크다. 이 작품에서 흄은 인간 본성에 관한 자기 이론의 원리를 도덕 및 정치에 관한 시사 문제에 적용했다. 애디슨 스타일에 가까운 문체로 쓰인 데다, 흄의 표현에 따르면 '학식 있는' 이들이 아니라 '대화하기 좋은' 사회 구성원들을 대상으로 했다는 점 때문에 이 작품은《인간 본성에 관한 논고》보다 훨씬 주목받았다. 게다가 제임스 오즈월드를 포함한 흄의 친구들이 가치를 부풀린 것도 큰 몫을 했다. 오즈월드는 헨리 홈에게 "우리의 친구 흄이나 그의 책을 추천하는 것보다 더 바람직한 일은 없을 것이다"라고 말했다고 한다. 그는 "흄이나 그의 책을 추천하는 사람은 그럴 만한 가치가 있는 일을 한 것으로, 결국 자신을 명예롭게 할 것이다. 나는 흄의 작품이 잘되리라고 확신하며, 할 수 있는 한 그의 작품을 알리기 위해 최선을 다할 것"이라고 덧붙였다.[27]

친한 친구였던 오즈월드는 스미스에게 흄의 작품 출간에 관해 말했을 것이며,《도덕, 정치, 문학적 평론》을 접한 스미스는《인간 본성에 관한 논고》또한 비슷한 시기에 접하게 됐을 것이다. 어쨌든 스미스의 사망 직후 그가 베일리얼칼리지 재학 시절 기숙사 방에서 흄의 《인간 본성에 관한 논고》를 읽다가 걸렸다는 다음과 같은 일화가 전해지기도 한다. "사감은 스미스의 방에 찾아가는 것이 적절하다고 판단했고, 그의 방에서 막 출간된 흄의《인간 본성에 관한 논고》를 발견했다는 이야기를 들었다. 신실한 조사관들은 그 이단적인 책을 압수하고 젊은 철학자를 엄중하게 질책했다고 한다."[28]

정확한 시기가 언제인지는 알 수 없으나, 1749년에서 1750년 사이 스미스와 흄이 만났을 때 스미스는 이미 흄의 인간 본성 이론을 독특한 방식으로 사용하여 자신만의 철학적 기반을 다진 열성적인 흄학파 철학자가 돼 있었다. 게다가 흄의《인간 본성에 관한 논고》는 스미스에게 매우 적절한 시기에 전해졌다. 피에르 벨과 독실한 신앙인이었던 맨더빌은 인간의 행동을 형성하는 열정의 복잡성과 힘, 이성의 약점, 상상의 침투력을 보여줬다. 그 과정은 인간의 도덕적 행동들이 그동안 철학자들이 철저히 무시했던 도덕감각에 따라 형성되고 유발됐다는 허치슨의 가설에 대한 근거가 됐다. 흄은 스미스에게 인간 본성에 대한 연구의 접근 방식을 제안했는데, 이렇게 서로 다른 이론들을 하나로 모아 시민사회에서 인간이 생존하고 번성하는 데 기반이되는 도덕, 정의, 정치적 의무와 종교에 대한 감정을 어떻게 얻는지 연구하는 방식이었다. 흄은 이것이 '완전히 새로운' 방식이자 실증적 원리를 바탕으로 한 '인간 중심 과학'의 기초를 형성할 접근 방식이라고 주장했다.[29]

흄 철학의 핵심은 "이성이 세상에 대한 지식을 제공하고 인간의 이해와 행동을 규제할 수 있다"라는 주장이 본질적으로 이성에 특별한 힘이 있다고 보는 신학적 주장에 기초하므로, '비철학적'이라는 것을 명확하게 증명했다는 데 있다. '지식'으로 전달되는 것은 습관, 관습, 교육과 일상적인 경험을 통해 습득하는 지능의 사용과 상상, 열정에 뿌리를 둔다. 흄은 "이성은 열정의 노예이고 그럴 수밖에 없다"라며 이전까지의 통념을 뒤집는 파괴적인 주장을 했다.[30] 매우 회의적인 그의 발언은 그동안 알려진 모든 기독교 신학의 권위와 과거·현재·미래의 모든 사고 체계의 권위를 위협했다. 게다가 그의 논리에 따르면 모든 철학과 과학, 심지어 수학까지도 상상력의 산물 또는 허구로 볼 수 있었다. 흄은 의기양양하게 정신은 상상의 '제국' 또는 '세계'라고 결론지었다(그는 상상의 기만적인 힘과 산산이 조각난 철학의 권위에 대해 이야기하는 것을 마음껏 즐겼던 것으로 보인다).

기독교인과 비기독교인을 막론하고, 다음 반세기 동안 스코틀랜드 학계는 이성에 대한 그의 파괴적인 주장이 인간 본성에 대한 이해와 인간·사회·자연에 대한 기독교적 이해를 다시 구축하는 과정에서 결정적이고 근본적인 중요성을 지닌다고 받아들였다. 실제로 스코틀랜드 계몽주의는 흄의 도전에 끊임없이 대응하며 독특한 철학적 특징을 가지게 됐다. 스미스도 예외는 아니었지만, 그는 흄 철학에 내포된 의미를 발전시키고 범위를 확장해 자신만의 영역으로 만들었다. 그는 관습을 타파하려는 사람이 아니었고 종교를 깎아내리려는 유혹을 신중하게 뿌리쳤지만, 다른 지식 체계와 마찬가지로 신학 역시 상상의 산물이며 특히 사회를 파괴할 수 있는 망상을 낳기도 한다는 흄학파적 원칙을 절대 잊지 않았다.

스미스가 《인간 본성에 관한 논고》를 어떻게 받아들이게 됐는지 알아보기 위해 그가 초기에 발전시킨 연구를 읽어보면 상당히 흥미롭다. 관습적으로 지식으로 전달되는 것은 이해의 한 형태로 더 잘 설명할 수 있으며 우리가 공동생활에서 획득하는 생각과 감정의 관점에서 고려되어야 한다는 흄의 명제를 스미스는 어렵지 않게 받아들였다. 특히 두 가지가 그의 흥미를 자극했다. 첫 번째는 그런 생각 및 감정의 본질과 평범한 인간이 그것들을 획득하는 과정이었다. 두 번째는 사회의 도덕적·정치적·지적 진보를 이뤄내는 데 중요한 역할을 하는, 그리고 인간이 발전시키고자 하는 철학·과학·문학·예술의 정교한 체계의 본질과 목적이었다. 흄이 이성의 권위에 도전하는 데 근거로 삼았던 정교한 사고실험은 세계에 대한 이해를 형성하는 생각과 감정이 우리의 사고에 "사회에 대한 언급이 없는 어떤 소망도 가질 수 없을 정도"로 너무 깊숙이 침투했다는 것을 보여줬다.[31] 그런 사고 실험은 열정이 어떻게 사회화되는지를 정확히 보여줬으며, 동시에 흄의 사회 이론에서 기초가 되는(그리고 스미스의 이론에서도 기초가 되는) 원리의 토대를 마련했다. 흄은 인간이 '공감 또는 소통의 원칙'을 지니고 있으며 인간의 사회적 능력은 궁극적으로 여기에 달렸다고 생각했다.[32]

— 인간 본성의 특징 자체와 그 결과를 통틀어, 우리가 다른 사람을 동정하고 의사소통을 통해 자신과 다르거나 심지어 반대되는 다른 이의

성향과 감정을 수용하려는 경향보다 더 놀라운 것은 없다. 이것은 자신에게 제안되는 모든 의견을 막무가내로 수용하는 어린이에게서만 뚜렷하게 나타나는 특징이 아니라 뛰어난 판단력과 이해력을 가진 사람들에게도 마찬가지로 적용된다. 이들은 동료나 친구들의 뜻을 거스른 채 자신의 이성이나 성향에 따라서만 행동하기 힘들다고 생각하곤 한다. 이런 원칙은 같은 민족의 기질과 사고방식에서 관찰할 수 있는 엄청난 획일성 때문이다. 이런 유사성은 토양이나 기후의 영향보다는 공감에서 비롯될 가능성이 크기에 토양과 기후가 변하지 않는다고 해도 한 국가의 특징이 100년 동안 보전되지는 않는다.[33]

사실 흄은 우리의 도덕적 이해가 도덕감각으로 규제된다는 허치슨의 주장에 근본적으로 다르게 접근할 토대를 마련하고 있었다. 그의 이론은 우리가 다양한 감정을 어떻게 획득하는지 보여줬고, 우리는 이런 감정들을 종합해 (비록 흄이 직접 언급한 표현은 아니지만) '도덕적 감수성' 이라고 표현하게 됐다. 그러나 이런 감수성은 인간 본성의 구조에 신이 심어졌다는 허치슨의 관념과는 아주 다른 개념이다. 그의 도덕적 감수성이란 개인의 이해와 성격을 종합적으로 형성하며, 인간이 도덕·정의·정치의 원칙을 존중하는 사회적 행위자로서 행동할 수 있게 하는 감정들로 구성됐다. 게다가 허치슨은 우리가 정의·정치·자연종교의 원리를 도덕감각을 통해 이해한다고 봤지만, 흄은 이 모든 감정이 인간이 사회적으로 살기 위해 갖춰야 하는 정의감을 기반으로 한다고 봤다. 구성원들이 정의와 이를 뒷받침하는 정부의 필요성을 이해하지 못한 사회는 도덕에 대한 이해를 발전시킬 수 없다는 것이다. 흄의 관점에서 그런 사회는 사회라고 볼 수조차 없었다. 그는 생의 마지막 해에 쓴 마지막 소논문에서 다음과 같이 언급했다.

— 가족들 사이에서 태어난 인간은 필요, 타고난 성향, 습관에 따라 사회를 유지하도록 강요받는다. 더 나아가 이 피조물은 정의를 실현하기 위해 정치사회를 세우는 일에 매진한다. 그러지 않으면 그들 사이에는 평화도, 안전도, 상호 교류도 존재할 수 없다. 그러므로 우리는 우리 정부의 모든 거대한 조직이 정의의 분배, 즉 12명의 재판관을 지원하는 일 외에 다른 목적이나 목표가 없다고 봐야 한다. 왕과 의회, 함대와 군대, 법원과 세관의 직원, 대사, 장관, 추밀원 고문관은 모두 이런 행정의 한 부분으로 종속된다. 성직자는 도덕을 가르칠 의무가 있고, 이 세상에 있는 한 그들의 역할에 다른 유용한 목적은 없다고 정당하게 생각할 수 있다.[34]

흄의 정부와 정치 이론은 스미스에게 엄청난 영향을 주었다. 그는 망설임 없이 감성의 작용에 대한 흄의 접근 방식을 허치슨의 도덕감각 이론보다 선호했고, 일상생활에서 이런 감정이 획득되는 과정을 연구하는 데 진정한 '실증적' 관심을 보였다. 또한 허치슨의 이론 대신 흄의 정부와 정치 이론을 받아들이는 데도 주저하지 않았다. 허치슨의 이론에서는 국민이 헌법에 따라 마음대로 군주를 폐위할 수 있으며, 사치를 방지하고 미덕을 높이기 위해 재산 축적을 규제하는 법률이 반드시 필요하다고 생각했다. 반면 흄은 정부의 주요 의무가 정의의 규칙을 관리하고 국민의 생명과 재산을 보호하는 것이라고 주장했다. 이유가 무엇이든 재산을 재분배하려는 모든 시도는 통치, 안정, 사회의 물질적·도덕적 진보에 역행하는 조치라고 봤다. 이런 진보는 정부의 권위가 존중되고 국민의 생명과 재산이 안전한, 안정된 정치에서만 이뤄질 수 있었다. 그래야만 개선에 대한 호기심이 생기고 가치관이 발전할 수 있기 때문이다. 이 이론은 사회의 발전이 급진적인 정책을 통해서가 아니라 삶을 개선하려는 개인의 노력에 달렸다는 믿음을 기반으로 한다. 이 이론은 스미스의 가족관에 깊숙이 박혀 있었으며, 그가 사회의 진보를 이해하는 데 필수적이었던 개선 문화의 원칙을 탐구하는 데 철학의 기초를 제공했다.

《인간 본성에 관한 논고》를 통해 고유한 철학적 사고의 기초를 마련하기는 했지만 여전히 과제가 남아 있었다. 회의적으로 지식 이론을 발전시킨 흄은 우리의 생각과 감정을 형성하고 공감의 작용을 설명하는 데 언어가 중요하다는 사실을 인정했다. '대화'와 '담론' 같은 단어는 그가 생각한 언어 교환 과정의 특징을 묘사하기 위해 끊임없이 사용됐다. 그러나 그는 언어에 관한 이론을 세우지는 않았고, 그런 이론을 발전시키는 데도 관심이 없었다. 스미스가 스스로 설정한 최초의 철학적 과제 중 하나는 언어의 기원에 대한 추측 이론을 개발하는 것이었다. 이는 상상의 힘과 개선의 즐거움을 불러일으켜 우리 언어 능력의 기원에 대한 일관된 설명을 발전시킬 수 있다는 것을 보여줬다. 이 이론이 수사학, 도덕, 정치경제학 이론의 기초가 됐기 때문에 스미스는 이 이론을 꽤 중요하게 생각했다. 실제로 이 이론은 사회적 교환 원칙을 전체적으로 이해하고자 할 때 핵심적인 역할을 했다.

흄의 정의론과 정치론에도 해야 할 일이 있었다. 훌륭하고 빈틈없는 흄의 이론은 정의의 필요성에 대한 믿음의 기원을 설명하면서 희소성과 사유재산 개념의 중요성을 강조했다. 그의 이론은 사유재산 제도가 없는 원시 사회에서 찾을 수 있었던 정의감이 재산 기반 사회에서 발견되는 정의감과 매우 다르다는 점을 증명했다. 그는 역사적으로 다양한 재산 시스템(유목 생활, 봉건 시대, 상업 시대)하에서 정의에 대한 각각 다른 아이디어가 생성됐으며, 이를 지원하기 위해 매우 다른 정부 시스템이 필요했다는 사실을 잘 알고 있었다. 정의에 대한 일반 이론에서 이런 차이점을 고려했을 만도 한데, 흄은 이런 차이점을 발전시키는 데는 거의 관심이 없었다. 스미스가 초기 연구에서 그런 이론을 발전시켜 자신의 법학, 정치, 정치경제학의 원리에 대한 자신만의 설명을 하는 데 기반으로 삼았다는 점은 상당히 놀랍다.

바로 이런 점이 두 철학자의 큰 차이점 중 하나다. 흄은 《인간 본성에 관한 논고》의 서문에서 언급했던 인간 중심 과학을 발전시키는 과정에서 인간이 사회적으로 살 수 있게 하는 인지 과정을 연구하는 데 자신의 뛰어난 통찰을 적용하기를 꺼렸다. 아마도 그가 회의론자로서 지식 체계를 불신했기 때문인 것으로 보인다. 어쩌면 스미스가 자신보다 시스템을 구축하는 작업에 더 적합한 기질을 지녔다고 생각했을 수도 있다. 또는 그가 친구에게 직접 이야기한 이유가 가장 설득력이 있을지도 모른다. "아쉽게도 완전히 정리한 인간 본성 이론에 대한 반응이 너무 좋지 않아 체계를 만들지 않기로 했다네."[35] 어쨌든 그는 연구 활동을 하는 내내 인간 본성의 원리에 대한 자신의 통찰을 중요한 도구로 사용하여 잉글랜드의 정치적·도덕적 문화의 철학적·역사적 근본을 분석할 수 있었다. 이 연구는 흄만의 특징이 담긴 가장 훌륭한 업적이라고 할 수 있으며, 이를 통해 그는 잉글랜드의 방대한 역사를 집필했다. 이는 그에게 부를 안겨준 연구이기도 했다.

스미스는 흄의 원리에서 출발해 인간 중심 과학을 자신의 가치관에 맞게 발전시키는 작업을 맡았고, 1740년대 후반 에든버러에서 드디어 첫 번째 결실을 세상에 내놓았다. 에든버러에서 그는 수사학과 법학 이론을 발전시켰는데, 이런 이론들은 그가 훗날 주장한 모든 도덕적·정치적 사고의 뒷받침이 된 언어 및 소유권에 관한 주목할 만한 이론의 바탕이 됐다. 그 과정에서 그는 흄의 모든 철학에서 기초가 된 '인간이라는 종의 본성과 역사는 빈곤, 약점, 필요에 따라 결정됐다'라는 가정을 자기 나름의 추측적 논의를 통해 증명했다. 동시에 그는 흄이 애써 피했던 문제를 언급했는데, 인간의 이해를 명확하게 하거나 타락시킬 힘을 가진 것으로 역사를 통해 증명된 상상의 산물과 과학 및 철학 체계의 의미와 본질이었다. 이는 스미스가 초기 저술들에서 다뤘던 문제이자 철학적 연구 활동을 하는 동안 항상 염두에 둔 문제이기도 했다. 옥스퍼드 시절을 시작으로 스미스는 평생을 완벽한 흄학파로 살았고 그의 가장 친한 친구가 됐다.

Adam Smith:
An Enlightened Life

4장
—

# 에든버러의
초기 계몽주의

스미스는 1746년 8월 말에 옥스퍼드를 떠나 스코틀랜드로 돌아왔다. 1745년에 일어난 자코바이트 반란과 1746년 4월 17일에 일어난 컬로든 전투는 옥스퍼드에서의 마지막 해에 그림자를 드리웠다. 베일리얼칼리지는 스코틀랜드 장로파 휘그당에 어울리는 장소가 아니었고, 스미스는 한때 "역겨운 감정으로" 학교를 떠났다고 언급하기도 했다. 하지만 그런 감정은 털고 앞으로 나아가야 할 때였다.[1]

당시 스미스의 나이는 스물세 살이었고 그를 후원해줄 인물과 직업, 마음을 터놓을 사람들이 필요했다. 스코틀랜드는 이 세 가지를 모두 제공할 수 있었다. 그의 오랜 친구 제임스 오즈월드는 데이비드 흄과 에든버러에서 가장 막강한 힘을 가졌던 문화 사업가이자 훗날 케임스Kames 경이 된 흄의 사촌 헨리 홈과 친분이 있었다. 1748년 스미스에게 수도인 에든버러에서 수사학과 법학 강의를 맡아달라고 초청한 홈은 스미스가 경력을 시작하는 데 중요한 역할을 했다. 학식 있는 후원자로서 현명한 지원을 해준 셈이다. 에든버러 문인들 사이에서 화제였던 철학적으로 중요한 주제를 다루는 강의를 스미스에게 맡김으로써 전도유망한 젊은 철학자를 까다로운 학계에 소개한다는 의미였으며, 스미스는 이 기회를 놓치지 않았다. 이 강의를 통해 그는

애덤 스미스

지식인으로서 명성을 쌓았고 글래스고에서 교수 경력의 기반을 닦을 수 있었다. 교수 급여로 100파운드 이상을 벌어들일 만큼 수강생도 충분했다. 흄은 "자네가 교수로 적합한 성격은 아닌데 말이지"라며 그를 부러워했다고 한다.[2] 스미스는 언제나 에든버러에서의 역동적인 삶보다 글래스고의 학구적인 문화와 커콜디의 평화롭고 차분한 분위기를 더 좋아했다. 하지만 그는 에든버러의 이지적인 분위기와 문화, 정치사상을 존중하면서 평생 눈여겨봤다. 게다가 1746년 에든버러는 역사의 분수령에 도달해 있었다.

스미스가 살았던 시대 에든버러의 역사는 1707년 제정된 연합법에 따라 빚어졌다. 이 법 이후 스코틀랜드는 자체 의회와 추밀원(군주의 자문기관-옮긴이)을 잃는 대신 잉글랜드 국내외 시장에서 자유롭게 거래할 수 있는 권리를 얻었다. 정치 체제를 잃어버린 이후 에든버러 시민들은 귀족이나 젠트리 계층, 야망가들이 새로운 권력의 중심지인 런던으로 이주할까 봐 우려했다. 그러면 도시의 사회 구성과 소비자 경제가 파괴될 것이고, 훗날 한 작가의 표현을 빌리자면, 에든버러는 "미망인 대도시"가 될 것이었다.[3] 하지만 그런 일은 일어나지 않았다. 연합법은 스코틀랜드 교회의 지위, 법률 시스템, 은행과 선거 시스템 또는 지방 정부 시스템에 간섭하지 않았고 에든버러는 여전히 독특한 시민사회 형태를 갖춘 중심 도시로 남을 수 있었다. 세기 내내 잉글랜드의 각료들은 이런 상황에 실용주의적으로 대응했다. 스코틀랜드 정부와 선거 시스템을 가능한 한 멀리에서 감독하고자 했으며, 스코틀랜드 정부의 주요 업무는 신뢰할 수 있는 대리인이나 관

**에든버러의 풍경**

1740년대 스미스가 보았을 에든버러의 풍경을 담은 작자 미상의 그림. 남쪽에서 도시를 바라본 모습으로 예배당을 지나 홀리루드 궁전까지 이어지는, 지금은 로열 마일이라고 부르는 길이 묘사되어 있다. 그 후 10년 동안에도 영국 왕실에서 중요하게 여겼던 지방의 수도를 현대적이고 개화된 도시로 개발하려는 장대한 계획은 여전히 한낱 꿈에 불과했다. 그 꿈은 스미스가 도시에서 가장 유명한 인물 중 한 명이 된 그의 생애 말기에야 구체적으로 실현되기 시작했다.

리자에게 맡겼다. 실제로 1742년 형의 뒤를 이어 아일러 백작이 됐고 1725년부터 1761년까지 통치한 아가일 3대 공작과 1775년부터 1801년까지 통치한 헨리 던다스Henry Dundas는 세기 최고의 관리자였으며, 강력한 권한을 가지고 있었다. 이런 상황은 스미스가 사는 동안 에든버러가 보스턴, 찰스턴, 더블린과 마찬가지로 영국 왕실 치하의 국가 중에서 공적 생활의 실질적인 중심지였다는 사실을 의미한다.

이런 체제가 효과가 있었던 이유 중 하나는 에든버러가 스코틀랜드 상류 젠트리 계층과 몇몇 비주류 귀족이 모여 살 수 있는 환경을 제공했기 때문이다. 이들에게는 스코틀랜드인을 혐오하는 데다 물가마저 비싼 런던의 환경이 매력적으로 느껴지지 않았다. 이들은 스코틀랜드의 공적 생활과 연방의 미래에 중요한 계층이었으며, 얼마 되지 않는 스코틀랜드 유권자의 상당 부분을 차지했다. 게다가 지방 정부의 의무를 처리하는 보안관과 치안판사 역할을 하는 계층이었고, 최고민사법원에 판사와 법률가를 공급했으며, 법률가회의 회원 역시 대부분 이들 계층이었다. 1712년에 스코틀랜드 교회의 평신도 성직 수여권이 부활하면서 이런 지주 계층이 교구와 교회의 통치 기구인 총회에 강력한 영향력을 행사하게 됐다. 1720년까지 지주 계층들은 에든버러에서 아들에게는 적합한 대학을, 아내와 딸에게는 적합한 인맥을 제공해줄 수 있다고 생각했다. 런던에서 정치 경력을 쌓은 사람은 얼마 없었지만, 스미스가 말했듯 이들은 사법제도를 유지하고 연합법 이후 연방 의회에 통합되면서 정치 체제에 변화를 맞이한 행정규제를 담당하는 중간 관리 인력을 제공하여 연합법 이후 스코틀랜드의 공적 생활을 책임졌다.

　이것이 바로 스미스가 살았던 세계다. 공적 생활을 바라보는 국민의 관점은 모든 부문에서 연방법의 영향을 받았다. 장로교인들은 스코틀랜드 교회에서 일어난 격렬한 내부 분열이 평신도 성직 임명권을 회복하는 법안이 제정된 것과 그 1년 후인 1713년에 종교에 대한 관용이 허락된 데서 비롯했다는 사실을 알고 있었다. 법률가와 소송인들(스코틀랜드 지주들은 소송을 밥 먹듯이 했다)은 스코틀랜드 법률을 독립적으로 유지하는 문제를 고민하는 동시에, 영국 상원이 최종 항소법원이므로 영국 연방에서 소송을 제기해야 했다. 연방법에 따라 시장이 개방됐기에 상인과 제조업자들은 국내만이 아니라 외국 시장에서도 사업할 수 있다는 사실을 잘 알고 있었다. 그리고 정치에 참여하고 성직에 임명되기를 간절히 원하는 이들은 에든버러와 런던에서 왕실과 성직에 접근하는 경로가 다르다는 사실을 잘 알았다. 성직자, 법률가, 상인, 유권자라면 연합법을 통해 영국 왕실이 관리 권한을 가진 수익성 높은 민간 공무원이나 육군과 해군, 제국의 관직으로 임명될 수 있다는 사실을 누구나 알고 있었다. 따라서 관직 임명권은 유대를 쌓는 데 중요한 역할을 하게 됐다.

　스미스 시대까지 공적 생활에 대한 이런 사실은 독특한 정치적 언어로 형성됐다. 이 언어는 에든버러 공적 생활의 이데올로기적 특징을 정의하고, 엘리트들에게 자국의 미래를 논의할 자원을 제공했다. 또한 1698년에서 1707년 사이 에든버러에서 열린 연방에 관한 주목할 만한 논쟁과 연합법 이후 국가의 미래에 대해 당대 사람들이 품었던 희망과 두려움을 반영했다. 이 논쟁에서 흥미로운 점은 연방 가입의 결과에 관한 의견은 격하게 갈렸으나 국가가 마주한 문제의 본질과 스코틀랜드 의회가 문제를 처리하며 져야 할 책임에 대해서는 모두 일반적으로 같은 생각을 했다는 사실이다.

17세기 스코틀랜드가 구조적 결함과 개발이 덜 된 봉건적 경제 체제, 전쟁으로 망가진 취약한 무역 체계 때문에 '실패'했다는 사실을 심각하게 의심하는 사람은 없었다. 이런 문제의 주요 원인이 스코틀랜드 무역의 발전을 방해했으며 탐욕스럽고 이기적인 봉건 귀족의 경제적·정치적 권력을 굳건히 하고 스코틀랜드 정치 체제의 발전을 가로막은 잉글랜드와의 제왕적 연합이라는 사실을 의심하는 사람도 없었다. 스코틀랜드의 미래를 되찾으려면 경제와 정치 생활을 재건하고 통치 계급인 엘리트들이 열정과 '덕'을 발산할 수 있도록 잉글랜드와의 연합을 재협상해야 한다는 사실에 반대하는 사람도 없었다. 잉글랜드의 각료들과 상당수 스코틀랜드 하원 의원은 자유무역연합을 만들기 위해 스코틀랜드 의회를 폐지하고 그 권한을 잉글랜드와 병합하는 '통합된' 연합 또는 의회연합을 지지했다. 그들은 이런 조치가 정치적 야심이 있는 귀족의 놀이터가 되어 국가 통치를 방해하는 당파를 없애는 한편, 국가 경제를 재건하고 시민사회의 구조를 복원할 두 국가 간 자유무역 시스템의 기반을 마련할 것으로 생각했다.

그러나 스코틀랜드인 대부분은 경제적 '개선'과 국가 재생은 자율적인 의회와 고결한 애국주의 엘리트들만이 할 수 있다고 생각했고, 젠트리 계급이 지배하는 개혁 의회를 중심으로 '연방적' 연합을 세우고자 했다. 이런 의견의 불일치는 국가와 엘리트 지주 계급의 미래에 대한 깊은 불안을 반영하는데, 이는 스미스 세대의 젊은 야심가들의 사고방식이었으며 에든버러 계몽주의의 이데올로기적 토대가 되기도 했다. 대부분 사람이 대귀족의 권력을 억누르거나 심지어 무너뜨리기 위해 새로운 연합이 필요하다는 데는 동의했다. 그렇지만 귀족이 통제할 수 없는 영국 의회만 그렇게 할 수 있다고 생각하는 사람들이 있는가 하면, 소박한 지식인이었던 앤드루 플레처Andrew Flecher의 의견에 동의하는 사람도 있었다. 그는 이런 임무를 자신과 같은 강인하고 급진적인 대지주들이 지배하는 개혁된 스코틀랜드 의회가 맡아야 한다고 생각했다. 어느 쪽이 옳은지를 떠나 연합에 관한 토론은 근본적으로 봉건적 경제 체제를 가진 국가를 현대화하는 문제를 정치적 토론의 중심으로 부상하게 했다. 이런 문제는 대학교수이면서 스코틀랜드의 유명 인사인 버클루Buccleuch 공작의 가정교사이자 친구이기도 했던 스미스를 포함해 당대 에든버러 문인들의 깊은 관심을 끌었다.

또한 연합에 관한 토론으로 잉글랜드에 대한 스코틀랜드의 복잡한 심경을 누그러뜨릴 수 있었다. 잉글랜드의 정치적·경제적·문화적 힘에 대한 두려움과 직접 통치를 통해 스코틀랜드를 통치하려던 올리버 크롬웰Oliver Cromwell에 대한 기억은 스코틀랜드인이 가진 고질병이었다. 연합에 찬성하는 이들은 잉글랜드가 스코틀랜드를 직접 통치하는 것이 자신들에게 이득이 되지 않는다는 사실을 깨닫게 되리라고 믿었고, 두 나라가 '우호적으로' 연합할 수 있으리라는 희망을 거는 이들도 있었다. 반대자들은 이런 생각이 너무 순진하다고 봤다. 그들은 잉글랜드와 스코틀랜드의 역사에 비추어 볼 때, 앞으로도 잉글랜드가 스코틀랜드에 대한 간섭을 자제하리라고 기대할 수 없으며, 연합법의 구조상 잉글랜드 의회가 스코틀랜드 교회나 연합법을 통해 보존하게 되어 있는 법률 시스템 또는 제도에 간섭하는 것을 제지할 수 없다고 여겼다. 곧 살펴보겠지만, 1745년의 혁명은 에든버러 문인들에게 불편한 진실을 보여줬다. 잉글랜드에서 비공식적인 위임 정부 체계를 개발하고 이를 통해 지식인들이 중요한 역할을 할 만한 공적 생활의 형태를 제공하기는 했지만, 런던의 사법기관과 의회의 권력을 견제하기 위해 이들이 할 수 있는 일은 없었으며 직접 통치가 재개되는 것을 막을 방법도 없었다.

통합적 연합에 대한 전망으로 제시된 상반된 이데올로기 중에서 가장 핵심적인 내용은 아마도 상업에 대한 태도에서 찾을 수 있을 것이다. 통합적 연합에서 얻을 수 있는 가장 기본적이면서 중요한 이점은 잉글랜드의 국내외 시장에 접근할 수 있다는 것이었다. 앤드루 플레처는 꽤 조심스럽게 다음과 같이 주장했다. "무역은 이제 전 세계 모든 국가가 노리는 황금알을 낳는 거위이자 국가 간 부의 격차의 원인이 됐다. 모든 국가는 전 세계의 무역권을 차지하려고 노력하고 있을 뿐만 아니라 모든 도시가 상인들을 끌어들이기 위해 노력하고 있다. 잉글랜드는 다른 무역 국가들과 마찬가지로 이런 편파성에 어떤 죄책감도 느끼지 않는다."[4] 다음 세대의 흄과 스미스도 그의 주장을 반복해서 이야기했다. 연합을 찬성하는 이들은 이에 동의했지만, 플레처가 중상주의에 자연스럽게 따라오는 것으로 간주했던 '무역권에 대한 질투'보다는 시민의식을 기르고 국가를 강하게 할 수 있는 경제 성장을 촉진한다는 점을 들어 무역의 중요성을 강조하려 했다. 통합적 연합에 반대하는 이들은 상업 활동이 고결한 엘리트 계급과 개혁 의회로 규제되지 않는 한 스코틀랜드가 잉글랜드의 경제적 위성 도시가 될 것이며, 방종한 상업 활동으로 국가의 부와 독립성을 낭비하게 되리라고 생각했다. 이런 희망과 두려움은 쇠퇴한 국가를 재건하는 과정에서 상업·문화·애국심의 역할을 끊임없이 고민하게 했으며, 무엇보다 경제적·정치적 개선의 결과에 관한 질문을 지속적으로 제기했다.

연합법이 제정된 직후에는 통합적 연합이 불러올 결과에 대한 회의론자들의 두려움이 적중한 듯 보였다. 스미스는 1760년 자신의 출판인인 윌리엄 스트레이핸에게 보낸 편지에서 이 문제를 잘 설명했다.

— [연합법 이후] 스코틀랜드의 불만은 (…) 당연해 보이네. 연합은 이 나라에 무한한 장점을 가져다줄 장치였지. 하지만 당시 그런 장점은 매우 멀고 불확실해 보였네. 연합은 즉각적으로 모든 스코틀랜드인에게 해를 끼쳤네. 귀족의 위엄은 무너졌고, 자신의 의회에서 자신의 나라를 대표해왔던 젠트리 계급 대부분은 잉글랜드 의회에서 스코틀랜드를 대표할 수 있으리라는 희망을 품을 수 없게 됐지. 상인들도 초기에는 고생하는 듯했네. 실제로 식민지와의 무역 기회가 열리기는 했지만 식민지 무역에 관해 아는 것이 없었지. 그들이 능숙하게 해왔던 프랑스·네덜란드·발트해 연안에 있는 국가들과의 무역은 난감한 상황에 놓였고, 그중 가장 중요한 두 나라와의 무역은 완전히 중단되다시피

애덤 스미스

했네. 당시 꽤 중요하게 인정받던 성직자들 역시 교회에서 위기를 느꼈다네. 모든 계급의 사람들이 자신들에게 직접적으로 해를 입힌 원흉을 저주했다고 하더라도 놀랄 일이 아니지. 이제 그들의 후손은 연합을 다르게 보고 있지만 당시에는 그런 견해를 가질 수 있는 사람이 소수에 불과했고, 그들 역시 혼란스럽고 불완전한 목소리를 낼 뿐이었지.[5]

1720년대가 되어서야 낙관론자들의 전망이 빛을 발하기 시작했다. 끔찍했던 경제적 재조정 기간이 끝난 후 자코바이트의 위협도 통제되는 듯했고, 아일러 백작의 통치 아래 비공식 위임 정부 체제가 틀을 갖추기 시작했다. 에든버러는 정부와 사교 생활의 중요한 중심지가 됐으며 독특한 문화 인프라를 발전시키고 있었다. 이런 인프라는 어떤 점에서는 잉글랜드의 여타 유사한 지방 정부 및 사회 중심지의 인프라와 비슷하다고 볼 수 있었다. 문학, 철학, 자연과학, 순수예술 및 실용예술을 발전시키기 위해 전념하는 문인 사회를 중심으로 돌아가는 문화였다. 애디슨의 〈스펙테이터〉에서 영감을 받은 작고 비공식적인 클럽들이 생겨나 사람들이 다방이나 선술집에 모여 교양 있는 대화와 함께 술잔을 나눴다. 집회, 경마 대회, 연주회, 극단 등을 열기도 했는데 이런 모임은 에든버러 장로회의 단호한 반대로 오후 늦게나 활동을 시작할 수 있었다. 이런 모임은 지역 엘리트들을 계발하고 독특한 정체성을 제공한 엘리트 문화를 형성했다. 에든버러에서 개선은 철학적·문학적·애국적 의미를 획득하는 것이었다.

화가 아들을 둔 시인이었던 앨런 램지가 1712년에 설립한 작은 스펙테이터 클럽은 고상한 취향과 관습을 기르는 것이 모국어 시문학 유산을 풍성하게 재생산하고 연합법 이후 세대가 참고할 만한 문헌을 제공하는 수단이 될 수 있다는 것을 일찍이 증명해 보였다. 대지주와 교수를 중심으로 1716년 설립되어 1745년까지 활동한 랭케니언 클럽The Rankenian Club은 자신들의 형이상학적 토론이 "자유로운 대화와 이성적인 탐구를 통한 상호 발전"을 장려하며 "사상의 자유, 대담한 연구 활동, 관대한 정신, 정확한 추론, 올바른 가치관, 그리고 기질에 대한 관심"을 전국적으로 전파하는 데 도움이 되리라고 생각했다.[6] 에든버러 계몽주의의 모든 모임 중에서 가장 오래 활동한 모임인 철학학회Philosophical Society는 원래 의과대학 교수들로 구성됐다가 1737년 유럽의 다른 지식인 모임과 마찬가지로 "의학과 직접적 관련이 있는 분야 외에 자연의 여타 분야에 대한 연구도 수행"하기로 했다.[7] 이보다 좀 더 귀족적이면서 훨씬 큰 규모로 1723년부터 1745년까지 활발히 활동한 스코틀랜드 농업지식개선협회는 스코틀랜드와 같이 농업 경제가 덜 발달한 국가에서 경제 발전과 애국심 간에 어떤 연관성이 있는지 설명하는 데 어려움을 겪었다.

— 우리의 토양과 기후가 농경에 불리하지 않은 데다 자매 왕국 잉글랜드와 같은 무역 특권을 누리고 있으므로, 농업과 제조업이 발전할 수 있는 최고 수준까지 발전한다면 우리 삶도 그들만큼 더 쉽고 편리해질 수 있다. 우리가 뒤처져 있다면 빨리 따라잡는 수밖에 없다.[8]

애덤 스미스

아마도 가장 눈에 띄는 문화적 발전은 도시의 문화와 함께 재정비된 대학 교육 방식일 것이다. 네덜란드와 마찬가지로 북부 유럽에서도 대학교university로 간주되던 소규모 대학college들은 학자들의 거주지였으며, 학교와 주변 마을 그리고 도시의 공적 생활은 반쯤 분리되어 있었다. 허치슨의 글래스고대학교가 적절한 예라고 할 수 있는데, 학교는 웅장한 건물들로 둘러싸인 급진적인 온건파 장로교들의 섬이었고 그들에게 의구심을 품는 반대파 정통 장로교들의 상업 도시 가운데 놓여 있었다.

하지만 에든버러는 달랐다. 세기 초반에 급진적인 개혁의 바람이 불면서 도시와 학교 사이에 비정상적인 유대가 구축됐다. 1708년부터 1740년대까지 왕실, 시의회, 사법계 및 의학계는 힘을 합쳐 에든버러대학교에 법학 및 의학 교수진을 제공하는 한편 네덜란드의 대학 도시인 레이던을 모델로 한 고전 및 철학 교육 커리큘럼도 새롭게 제공했다. 온건파 장로교의 성장을 촉진하고, 귀족들의 자녀가 네덜란드에 가지 않고도 도시 안에서 교육받을 수 있게 하기 위해서였다. 새로운 교수들은 법률가회, 의과대학 및 외과의사 협회, 스코틀랜드 교회에서 선발됐다. 이들은 일반적으로 의료 또는 법률 분야의 직업을 가지고 있으며 지역 교구에 소속되어 있었다. 다시 말해 도시와 도시 내 클럽 및 사교 모임, 대학에 충성하는 교수이자 전문직 종사자들이었다. 이들의 이중생활은 에든버러 계몽주의의 특징이자 스미스가 공적 생활에서 철학의 역할을 이해하는 데 특징적인 역할을 한 학계와 교양 있는 시민 문화의 공생 관계를 발전시켰다.

도시와 대학 사이에 이런 관계가 구축된 것은 세기 후반이었다. 그렇지만 1720년대와 1730년대에도 그 가능성은 분명히 싹트고 있었다. 랭케니언 클럽과 철학학회 회원 중에는 논리 및 형이상학 교수였던 존 스티븐슨John Stevenson, 수학과 교수이자 뉴턴의 가장 뛰어난 제자였던 콜린 매클로린Colin MacLaurin 등 존경받는 인물들을 포함하여 대학교수가 많이 속해 있었다. 특히 매클로린의 존재감은 흥미로웠다. 대학생뿐만 아니라 일반 시민, 심지어는 여성들도 그의 수학 강의와 뉴턴의 물리학 강의를 찾았는데, 이들은 모두 "그의 실험과 관찰에 흥미를 느꼈으며 제기된 질문을 쉽고 친숙하게 설명하는 그의 능력에 감탄했다."[9] 그는 의사회Medical Society의 원래 회원들에게 모임에서 논의할 주제에 자연철학과 고고학을 포함시키고 귀족과 지식인들에게도 모임을 개방하도록 설득한 인물이다. 모임의 이름을 철학학회로 바꾸도록 설득한 것도 바로 그였다. 이 과정에서 매클로린은 대중의 정신과 관습을 계발할 수 있을 정도의 영향력을 가진 철학자였던 허치슨에 대적할 만한 인물로서 에든버러의 대중 앞에 등장했다. 안타깝게도, 그는 1746년에 자코바이트 군대로부터 도시를 방어하기 위해 방위군을 조직하다가 심장마비로 죽음을 맞이했다.

그러나 1720년대와 1730년대에는 도시와 대학의 가치가 완전히 융화되지는 못했다. 매클로린, 스티븐슨, 시민 역사 교수였던 찰스 매키Charles Mackie와 같은 유명한 상류층 교수들이 대학에 유입됐지만 고전 및 철학의 핵심 커리큘럼에서 벗어난 부차적인 주제들을 강의할 뿐이었다. 에든버러를 찾은 사람들은 꽤 수준 높은 교육을 받은 이들이었기 때문에 고전 강의의 내용이 너무 기초적이며 보충 강의 같다고 불평했다. 글래스고대학교에 비해 도덕철학 강의가 너무 진부하다고 불평하는 이들도 있었다. 야심 차고 젊은 온건파 장로교인이었던 알렉산더 칼라일은 신학 강의가 "지루하고 장황한 네덜란드식"이라는 평가를 널리 퍼뜨렸다.[10] 늘 조급해하는 성격이었던 젊은 헨리 홈은 민법 강의가 너무 현학적이라고 생각했다. 윌리엄 컬렌William Cullen을 비롯하여 명석한 의대생들은 새로운 의과대학 커리큘럼이 너무 구식이며 레이던의 강의 노트를 읽기만 하는 것 같은 교수도 있다며 불평했다. 이와 같은 비평가들에게 새로운 커리큘럼은 교양 있고 철학적인 사상을 가진 시민이 되려는 학생이 아니라 시골의 성직자나 법원 서기, 외과 의사나 약재상에게 필요한 교육으로 보였다.

물론 이런 비판은 소수의 의견이었고 편파적이었다. 학생 수가 증가한 것으로 보이지만 얼마나 늘었는지는 확실하지 않다. 그러나 그들은 1720년대에 태어난 야망 있고 지적인 젊은이들로 1745년 반란이 일어나기 10년 전 대학에 다녔으며, 성직과 학계, 전문직 시장의 문턱에 막 들어선 세대였다. 이들이 도시의 문화적·지적 생활에 미친 영향은 엄청났다. 이들은 1750년대와 1760년대에 철학학회를 변화시켰다. 1754년 그들은 도덕철학과 순수예술에 대한 토론을 통해 예술과 과학의 발전을 장려하는 실용적인 계획을 세운 '명사회The Select Society'라는 유명한 모임을 만들었다. 두 모임과 이들을 모방하여 설립된 다른 모임들은 대중이 철학·과학·문학·순수예술을 추구하게 했으며, 적정성과 개선, 애국적인 노력의 가치와 학문을 연결하는 핵심

**로버트 폴이 그린 대학 정원의 중간 산책로 풍경(1756)**
파울리스 아카데미 졸업생의 작품이며 그가 묘사한 글래스고 풍경에서 계몽주의 시대 고상하고 감상적인 도시의 분위기를 엿볼 수 있다.

메커니즘이 됐다. 게다가 이들은 1750년대 후반부터 전임자들이 세상을 떠나고 공석이 된 자리를 채울 교수들을 대학에 공급한 세대이기도 하다. 1755년 윌리엄 컬렌이 화학 강좌교수로 임명됐고, 1759년에는 애덤 퍼거슨Adam Ferguson이 자연철학 강좌교수로 임명됐다가 1764년 도덕철학 강좌교수로 전출됐다. 1762년에는 휴 블레어가 수사학 및 문예학의 첫 번째 흠정교수로 임명됐으며 무엇보다 같은 해에 윌리엄 로버트슨William Robertson이 총장으로 임명됐다.

이들은 도시의 문화를 대학 안으로 들이고, 경력을 막 시작하는 실무자들을 시민과 지식인으로 만드는 데 필요한 '철학적' 전문 교육의 물꼬를 텄다. 1793년 로버트슨이 사망했을 때 대학과 도시 문화는 어느 때보다 완벽하게 융화되고 있었다. 에든버러는 대중의 마음속에 영국의 아테네로 자리 잡았고 나중에는 북부 유럽의 아테네로 자리매김했다. 이런 별명을 붙인 동시대인들은 문화유산을 연구하는 이들이 잊어버린 아이러니, 즉 아테네가 자신들을 정복한 제국에 철학적·지적 문화를 제공했다는 사실을 잊지 않았던 모양이다.


커콜디, 글래스고와 마찬가지로 에든버러는 스미스의 인생에서 인연을 만드는 데 중요한 역할을 했다. 그는 도시의 주요 인사들을 소개받았고 일부는 가까운 친구가 됐다. 그가 에든버러에서 한 강의를 통해 친분을 쌓게 된 인물들도 있고, 1750~1760년대에 발전한 클럽과 사회에서 그가 제기한 주제에 대해 토론하며 만난 사람도 많았다. 무엇보다 에든버러에 계몽주의가 형성되던 시기이자 철학가로서 스미스의 경력이 시작된 시기인 1745년 반란 기간에 도시의 지도자들은 정치적으로 중요한 입지를 차지하기 시작했다.

1745년 자코바이트 반란은 연합 역사상 가장 큰 트라우마를 남긴 사건이다. 스코틀랜드 북부는 오랫동안 국가 전체에서 가장 격동적이고 접근하기 어려운 지역이자 정부에 저항하는 세력의 근거지였다. 찰스 에드워드 스튜어트Charles Edward Stuart는 스튜어트 왕가의 복권을 위해 8월 글렌피넌에서 시작해 스코틀랜드 북부를 통해 중앙 벨트에서 에든버러까지 휩쓴다는 계획을 세웠다. 10월 프레스턴팬스에서 정부군을 격파한 그는 에든버러로 진군해 도시를 점령했다. 침공이 임박했다는 소식이 들려오자 도시의 공적 생활은 완전히 마비됐다. 스코틀랜드 은행은 거래를 중단했고 엄청난 양의 지폐를 파괴하기까지 했던 것으로 보인다.[11] 판사, 정부 공무원, 장로교 성직자를 비롯한 '주요 거주민'은 서둘러 나라를 떠났다. 도시를 방어하기로 되어 있던 아일랜드 기마병마저 도시를 떠난 후 몇 명 되지 않는 자원병과 데이비드 흄이 "폴스타프(셰익스피어의 극에 등장하는 뚱뚱하고 허풍 떨기를 좋아하는 기사-옮긴이)의 오합지졸" 같다고 묘사한 '나이 지긋한 시민들'로 구성된 경비대가 도시를 수비하게 됐다.[12] 도시는 유혈 사태를 피하려고 저항 한번 제대로 해보지 못한 채 투항했다. 법적·재정적·문화적 생활이 모두 중단됐다. 컬로든 전투 이후 스코틀랜드 하일랜드군Highland army이 완전히 패배한 지 4개월 후인 1746년 8월, 스코틀랜드로 돌아온 스미스는 피비린내 나는 재앙이 휩쓸고 간 도시를 목격했다. 법원과 대학은 10월에 다시 문을 열었지만 지식인들의 모임은

1748년 또는 1749년 철학학회 모임이 다시 열릴 때까지 중단됐던 것으로 보인다.

도시 질서는 회복됐지만 위기는 흉터를 남겼다. 컬로든 전투와 그이후 발생한 잔혹한 사건들은 영국 제국의 힘이 멀리까지 미칠 수 있으며 스코틀랜드의 비공식 위임 정부 체제가 임시적이며 기반이 불안하다는 사실을 일깨워줬다. 얼마간은 직접 통치가 이뤄지리라는 달갑지 않은 전망이 나왔다. 스코틀랜드의 전통을 상징하는 타탄 체크무늬 옷을 입고 항의하는 사람들도 있었다. 법률가와 온건파 성직자 중 신중한 사람들은 컬로든 이후의 국가에서 자신의 역할과 직업에 대해 깊이 고민했다. 성직자들은 특히 토르피첸 사건에 집중했는데, 후원자가 추천한 교구 관리인 후보를 지역 장로회에서 거부할 수있는 권리와 관련된 사건이었다. 이 사건은 1748년에서 1752년 사이총회에서 논란이 됐고, 성직자 추천권뿐만 아니라 스코틀랜드 교회와 시민사회 사이의 관계에 대한 근본적인 질문을 제기했다. 법률가들은 아주 오래전부터 정치를 불안하게 했던 친족 제도의 미래를 생각해야 했다. 스미스는 이렇게 스코틀랜드 시민사회가 갈림길에 서있으며 스스로 미래를 만들어가는 데 중요한 역할을 해야 한다고 생각하게 된 대중 앞에 지식인으로서 등장했다.

성직자와 법률가는 어마어마한 문제에 직면해 있었다. 젊은 온건파 장로교인들에게 1745년 반란은 행동할 때가 왔다는 의미였다. 많은 이들이 대학의 자원봉사단에 합류했고, 총장 윌리엄 위샤트William Wishart가 '에든버러의 꽃다운 청춘'을 하일랜드군에 희생하지 말라고 당부하지 않았다면 싸울 준비도 되어 있었다.[13] 그들은 총회의 행정에 정부가 간섭하는 것을 혐오했으며, 신앙과 교회정치 문제에서 시민법이나 교회법에 따라서가 아니라 양심의 인도를 받고자 하는 정통파 성직자와 평신도들의 무질서를 접하고 스코틀랜드 사회에서 교회의 위치에 대해 생각하게 됐다. 그들은 시민사회와 교회가 우호적으로 공존하길 바랐고, 목사를 교양 있는 지식인으로 양성할 학문과 문화를 통해 장로교를 풍요롭게 할 수 있는 기강 잡힌 교회를 원했다. 성직자로서 그들은 허치슨의 방식으로 자신들을 돌아봤다. 그들은 계시 종교나 교부Church Fathers들의 가르침을 바탕으로 한 종교가 아니라 철학, 자연신학, 실천적 도덕 배양에 기초한 종교를 원했다. 자신들과 같은 종교인들이 종교적 신념이 아닌 예절과 도덕을 바탕으로 다른 이들을 판단하길 바랐다. 또한 장로교 목사들이 고립된 성직자가 아니라 시민으로서, 교양과 예절, 흠잡을 데 없는 행실로 존경받는 지식인으로서 살 수 있다는 것을 세상에 증명하고자 했다.

역사가이자 에든버러대학교의 총장이었던 윌리엄 로버트슨 같은 지도층 온건파들이 자신들의 정치적 힘을 보이기 시작한 것은 토르피첸 사건에 대해 토론한 총회에서였다. 그들은 정통 성직자들로부터 총회의 통제권을 빼앗기로 작정한 탁월한 웅변가이자 강력한 정치 전략가였고, 법조계와 젠트리 계급 사이에 탄탄한 인맥도 보유하고 있었다. 그들의 지도자 중에는 스미스의 수사학 강의에 참석한 인물도 있었던 것으로 보이며, 정신 연구에 대한 그의 새로운 접근 방식이 논리학자와 형이상학자의 접근 방식을 대체할 수 있다고 봤다. 평생 종교적 신념에 대해 합리적인 의심을 품었음에도 스미스의 수사학 및 도덕철학은 교양 있는 교육에 대한 온건파 장로교의 사상과 점점 더 닮아갔다.

법률가들도 공적 생활에서 자신들의 지위와 소명을 진지하게 고민했다. 자코바이트주의를 무참하게 뿌리 뽑은 컬로든 전투와 컴벌랜드Cumberland 공의 출정은 왕실에서 스코틀랜드 북부를 억압하기 위해 정복 전쟁을 벌이리라는 오랜 두려움을 다시 수면 위로 끌어올렸다.[14] 이런 위협에 대해 최고민사법원장 덩컨 포브스Duncan Forbes를 주축으로 한 법률가들은 과거 반란의 원인이 스코틀랜드 북부 소수 지배 계급의 야망과 배신 때문이 아니라 친족 제도 구조 때문이라고 주장했다. 이들은 스코틀랜드 북부를 진정시키기 위해서는 군사력을 사용하는 것보다 시민의식, 상업과 경제의 개선을 장려하는 쪽이 더 효율적이라고 봤다.

한때 스미스의 동료였던 글래스고대학교의 민법 교수 윌리엄 크로스William Crosse보다 이를 더 잘 이해하는 사람은 없었다. 그는 영국군 스코틀랜드 총사령관인 블랜드Bland 장군을 위해 이 주제에 관해 논문을 작성했다. 논문에서 그는 지리적으로 스코틀랜드 북부가 척박하고 접근하기 어려우며 "곡물 재배에 적합하지 않은, 시골의 작은 소나 기르기에 적합한 거친 풀뿐인" 지역이라고 지적했다. 또 "[그들은] 소를 방목하면서 자기 소를 지키고 이웃의 소를 못살게 굴고 빼앗느라 바쁘다"라고 덧붙였다. 그는 혈연적 유대가 개인적인 다툼을 유혈 사태로 번지게 했고, 이는 전설과 노래로 이상화됐으며, 고대 그리스·로마의 "도둑과 강도의 땅"과 마찬가지로 "기이한 사건으로 정부가 조직되어 세계의 주인이 된" 야만적인 형태의 문명이라고 주장했다. 그는 다음과 같이 적었다. "우리의 생활 방식이 정상적인 정부를 바탕으로 형성됐듯 [그들의] 생활 방식은 현재 그들의 환경에서 자연스럽게 형성됐다. (…) 그들이 오랫동안 그렇게 살게 된 것은 우리 탓이다."[15] 크로스는 스코틀랜드 북부 문화와 그 문화의 기반인 법률과 제도를 경제적인 측면에서 생각했으며, 이를 법적인 문제로 좁게 생각할 것이 아니라 역사적인 관점에서 바라봐야 한다고 제안했다.

일부 선임 법률가가 당시의 법률 교육이 시대의 요구를 충족하는지 고민하기 시작한 것은 우연이 아니었고, 온건파 성직자들처럼 법률가들도 지식인으로 거듭날 수 있도록 교육받아야 한다고 생각하는 사람들도 있었다. 1748년 신임 최고민사법원 원장 로버트 던다스Robert Dundas는 직원들에게 "고대 로마법 및 자연법칙과 국가 법칙을 철저하게 배우고, 지식인의 성품을 기를 수 있도록 그 밖의 학문을 익히고 업적을 쌓기 위해 힘써야" 하며 무엇보다 "합리적이고 남자다운 언변"이 그들 직업의 특징이 되어야 한다고 당부했다고 전해진다.[16] 헨리 홈은 그의 말에 동의했지만 이를 달성하는 방법에 대해서는 다르게 생각했다. 곧 살펴보겠지만, 그는 법학에 대한 스미스의 견해와 자신의 견해가 잘 맞는다고 생각했다.

스미스는 이 독특한 문화계에 쉽게 접근할 수 있었다. 그의 가족과 친구들은 에든버러의 법조계나 종교계와 연줄이 있었고, 당시 전도유망한 하원 의원이었던 제임스 오즈월드는 친구인 스미스가 아가일 공작의 관리하에 있던 대학 중 한 곳에서 자리를 잡을 수 있도록 노력하고 있었다. 그는 동료 하원 의원에게 보낸 편지에서 이미 자신이 스미스를 언급한 적이 있다는 사실을 상기시켰다.

— 자네와 함께 수도원에 갔을 때 고인이 된 공작에게 [윌리엄] 스미스의 사촌이자 글래스고와 옥스퍼드에서 자란 청년 애덤 스미스를 언급한 적이 있네. 그는 문학에 비범한 재능이 있고 기회만 주어진다면 충분히 교수직을 맡을 만하다네. 자네도 이 젊은이를 진지하게 염두에 두길 바라네. 애덤 스미스는 이 나라의 문학과 산업을 수호하려는 갸륵한 야망을 품고 있으며, 이것들은 그가 애국심을 품고 있다는 가장 진정한 두 가지 증표라고 나는 감히 말할 수 있네.[17]

그 못지않게 중요한 사실은 제임스 오즈월드가 헨리 홈의 친구였다는 것이다. 홈은 무한한 열정과 지적 호기심을 가진 사람이었다. 사촌 데이비드 흄과 마찬가지로 홈은 인간을 사교 생활에 적합하게 하는 도덕적·정치적·종교적·미학적 감정에 대한 연구를 바탕으로 인간 중심 과학을 발전시키는 프로젝트에 전념했다. 그는 사촌의 《인간 본성에 관한 논고》 필사본을 읽고 비판하면서 기적과 미래 국가에 대한 도발적인 논의를 삭제하여 글을 '거세'하라고 설득했다. 스미스와 마찬가지로 홈도 《인간 본성에 관한 논고》가 필요 이상으로 회의적이라고 생각했고, 1751년 《도덕과 자연종교의 원리에 관한 소논문Essays on the Principles of Morality and Natural Religion》이라는 제목으로 평론을 발표하고자 했다. 스미스처럼 그도 일상생활과 역사에서 관찰할 수 있는 사회적 감성에 대한 집중적이고 체계적인 연구를 통해 인간 중심 과학의 실증적 기반을 강화하고자 했다. 홈의 초기 철학 실험은 법학에 관한 것이었는데, 실험이 제시하는 법의 원칙을 보여주기 위해 최고민사법원의 판결들을 모아 출판했다. 1745년 반란 기간에 그는 교외로 피신하여 "조국이 처한 어려움을 곱씹지 않기 위해" 영국 사법 및 정치 제도에 대한 소논문을 쓰면서 정의를 수호하는 데 사법부가 의회보다 핵심적이라는 흄의 견해를 발전시켰다.[18] 홈은 이를 통해 연합법 이후 스코틀랜드가 법을 개발하고 다듬는 일을 의회가 아닌 법원에 맡겨야 한다는 결론을 내렸다.[19]

그러나 홈이 가장 관심을 가진 것은 비판의 진정한 원천인 인간 본성의 원리를 바탕으로 '합리적 비판의 학문'을 구축하는 것이었다. 이는 그가 좋아하던 저술가인 스미스와 마리보의 관심사이기도 했으며, 홈의 가장 잘 알려진 작품인 《비판의 요소Elements of Criticism》는 이런 관심을 바탕으로 1762년에 출간됐다.[20]

한 친구는 홈이 "스코틀랜드에서 교양 있는 학문과 실용적 기술을 촉진하는 데 거의 신앙에 가까운" 관심을 가졌다고 이야기하기도 했다.[21] 홈은 1752년경 철학학회의 부회장이 됐으며, "어느 정도 영향을 끼칠 수 있게 된 후 매우 관심을 가지게 됐다"라는 말을 남겼다.[22] 그는 1754년 설립되어 개선 모임 중 최고로 꼽히던 명사회의 창립자이기도 했다. 1752년 케임스 경으로서 의원으로 임명된 후에는 '몰수자산위원회Forfeited Estates'의 위원을 맡는가 하면 '스코틀랜드 어업, 제조업 및 개선을 위한 이사회Board of Trustees for Fisheries, Manufactures and Improvements in Scotland'의 회원이 됐다. 그러나 홈에게 가장 큰 자부심과 기쁨을 준 것은 그의 제자들이었다. 존 램지John Ramsay는 다음과 같이 전했다.

— 학생에게서 충분한 가능성을 발견하면 홈은 친분을 쌓고 학생이 가진 모든 관심사에 따뜻한 조언을 해줬다. 연구 과정과 활동의 윤곽을 잡는 것 외에도 대화를 통해 이해를 돕고, 학생 스스로 자신의 원칙과 재능을 발견할 수 있도록 신경 썼다. 철학적 재능이 있으면서 새로운 것을 받아들이는 데 주저하지 않는 학생과는 유대가 더욱 깊어졌다. 그러면 그 학생은 산책을 하면서도 강의를 하곤 했던 교수님의 울타리 안으로 들어가 홈의 동반자가 될 수 있었다.[23]

확실히 해두자면 그는 어떤 측면에서는 까다롭고 거만하며 위압적이었고 제자들은 보통 그와 친분을 쌓지 않았다. 보즈웰은 홈이 "누군가가 다른 사람을 세상에서 가장 오만한 인물이라고 흉본다면 그 사람 자신이 굉장히 오만한 인물일 거라고 생각하겠지만, 그 대상이 케임스 경이라면 그 말은 절대적인 진리"라고 말했다고 전했다. 보즈웰은 또한 "모든 사람은 자신의 약점에서 가장 빨리 실패한다. 케임스 경의 약점은 글쓰기다. 어떤 글은 수준급이지만 어떤 글은 수준 이하다. 그는 사람들이 자신과의 대화에서 기대하는 것보다 훨씬 수준에

못 미치는 글을 쓴다"라는 스미스의 날카롭고 흥미로운 논평을 기억했다.[24] 그럼에도 스미스는 당대 스코틀랜드 학계가 얼마나 생산적인지에 대해 의견을 달라는 요청을 받았을 때 "우리 모두가 케임스 경의 업적을 존중해야 한다"라고 호의를 보였다.[25]

스미스는 처음부터 흄과 잘 지냈던 것으로 보인다. 그는 스코틀랜드로 돌아온 지 몇 달 후인 1747년 초 수사학 강의 제안을 받고 승낙한 듯하다. 1748년에는 확실히 충분히 자리를 잡았고 흄의 오랜 친구이자 망명한 자코바이트 시인인 윌리엄 해밀턴William Hamilton의 미출간 시집에 짧은 서문을 써달라는 요청을 받았다. 무엇이든 개선하기를 좋아했던 스미스는 기꺼이 자신의 서문이 정식 판본을 출판하는 데 도움이 되기를 바란다고 말했다고 한다.[26]

이런 사건들 중 무엇도 놀랄 일은 아니다. 스미스와 흄의 지적 호기심에는 공통점이 많았다. 두 사람 모두 감정과 애착에 관한 연구를 바탕으로 인간 중심 과학을 발전시키고자 했다. 그들은 가치관과 가치관이 정신의 작용에 미치는 영향, 마리보의 작품과 같은 감상적 소설에서 철학이 지닌 가치에 관심이 있었다. 또한 법학에서 새로운 인간 중심 과학이 가지는 의미에도 관심을 두고 있었다. 흄은 허치슨과 흄의 철학에 정통하고 수사학 및 법학 연구에 그들의 생각을 비판적으로 적용할 준비가 된 젊은 철학자를 알아봤다. 에든버러대학교에서 이런 주제들을 가르치는 방식은 흄의 흥미를 불러일으키지 못했다. 예컨대 존 스티븐슨이 논리학과 형이상학 수업에서 수사학과 문학을 명료하게 잘 가르쳤고 비판적인 학생들에게 좋은 평을 듣기도 했다. 하지만 그의 수업 내용은 허치슨이나 흄의 사상이 아닌 존 로크 John Locke의 사상에 가까워서 감정과 사회성에 관한 질문에 집중하는 지적 문화와는 동떨어져 있었다. 또한 홈과 같은 법학자에게는 애석하게도, 법학은 대학에서 홀대받고 있었다. 기존의 교수진은 법학자가 아니었고 공법public law 교수는 푸펜도르프의 가르침을 넘어서려고 하지 않았다. 정의감의 기원에 대한 허치슨의 철학적 통찰력을 높이 평가하는 사람은 많았지만, 그가 법 또는 정부의 특정 체계에 전혀 관심이 없다는 사실은 법조인들에게는 안타까운 일이었다.

스미스는 이 두 주제에 대한 새로운 사상을 품고 있었다. 그는 수사학과 순수문학을 강의하며 가치관 연구에 대한 새로운 철학적 접근 방식을 찾았고, 법학 강의를 하면서는 법률 체계 연구를 역사적으로 접근하는 방식을 개발했다. 그는 이런 주제에 관한 강의를 역사적인 관점에서 사고하는 철학자로서 맡았다. 인간 행동의 특징인 개선의 원리에서 뿌리가 무엇인지를 파악하는 데 관심이 있었고, 이는 문명 자체의 원리를 탐구할 때 사용할 수 있었다. 이런 주제들은 에든버러에서 발전하고 있던 주목할 만한 문화 운동의 목적과 완벽하게 맞아떨어졌다. 또한 헨리 홈의 사상과도 잘 맞았다.

Adam Smith:
An Enlightened Life

5장
—

# 스미스의
# 에든버러 강의

스미스는 1748년과 1751년 사이 에든버러에서 강의한 수사학과 법학 강의, 그리고 사후 출판된 철학 및 과학의 역사에 관한 소논문을 통해 인간 중심 과학의 기초를 제시했다. 수사학 강의에서는 우리의 사회적 담론을 규정하는 적정성 감각에 대해 논의했고, 법학 강의에서는 정치사회 안에서 생존하고 번영할 수 있는 능력의 기반인 정의감에 대해 논의했다. 두 강의 모두 흄의 영향을 많이 받기는 했지만, 스승의 철학을 완전히 마스터하고 이를 통해 당대의 철학 연구에 대한 매우 독특하고 시사적인 비판을 제공한 제자의 결실이었다. 스미스의 강의는 철학 자체의 본질과 의미에 대해 중요한 질문을 제기하는 방식으로 이뤄졌다.

스미스는 직업적·사회적 활동이 시작되는 10월 또는 11월에 첫 수사학 강의를 열었다. 최고민사법원이 개회하고 새 학기가 시작되며, 영지에서 시간을 보내던 교외의 대지주들과 그 가족이 도시로 돌아오는 시기였다. 1748년 가을에 열린 강의는 더 있었다. 명예혁명 이후 법·의학·자연과학·고전 언어에 관한 공개 강의가 활발히 열렸고, 〈칼레도니안 머큐리Caledonian Mercury〉에는 수학·실증철학·의학·화학·지리학 강의의 광고가 실리기도 했다. 그러나 스미스처럼 인기를 누리는 강사는 많지 않았다. 헨리 홈의 제자들과 전기 작가인 우드하우즐리Woodhouselee 경에 따르면, 스미스는 "주로 법학과 신학을 공부하는 학생들로 구성된 점잖은 청중"에게 인기를 끌었다.[1] 그가 어디서 강의를 했는지는 알려지지 않았다. 스미스가 논리 및 형이상학 교수인 존 스티븐슨과 직접적인 경쟁 관계에 있었다는 점을 고려하면 강의가 대학 교정에서 열리지는 않았던 것 같다. 니드리 골목에 있는 철학학회실이나 음악학회실에서 열렸을 수도 있고, 그곳이 아니더라도 대학과 의사당 주변 도심에는 모임을 가질 수 있는 공간이 많았다.[2] 1749년에 이어 1750년에도 강의가 열린 것으로 보아 꽤 성공적인 강의였던 것으로 보인다.

우드하우즐리 경에 따르면 그의 강의는 제임스 오즈월드, 휴 블레어, 존 밀러John Millar, 훗날 대법관이 된 알렉산더 웨더번Alexander Wedderburn, 흄과 홈의 절친한 친구인 윌리엄 펄트니William Pulteney 경을 비롯해 "문단과 공적 생활 모두에서 두각을 나타낸 주요 지식인들"의 관심을 끌었다고 한다.[3] 실제로 '철학적 비판'에 관한 관심이 매우 높아져서 1751년 스미스가 글래스고로 떠난 후 홈의 또 다른 제자이자 훗날 필립 2세의 전기 작가 겸 세인트앤드루스 학교의 총장이 되는 로버트 왓슨Robert Watson이 그의 강의를 맡게 됐다. 그리고 1756년 왓슨이 세인트앤드루스로 떠난 후에는 그 자리를 홈의 더 유명한 제자였던 휴 블레어가 맡았다. 그는 대학에 더 많은 학자를 모을 수 있는 인물로 인정받아 1762년 에든버러대학교의 수사학 및 순수문학 흠정교수로 임명됐다.[4]

왕실의 후원까지 받으면서 블레어가 교수로 임명된 것은 스미스가 홍보에 많은 노력을 기울인 학과목이 사교계에서 인정받았다는 의미로 받아들일 수 있다. 그것은 도시의 문화가 대학에 어떻게 침투했는지 보여주는 가장 놀라운 예이며, 스미스가 빌려준 수사학에 관한 논고의 사본에서 도움을 받았다는 사실을 블레어가 인정했다는 사실도 이를 뒷받침한다.[5] 스미스는 수사학에 대한 새로운 접근 방식을 장려했다. 수사학이 사회성과 인간 중심 과학의 원리를 이해하는 데 근본적으로 중요하다고 보는 이런 접근 방식은 대중의 관심을 끌었다. 강의를 통해 그는 지식인으로서 신뢰를 얻게 됐으며 글래스고대학교의 교수로 임명되는 데 기반을 다졌다.

스미스는 사무원에게 받아쓰게 해서 만든 자료를 읽으면서 거기에 설명을 곁들이는 평소 방식대로 강의했을 것이다. 에든버러에서 어떤 내용을 강의했는지는 남아 있지 않지만, 1762~1763년 두 학생의 강의 노트를 참고하면 1740년대에 개발된 그의 사고 체계의 요점을 알 수 있다. 그의 강의 노트를 현대판으로 출간한 편집자가 논평했듯 스미스가 사용한 대부분의 예시는 그가 1751년 글래스고로 거처를 옮기기 전에 얻은 것으로 보인다.[6] 곧 살펴보겠지만 그는 언어의 기원에 관한 세 번째 강의에서 출판할 만한 중요한 주제를 개발하게 된다. 소논문 〈최초의 언어 형성에 관한 고찰Considerations Concerning the First Formation of Language〉(1761)과 이 논문의 기초가 된 강의에는 인간 본성의 원리와 근대 도덕과학의 방법론에 대한 스미스의 가장 중요한 사상이 담겨 있었다. 이 사상의 개요는 그가 막 철학자로 발돋움하던 단계에서 발전시킨 것이었다.

스미스는 자신감 넘치고 매력적인 수정주의자로서 강의하며 탁상공론 속에서 중요한 주제를 가려내야 한다고 제안했다. 그는 이런 주제를 다룬 고전 작품 대부분이 "아주 어리석은 데다 전혀 교훈적이지 않고",[7] 교과서에서 이야기하는 좋은 문체에 대한 언급이 "보통의 방식에서 멀어질수록 우리가 생각하는 순수함과 완벽함에 훨씬 더 가까워진다"[8]라는 터무니없지만 대중적인 믿음으로 왜곡되어 해석되고 있으며, 수사학을 취미 이론의 한 측면으로 여기는 현대적 시도가 이론적으로 충분히 발달하지 못했다는 주장에 수강생들이 동의하리라고 확신했다. 그는 수강생 대부분에게 익숙했던 감정의 작용을 고려하면서 언어의 사용에서 볼 수 있는 다양한 특성을 어떻게 하나의 포괄적인 원리로 묶을 수 있는지 보여주는 방식으로 수사학 연구를 다시 시작해야 한다고 제안했다. 이는 그가 글래스고에서 배운 유클리드 기하학이 바탕이 된 '수학적' 방식이었다. 이 방식에서는 공리로서의 포괄적 원칙이 제시되며, 분석은 여기에 의존한다. 수강생들에게 이런 공리의 진정한 가치는 그의 분석의 기반이 되는 추론을 얼마나 정확하게 표현할 수 있는지와 그런 정의定義를 뒷받침하기 위해 사용한 예시의 양과 질에 달린 것으로 보았다. 그의 수사학에서 기반이 된 공리는 언어가 적정성을 바탕으로 사용될 때, 즉 타인과 자신에게 적절한 방식으로 사용될 때 가장 매력적이며 설득력을 발휘한다는 것이었다.

이런 제안은 스미스의 수강생 중에서 젊은 성직자와 법률가들의 관심을 끌기 위해 고안됐다. 이들은 학교에서 키케로와 애디슨을 읽고 효과적으로 사회적·언어적 교류를 하기 위해서는 적정성이 중요하다는 사실을 알게 됐다. 만약 그들이 수사학에 관한 존 스티븐슨의 대학 강의를 들었다면, 스미스가 유창한 문체를 발전시키는 과정에서 아리스토텔레스Aristotle가 근본적으로 중요하다고 여겼던 원리를 돌아봐야 한다고 제안한다는 사실도 깨달았을 것이다. 스미스는 이 원리가 아리스토텔레스가 생각한 것보다 인간 본성의 원리를 이해하는 데 더 넓은 의미가 있다고 생각했다. 그는 적정성을 갖춰 언어를 사용하는 기술은 관습과 도덕, 소통의 영향력을 갈고닦는 기술이며 타인이 우리의 감정에 대응하는 방식에 큰 영향을 미치는 '성격'을 개발하도록 도와준다는 것을 보여주고자 했다. 이를 제대로 이해한다면, 수사학은 인간의 성격이 형성되고 완성되는 방식에 관한 연구뿐만 아니라 사회성 및 인간 중심 과학에 관한 연구와 연관된 모든 것을 아우르는 주제임을 알 수 있다.

여기까지만 해도 그의 야심을 충분히 엿볼 수 있지만, 추측을 기반으로 이뤄진 언어학 소고의 서론 부분에서 그는 한 걸음 더 나아갔다. 그는 "이 추론을 위해서는 어느 정도의 전제가 필요하다"라고 솔직하게 경고하기도 했다.[9] 그는 많은 수사학자가 생각해온 것처럼 언어를 신이 인류에게 준 선물이라고 생각하기보다 인간이라는 종만큼 역사가 긴, 인류의 생존과 행복에 근본적으로 중요한 역할을 한 발명품으로 생각하는 것이 훨씬 그럴듯하다고 봤다. 자기 주장의 추측적인 특성을 강조라도 하듯, 그는 원주민 남성과 여성이 '공통의 욕구'

를 표현하기 위해 기호와 소리를 사용할 수밖에 없었던 상황을 우화의 형태로 제시했다.[10]

— 함께 같은 장소에 정착하게 된 두 명의 원시인은 자주 마주치며 관심을 가지게 된 대상을 나타내는 신호를 만들기 위해 노력할 것이다. 그들이 머물렀던 동굴, 식량을 얻은 지역에 있는 나무, 그들이 마신 샘물은 모두 특정한 이름으로 구분될 것이다. 이런 대상에 대한 서로의 생각을 알려야 하고, 그렇게 할 수 있도록 특정한 신호를 사용하는 데 서로 합의할 것이기 때문이다.
나중에 그들이 다른 나무, 동굴, 분수를 만나 이에 대해 이야기할 기회가 생기면 자연스럽게 이전에 비슷한 종류의 대상에 붙였던 것과 같은 이름으로 부르게 될 것이다. 동물들 사이의 연관성, 나무들 사이의 연관성, 그리고 그들이 그런 대상을 표시하는 단어들은 자연스럽게 같은 종류의 대상이 같은 단어로 표시될 수 있음을 암시할 것이다. 따라서 원래는 하나의 대상을 의미했던 단어는 특정 부류의 사물을 가리키는 고유의 이름이 될 수 있다.[11]

이런 설명은 스튜어트가 묘사한 언어의 진보에 관한 추측적 역사 Conjectural history의 첫 단계였으며, 인류의 언어가 진보하는 과정에서 모든 단계가 필요에 따라 주도됐다고 가정할 만한 근거를 보여준다. 따라서 원시 인류는 언어학적으로 특정한 대상에 특정한 이름을 부여했던 '원시적 용어' 상태에서 유사한 대상을 설명하는 일반적인 용어와 같은 유형에 속하는 다른 대상(녹색 나무, 동굴 위에 있는 나무 등)을 구별하기 위해 품사를 사용하는 단계로 발전했다. 시간이 흐르면서 그들은 '녹색'의 본질과 '위'라는 개념에 대해 근본적이고 추상적인 질문을 할 수 있다는 사실을 알게 됐다. 이들은 의도치 않게 문법 규칙을 구성하고 일반적인 사물을 판단하는 능력을 습득했다. 또한 필요에 따라 사회성을 갖추고 생각하는 능력도 길렀다. 이런 추론은 언어의 역사가 정신의 역사와 같다는 추측을 할 수 있게 했다.[12]

스미스의 에든버러 강의를 들은 수강생들은 그가 허치슨이 몹시 싫어했던 버나드 맨더빌의 《꿀벌의 우화》 제2권에서 시작된 논증을 발전시키고 있다는 것을 깨달았을 것이다. 그리고 친프랑스주의자였던 헨리 홈을 비롯해서 한두 명쯤은 스미스가 콩디야크Condillac의 획기적인 작품 《인간 의식의 기원에 대한 논문Essai sur l'origine des connoissances humaines》(1746)을 비평하고 있다는 사실을 깨달았을 것이다. 현대 프랑스 철학을 눈여겨봤던 스미스는 맨더빌의 우화를 문법의 자연적 역사의 출발점으로 삼으려는 콩디야크의 시도에 감탄했지만, 원시 인류가 추상적 능력을 획득한 기념비적인 순간을 충분히 설명하는가에 대해서는 회의적이었다. 콩디야크의 설명은 인간이 역경을 통해 신이 주신 이성의 힘을 깨웠다는, 스미스와 흄이 '비철학적'이라고 생각했을 가정에 기반을 두고 있다. 이에 대해 스미스는 이미 알고 있는 단어에 새로운 의미를 부여하기 위해 상상력을 사용하는 어린아이처럼 원시 인류도 원시적인 용어와 제한된 이해력에 결핍을 느껴 반응한 것이라고 반박했다. 동굴이라는 단어로 특정한 구조의

애덤 스미스

장소뿐만 아니라 비슷한 모든 구조를 가리킴으로써 원시 인류는 같은 단어를 매우 다른 두 가지 방식으로 사용하여 무엇이 특정하고 무엇이 일반적인지를 표현할 수 있었다는 것이다. "말을 막 배우는 아이는 집에 오는 모든 사람을 아빠나 엄마라고 부른다. 두 사람에게 적용하도록 배운 명사를 모든 인간에게 사용하는 것이다." 같은 방식으로 우리는 '대단한 연설가'를 '키케로'라고 부르거나 '위대한 과학자'라는 설명 대신 '뉴턴'이라고 칭한다.[13] 모든 경우에 화자는 자신에게 특별한 의미가 있는 단어에 일반적인 의미를 부여하기 위해 자신이 사용할 수 있는 언어를 쓴다. 그리고 언어적 범위를 확장하기 위해 환유와 같은 비유적 표현을 사용한다.

그러나 이런 비유는 어린이나 원주민의 언어적 필요를 오랫동안 만족시킬 수 없을 것이다. 환경이 변하고 일상생활에 필요한 것들이 많아지면 언어의 범위를 확장하고 인지적 욕구를 충족시키기 위해 형식을 갖춘 강력한 문법적 역량을 개발할 필요성을 느끼게 된다. 스미스는 1762년 "이런 과정에 따라, 구성이 복잡해질수록 언어의 기초와 원리는 더욱 단순해진다"라고 주장했다.

— 또한 기계의 엔진에서 발생하는 것과 같은 일이 여기에서 발생한다. 모든 기계는 일반적으로 처음 발명됐을 때 원리가 매우 복잡하며 수행해야 할 동작마다 작동 원리가 다른 경우가 많다. 사람들은 지속적인 관찰을 통해 그런 동작 중 몇 가지에 하나의 원칙을 적용할 수 있다는 사실을 깨닫게 된다. 그러면 기계는 점점 단순해지고, 톱니바퀴와

작동 원리를 덜 사용하고도 같은 동작을 수행할 수 있게 된다. 언어에서도 같은 방식으로 모든 명사의 모든 경우와 모든 동사의 모든 시제는 원래 서로 다른 목적을 표현하는 특정한 단어였다. 그러나 잇따른 관찰을 통해 단어 집합 하나로 무한한 단어를 대신할 수 있고 4~5개의 전치사와 5~6개의 조동사로 어형 변화와 고대어 동사의 활용을 대신할 수 있다는 사실을 발견했다.[14]

이 훌륭한 비평에서 스미스는 고전 수사학자들과 그 추종자들이 그토록 감탄했던 비유적 표현을 어린이와 원시 인류가 언어적으로 미성숙했다는 증거로 제시했다. 동시에 그는 모든 이해력의 궁극적인 기반이 되는 능력은 이성이 아니라 상상력이라는 데이비드 흄의 매우 회의적인 관찰에 동의한다는 뜻을 은근히 비쳤다. 또한 인간이 왜 자신의 언어 역량을 개발하기 위해 애썼는지에 대한 질문에 답하면서 일상생활에서 필요한 역량을 개선하고자 하는 타고난 듯한 욕망은 언제나 궁핍하며, 결핍을 느끼는 인간이라는 종의 역사에 깊이 뿌리를 두고 있다는 개선 이론의 토대를 마련했다. 그는 이런 주장을 펼치면서 앞으로 더욱 발전시켜 훗날 자신의 모든 철학 저서에 적용하게 될 언어와 정신의 본질에 대한 강력하고 독특한 추론적 논증 방식을 사용했다.

〈최초의 언어 형성에 관한 고찰〉에서 스미스는 이론의 전체 범위만을 발전시켰다. 신중한 결정이었다. 그의 이론은 매우 회의적이었을 뿐 아니라 그가 펼치려는 수사학 체계와 직접적인 관련도 없었다. 중요한 것은 그의 수강생들이 언어는 욕구에 대한 대응이며 시간이 흐름에 따라 습득하게 된 기술이라고 생각하게 됐다는 것이다. 수 강생들에게 그가 전하는 메시지는 분명했다. 옛 수사학자들의 조언을 따르거나 장대한 문체, 정교한 구문, 신비로운 어휘, 그들이 그토록 감탄했던 비유적 표현을 연마하는 대신 다른 사람들과 효과적으로 소통하는 능력을 개선할 수 있도록 적정성 감각에 따라 평범한 문체를 발전시키는 것이 근대 시민에게 더 합리적이라는 것이었다. 그는 다음과 같이 말했다. "우리가 적정성이라고 부르는 것을 형성하는 것은 관습이며, 고결한 문체의 규칙을 끌어낼 수 있는 것은 더 나은 관습이다."[15] 그는 어느 시대든 문체에 관한 가장 좋은 조언은 교과서가 아니라 올바른 가치관과 지위를 가진 사람들이 가장 존경하는 작가의 작품에서 찾을 수 있다고 덧붙였다.

— 이전 강의에서 우리는 최고의 영국 산문작가 중 일부의 특징을 파악하고 그들의 방식을 비교했다. 그런 강의의 결론이자 (…) 우리가 깨달은 법칙은 작가에게 영향을 미치거나 미치는 것처럼 보이는, 작가가 독자와 소통하기 위해 묘사하는 감정, 열정 또는 애정을 간결하고 적절하며 가장 정교하게 전달하는 방식으로 작가의 생각을 표현하면서 문체가 완성된다는 것이다.

여러분은 이것이 상식에 불과하다고 할 것이며 실제로 그렇다. 하지만 주의를 기울여보면 비판과 도덕에 관한 모든 법칙의 토대는 결국 모두가 동의하는 상식의 원칙이다. 이를 증명하는 방법은 이런 법칙을 다양한 주제에 적용했을 때 어떤 결론이 나오는지 관찰하는 것이다. 이를 위해 우리는 앞에서 언급한 작가들을 관찰했다. 우리는 그들의 글에서 대화와 행동에 모두 적용할 수 있는 이 법칙을 얼마나 잘 따랐는지 살펴봤다. 작가에게 호감을 느끼게 되는 것은 그의 감정이 자연스럽게 전달되는 것처럼 보이면서 그의 열정이나 애정이 적절하게 전달될 때, 그리고 그의 생각이 수긍할 만하고 자연스러워서 우리 자신이 그 생각에 동의하고 있음을 깨달을 때다.[16]

스미스는 주요 예시를 고대보다는 근대 문학에서 찾았다. 그는 당시의 대중이 윌리엄 템플William Temple 경이나 조너선 스위프트Jonathan Swift, 애디슨처럼 각각 다른 작가들을 존경한다는 사실에 감탄하면서, 이는 이런 작가들이 명료한 언어의 필요성을 존중하면서 자신만의 고유한 문학적 목소리로 호소하기 때문이라고 주장했다. 자신만의 목소리를 내는 능력은 항상 솔직하고 설득력 있게 말하는 데서 비롯된다. 하지만 스미스는 가장 인상적인 예외를 제시해 자신의 법칙을 증명했다. 스미스가 가장 싫어하는 모든 요소의 집합체였던 존경받는 작가 섀프츠베리 3대 백작은 당시의 시대 상황과 성장 환경의 문제를 고스란히 드러내는 끔찍한 문체를 구사하던, 근대식 휘그주의와 예절의 아버지였다. 그의 문체에 스며 있는 미에 대한 관념은 "그 자신의 성격과 똑 닮았고, 고상한 위엄과 거창하고 거만한 말투"가 특징이었는데, 이는 추론의 얄팍함과 그의 나약한 성품, 부족한 사회성을 여실히 드러냈다. 스미스는 섀프츠베리의 날카로운 비평가인 버나드 맨더빌에 필적할 만한 신랄함으로 신이 나서 이를 폭로했다.

─ 이 귀족의 성품과 환경을 잘 살펴본다면 그의 행동 요인을 쉽게 찾을
수 있을 것이다. 그는 아버지와 친했으며 가정교사[존 로크] 밑에서 교
육을 받았는데, 특별히 관심을 둔 종파나 교리가 없었으며 특정 인물
이나 의견에 얽매이지 않고 철학이나 종교를 비롯한 모든 문제에서
사상과 양심의 자유를 주장했다. 그의 동료들이 특정 종파에 관심이
있었다고 해도 기성 교회보다는 청교도에 가까웠으며, 이는 그들이
유지하기 위해 그토록 노력했던 신조가 양심의 자유에 가장 가까웠
기 때문이다. 그가 주고받은 서신을 통해 보면, 새프츠베리는 건강이
나빠질까 두려워하는 심약한 체질이었다. 그런 신체적 조건은 연약한
기질과 매우 밀접하게 연결되어 있거나 연약할 기질과 거의 함께 나
타난다. 추상적인 추론과 깊이 있는 탐색은 이렇게 섬세한 그릇을 가
진 사람에게는 너무 피곤한 과제다. 허약한 몸과 마음 때문에 그들은
일반적인 사람들이 몰두하는 일에 이끌리지 않는다. 열정이 그리 강
하지 않은 이들의 그릇에 담기에 사랑과 야망이라는 감정은 너무 폭
력적이고 강렬하다. 이들은 욕구와 열정이 약한 덕분에 일반적인 관
습에 흥분하지 않으며, 스스로 세운 규칙에 따라 행동하는 데 큰 어려
움을 느끼지 않는다. 그들은 취향과 상상력의 산물인 순수예술을 계
발하려는 경향이 있다. 노동이 거의 필요치 않은 데다 그들의 기질과
능력에 꼭 맞는 즐거움도 제공하기 때문이다.[17]


존경받는 철학자를 향해 인격과 통찰력이 부족해 건전한 철학적 원
칙을 바탕으로 한 흄그주의를 받아들일 수도, 교양을 쌓을 수도 없다

며 인신공격을 하는 것보다 장엄한 문체를 쓰레기로 만드는 더 효과적인 방법은 없었을 것이다.

이때까지 스미스는 문학과 웅변술을 논의할 준비가 되어 있었고, 비공식적으로 특히 고대의 문학과 웅변술에 대해 자주 이야기했다. 그는 "내가 고대 수사학을 언급하는 이유는 그 자체가 아름답거나 실용적이어서가 아니라 고대에 대한 존경심 때문"이라고 무심하게 언급했다.[18] 그의 수강생들은 "모든 담론은 어떤 사실과 조금이라도 관련이 있거나 어떤 명제를 증명해야 할 때 제안된다"라는 점과 사실을 정리할 때는 가장 존경받는 역사가의 방식을 취하는 한편 근대 독자의 취향을 반영하는 것이 가장 좋으며, 실제로 이런 방식만이 유일하게 적절하다는 점을 염두에 뒀다. 어떻게 봐도 스미스의 메시지는 도발적이고 분명했다. 작가와 웅변가를 문학 시장을 움직이는 기업가로 생각해야 한다는 것이다. 여기에서 그는 로마인들이 역사적 사건 자체만큼이나 그런 역사를 만든 위대한 인물들의 정신적인 측면에도 관심을 가지게 됐다는 사실을 깨달음으로써 역사학적 혁명을 일으킨 작가 타키투스Tacitus를 대표적인 예로 들었다.

── 타키투스가 저술한 당시 로마인의 상태와 그런 상태를 만든 로마인들의 기질을 생각해보면 타키투스의 업적이 매우 자연스러운 것임을 알게 될 것이다. 트라야누스Trajan 황제의 통치 아래 로마 제국은 정점에 이른 영광을 누리고 있었다. 사람들은 과거 어떤 황제의 통치 기간 또는 지난 150년의 로마 공화국 시절보다 고요하고 안전한 국가에서 살

게 됐다. 사치와 이에 따른 자연스러운 결과인 정제된 예절은 어느 국가에서나 그랬을 만큼 발전했다. 감정은 이런 사람들의 관심을 끈다. 이런 사람들이란 사치품과 세련된 삶을 통해 마음껏 부를 누릴 자유가 보장된 위대한 도시에서 공공직을 수행할 필요가 없이 군주의 은총과 관용을 얻는 사람들을 말한다. 치열한 삶에 쫓길 필요가 없는 이들은 자연스럽게 인간 정신의 흐름에 관심을 돌리게 된다. 다양한 내적 애착을 통해 설명할 수 있는, 관련된 사람들에게 영향을 미친 사건들이 그들의 취향에 가장 잘 맞는다. 프랑스 군주제는 트리야누스 치하의 로마와 거의 같은 상태에 있으며, 따라서 우리는 가장 공감을 얻는 글을 쓰고자 했던 작가들이 감정을 잘 사용했다는 사실을 발견하게 된다. 마리보와 젊은 크레비용Crebillon의 작품에서 이런 양상을 볼 수 있으며 (…) 정반대 성향인 작품에서조차 타키투스와 닮았다. 그들은 여러 행위자의 기질과 내적 성향을 통해 거의 형이상학적이라고 할 수 있는 탐구 방식으로 모든 사건을 설명하기 위해 고민한다.[19]

스미스라면 아마도 당시 스코틀랜드 문인들이 감정에 관해 놀라울 정도의 관심을 쏟은 것도 바로 이 때문이라고 덧붙였을 것이다.

다양한 유형의 기질에 관해 논의한 강의 후반에서 스미스는 근대 과학의 방법론과 세상에 대한 설득력 있는 설명을 제공하는 문제에 대해 매우 다듬어진 사상을 처음 제시했다. 그는 "작가의 의도는 명제를 제시하고 그 결론에 이르는 다양한 논거를 통해 증명하는 것"이라는 논리적 토론 방법에 관심을 가졌다. 아리스토텔레스는 이런 방법을 사용했지만 너무 많은 종속 명제를 만들어 "[독자들이] 빠지지 않기를 바랐던 효과인 착란을 빚어내고 말았다." 스미스가 원했던 방식은 "알려지거나 증명된 특정한 원칙을 처음부터 제시하여 하나의 사슬로 모두 함께 연결되는 여러 가지 현상을 설명할 수 있는" 뉴턴식 분석이 었다. 이 뉴턴식 방법론은 "도덕이나 자연철학 등 모든 학문에서 의심할 여지 없이 가장 철학적"이며 모든 방법 중에서 가장 "매력적인" 방법이었다. "이런 방식은 우리가 가장 설명할 수 없다고 여겼던 현상들이 모두 잘 알려진 어떤 원리를 바탕으로 하나의 사슬로 연결될 수 있다는 것을 보여주며 기쁨을 선사한다."[20] 이런 방법은 지식의 세계에 대한 신뢰할 수 있는 지도를 개발할 수 있다는 것을 보여주기 위해 청중의 상식에 호소하는 명제를 탐구하고자 고안됐다. 이 방식을 통해 스미스는 처음으로 동시대 사람들이 알고 있는 경험의 세계에 대한 지도를 만드는 방법으로서 철학을 제시했다. 그런 지도가 그럴듯하거나 개연성이 있는지보다 얼마나 사실적인지를 따지는 것은 스미스와 같은 흄학파 지식인들이 탐구하지 않기로 한 문제였다.

내용을 잊어버리거나, 혼란스러워하거나, 격분한 흔적이 보이기는 하지만("한마디도 기억나지 않는다"), 두 학생은 1762~1763년에 스미스의 강의를 기록하는 인상적인 업적을 남겼으며, 의도치 않게 스미스의 초기 사상을 조명해내는 데 성공했다. 스미스는 확실히 자신을 근대 철학이라는 토대 위에 고대의 고전적 주제를 놓고자 하는 수정주의자이자 아리스토텔레스를 출발점으로 삼은 철학자로 봤다. 또한 철학가로서 목소리를 확고히 하기 위해 허치슨·흄·콩디야크를 안내자 삼고 유클리드 기하학 원칙을 바탕으로 홉스·뉴턴·허치슨이 개발한 분석 방법을 사용하는 철학가로 생각했다. 그는 인간의 본성을 배우는 학생들이 수사학의 특정한 문제를 사회성 원리의 한 측면으로 연구하고, 사회를 유지하는 데 언어와 문체를 필수적인 의사소통 원리로 간주하기를 바랐다. 이런 바람은 1740년대 후반 그의 사고에서 근본을 이뤘으며, 남은 생애 동안 지속됐다.

스미스는《도덕감정론》에서는 우리가 도덕적 감정을 나누는 방식을,《국부론》에서는 상품과 서비스의 거래를 인간 본성에 내재된 결핍에 깊이 뿌리를 두고 다뤘다. 그리고 이를 다른 사람을 설득하고자 하는, '타고난' 듯 보이는 욕구의 측면에서 설명하고자 했다. 실제로 "모든 사람은 평생 타인을 대상으로 연설을 연습한다."[21] 스미스는 인간이 다른 사람과 의사소통하는 법을 배우는 과정에서 모든 감정(도덕적·정치적·지적·미적 감정)을 습득하고 발전시키며 다듬는다는 인간 본성에 대한 훨씬 더 광범위한 이론의 토대를 마련하고 있었다. 따라서 새로운 언어 이론은 인간 성격의 본질을 이해하는 데 근본적으로 중요했다.

스미스의 수사학 이론을 살펴보면, 인간의 성격을 가장 잘 이해하기 위해서는 개인이 사회적으로 사는 방법을 익히는 발달적 측면에서 봐야 한다는 그의 믿음이 경력 초기에 시작됐음을 알 수 있다. 그리고 저술과 문학 장르에 관한 논의에서는 그가 법학 강의에서 발전시키고자 했던 인간 사회의 역사에 대한 폭넓은 이해에 이런 통찰이 어떤 의미가 있는지 완전히 깨달았다는 사실을 알 수 있다. 그는 학생들이 자신의 시대와 문화의 가치관을 돌아보고 도덕적 인격과 정체성을 기를 수 있도록 설득력 있고 즐겁게 말하고 쓰는 기술을 어떻게 익히는가에 관해 실용적인 조언을 했다. 하지만 스미스가 초기에 전달하고자 했던 메시지 중에서 가장 놀랄 만한 것은 섀프츠베리에 대한 인상적인 비난에서 찾을 수 있을 것이다. 섀프츠베리의 철학·가치관·성격에 대한 공격은 한물간 휘그식 태도와 예절에 대한 공격이었고, 지위·권력·특권을 부여했던 귀족 문화는 상업과 자유의 원칙을 이해하는 데 지속적인 장애물이 됐다. 우리는 젊은 시절의 스미스를 문명의 역사에서 새롭게 시작되는 시대의 출발을 알리는 전령으로 자부하는 젊은 철학자이자, 새로운 시대에 대한 새로운 이해와 새로운 철학을 제공할 수 있는 위치에 있었던 스코틀랜드인으로 봐야 할 것이다.

수사학 과정이 성공하면서 그는 1748~1749년부터 계획해 1750~1751년에 제공한 것으로 보이는 법학 과정의 토대를 마련했다. 수사학 강의를 좋아하는 철학적인 젊은 법률가들 사이에서 수요를 찾을 수 있으리라고 생각한 그는 이번에도 헨리 홈의 열정적인 지지를 기대했을 것이다. 앞서 이야기했듯 홈은 글래스고와 에든버러에서 법학을 가르치는 방식에 만족하지 못했다. 허치슨의 강의는 너무 형이상학적이었고, 에든버러의 도덕철학 교수인 윌리엄 클레그헌William Cleghorn은 법학보다는 정치학에 관심이 있었다. 인간 본성의 원리에 바탕을 두고 다양한 법체계의 기반이 되는 원리에 대해 깊이 토론할 수 있는 강의는 없었다. 사실 홈은 1745년 반란 기간에 집필하여

1747년에 출간한 소논문 〈영국의 유물에 관한 몇 가지 주제Essays Upon Several Subjects concerning British Antiquities〉에서 자신의 아이디어를 제시했다. 이 소논문의 독자층은 대부분 법률가였고, 영국 법률 제도의 기원과 봉건 제도에 대한 새로운 사고를 불러일으켰다. 훗날 발표한 소논문에서 그는 "봉건법이 스코틀랜드에 도입된 시간과 배경에 대한 추측"을 제공하려 했다. 그리고 스코틀랜드 역사에서 이 혁명적인 사건이 "저자들이 암시하듯 급작스럽게 일어난 것이 아니라 단계적으로" 발전했다는 점을 증명하려 했다.[22]

1748년 두 권의 중요한 저서인 몽테스키외Montesquieu의《법의 정신에 대한 비판에 대한 방어défense de l'esprit des lois》와 흄의《3개의 소논문: 도덕과 정치Three Essays: Moral and Political》가 출판되자 새로운 법학 체계를 구축하려는 도전은 더욱 설득력을 얻게 됐다. 몽테스키외의 위대한 저서는 정치학에서 역사적으로 민감한 새로운 접근 방식을 제시했다. 간략하지만 강력한 영향력을 발휘한 흄의 저서는 몽테스키외의 새로운 체제에 대해 중요한 비판거리를 제공했으며, 로크의 정치철학과 당대 영국 당파정치 문화의 지식적 기반에 대해서도 마찬가지였다. 스미스는 모든 근대 프랑스 철학자 중 가장 위대한 인물들의 사상을 되짚으면서 더 과학적이고 역사적 기반이 탄탄한 새로운 휘그주의적 기반을 찾고자 했다. 이로써 그는 이전 세대 휘그주의에 대한 공격을 멈추고 자신을 스코틀랜드식 인간 중심 과학을 설계한 인물로 인정받게 한 주장을 확립하게 된다.

스미스는《법의 정신》이 언어의 기원에 대한 콩디야크의 소논문과 닮았다고 생각했으며, 두 작품 모두 훌륭하지만 인간 중심 과학으로 프랑스에 공헌하는 데는 궁극적으로 충분하지 않다고 생각했다. 몽테스키외는 자신의 저서가 거대한 군주제가 지배하며 상업이 급속히 확장되는 세계에서 자유의 원리에 대해 고민했던 자기 일생의 정점이라고 여겼다.[23] 그는 법의 원칙에 대한 사상을 완전히 바꿔놓았다. 즉, 법을 단순히 군주의 명령이나 역사적 우연의 산물로 생각해서는 안 된다고 생각했다. 그는 다음과 같이 말했다. "기후, 종교, 법률, 정부가 내세우는 원칙, 과거의 사건, 관습, 예절 등 많은 요소가 인간을 지배한다. 그 결과 일반적인 정신이 형성된다."[24] 법은 그 정신 또는 기풍이 발달한 물리적·도덕적 환경, 즉 기후와 시리, 경제, 규제와 관습으로 만들어진 환경의 상호작용이라는 관점에서 이해할 수 있는 규칙 체계로 생각해야 한다. 그러므로 입법자들은 "통치의 원칙에 어긋나지 않는 한 국가의 정신을 따르는 것이 좋다. 왜냐하면 우리는 자연적인 정신에 따라 자유롭게 행동하는 것보다 더 올바르게 행동할 수 없기 때문이다. 천성적으로 명랑한 민족에게 현학적 정신을 준다면 그 나라는 나라 안팎에서 아무것도 얻지 못할 것이다. 하찮은 일은 진지하게, 진지한 일은 경솔하게 할 것이기 때문이다."[25]

몽테스키외의 저서는 철학자보다는 부패를 억제하고 폭정의 공포 정치를 궁극적으로 예방할 책임이 있는 입법자를 대상으로 했다. 몽테스키외가 영국의 제도를 찬양하기는 했지만 《법의 정신》은 주로 프랑스에 관한 내용을 담고 있었고, 무엇보다 군주제가 전제정치에 빠지지 않게 하는 방법, 미래를 위해 강력하고 효과적인 귀족이 얼마나 중요한지에 관해 다뤘다. 스미스는 귀족을 자유의 수호자로 생각하기는 어렵다고 생각했다. 그러나 그를 비롯하여 여타 스코틀랜드인들이 감탄한 부분은 몽테스키외의 방법론과 역사 속에서 찾을 수 있는 다양한 정부 형태를 분류하는 체계, 그런 정부 형태가 어떤 조건에서 생존하는가에 대한 분석과 로마법 및 프랑스 법체계의 정신에 대한 박식하고 예리한 분석이었다. 그것은 스코틀랜드 북부 문제를 논의하며 법률가들이 의견을 다퉜던 법과 정치 제도, 개혁에 대해 일종의 역사적 사고를 요구하는 방법론이었으며 법학자 흄이 이미 연구한 주제이기도 했다.

　　모든 강점에도 불구하고 스코틀랜드인들은 이런 사상에 결함이 있다고 생각했다. 흄은 다음과 같이 이야기했다.

――　몽테스키외는 정부의 본질, 기후의 차이, 국민의 강점과 약점, 노예 제도 등 정부의 본질에서 파생되는 모든 영향을 다뤘다. 그러나 그는 인간 본성 자체, 열정 및 행동의 자연스러운 원천에서 파생되는 효과는 주목하지 않았다. (…) 인간 본성은 몽테스키외가 열거한 다른 모든 원인보다 법과 예절이 확립되는 과정에 훨씬 큰 영향을 미친다.[26]

스미스의 제자였던 존 밀러는 스튜어트에게 스승의 가르침이 어땠는지 설명하면서 이를 재치 있게 표현했다. 그는 스미스가 뉴턴이라면 몽테스키외는 베이컨이며, 몽테스키외는 스미스가 발전시키려는 법학에서 진정한 철학적 접근 방식을 찾을 길을 닦은 철학자였다고 묘사했다.[27] 스코틀랜드 철학자들은 몽테스키외 체계의 고전적인 양가성과 허점을 재빨리 깨달았고, 그가 법 정신의 '물리적·도덕적' 결정 요인을 명쾌하게 다루지 못했다는 사실도 알아차렸다. 몽테스키외는 인간의 문화에 기후와 지리가 미치는 영향에 대한 근대적 사고와 그 가치에 대해 진지하게 관심을 가지면서 적도 기후에 사는 사람들에게서 명확히 나타나는 '게으름'과 '야만성'을 북부 유럽인들의 '근면한' 경향과 비교하여 설명하기도 했다. 반면 도덕적 인과관계에 대한 논의에서는 특정 상황에서 경제적·정치적·문화적 상황이 지리와 기후의 제약을 무시할 만큼 충분히 강력할 수 있다고 제안하는 듯 보였지만 명확한 주장을 펼치지는 않았다. 마찬가지로 법 자체에 대한 그의 정의도 문제의 소지가 있었다. 그에 따르면 법은 "사물의 본성에서 발생하는 필연적 관계다. 이런 의미에서 모든 존재는 나름의 법을 가지고 있다. 신에게도, 짐승에게도, 인간에게도 각자의 법이 있다."

흄은 이런 정의를 준신학적이며 비철학적 전제에 기초한 견해라고 지적했다.[28] 그는 또한 몽테스키외가 법체계의 정신을 결정하는 데 도덕적 인과관계보다 물리적 인과관계를 중요시했다는 점에 의문을 제기하면서 하나의 지리적 범위와 기후 범위에 존재할 수 있는 다양한 법체계, 풍습과 관습을 예로 들며 주의를 돌렸다. 특히 인상적이게도 그는 스코틀랜드 북부 사회와 스코틀랜드 저지대 사회의 법, 풍습, 관습을 대조했다.[29] 그가 지적했을 만한(그러나 하지 않은) 다른 점은 몽테스키외가 인간 문화를 결정하는 정신의 정확한 본질을 인식하지 못했다는 사실이다. 이는 스미스가 직접 해결하고자 했던 몽테스키외 사상의 빈틈이었다.

스미스가 에든버러에서 했던 강의에 대한 문서나 보고서, 메모는 남아 있지 않다. 그의 사상에 대해 우리가 아는 모든 정보는 1762~1763년 글래스고대학교의 학생들이 작성한 강의 노트와 다소 어리둥절하게도 1766년 다른 과목의 강의에서 남겨진 것으로 보이는 강의 노트에서 추측한 것이다. 이 기록들로 그가 1750~1751년경에 어떤 사상을 가지고 있었는지 추측할 수 있느냐 하는 것은 생각해 볼 만한 문제다. 어떤 이들은 스미스의 분석에서 기반이 된 재산에 관한 추측적 역사 연구가 그의 경력 후반에 이뤄졌거나, 적어도 1750년까지는 발전하지 못했으리라고 생각한다.[30] 하지만 1755년에 작성됐으나 발표되지 않은 논문에서 그가 직접 언급한 내용으로 미루어 보면, 그의 사상은 정부에 관한 이론과 실제에 대한 논의를 뒷받침할 수 있을 만큼 이미 충분히 발달해 있었다. 지금까지 남아 있지는 않지만 이 논문을 직접 읽은 적이 있는 스튜어트는 "스미스가 자신의 입지를 공고하게 확립하고 싶어 했던 정치적·문학적 주요 원칙들에 대해 꽤 긴 의견을 남긴 논문이었다"라고 언급했으며, 《국부론》에 등장하는 주요 의견 중 여러 개가 자세히 설명되어 있었다"라고 덧붙였다.

— 그러나 나는 다음 문장만을 인용하려 한다. "인간은 일반적으로 정치가와 사업가들에게 일종의 정치 역학 재료로 여겨진다. 사업가들은 인간사에서 본성이 작용하지 못하도록 방해한다. 그리고 인간 본성은 자신의 의도를 실현할 수 있도록 가만히 내버려 두거나 목적을 추구

하는 데 공정한 환경을 제공하는 것 이상은 요구하지 않는다." 그리고 다른 문단에서 그는 다음과 같이 주장했다. "가장 서급하고 야만적인 상태에서 가장 부유한 국가로 올라서기까지 필요한 것은 평화, 수월한 조세, 이해할 만한 사법체계가 거의 전부다. 나머지는 자연스러운 과정에서 얻을 수 있다. 이런 사물의 자연적 과정을 방해하여 강제로 다른 환경을 조성하려 하거나 특정 지점에서 사회의 진보를 저지하려고 노력하는 모든 정부는 비정상적이며, 이런 정부를 유지하려면 탄압적이고 압제적이어야만 한다. 이 논문에 설명된 (그가 관찰한) 의견들은 대부분 내가 아직도 가지고 있는, 6년 전[1749~1750] 퇴사한 서기가 작성한 강의 자료에서 상당 부분을 차지한다. (…) 모두 내가 에든버러를 떠나기 전 겨울에 했던 강의의 주제였으며, 내 말이 사실임을 확인해줄 증인들은 에든버러와 이곳에서 수없이 찾을 수 있다."[31]

자신이 1750~1751년 에든버러에서 통치 및 부의 진보에 대해 고유한 의견을 제공했다는 스미스의 다소 예민한 주장은 현재의 문맥에서는 이목을 끌지 않을 수 없다. 이런 주제는 고도로 발전된 사법체계에 대해 자연스러운 결론을 끌어낸 글래스고 강의의 마지막 부분에서 언급됐기 때문이다. 철학자들 사이에서도 체계적 사고로 정평이 난 그가 결론을 유지하는 데 필요한 최소한의 개념적 틀이 세워지지도 않았던 에든버러에서 이런 결론을 도출했다고는 생각하기 어렵다. 수사학 강의와 마찬가지로 그가 에든버러에서 체계의 기반을 다졌다고 가정하는 편이 더 설득력 있어 보인다.

애덤 스미스

스미스는 이번에도 수정주의자로서 수강생들에게 중요한 학과목을 새로운 기반 위에 재정립할 것을 제안했다. 그는 푸펜도르프의 관점에서 법학의 목적을 정의하는 것으로 시작했다. "법학은 시민 정부가 따라야 하는 규칙에 대한 이론이다. 여러 국가의 다양한 정부 제도 기반과 그 기반이 얼마나 이성에 근거를 두고 있는지 보여준다." 그리고 그는 정부의 목적을 나열하면서 정의의 규칙과 국가 안보를 어떻게 유지할 것인지와 '행정규제라는 것(정부의 운영이라고 부르는 것)'이 특히 부를 증진하는 과정에서 어떤 역할을 하는지 논의하겠다고 공지했다. 푸펜도르프나 허치슨을 조금이라도 아는 사람이라면 그가 정의와 사회성을 증진하는 데 부가 어떤 역할을 하는지에 대해 질문하리라고 분명히 예상했을 것이다.[32]

스미스는 모든 정의 체계의 타당성이 추상적이고 신학적인 어떤 원칙보다 '정의감'과 더 관련이 있다고 생각했고, 따라서 이런 의식의 의미가 무엇이며 어디에서 시작됐는지 근본적인 질문을 제기해야 한다고 여겼다. 여기에서도 스미스의 답은 일반적인 삶과 역사에서 찾은 예시를 통해 설명된 공리로 요약됐다. 그의 수사학 체계에서 기반이 된 이 원리는 모든 사람이 알고 있는 평범한 것이었다. 그의 법학은 누군가의 권리가 침해됐을 때 우리가 느끼는 정당한 분노가 정의감을 낳는다는, 절대 평범하거나 자명하지 않은 설명에 기반을 두고 있었다. 그는 다음과 같이 말했다. "정의는 가질 권리가 있거나 다른 사람에게 정당하게 요구할 수 있는 무언가를 박탈당했을 때 또는 이유 없이 누군가를 해치거나 다치게 할 때 침해된다."[33] 그러나 그런 분노가 언제

정당화될 수 있는지 어떻게 알 수 있을까? 스미스는 "공정한 관찰자 impartial spectator가 자신이 해를 입었다고 생각하고, 그의 편에 서서 함께 걱정하고, 폭력적인 공격으로부터 그가 소유한 물건을 지키거나 부당하게 빼앗긴 것을 무력을 사용해 되찾는" 경우 분노가 정당화될 수 있다고 답했다.[34]

강의 노트를 작성한 학생이 언급했듯, 스미스는 글래스고에서 이 강의를 하면서 자신의 공리가 어떤 심리를 바탕으로 하는지 설명하기 위해 도덕철학 강의에서 논의한 정의감에 대해 언급할 수 있었다. 에든버러에서는 불가능한 일이었다. 허치슨에게 가르침을 받은 학생들이라면 정의라는 관념이 일종의 내적 도덕 감각으로 형성된다는 관점을 친숙하게 느꼈겠지만, 곧 이런 도덕 감각이 인간의 성격에 내재한다는 허치슨의 견해에 스미스가 동의하지 않는다는 사실을 떠올렸을 것이다. 일상생활의 분노에 대처하는 훌륭한 방법은 머릿속에서 가상의 공정한 관찰자와 대화를 나누는 것이라던, 고등학교에서 배운 에픽테토스와 애디슨을 떠올리는 학생도 있었을 것이다. 그리고 언어의 기원에 대한 스미스의 강의를 들은 학생이라면 누구나 이 공정한 관찰자가 상상력과 언어의 산물이며 도덕적 욕구에서 우리가 만들어낸 허구의 자원이라는 사실을 깨달았을 것이다. 강의에서 스미스가 생각한 공정한 관찰자란 인간의 '상식'을 구체화한 대상이며, 우리의 도덕적 행동을 지시하는 데 정해지지 않았지만 중요한 역할을 하는 개인화된 도덕 지침의 근원이라는 사실이 분명해졌다. 그리고 법의 정신은 바로 이런 정의 '의식' 안에 존재했다. 당연하게도,

공정한 관찰자에 대한 논의는 그가 글래스고에서 발전시킨 도덕철학 체계의 핵심이 됐다.

스미스의 법학은 흄 사상의 권리 이론에서 발전했다. 흄은 우리가 재산을 소유하는 사회를 경험함으로써 권리를 이해하게 됐으며 정부와 도덕, 개선의 필요성에 대한 이해 역시 이런 경험에 기반을 두고 있다는 것을 보여줬다. 다시 말해 재산이 문명화 과정의 어머니인 셈이다. 권리와 정의에 대한 감각은 필요의 산물이자 습득할 수 있는 대상이며, 다양한 사회에서 다양한 형태를 띠게 된다. 흄은 이런 통찰을 이론화하는 데는 거의 관심을 보이지 않았다. 법학의 일반 이론에 대한 흄의 통찰을 발전시킨 것은 스미스의 위대한 업적이었고, 그는 1750~1751년에 에든버러에서 이 연구를 시작했던 것으로 보인다. 그의 이론은 한 사회가 야만적인 사회에서 목가적, 봉건적, 상업적 발전 단계로 진화하는 과정을 설명하는 추측된 재산의 역사를 바탕으로 발전했다. 1762년까지 스미스는 이런 추측된 경제 역사의 한 버전을 정밀하게 연구했는데, 상세히 인용할 만한 가치가 있다. 언어의 기원에 대한 논의에서와 마찬가지로 그는 맨 먼저 가장 원시적인 인간 사회를 고려했고, 일부 수렵 사회에서 가장 단순한 형태의 사유재산 제도인 목축을 시작하게 된 과정에 인구 압력이 작용했으리라고 강조했다.

— 10~12명의 남녀가 무인도에 정착했다고 가정할 때, 그들은 우선 그 땅에서 나는 과일과 야생동물로 생계를 유지하려 할 것이다. 그들의 유일한 일거리는 야생동물을 사냥하거나 물고기를 잡는 것이다. 과일

을 따는 것은 딱히 일이라고 할 수 없다. 일거리라고 할 만한 유일한 활동은 추격이다. 이 시대를 수렵의 시대라고 한다. 시간이 지남에 따라 인구가 늘고 이들은 수렵만으로는 생존하기 어렵다는 사실을 깨닫게 될 것이다. 이제 그들은 자립할 다른 방법을 찾아야 한다. 우선 상당한 시간 동안 생계를 유지할 수 있도록 사냥에 성공한 포획물을 보존할 방법을 찾을 것이다. 그러나 이런 방법은 오래갈 수 없다. 가장 손쉬운 전략은 잡은 야생동물 중 일부를 길들이는 것이다. 다른 곳에서 얻을 수 있는 것보다 질 좋은 식량을 구할 수 있게 되면 자신들의 터전에 머무르면서 종족을 번식하게 된다. 따라서 목축의 시대가 시작될 것이다. 채소를 기르는 것보다 기술과 관찰력이 덜 필요한 동물을 먼저 번식시키게 될 것이다. 어떤 먹이가 필요한지만 알면 되기 때문이다. 따라서 우리는 대부분 나라에서 목축의 시대가 농업의 시대보다 앞섰다는 사실을 알 수 있다. 타타르인과 아라비아인은 거의 전적으로 양과 소로 생계를 유지한다. 아랍인들은 간혹 농사를 짓기도 하지만 타타르인은 전혀 농사를 짓지 않는다.

스미스는 계몽주의에서 이해한 문명의 기반인 고정된 재산 그리고 나중에는 옮길 수 있는 재산을 포함하게 된 재산 체계의 기원에 대해 논의를 이어갔다.

— 그러나 사회가 거대해지면 가축만으로 생계를 유지하기가 힘들어진다. 그러면 자연스럽게 땅을 경작하여 필요한 만큼의 식물과 나무를

기르게 된다. 그들은 관찰을 통해 마른 땅이나 바위 위에 떨어진 씨앗에서는 아무 일도 일어나지 않지만, 흙 속에 묻힌 씨앗에서는 식물이 돋아나며 땅에 심어진 것과 같은 씨앗을 생산한다는 사실을 발견하게 된다. 그들은 이런 관찰을 통해 (…) 점차 농업의 시대로 접어든다. 사회가 더욱 발전하면서 기술이 분리되고, 처음에는 개인이 각자의 이익을 위해 기술을 사용한다. 어떤 사람은 이런 기술을, 또 어떤 사람은 저런 기술을 발전시킬 것이다. 그들은 자신의 생계에 필요한 것보다 더 많이 생산한 것과 필요하지만 스스로 생산하지 않은 상품을 교환한다. 시간이 지나면서 이런 상품 교환은 같은 사회의 개인들 사이에서만이 아니라 서로 다른 국가의 개인들 사이로까지 확장된다. 그리하여 우리는 우리의 옷감, 철 제품, 기타 장신구를 프랑스로 보내고 그 대가로 포도주를 가져온다. 스페인과 포르투갈에는 여분의 곡물을 보내고 와인을 가져온다. 마침내 상업의 시대가 도래한 것이다. 그러므로 한 나라가 부양할 수 있는 만큼의 양과 소를 가지고 필요한 만큼의 곡식과 기타 상품을 생산할 수 있도록 경작된 토지를 가졌다면, 또는 자연이나 인공적으로 생산된 잉여 생산물을 수출하고 다른 필수 생산물로 교환함으로써 적어도 거주민을 부양할 수 있을 만큼 땅이 경작된다면, 그런 사회는 그 용이함과 편리함을 위해 모든 힘을 다한 것이다.[35]

재산에 대한 이런 추측적 역사는 몽테스키외의 기후 이론처럼 법의 정신에 대한 스미스의 사상에서 근본적인 특징이 됐으며, 역사학적으로 훨씬 설득력이 있다는 것을 입증했다. 그러나 몽테스키외의 기후 이론에서 법체계의 정신에 대한 설명을 찾은 것처럼 여기에서 정의감에 대한 완전한 설명을 찾을 수는 없었다. 스미스에게 정의감은 재산뿐만 아니라 통치 및 행정규제가 사람들의 이해에 미치는 영향으로도 형성됐다. 재산 이론이 확립된 후 그는 통치 및 행정규제, 재산이 상호 보완적이라는 추측적 역사를 발전시킬 수 있었다. 이런 추측은 흄의 또 다른 주요 통찰에 기반을 두고 있다. 사회 구성원은 재산의 필요성에 대해 깨달은 후에야 어떤 형태든 정규 정부에 복종할 필요성을 이해하게 된다는 것이다. 결국 스미스가 이야기했듯 재산은 "모든 분쟁의 거대한 원천"이며 "정해진 법률 또는 재산에 관한 합의"를 끌어내고 이를 집행할 수단이 필요해지게 한다. 최초의 유목 사회에서는 모든 사람이 이런 수단을 마련해야 했고, 발전된 유목 사회에서는 족장이, 결국에는 세습 통치자의 책임이 됐다. 그러나 재산은 불평등과 반목의 원인이기도 했다. 스미스는 1762년 냉소적인 논평을 남겼는데, 맨더빌주의자들이 기뻐할 만한 내용이었다.

— 이런 이유로 법과 정부는 가난한 이들을 억압하고 그들의 공격으로 깨질 수 있는 재화의 불평등을 보존하고자 하는 부자들의 결합이라고 간주할 수 있다. 정부의 제지를 받지 않는 가난한 이들은 공개적인 폭력을 통해 부자들을 자신과 동등한 위치로 끌어내릴 것이다. 정부와 법은 가난한 이들이 부자에게 폭력을 가해 부를 획득하지 못하게 한다. 그들은 가난한 이들에게 계속 가난하게 살거나 아니면 자신들이 부를 일군 것과 같은 방식으로 부를 획득해야 한다고 말한다.[36]

이 주제는 논란의 여지가 있다. 재산이 발생하면서 정식 정부가 필요해졌고, 최초의 정부 체계는 전쟁과 약탈로 살아온 유목민·목축민의 업적이었다는 흄과 스미스의 주장은 당시 이른바 '저속한 휘그주의'의 기반이 된 가장 뿌리 깊고 감성적인 가정과 반대되는 것이었다. 이런 주장은 최초 재산 소유자들의 사회가 평화로운 농경 사회였다는 개념과 정부의 기원 및 권위가 암묵적이든 아니든 계약과 동의를 기반으로 한다는 로크의 가정에 반하는 것이었다. 흄은 《3개의 소논문》에서 이 가정을 신뢰하기 힘들다며 이의를 제기하기도 했다.

스미스는 이런 가정이 역사적 증거에서 벗어난다는 사실을 보여줌으로써 이런 논란을 마무리 지었다. 그는 호머Homer와 투키디데스Thucydides를 인용하여 아티카에 정착한 목가적인 야만인들이 방어를 위해 정부를 조직했으며, 시간이 지나 도시로 발전하게 되는 야영지를 세웠다고 주장했다. 운 나쁘게도 사막이 터전이었던 아랍인과 타타르인들은 영원히 원시적인 유목 상태에서 벗어나지 못했다.[37] 스미스는 갓 정착한 후 추종자들에게 땅을 분배한 민족의 통치자들이 어떻게 최초의 정착된 재산 체계를 만들었는지 증명했다. 얼마 지나지 않아 스미스는 다소 감상적으로 소유와 경작에서 즐거움을 느낀 사람들이 '애국심'을 갖게 됐다고 생각했다. 이런 애국심 때문에 사람들은 전에 없던 질투를 하고, 왕은 새로운 형태의 권력을 주장하고, 새로운 갈등이 발생했으며, 결국 이런 군주제는 고대 그리스의 특징이었던 말썽 많은 귀족 공화국으로 대체됐다는 것이다.[38]

철학과 고대 문학의 수정주의적 해석을 융합하여 얻은 문명의 기원에 대한 추측적 역사는 스미스 법학의 중요한 주제였던 지주 귀족의 위협적인 영향력을 강조하기 위해 신중하게 구성됐다.

아리스토텔레스부터 17세기의 영향력 있는 이론가 제임스 해링턴James Harrington에 이르기까지 정치 철학자들은 권력이 재산과 함께 움직인다고 가르쳤다. 스미스는 군주제와 공화국을 마음대로 파괴할 수 있는 지주 귀족의 영향력은 역사만큼 오래됐으며, 지금까지도 유지되고 있다는 것을 보여줬다. 1762년에 내놓은 시사적인 논평에서 그는 정부가 대지주의 권력을 견제할 수 있는 국가의 출현을 상상할 수 있게 된 것은 동산 제도를 기반으로 한 근대 상업 사회에 들어서면서부터였다고 지적했다.[39] 스미스는 남은 생애 동안 귀족 정치가 몽테스키외의 생각처럼 폭정에 대한 유일한 보루가 되기는커녕 정의, 사회성, 문명의 진보에 지속적인 위협이 된다고 믿었다.

또한 문명의 기원에 대한 스미스의 설명은 로마 제국의 몰락 전후 유럽 전역에서 발전한 로마법과 봉건법 체계에 대한 논의의 분석적 기반을 제공했다. 각 주제는 많은 단체의 법률가를 비롯한 스코틀랜드 수강생들에게 분명히 매력적이었다. 그들은 스미스에게 유럽 문명의 부상을 설명하는 데 필요한 계기를 마련해주었다. 그는 로마 제국의 몰락, 야만적 유목민 부족의 유럽 정착, 잉글랜드와 스코틀랜드의 법률 체계를 형성하는 데 큰 역할을 한 봉건 체제의 기원에 대한 고전적인 설명을 다시 검토했다. 스미스는 귀족의 권력을 강화하고 왕의 권력을 약화하며 귀족이 보호하는 입헌군주제 체제의 토대를 마련하는 것과는 거리가 멀었던 봉건 제도가 막강했던 잉글랜드와 스코틀랜드 왕조의 정책으로 시작됐다고 봤다. 이는 봉건 제도의 기원에 대한 소논문에서 헨리 홈이 이미 제안했던 논증이다.

이런 왕들은 귀족의 권력을 억제하기로 했고 "그때부터 왕의 권력은 분명히 크게 증가했으며 정부는 질서 있게 운영됐다. 정복 이후의 시대는 색슨족 시대와 비교할 때 투명하고 계몽된 것으로 보인다."[40] 좋은 정부와 좋은 정부가 만든 자유를 유지하려면 엄격한 법 집행이 필요했고, 그렇게 할 수 있었던 왕은 에드워드 1세Edward I와 헨리 4세Henry IV 같은 "군사적이고 호전적인 정복왕"이었다.[41] 몽테스키외를 비롯하여 스미스의 동시대 사람들이 믿었던 것처럼, 귀족들은 입헌 군주제 체제의 수호자가 되기는커녕 유럽 모든 국가의 질서와 좋은 정부를 불안정하게 했다. 그리고 명예혁명 이후 스코틀랜드 이론가들이 동의한 스미스의 견해는 근대에 들어 '기술, 상업, 사치품이 도입'되면서 귀족들의 권력이 쇠퇴하기 시작했다는 것이었다. 스미스를 비롯한 동시대인들은 어떻게 상업 시대에 귀족이 부활할 수 있었는가에 관심을 가졌다.

이 분석을 통해 스미스는 유럽 전역에서 발전한 사법 및 공법 체계가 봉건 문명의 요구에 부응하도록 설계됐으며, 이런 요구는 상업 시대에 발전한 것과는 매우 다른 원칙을 바탕으로 했다는 사실을 증명할 수 있었다. 또한 봉건 시대에 막대한 재산이 소멸하는 것을 막는 수단으로 도입된 장자상속과 세습 같은 구식 법과 관습에 대해 매우 다른 원칙을 기반으로 이뤄지고 있는 문명의 진보를 방해한다며 신랄한 비판을 할 수 있었다. 그는 이런 질문들이 근대 법률가들의 즉각

적인 관심을 끌 것이며 에든버러와 명사회에서 토론하게 될 주제들이라는 사실을 분명히 알았다.[42]

스미스는 특히 정부의 발전에 관심이 있었으며, 법과 통치 행정을 체계화하고 국민의 정의감을 다듬으려 하는 법관과 행정가들의 타고난 듯한 경향에도 관심을 기울였다. 정의의 규칙이 왜 필요한지 그리고 자신의 이익이 위태로운 상황에서도 어떻게 폭력을 자제할 수 있는지를 배우고자 할 때, 정의를 생명과 재산의 안전을 지키는 체계라고 생각하면 훨씬 쉬웠다. 그에 따르면 말과 적정성, 가정생활, 사업, 공무, 기술과 학문 등에서 체계를 세우고자 하는 인간의 욕구는 세상을 이해하고 개선하려는 자연적 욕구와 상상을 기반으로 한 미적 감정이라는 인류의 주요 특징이었다.

확실히 흄과 같은 회의론자는 종교적 광신과 정치적 열광을 너무 쉽게 품을 수 있는 정신적 성향에 양가적인 입장을 보일 수 있었다. 하지만 스미스는 상상과 체계에 대한 욕구가 인류를 보전하고 인류가 발전할 수 있게 한 가장 강력한 두 가지 역량이라고 생각했다. 적어도 안보, 미덕, 행복은 이 두 역량을 기반으로 한다고 봤다.

하지만 정의감은 한 나라의 법이 시행되는 방식에도 깊이 영향을 받는데, 이는 바로 스미스가 강의에서 다룬 세 번째 주제이자 가장 주목할 만한 주제다. 이 주제는 '행정규제'와 관련이 있으며 거의 전적으로 "좋은 거래 또는 값싼 공급, 그리고 시장에 모든 상품이 잘 공급되게 하는 방법에 전념한다. 이는 내수 시장이라고 부르는, 도시와 시골 사이의 자유로운 소통을 촉진하는 것뿐만 아니라 이웃 국가의 풍요 또는 부유함과도 관련이 있다."[43] '행정규제에서 가장 중요한 갈래'인 이 주제를 통해 스미스는 인간 본성 이론을 완성하고, 두 대작 《도덕감정론》과 《국부론》에서 발전시킬 정치·경제 체제의 토대를 마련했다. 그 과정에서 자신이 개량 지향적 철학자이자 허치슨의 제자이지만 자유와 행복의 추구에 대해 스승과는 다른 사상을 발전시켰다는 점을 강조했다.

샤프츠베리나 로크와 마찬가지로 구세대 휘그주의자였던 허치슨은 미덕과 자유 감각을 개발하고 귀족의 정치적·경제적 권력이 커지지 못하도록 견제하는 것이 입법자의 임무라고 주장하는 관습적인 사상을 가지고 있었다. 귀족 계급의 "야망, 허영, 오만함, (…) 마치 그들이 같은 종족이 아니거나 같은 시민이 아닌 것처럼 비사회적으로 경멸하는 경향"은 정의를 추구하는 데 명백히 방해가 되는 장애물이었다.[44] 터무니없이 비싼 그들의 소유지와 정치적 부패는 가난한 사람들을 비참하게 만들고 일반인들의 권력을 위협하여 '최악의 정부 형태'인 세습 귀족 체제 시대가 닥치리라는 끔찍한 전망을 열어줬다.[45] 과거 급진 휘그주의자 대부분과 마찬가지로 허치슨은 고결한 정신을 가진 의회가 농업법, 직무 교체, 잦은 선거를 통해 귀족의 권력을 견제할 수 있는 날이 오기를 기대했다. 그러나 허치슨은 무역, 제조, 상업을 촉진하여 이를 도울 수 있다는 논란의 여지가 있는 주장을 계속 이어갔다. 경제 성장을 통해 가난한 사람들 사이에서 산업과 고용을 촉진하고 상인과 제조업자에게는 부를 제공해 미덕과 자유의 궁극적 기반인 자비로움을 장려하고 사회적 관계를 쉽게 만들 수 있다는 것이었다. 이런 주장은 경제 성장을 촉진할 수 있느냐 아니냐가 사치와 과시적 소비를 활용하는 능력에 달렸다는 맨더빌의 유명한 주장을 반박하려는 시도였다.

허치슨은 이 주장에 대해 "기술과 제조를 발전시키는 데 사치가 반드시 필요하거나 실용적인가?"라고 물었다.[46] 고용인과 피고용인의 근면과 절제, 그리고 '순수한 풍요' 상태에서 잘 살고자 하는 열망이 미덕과 자유, 산업과 상업의 진보를 가져오는 것이 아니던가? 또한 부유하지만 절제하며 자비롭게 살기로 한 사람은 "비슷한 재산을 가진 방탕한 사람보다 일반적으로 더 많이 소비한다. 수년간의 사치 탓에 장기적인 질병과 궁핍으로 고통받는 사람이 주로 누구인지 생각해봐야 한다."[47] 올바른 조건 아래에서 상업은 확실히 귀족의 권력을 억제하고 자유로운 정부의 권리와 번영을 보전할 수 있을 만큼 부유하고 고결한 계급을 만들 힘이 있다. 이런 허치슨의 사상은 너무나 모험적이었다. 번성하고 있었지만 청교도적 색채가 강했던 글래스고의 상업 세계에 사는 이들은 이해하기 힘든 극단적이고 급진적인 사상이었다. 하지만 맨더빌이 목격한 런던의 가차 없고 경쟁적인 소비자 문화에 비추어 보면 너무 구식이고 유토피아적인 사상이기도 했다. 어쨌든 스미스는 이런 비판을 자신만의 방식으로 발전시켰고, 이를 행정규제에 관한 논의를 시작하는 데 사용했으며, 정치경제 이론의 궁극적인 기반으로 삼았다.

행정규제에 관한 강의에서 발견한 놀라우리만치 독창적인 내용은 정치적 안정과 정의 감각이 "국가에 풍요를 가져다줄, 즉 모든 상품의 가격을 낮춰줄 적절한 수단"과 밀접하게 관련이 있으며, "저렴함은 풍요의 필연적인 결과이므로 풍요로움과 저렴함은 어떤 면에서 같은 의미"라고 주장했다는 것이다.[48] 여기에 이어 스미스는 언어의 기원에 관한 강의에서 제안했던 필요와 개선에 관한 추측을 발전시키면서 부유함과 풍요로움의 의미와 '인간의 타고난 결핍'이라고 묘사한 내용을 다뤘다. 그 결과 그는 옛 스승에게 골치 아픈 문제였던 풍요의 진보에 대한 맨더빌의 설명에 강력하게 대응할 수 있었다. "인간은 자연의 풍요로움에서 이성과 독창성, 기술, 재주 그리고 다른 동물들이 부여받은 것보다 훨씬 뛰어난 개선 능력을 얻었다. 그렇지만 동시에 삶을 지탱하는 능력 및 안락함과 관련해서는 훨씬 더 무력하고 궁핍한 상태에 처해 있다"라고 스미스는 주장했다.[49] 인간의 창의성은 결핍에서 얻은 기능이라는 것이었다. 사냥감을 날것으로는 소화하기 어렵다는 사실을 깨달은 덕분에 요리하는 법을 배웠다. 짐승처럼 살기에는 너무 연약했기 때문에 옷을 만들고 오두막을 짓는 법을 배웠다. "이런 개선을 하도록 자극한 것과 같은 기질 및 성향이 인간을 더욱더 단련시켰다." '조잡하고 천박한' 삶의 방식에 대한 혐오는 인간이 '더 우아한 멋'을 추구하게 했으며, 기능성보다는 미를 근거로 물건에 가치를 매기게 했다. 이는 문명화 과정에 힘을 실어준 가치의 기준을 제공했는데, 맨더빌은 이를 다음과 같이 냉소적으로 묘사했다. "특정한 관점에서 모든 기술, 학문, 법률, 정부, 지혜, 심지어 미덕 자체가 모두 인간에게 먹고 마실 것과 입을 것, 살 곳을 제공하는데 이런 활동은 일반적으로 가장 비천한 직업이자 가장 낮고 천한 사람들이 추구하기에 적합하다고 간주된다."[50]

필요에 대한 스미스의 논의는 그가 흄과 거리를 두고 있다는 사실을 보여준다. 흄은 인간의 모든 사회적 감정, 정의감, 정치적 의무감, 도덕성, 아름다움의 기원을 공감과 필요의 측면에서 설명할 수 있다고 주장했다. 법학 강의에서 스미스는 인류학적 틀 또는 동시대인들은 역사적 틀이라고 생각한 틀 안에서 이를 통찰했다. 어떻게 보면 스미스는 다양한 유형의 문명에 자기 이론을 적용함으로써 필요의 다양성에 대한 흄의 논의를 뒷받침했다고 볼 수 있다. 다른 한편으로는 정치사회가 존재하게 하는 데 무엇보다 중요한 생활 수단과 사유재산의 중요성을 입증한 것이다. 하지만 무엇보다 이 논의에서는 문명의 진보에 기반이 된 '개선하고자 하는 욕구'를 펼치는 데 안보와 좋은 정부가 얼마나 중요한 역할을 하는지에 대한 스미스의 깊은 통찰을 엿볼 수 있었다. 시민들이 안정감을 느껴야 기본적인 생활을 넘어 편리함을 추구할 수 있고, 치안판사와 통치자가 안정감을 추구해야 법과 정부 체제를 조직하여 안보와 발전의 기반을 닦게 할 수 있다. 형이상학자나 현학자들이었다면 그런 행동의 동기가 이기심이나 자비심이라고 주장했을 것이다. 그러나 스미스는 상당수 사람의 행동에서 이기심이나 자비심보다 즉각적이고 덜 추측적인 동기, 즉 미적 감수성을 발견했다. 그는 사람들이 편리함이나 질서를 추구하는 이유는 질서가 자기 또는 타인에게 이득을 가져다줄 뿐만 아니라 그 자체로 아름답고 만족스럽다고 생각하기 때문이라고 주장했다. 이는 의도하지 않았지만 문명의 진보에 유익한 결과를 낳는 상황에 대한 반응이었으며, 스미스는 이를 시적으로 '보이지 않는 손'의 작용이라고 표현했다.

현재 기록이 남아 있는 강의에서 스미스는 필요와 개선에 대한 이 논의를 풍요의 진보에 대한 추측된 역사의 기반으로 사용했으며, 이는 《국부론》에서 찾을 수 있는 정부의 의무에 대한 사상의 기반이 됐다. 더욱이 스튜어트에 따르면, 에든버러 강의에서 이미 그런 의무의 본질에 대해 급진적인 결론을 내렸던 것으로 보인다. 1751년에 내린 결론이 1763년의 결론과 같았는지는 알 길이 없지만, 행정규제에 대한 강의에서 자신이 새로운 영역에 새로운 방식으로 진입하고 있다는 사실을 그가 알고 있었다는 사실은 확실해 보인다.

특징적으로 이 논의는 경제 성장이 사회에 미치는 영향에 대한 비교적 흔한 역설을 경제 발전을 이해하는 데 가장 심오한 결과를 가져올 방식으로 해결할 수 있음을 보여줬다. 로크는 "그곳[미국]에 있는 크고 비옥한 영토의 영주가 잉글랜드의 일용직 노동자보다 더 형편없는 음식을 먹고 열악한 공간에서 살며 질 나쁜 옷을 입는다"[51]라는 관찰을 바탕으로 고전적인 형태의 역설을 제시하고, 문명사회가 야만적인 사회와 달리 토지를 생산적으로 사용한다는 사실을 언급함으로써 역설을 해결했다. 스미스는 이 역설을 더 깊이 파고들었는데, 그의 해결 방식은 1755년 스미스가 자신만의 결론이라고 주장할 만한 이론의 기반이 됐다. 스미스는 로크가 발전된 사회의 특징인 엄청난 불평등과 이런 불평등이 인구 중 가장 가난한 구성원에게 미치는 영향을 간과했다고 주장했다.

━━ [기술이 있는 장인과 달리 가난한 노동자는] 토양과 계절에서 비롯되는 모든 불편함을 안고 싸워야 하며, 악천후와 함께 가장 가혹한 노동에 지속적으로 노출된다. 사회의 전체 구조를 지탱하고 나머지 사람들에게 편리함과 안락함의 수단을 제공한다고 할 수 있는 이들은 아주 작은 몫만을 소유하고 그늘에 가려 지낸다. 온 인류를 자기 어깨에 짊어지고 그 짐을 지탱할 수 없어 땅의 가장 깊은 곳으로 가라앉아서도 모두를 떠받친다. 그렇다면 우리는 그를 비롯한 가장 낮은 계급의 사람들조차 생활 속에서 상당한 편리함을 누리고 있다는 사실을 어떻게 설명해야 할까[?]

역사에 길이 남은 스미스의 대답은 "서로 다른 손 사이의 분업만이 이를 설명할 수 있다"였다.[52]

1762년까지 스미스는 노동 분업의 발전을 시장이 통제한다고 주장함으로써 분업의 경제적 결과에 대한 통찰을 발전시켰고,《국부론》의 경제적 분석은 이런 명제에 기반을 두고 있다. 스미스의 이런 역사적 통찰이 1750~1751년에 어느 정도까지 완성됐는지는 알 수 없다. 글래스고의 한 학생이 스미스에게 직접 들은 내용에 따르면, 그 무렵 스미스와 흄이 처음 만났으며 흄은 당시《정치적 담론Political Discourses》과 스미스가 유용하다고 생각할 만한 상업 이론에 관한 소논문 여러 편을 집필하고 있었다고 한다.[53] 우리는 스미스가 1750~1751년에 이 소논문들에 대해 알고 있었는지 또는 이런 소논문을 활용할 기회가 있었는지는 알 수 없다. 그럼에도 "가장 저급하고 야만적인 상태에서 가장 부유한 국가로 올라서기까지 필요한 것은 평화, 수월한 조세, 수용할 만한 사법체계가 거의 전부다. 나머지는 사물의 자연적 과정에서 얻을 수 있다"라는 스미스의 1750~1751년 주장을 통해 그가 이미 노동 분업의 진보와 분업의 기반인 교류 과정에 대한 정부 조치의 영향에 대해 생각하고 있었음을 짐작할 수 있다. 정부가 노동 분업의 발전을 방해하는 요소들을 제거함으로써 정의를 강화하고 사회성이 확산되도록 장려하는 주된 의무를 수행할 수 있다고 주장하면서 무역, 제조업, 농업에 대한 기타 제한과 독점에 대해 유명한 첫 번째 공격을 펼칠 수 있었던 데는 이런 사고가 바탕이 됐다. 스미스가 실제로 1750~1751년에 이런 사상을 완성했다면, 그는 법학의 새로운 토대를 마련했을 뿐 아니라 사회적·경제적 교류 과정과 문명의 진보에 생존·재산·정부가 미치는 영향을 생각하고 있었다는 이야기가 된다. 그렇다면 글래스고의 도덕철학 교수로 전념했던 위대한 연구 프로젝트의 발판을 이 시기에 마련한 셈이다.

수사학과 법학에 관한 공개 강의는 스미스의 경력에 큰 획을 그은 사건이었고, 에든버러 지식인 사회의 강력한 중심축이던 성직자와 법률가들 사이에서 그를 핵심 인사로 자리매김하게 했다. 이것은 스미스가 휴 블레어를 비롯해 훌륭한 역사가이자 훗날 에든버러대학교의 총장이 된 윌리엄 로버트슨, 훗날 에든버러대학교의 도덕철학 교수가 된 애덤 퍼거슨, 극작가이자 뷰트Bute 백작의 정치 사무장이 된 존 홈John Home 그리고 의학계 인물들과 친분을 쌓는 계기가 됐다. 홈의 또 다른 제자이자 1751년 글래스고에서 의학 교수로 임명되어 스미스의 가장 친한 친구가 된 윌리엄 컬렌과도 이때부터 우정을 쌓았다.

스미스의 강의는 문인들의 지적 생활에 큰 파문을 일으켰다. 블레어는 자신만의 영향력 있는 강의를 개발할 때 스미스의 수사학 강의가 큰 도움이 됐다고 밝혔다. 스미스는 그에게 강의 자료를 빌려주면서 "블레어라면 언제든 환영이다. 강의 자료를 얼마든지 빌려줄 수 있다"라고 했다.[54] 로버트슨이 법학 강의를 들었는지 스미스의 원고를 빌렸는지는 알 수 없지만 결과는 만족스럽지 못했다. 골동품 수집가인 조지 차머스George Chalmers가 스미스의 글래스고 수강생에게 전해 들은 이야기에 따르면, 스미스는 로버트슨이 "강의에서 찰스 5세에 관한 역사책 제1권을 빌렸다고 생각했으며 모든 수강생이 이를 증명할 수 있다"라고 말했다고 한다.[55] 무엇보다 이 시기는 스미스가 자신의 연구에 엄청난 영향을 미친 흄을 만난 이후였다. 스코틀랜드 계몽주의 지식인들 사이에서 가장 가깝고 유익한 동료가 된 두 사람의 우정이 싹트기 시작한 것이다.

스미스의 강의와 그가 참여한 모임은 그를 에든버러 젊은 문인 사회의 주요 구성원으로 명실공히 인정받게 했다. 1752년 그는 모임이 재개된 철학학회의 부회장으로 임명됐으며 2년 후에는 명사회의 창립 회원이 됐다. 두 모임은 에든버러의 계몽주의에 제도적이고 사상적인 정의를 제공했으며, 그 무렵 스미스는 글래스고대학교 교수진 중에서 가장 유명하고 혁신적인 인물이 됐다.

Adam Smith:
An Enlightened Life

6장
—

글래스고대학교의
도덕철학 교수 생활 1

스미스는 1751년 이른 봄 에든버러대학교에서 마지막 강의를 마쳤고, 글래스고대학교의 논리학 및 형이상학 교수로 자리를 옮기기 전 준비하는 동안 커콜디로 돌아갔던 것으로 보인다. 이전 해 11월 그의 옛 교수였던 존 라우든이 사망하고 논리 및 형이상학 교수 자리가 공석이 되자 그 자리를 차지하기 위해 곧장 치열한 경쟁이 벌어졌다. 후보자는 스미스와 허치슨의 제자였던 조지 뮤어헤드George Muirhead, 두 명이었다. 뮤어헤드는 막강한 후보였다. 허치슨은 1746년 에든버러대학교의 도덕철학 강좌교수를 선출할 때 그를 지지했고, 흄은 스미스가 1752년 도덕철학 교수로 임명됐을 때 그의 공석을 뮤어헤드가 채울 수 있으리라고 생각하기도 했다. 뮤어헤드는 1753년 글래스고대학교의 동양 언어 교수로 임명됐고, 1년 뒤에는 인문학 교수가 됐으며, 스미스가 1763년 사임했을 때 도덕철학 강좌교수 후보로 거론되기도 했다.[1]

스미스처럼 뮤어헤드도 파이프 출신이었다. 하지만 스미스는 에든버러에서 이미 명성을 떨치고 있었고, 여기에 오즈월드의 로비와 흄의 지지, 아마도 아가일 공작의 후원까지 더해지면서 스미스는 만장일치로 선출됐다. 1751년 1월 7일, 그가 임명됐다는 소식이 〈글래스고 신문Glasgow courant〉에 정식으로 발표됐다. 얼마 지나지 않아 스미스는 글래스고로 가서 글래스고 장로회 앞에서 신앙고백에 서명했으며, '일반적인 충성 맹세the usual oath de Fideli'를 하고 현재는 찾을 수 없는 그의 취임 논문 〈이데아의 기원De Origine Idearum〉을 발표했다. 그리고 다시 에든버러로 돌아가 남은 강의 과정을 마쳤다. 라우든의 논리 및 형이상학 과정은 그의 후원자이자 새로운 민법 교수가 된 허큘리스 린지Hercules Lindesay가 끝마쳤다. 모든 과정이 신속하고 부드럽게 진행됐다. 다만 교수 임용 과정에서 교수에 관한 뒷말이 나오는 달갑지 않은 상황이 벌어졌는데, 이는 영국에서 가장 계몽됐다고 여겨지던 대학의 특징이기도 했다.

정확히 무슨 일이 있었는지는 알 수 없다. 스미스에게 대학 문제에 관한 정보를 주던 주요 정보원이자 곧 의학과 교수로 임명된 윌리엄 컬렌이 쓴 긴 편지의 초안을 통해 추측해보면, 스미스가 아가일 공작과 그의 후견인이자 공작의 비서였던 윌리엄 스미스에게 쓴 두 통의 편지가 문제의 근원이었던 것으로 보인다. 스미스는 편지에 자신이 교수 후보이며, 공작의 피후견인이 아니라 자신의 장점으로 평가되기를 바란다고 쓴 듯하다. 그런데 편지의 내용이 유출되고 말았다. 스미스는 공작이 총애하는 인물이었고, 도덕철학 교수인 토머스 크레이기Thomas Craigie와 신학 교수인 윌리엄 리치먼을 비롯한 사람들은 공작에게 '경의'를 표하기 위해 그를 지지했다고 전해진다. 크레이기는 분노했고 교수진 사이에서는 의견 대립이 생기기도 했다. 아가일 공작이 이런 소식을 듣게 될 것을 두려워한 총장은 자기 이름이 헛되

이 쓰이지 않았다는 것을 공작이 확인할 수 있도록 스미스에게 그런 편지를 썼다는 사실을 확인해달라고 요청하기까지 했다. 그 일로 급한 성미의 스미스의 기분이 상하고 말았고 공작에게 직접 편지를 써서 자기 의견을 이야기하겠다고 위협했다. 컬렌은 직감에 따라 "자네의 평안과 건강을 위해 자네가 아는 사실이 진짜인지 확인하고, 진상을 파악할 때까지 분노나 괴로움에 빠지지 않았으면 좋겠어"라는 답장을 썼다.[2] 이로써 문제는 마무리 지어졌다.

스미스는 1751년 10월 새 학기가 시작될 무렵 글래스고에 거처를 구했으며, 아마도 교수 사택에 자리가 나기를 기다리는 동안 학교 근처에 머물렀던 것으로 보인다. 사택으로 들어간 후에는 교수 임기가 끝날 때까지 어머니와 사촌 재닛 더글러스Janet Douglas가 집안일을 돌봐줬다. 이 무렵 스미스는 새로운 강의를 맡았다. 건강이 악화된 토머스 크레이기가 리스본에서 요양하기 위해 휴가를 받으면서 공석이 생긴 것이다. 크레이기의 수업을 스미스와 리치먼이 분담하게 됐는데 리치먼은 윤리학을, 스미스는 "제안을 받아들여 학생들을 가르쳐야 마땅하다"라면서 자연법학과 정치학을 맡았다. 크레이기는 허치슨의 또 다른 제자였고, 그의 도덕철학 과정 역시 전반적으로 허치슨의 사상을 바탕으로 했던 것으로 보인다. 스미스는 크레이기의 원래 의도를 존중하기 위해 노력했다. 컬렌에게 그가 리스본으로 떠나기 전 커리큘럼에 대해 논의할 것이며 "내가 따라야 할 계획에 대해 조언을 듣겠어. 크레이기의 계획을 전적으로 존중하고 조건 없이 따를 거야. 그의 자리에서 그를 대표한다고 생각하기 때문"이라는 말을 남겼다고 한다.[3] 하지만 두 사람은 만나지 못했다. 크레이기가 11월 27일 세상을 떠났기에 스미스는 전임자가 원했던 방식으로 수업을 할 필요가 없게 됐다. 더 중요한 사실은 크레이기가 사망한 후 스미스가 자연스럽게 스미스의 후계자가 됐다는 것이다. 그는 1752년 4월 22일 도덕철학 강좌교수로 선출됐다. 이번에는 악의적인 소문이 퍼지거나 언쟁이 오가지 않았다.

스미스가 학창 시절에 봤던 글래스고에서는 아가일 공작의 지휘아래 대학이 리모델링되고 있었고, 경제도 막 발전의 틀을 마련하고 있었다. 그가 다시 글래스고로 돌아왔을 때 도시의 경제는 급성장하고 있었으며, 대학에는 새로운 개혁의 바람이 불고 있었다. 여전히 도시 경제의 원동력인 담배 무역도 놀라운 속도로 확장되고 있었다. 1741년에는 약 362만 8,000킬로그램, 1745년에는 약 589만 6,000킬로그램, 1751년에는 약 952만 5,000킬로그램의 담배가 합법적으로 반입됐는데 불법으로 들여온 담배는 포함되지 않은 수치다. 실제로 글래스고 담배 무역은 1751년까지 더욱 광범위해져서 도시에서는 런던과 잉글랜드의 수출항을 합친 것보다 더 많은 수입과 재수출이 이뤄졌다. 또한 미국과 카리브해 연안, 프랑스, 독일 북부, 발트해, 러시아와의 무역에서 가장 중요한 수출입항으로 떠올라 담배, 설탕, 커피, 치즈, 생강, 럼, 사탕수수, 면화, 타르, 캔버스, 화약 등 유럽으로 들어오는 상품들을 보관·수송하고 아메리카 대륙으로 향하는 유럽의 상품과 교환했다.

도시의 무역이 번성할 수 있었던 이유는 연합법을 통해 스코틀랜드 상인들이 항해조례의 보호를 받을 수 있었고, 외국과의 경쟁을 제한해 이익을 키우고자 했던 글래스고 사람들이 이 조례를 교묘히 이용할 줄 알았기 때문이다. 이 무역으로 글래스고 담배 상인들은 막대한 부를 쌓을 수 있었다.

1740년부터 1790년까지 글래스고의 무역은 상인 163명으로 이뤄진 단체가 통제했고 이들은 가족, 돈, 이해관계에 따라 부유한 신디케이트를 구성했다. 알렉산더 스피어스는 바닥에서 시작하여 쉰아홉 살이 될 때까지 13만 5,000파운드의 가치를 지닌 사업을 일궜다. 윌리엄 커닝헤임은 10년 이상 처남에게 15만 파운드 이상을 빌려줬다.[4] 이런 신디케이트가 지역 경제에 미친 영향은 예상 그대로다. 주변 지역의 토지에 투자하거나 저택을 짓고 멋진 정원을 꾸미는 사람이 많아졌다. 이는 스미스가 상인 및 토지 소유권과 연관 짓곤 했던 분별 있는 발전을 위한 소비라기보다는 과시성 소비에 가깝다고 볼 수 있었다. 1750년부터 1775년까지 도심에 새로운 공공 상가 건물과 광장, 새로운 거리 12개가 생겼으며 증가하는 인구와 점점 더 고급스러워지는 담배 거상들의 취향에 맞도록 광장이 개조됐다. 스미스가 1773년에 새뮤얼 존슨Samuel Johnson에게 다소 경술하게 "그런데 선생님, 브렌트퍼드를 본 적이 있으십니까?"라며 도심에 대한 찬사를 늘어놓았지만, 현자는 무뚝뚝하게 답했다. 그래도 스미스는 이런 도심을 매우 자랑스러워했다.[5]

마차와 가마, 이국적이고 값비싼 음식과 패션에 대한 수요가 증가하면서 공예품 거래가 번성했다. 가장 부유한 상인의 딸이었던 애니

보글Annie Bogle은 1775년부터 1780년까지 가계 총지출 931파운드 중 절반 이상을 사치품을 구매하는 데 썼다고 한다.[6] 1751년까지는 새로운 언론사, 선술집, 커피숍, 공공 오락시설, 구경거리가 생기고 예술 작품 전시회가 열릴 정도로 도시 경제가 발전했다. 영국과 프랑스의 거대한 무역 도시에서 상인들의 부가 전체적으로 확장되며 일어난 현상이다. 스미스의 또 다른 제자인 존 깁슨은 1777년 자신의 저서 《글래스고의 역사History of Glasgow》에서 이런 변화의 영향을 다음과 같이 언급했다.

— 1750년부터 글래스고뿐만 아니라 나라 전체에서 엄청난 변화가 일어났다. 지금까지는 성실함과 인색함에 가까운 검소함이 글래스고 사람들의 일반적인 특징이었다. 우리 조상들이 고수했던 엄격함이 사람들을 지배했지만 (…) 상업이 확장되고 제조업이 부상하고, 여기에 절약 정신과 근면성이 더해져 부를 낳았다. 은행이 설립되면서 신용을 가진 사람들은 쉽게 돈을 구할 수 있게 됐고, 대중의 계획은 원대해졌으며, 무역과 발전 계획이 채택되고 실행됐다. 이전 세대에 이런 계획을 실행하는 사람이 있었다면 미치광이 취급을 받았을 것이다. 하지만 이제는 건물, 생활 방식, 의복, 가구 등에서 새로운 스타일이 등장했고, 사람들은 편리하고 고상한 삶을 추구하기 시작했다. 바퀴 달린 마차를 타고 기부금으로 지어진 회관이나 극장을 방문하는 사람들이 생겼다.[7]

《국부론》에서 스미스는 해운업이 경제 성장의 원인이 아니라 증상이며 고용을 창출하기 위해 자본을 사용하는 가장 비효율적인 방법이라고 주장했다.[8] 담배 거래가 소비자 붐을 일으킨 것은 의심의 여지가 없지만 이 무역은 스미스가 생각했던 것보다 도시 경제에 훨씬 깊숙이 침투해 있었다. 무역으로 거두는 엄청난 이익과 막대한 자본을 가진 담배 상인들은 설탕 정제, 밧줄 제조, 제철, 무두질과 가죽 제조, 병 제조, 스타킹과 모자 제조 같은 사업에 뛰어들었다.

예를 들어 가장 위대한 상인인 존 글래스포드는 양조업, 무두 공정, 염색 공정, 독극물 처리, 그리고 유명한 캐런 철공소와 인쇄업, 리본 제조업에 관심을 가졌다. 담배 무역으로 큰돈을 번 아버지를 둔 존 던롭John Dunlop은 무역 대신 자기 영지에 매장된 석탄을 채굴하는 사업을 시작했다. 금융업으로 눈을 돌린 이들도 있었다.

크리스토퍼 스마우트의 말처럼, 세기 후반에 면화와 조선업 붐이 시작되기 전 글래스고가 산업 및 금융 중심지로 명성을 얻을 수 있었던 것은 이런 상인들이 기반을 닦은 덕분이다.[9] 해운업을 통해 얻은 이윤이 새로운 산업을 창출했다고 할 수는 없지만, 여러 산업에서 번성하게 될 사업을 일으킬 수 있는 환경을 만든 것만은 확실하다.

이 시기에 대학에서 일어난 변화가 상인 공동체의 문화적 욕구에서 시작됐다고 설명할 수 있으면 좋겠지만 실상은 그렇지 않았다. 스미스가 잘 알고 있었듯, 1720년대에 시작된 개혁은 상업적 사업체가 아니라 온건 장로교를 전파하기 위한 것이었다. 정치 강의에서 무역 이론을 다뤘던 허치슨도 저명한 온건파 장로교 성직자인 윌리엄 리치먼을 1743년 강좌교수로 앉힌 것을 자신의 가장 큰 업적이라고 생각했다. 대학에서는 미래를 위해 법률과 의학 교육에 힘쓰며, 이런 과목을 철학적으로 사고할 줄 아는 대지주들에게 맞춰 가르치는 것을 최우선으로 여겼다.

글래스고의 법학과 의학 교수직은 오랫동안 한직으로 여겨졌고, 1750년 우연히 모두 공석이 됐다. 같은 시기 논리 및 형이상학 강좌 교수 자리도 공석이 됐다. 허큘리스 린지가 1750년 민법 교수로 임명됐고, 1751년에 윌리엄 컬렌이 의학 교수로 임명됐다. 두 사람은 모두 에든버러에서 공부했으며 글래스고에서 몇 년 동안 개인 교사로 가르친 경험이 있었다. 컬렌은 헨리 홈과 아가일 공작의 피후견인이었으며, 린지가 임명될 때도 아가일 공작의 승인을 받았다고 보는 것이 합리적일 것이다. 둘 다 스미스와 안면이 있었고 스미스의 임명을 열정적으로 지지했으며, 결국 친구이자 동료가 됐다. 지적으로나 개인적으로나 스미스의 마음에 맞는 사람은 컬렌이었다. 컬렌은 인간의 성격을 형성하는 감정의 역할에 관심을 가졌고, 특히 감정이 어떻게 환자의 건강에 영향을 미치는지에 관심이 컸다. 그래서 의료 체계의 역사와 이전 시대의 의료 행위에 의료 체계가 어떤 영향을 미쳤는지에 관심이 많았다. 그는 일부 사람들에게 '철학적' 특성으로 매우 잘 알려진 주목할 만한 커리큘럼을 개발했다. 전기 작가의 말에 따르면, 스미스와 같은 정신을 가졌던 컬렌은 "위대한 자연계에 대한 것과 같은 사상을 의학 강의에 적용했고, 키케로가 관찰한 것처럼 모든 감각이 연결되어 있으며 서로를 설명하고 보조하는 친화적 관계라는 것을 제자들이 인식할 수 있게 했다."[10]

불행히도 1761년 아무것도 출판하지 않고 갑자기 사망한 린지에 대해서는 알려진 바가 없다. 스미스 밑에서 수학하고자 글래스고를 찾은 보즈웰은 그의 강의에 참석해 "내가 본 이들 중 최고의 강사"라고 생각했다고 한다.[11] 학문적 허세가 있던 법률가로서 린지는 아마도 흄을 알고 있었을 것이다. 또한 그가 흄과 스미스의 역사적 법학 강의를 어떻게 생각했는지 알 수 있다면 흥미로울 것이다. 린지는 1751년 봄, 논리학과 형이상학에 대한 스미스의 강의를 맡을 수 있을 정도로 철학 지식을 충분히 갖추고 있었다. 더욱이 민법 교수로서 그가 강의한 법학 분야는 네덜란드와 독일의 역사적·철학적 사고를 지닌 법학자들의 관심을 끌었다. 스미스는 그중에서도 헨리와 새뮤얼 코크세이Samuel Cocceii 연구를 눈여겨봤다.

스미스와 린지가 법학의 중요한 분야에서 상호 보완적으로 철학적·역사적 접근 방식을 개발했을까? 이런 접근 방식을 확실히 개발한 인물은 린지의 후계자이자 스미스의 가장 영특한 제자였던 존 밀러다. 따라서 스미스의 임명은 커리큘럼의 범위를 확장하는 한편 허치슨이 개척하여 당시 글래스고대학교가 명성을 떨치는 데 기반이 된 철학적 교수법을 개발하는 과정 중 마지막 단계였다고 할 수 있다. 또한 가장 결정적인 단계이기도 했다. 허치슨의 커리큘럼은 도덕철학을 철학 커리큘럼의 정점이자 성직자가 되기 위해 반드시 거쳐야 하는 관문으로 격상시켰다. 당시 스미스는 성직자가 되려는 학생뿐만 아니라 일반적인 직업 세계로 나아가는 학생들까지 고려한 커리큘럼을 개발해야 했다.

마지막 문제가 하나 남아 있었는데, 스미스가 비운 논리 및 형이상학 강좌교수 자리를 채워야 했다. 대학에서 개혁 욕구에 불이 붙은 것이 이때다. 스미스가 논리 및 형이상학 강좌교수로 임명된 이유는 존 밀러가 "논리 및 형이상학에 대한 학교의 기존 교육보다 더욱 흥미롭고 실용적"으로 철학에 입문할 수 있게 해준다고 인정할 정도로 인상적이었던 강의 덕분이었다.

린지는 이 자리에 적절한 인물로 흄을 제안했는데, 린지의 철학적 방향성을 엿볼 수 있다. 또한 한때 비판을 주제로 《인간 본성에 관한 논고》의 네 번째 책을 쓰려던 흄의 계획을 떠올리게 하는 제안이기도 했다. 그런가 하면 《숭고하고 아름다운 사상의 기원에 대한 철학적 탐구Philosophical Inquiry into the Origin of Our Ideas of the Sublime and Beautiful》의 저자인 에드먼드 버크Edmund Burke가 그 자리에 관심을 가졌다는 믿기 힘든 루머가 돌기도 했다.[12] 흄이 후보로 선정되는 것에 대해 스미스는 신중한 반응을 보였다. 그는 컬렌에게 "동료로서 누구보다 흄을 좋아하지만 대중의 의견이 나와 같을지는 잘 모르겠어. 사회의 이익을 위해서는 대중의 의견을 어느 정도 존중해야 해"라고 이야기했다.[13] 실제로 흄이 후보로 선정되리라는 소문이 돌자 글래스고 장로회가 총장에게 항의를 했다. 총장은 교수 행정에 대해 아가일 공작의 간섭을 받는 것보다 성직자의 간섭을 받는 데 훨씬 더 민감한 인물이었다. 실제로 그는 "거만한 태도로 [장로회를] 영접하고 고개를 꼿꼿이 세우며 교수진에 간섭하러 왔는지 아니면 자신의 형제로 왔는지 물었다. 장로회 사람들은 아무런 답도 하지 않았다. 아무도 흄이 후보가 되리라고 생각하지 않는 것 같았다."[14]

결국 존 라우든의 제자인 제임스 클로James Clow가 자리를 차지하게 됐다. 그는 스승의 발자취를 따라 수업에서 포트로열 논리학을 가르쳤는데, 훗날 토머스 리드Thomas Reid는 제임스 클로의 수업을 두고 "지루하기 짝이 없는 논리 및 형이상학 과정"이라고 묘사했다.[15] 1774년이 되어 스미스의 또 다른 제자인 조지 자딘George Jardine이 클로의 뒤를 이어 논리 및 형이상학 과정을 맡게 됐을 때야 스미스의 사상을 바탕으로 한 교육이 다시 시작될 수 있었다. 자딘은 이를 '지적 문화'의 진보라고 묘사했다.[16] 1752년부터 1763년까지 스미스는 자신의 도덕철학 과정을 보완하기 위해 비공개 과정으로 수사학과 순수문학을 가르쳐야만 했다.

이런 교수 임명은 대학의 지식 도달 범위를 넓히고 도시와 국가의 문화적 생활에서 대학의 위치를 다시 정비하려는 교수와 대학 후원자들의 다양한 시도 중 하나였다. 1754년 스미스가 분명히 참여했을 주목할 만한 움직임이 있었다. 대학 전담 인쇄업자였던 로버트와 앤드루 파울리스는 훗날 어느 정도 성공을 거둔 순수예술학회를 열 권한을 얻어 회화, 소묘, 판화, 조소 분야에서 도제들을 교육했다. 이는 "과학과 순수문학을 연구하는 장소는 순수예술을 양성하기에 알맞다. 순수예술의 고유한 가치와 순수예술을 도덕 및 정치 분야에서 종속적으로 활용할 수 있다는 것을 잘 알고 있는 글래스고대학교는 이런 학회를 운영하기에 적절한 고상하고 유용한 기관이 될 것"이라는

애덤 스미스

생각을 바탕으로 한 활동이었다.[17]

더 나아가 1755년에 파울리스 형제는 글래스고 거장들의 작품을 모사한 그림, 판화, 소묘. 조각품들의 전시회를 성대하게 열어 대중에게 작품을 판매했다. 거대한 회화 작품인 해밀턴Hamilton 공작의 〈서머싯 하우스 회의〉를 모사한 작품은 70파운드, 중간 정도 크기인 루벤스Rubens의 〈사자굴의 다니엘〉 모작은 52파운드 10실링이었다. 그 밖에 푸생Poussin, 라파엘Raphael, 티치아노Titian 등의 풍경화, 고전 회화, 초상화도 있었다. 프랜시스 허치슨의 부조는 석고가 2실링 6펜스, 왁스는 7실링 6펜스에 판매됐다. 이런 시도로 미술이 대학과 부유한 상업 엘리트의 후원을 받을 만한 가치가 있다는 것을 증명하려 했던 것이라면, 대학 평의회에서 댄스·펜싱·승마학회를 '추진'하기로 논의했으리라는 추측은 더욱 의미심장해진다.

이런 계획은 대지주들의 사회 교육을 완성하는 수단을 제공하는 한편 글래스고대학교가 명성을 높이게 된 요인인 대지주 고객들을 대학에 유치하려는 방편이었고, 아마 스미스도 관여했을 것으로 보인다.[18]

대학의 사회적·문화적 범위를 확장하려는 이런 시도는 적당한 성과를 거뒀다. 확실히 리치먼, 컬렌, 스미스 자신은 다양한 국적을 가진 좋은 집안 자제들을 대학으로 불러들일 수 있었다. 그렇지만 대학 전체로서는 에든버러대학교만큼 외국 학생과 대지주 계급 학생들을 유치할 수 없었다. 에든버러의 법학과 의학부는 글래스고보다 컸고 의학 교수들은 왕립병원을 활용하여 임상 교육을 제공할 수 있었다.

가장 훌륭한 의학 교수였던 윌리엄 컬렌과 조지프 블랙이 각각 1756년과 1766년에 환경이 더 좋은 에든버러대학교로 옮겨간 것도 놀랄 만한 일이 아니다. 스미스는 1758년 에든버러대학교 공법 강좌교수 자리에 지원하라는 흄의 제안을 거절했으며, 그가 강사로서 유명세를 떨치면서 글래스고대학교도 훌륭한 평판을 얻게 됐다. 한 외부 관찰자는 글래스고대학교가 "유럽에서 가장 유명하고 걸출한 대학"이라고 칭송하기도 했다.[19] 하지만 스코틀랜드와 외국의 고귀하고 신사적인 학생들의 수익성 있고 권위 있는 시장을 장악한 것은 에든버러대학교, 그리고 세기 후반에 퍼거슨과 스튜어트가 개발한 도덕철학 커리큘럼이었다. 결국 일류 고객을 놓고 효과적으로 경쟁하기에 글래스고대학교는 고상하고 신사적이면서 전문적인 세계인 에든버러와 너무 멀리 떨어져 있었던 셈이다.

따라서 글래스고의 계몽주의는 에든버러의 계몽주의와 발전 과정이 다소 달랐다. 에든버러에서 대학과 도시의 문화 교류는 도시의 학문과 시민 문화를 융합하는 지식인 클럽과 사교 모임으로 연결되고 있었다. 글래스고에는 그런 모임이 거의 없었고, 존재하는 모임도 학계와 도시 사이의 문화적 관계에서 에든버러의 모임들과는 다소 다른 역할을 했다. 스미스의 시대에는 모임이 세 개뿐이었는데 스미스는 세 클럽 모두에 속해 있었다. 로버트 심슨 교수가 주도하는 유쾌하고 안정적이었던 '금요일 클럽Friday Club'은 스미스가 좋아하는 학구적 분위기였다. 1750년대 초 설립되어 인기를 끈 '잡탕 클럽Hodge-Podge Club'은 지식인 사교모임으로 시작했으나 곧 술 모임으로 전락하고 말았다.

1752년 1월 스미스와 컬렌을 포함한 교수 그룹은 대학의 문화를 도시와 국가 전체, 더 나아가서는 전 세계로 전파할 수 있는 토론의 장을 교수들에게 제공하자는 취지로 에든버러의 철학학회와 비슷한 '문학 사회Literary Society'라는 모임을 시작했다. 로버트 보글Robert Bogle, 윌리엄 크로퍼드William Crawford, 존 그레이엄John Graham 같은 초창기 구성원들은 상인들이었고 자주 왕래하지는 않았지만 에든버러의 지식인들과도 교류했다. 애덤 퍼거슨과 존 댈림플John Dalrymple 경이 이 모임에 참석했으며, 흄은 모임의 토론 자료로 자신의 저서《영국사History of England》제1권의 몇 장을 제공하기도 했다. 실제로 1752년 1월 23일에 협회에 제공된 첫 번째 논문 중 하나는 곧 발표될 흄의 저서 《정치적 담론》에서 발췌한 〈상업에 관한 소논문〉의 일부에 관한 스미스의 설명이었다. 그러나 학회 회원 대부분은 교수였으며, 이 모임 역시 금요일 클럽과 마찬가지로 대학 문화의 또 다른 연장선인 교수 모임이자 대학과 교수에 국한됐던 글래스고 계몽주의의 성격을 계속 유지하는 또 다른 모임이었다.

스미스가 속한 네 번째 모임이자 앤드루 코크런 시장이 주도했던 '정치경제 클럽Political Economy Club'은 조금 달랐다. 이 모임은 회원들이 "모든 무역의 본질과 원칙을 탐구하고 이런 주제에 관한 지식과 관점을 나눌 수 있도록" 1740년대 초에 설립됐다.[20]

주로 상인들을 대상으로 한 모임이었으며 교수 회원은 스미스와 훗날 교회사 교수가 된 윌리엄 와이트William Wight 목사뿐이었다. 모임에 관한 기록은 남아 있지 않지만 스미스가 이 모임에 관심을 가진 것만은 확실하다. 상인들이 직접 이야기하는 사업과 상업 정책에 관한 의견을 들을 수 있었기 때문이다. 학식을 갖춘 상인의 마음에도 뿌리를 내린 '비열한 독점욕'의 힘을 스미스가 인식하기 시작한 것이 이 모임이 아니었을까 싶다.

그는 《국부론》에서 "무역이나 제조업에서 분야를 막론하고 상인의 관심사와 대중의 관심사는 다르고, 때로 반대가 되기도 한다. 상인의 관심사는 언제나 시장을 넓히고 경쟁자의 수를 줄이는 것"이라고 썼다. 그가 글래스고에서 13년간 접한 대화가 반영되어 있다는 사실을 확실히 알 수 있다.[21] 스미스가 상인 공동체의 습관을 수동적으로 관찰하기만 한 것은 아니었다. 앞서 본 것과 같이 스튜어트는 스미스가 1755년 코크런의 모임에 전달한 것으로 보이는 논문을 발견했다. 이 논문에서 그는 자유무역과 상업 행정규제에 대한 주요 사상에 자신이 얼마나 기여했는지 다소 격정적으로 주장했다. 하지만 스튜어트는 이런 그의 사상이 1750년대에 그가 알고 있던 많은 상인의 생각과 심각하게 다르다는 점은 말하지 않았다.

그렇다면 당시 대학은 도시의 중심에서 멀어지는 방식으로 자체적인 개혁을 단행했다고 할 수 있었다. 한 세대 전 옥스퍼드대학교가 들어야 했던 모욕적인 평가가 '실용적' 교육이 아니라 '철학적' 교육을 제공하는 교수들에 대한 비난으로 1760년대 글래스고에서 되풀이되고 있었다. 1762년 한 팸플릿 작성자는 "우리는 일반적으로 상업에 종사하는 사람들"이라면서 "우리의 사고는 상업 문제를 제외

애덤 스미스

하고는 거의 국한되어 있다. 우리에게서 나오는 수많은 생각은 범위가 그다지 넓지 않으며 절대 형이상학적이지도 않다. 우리는 상류 사회의 생활 방식을 존중하지만 우리 처지에서는 그저 상상에 불과하고 달성할 수도 없는 매우 광범위하거나 고귀한 교육 계획을 기대하지 않는다. 교육은 우리에게 적합한 것이어야 한다"라고 썼다.[22] 이는 꽤 예의를 갖춘 비난이었다. 대학의 가장 혹독한 비평가였던 윌리엄 톰William Thom처럼, 어떤 이들은 1765년에도 도시 교회로 예배를 하러 가기에는 자신이 너무 대단하다고 생각하며 고고하게 대학 예배당에 고립되기를 고집하던 교수들의 탐욕과 자만심을 비웃기도 했다.[23] 상업인들에게 필요한 실용적인 기술과 과학에 집중하는 새로운 학술 기관을 설립하자는 요구도 일었다. 철학과 예절이 문명화에 미치는 영향을 교수들은 끝없이 치켜세우지만, "상인들 가운데 가장 위엄이 있다고 평가되는 사람은 누구이며 가장 경건한 관심을 끄는 목소리를 가진 사람은 누구인가? 가장 돈이 많은 사람, 가장 큰 규모의 거래를 경험한 사람이 아니던가."[24]

이렇듯 1751년부터 《도덕감정론》이 출간된 1759년까지 학자로서 스미스의 경력은 절대 순탄하지 않은 환경에서 발전했다. 그가 학생이었을 때보다는 도시와 대학의 관계가 좋아졌지만, 에든버러를 기준으로 보면 여전히 제한적이었다. 스미스는 상업인들의 세계에 관심을 가졌고, 문학 사회를 설립하고 운영하는 데 기여한 것으로 보이며 대학의 교육적·문화적 도달 범위를 넓히는 데도 관심이 있었다. 이 모든 관심은 스미스가 이런 문제들과 계몽된 대학의 교육, 학업 생활의 목적을 얼마나 민감하게 받아들였는지를 보여준다.

1750년대에 스미스가 경영에 소질이 있는 경험 많고 성공적인 교육 행정가가 됐다는 사실도 잊지 말아야 할 대목이다. 교수로 재직한 첫해에 그는 윌리엄 애덤이 설계한 문제투성이의 새 건물로 도서관을 옮기는 일을 맡게 됐다. 1755년부터는 재무 담당자로서 도서관을 실질적으로 책임지며 회계를 관리했고, 보통 파울리스 형제를 통해 이뤄진 구매도 맡아 처리했다. 뜻하지 않게 최고 수준의 도서관을 구축할 기회였다.[25] 스미스는 책임감 있는 대학 사서였고 고전 문학, 현대사, 철학, 법률 그리고 흥미롭게도 상업 분야의 자료를 도서관에 들였다. 스미스는 초기에 값나가는 구매를 한 건 했는데, 에든버러의 법조인 도서관에는 이미 갖춰져 있던 《백과전서Encyclopédie》의 첫 일곱 권을 들인 것이었다. 1758에서 1760년 사이 이 책들을 구매하기 위해 대학에서 할당받은 예산의 약 3분의 1을 투자했다.

1754년까지 스미스는 자산 관리 영역에서도 명성을 얻게 됐다. 그는 총장의 사저를 재건하고, 새 자연철학 강의실을 짓고, 순수예술학회를 위한 공간을 마련하고 제임스 와트James Watt의 작업실을 짓기 위한 길고 복잡한 협상에 참여했다. 1750년대 후반에는 대학의 회계는 물론 대학의 재산 문제와 학생들의 납세 의무를 놓고 시의회와 처리해야 할 업무를 담당했다. 대학 회계 및 유산과 관련된 문제를 처리하기 위해 에든버러와 런던의 재무부 인사들과도 협력했다. 1750년대 후반까지 경력을 쌓으며 뛰어난 능력을 보여준 스미스는 대학에서 가장 영향력 있고 열심히 일하는 교수로 인정받게 됐다. 1758년부터 1760년까지 재무 담당자로 일했으며, 1760년부터 1762년까지는 학장을 두 번 역임했고, 1762년부터 1764년까지는 학교 법인 이사 직무 대리를 맡았다. 곧 살펴보겠지만, 교수 경력이 끝날 무렵 스미스는 복잡하고 험악한 대학 내 정치에 깊이 휘말리기도 했다.

교수로서 그가 가장 중요하게 생각한 업무는 도덕철학을 가르치는 일이었고, 여기에는 시간이 많이 들었다. 스미스의 시간표는 대학의 오랜 전통에 따라 결정됐다. 10월 10일부터 6월 10일까지는 크리스마스 하루를 제외하고 주중 아침 7시 30분부터 8시 30분까지 도덕철학 '공개' 강의를 해야 했다. 스미스는 각 강의를 기도로 시작하는 관습을 깨려고 했지만 절대 허용되지 않았다. 그의 기도는 형식적이었고 자연신학의 진리를 추구했다고 전해진다. 그러나 회고록 작가 존 램지에 따르면 스미스는 일요일마다 '그날에 적합한' 설교를 하던 허치슨의 관행만큼은 완전히 포기했다고 한다.[26] 11시부터 정오까지는 오전 강의에 대해 토론하고 학생들이 수업 내용을 잘 이해했는지 시험하는 시간이었다. 스미스가 수사학에 관해 가르쳤던 '비공개' 강의는 11월 중순부터 2월 말에 걸쳐 정오부터 1시까지 진행됐다. 오후에는 학생들에게 강의 자료를 읽어주거나 대화하는 형식으로 개인적으로 학생을 가르쳤는데 이 시간은 제임스 보즈웰, 윌리엄 리처드슨, 그리고 훗날의 버컨 백작과 같은 학생들에게 즐거운 기억으로 남았다. 나중에 인문학 교수가 된 리처드슨은 스미스가 "도덕성뿐만 아니라 비평에 관해서도 질문하고 답하는 과정에서 떠오르는 것이 있으면 즉흥적으로 열정을 다해 부수적인 곁가지 설명을 하거나 토론을 제의했다"라고 전했다.[27] 1759년까지 스미스는 80~90명의 학생으로 구성된 공개 강의를 진행했고, 전체 학생 약 300명 중 20명에게 비공개 강의를 했다.[28]

밀러는 스튜어트에게 자신의 옛 교수가 해준 강의에 관해 가장 완전하고 통찰력 있는 설명을 전했다.

— 논리학 교수로 임명된 지 약 1년 후 스미스는 도덕철학 강좌교수로 선출됐다. 이 주제에 대한 그의 강의 과정은 네 부분으로 나뉘었다. 첫 번째는 자연신학이었다. 그는 신의 존재와 속성에 대한 증거에 관해, 그리고 종교의 기반이 되는 인간 정신의 원리에 관해 고찰했다. 두 번째는 윤리학이라고 불리는 과정이었는데, 스미스가 나중에 《도덕감정론》에서 발표한 원칙들을 주로 탐구했다. 세 번째 부분에서는 정의와 관련된 도덕 분야를 꽤 긴 시간을 할애해 다뤘는데, 이 분야는 정교하고 정확한 규칙에 민감해서 완전하고 특정한 설명이 가능했다.

이 주제를 가르치며 그는 몽테스키외의 방식으로 보이는 계획을 따랐다. 가장 미개한 시대부터 가장 문명화된 시대에 이르기까지 공적·사적 법학이 점차 어떻게 진보했는지를 추적하고, 이에 따라 법과 정부가 개선되고 변화하는 데 인간의 생존과 재산의 축적에 기여하는 공법과 사법이 어떤 영향을 미치는지 밝히려고 노력했다. 그의 연구에서 중요한 내용이었던 이 주제를 그는 대중에게도 제시하고자 했다. 그러나 《도덕감정론》의 결론에서 언급된 이 의도는 끝내 실현되지 못했다.

애덤 스미스

마지막 네 번째 부분에서 스미스는 정의의 원칙이 아니라 편의성에 따라 세워진, 국가의 부와 권력과 번영을 강화하기 위한 정치적 규제를 탐구했다. 이런 관점에서 그는 상업, 재정, 교회, 군사 시설과 관련된 정치 제도를 살폈다. 이 주제에 관한 강의는 훗날 스미스가 《국부론》이라는 제목으로 출판된 연구의 내용을 포함했다.[29]

우리는 존 램지가 다소 신랄한 논평을 했다는 사실 말고는 스미스의 자연신학 강의에 대해 아는 것이 없다. 존 램지는 "스미스의 가정은 그다지 널리 확장되지 못했으며, 허치슨의 가정만큼이나 인간의 자존감에 관해 입에 발린 소리를 한다"라고 평가했다. 두 사람이 종교의 진리를 "특별한 계시 없이 자연의 빛으로" 발견할 수 있다고 주장한다는 것이다. 램지는 이에 더해 "당시에도 여기저기에서 그의 동료들로부터 그의 원칙이 견고하지 않다는 의혹이 조심스럽게 제기되곤 했다"라고 덧붙였다.[30]

스미스는 환영받지 못하는 자연신학 강의를 가능한 한 서둘러 끝냈고, 대부분 강의 시간을 매우 정교하고 복잡한 다음 세 주제에 할애했다. 그의 수업은 일반적으로 다양한 연령대와 능력의 학생들로 구성됐기 때문에 이런 주제에 관한 강의는 학생들에게뿐만 아니라 스미스 자신에게도 큰 과제였다. 수업료는 연간 1.5기니였으며 수업을 재수강하고자 하는 학생들은 수업료를 한 번 더 내야 했다. 그 후에는 돈을 낼 필요 없이 원하는 만큼 자유롭게 수업에 참여할 수 있었다. 1750년대 중반 스미스가 강의를 책으로 엮기 위해 고민할 때, 이전에 자신의 강의를 들어본 적이 없는 사람들과 그의 윤리학·법학·정치학 강의를 이미 듣고 성직자나 의료진이 될 준비를 하고 있던 수강생 모두를 고려했어야 한다는 뜻이다. 이런 박식한 학생들은 스미스의 정부 이론 및 시민과 행정관의 의무에 관한 사상이 그의 윤리학과 어떤 관련이 있는지 고찰할 수 있었다.

스미스가 대학 교수로 자리를 잡기까지는 시간이 걸렸던 것 같다. 처음에는 즉흥적으로 강의하는 허치슨의 방식을 따랐지만 좋은 성과를 거두지 못했다. 그래서 사무원에게 받아쓰게 한 원고를 읽으며 보충 설명을 곁들이는, 에든버러에서 강의하던 방식으로 돌아갔다. 그런 방식이 스미스 나름의 즉흥 강의라고 생각하는 사람도 있었다. 밀러는 스미스의 강의가 어땠는지 생생하고 정확하게 설명했는데, 그의 문체와 함께 '예시'로 뒷받침된 공리와 방대한 학식을 바탕으로 명제를 입증하는 독특한 강의 방식을 잘 보여준다.

━ 교수로서 스미스의 능력은 흠잡을 데 없다. 강의를 할 때 그는 거의 전적으로 즉흥적인 연설 능력에 의존했다. 태도는 우아하기보다 평범하고 꾸밈이 없었다. 또한 그 자신이 항상 주제에 관해 관심이 있는 것처럼 보였기 때문에 학생들의 흥미를 돋우는 데 실패한 적이 없었다. 각 담론은 일반적으로 몇 가지 뚜렷한 명제로 구성됐으며, 스미스는 이를 증명하고 설명하기 위해 끊임없이 노력했다. 일반적인 언어로 된 명제를 소개할 때는 주제에 따라 어느 정도 역설적으로 들리기도 했다. 명제를 설명할 때 스미스는 처음에는 주제에 완전히 몰두하지 못

하는 듯 머뭇거리며 이야기하곤 했다. 그러나 설명이 계속될수록 문제에 대한 아이디어가 계속 떠오르는 듯했고, 태도는 따뜻하고 생기 넘쳤으며 표현 또한 쉽고 유려해졌다. 논란의 여지가 있는 부분에서 학생들이 자기 의견에 반대 의견을 갖고 있다는 것을 남몰래 알아챘으며, 그 덕분에 그가 더욱 강력한 에너지를 가지고 열정적으로 자기 의견을 뒷받침할 수 있게 됐으리라는 사실을 짐작할 수 있었다. 풍부한 설명과 다양성 덕분에 주제는 점점 더 발전했고, 같은 관점에서 지루하게 반복되는 내용이 없어 학생들의 관심이 높았다. 스미스의 강의는 수강생들이 어떤 다양한 배경에서 주제가 제시됐는지 살펴볼 수 있게 하면서 같은 목표를 향해 가는 즐거움과 교훈을 줬고, 나중에는 그런 모든 내용을 역으로 되짚으며 아름다운 가정들의 발단이었던 원래의 명제 또는 일반적인 진실로 돌아갔다.[31]

이 설명을 통해 우리는 스미스가 수강생의 관심을 집중시키기 위해 노력했으며, 강의를 듣기보다 필기를 하는 데 더 집중하는 학생들을 싫어하는 것으로 유명했던 공연가형 교수였음을 알 수 있다. 스미스는 종종 강의 노트에 공을 들이는 학생들에게 자신은 '낙서쟁이'를 싫어한다고 이야기했다고 한다.[32] 자신이 철학자로서 설명을 통해 수강생들의 상상력을 사로잡고 진실을 파악하는 능력을 자극할 수 있어야 연구의 바탕인 공리가 설득력을 발휘한다는 사실을 잘 알았다는 의미다. 스미스의 강의를 듣기 위해 1759년 글래스고에 입학했다고 분명하게 밝힌 제임스 보즈웰 같은 지적이고 관찰력이 뛰어난 학생에게는 확실히 효과를 발휘했다.

— 이곳에 온 가장 큰 이유는 스미스 교수의 (매우 훌륭한) 강의를 듣기 위해서다. 그의 감성은 놀라우리만치 깊고 아름다우며, 감성을 정리하는 방식은 명확하고 정확하고 질서정연하다. 말씨 역시 적절하고 명쾌하며 우아하다. 개인적인 성품은 매우 상냥하다. 그는 대부분 교수처럼 딱딱하거나 형식적이거나 점잔을 빼지 않는다. 그런 성품과는 거리가 먼, 예의 바르게 교육을 잘 받은 인물이며 학생들과 함께하는 자리를 즐기고 그들을 더없이 소탈하고 친절하게 대한다.[33]

지난 강의를 꼼꼼하게 요약하며 강의를 시작하는 것도 스미스의 또다른 강의 기술이었다. 또한 오래된 수법에도 의지했는데, 훗날 스미스는 이에 대해 다음과 같이 회상했다. "강의를 하는 동안 평범한 얼굴이면서 표정이 풍부한 학생을 보면 성패를 판단할 수 있었다. 그는 기둥 앞 눈에 잘 띄는 자리에 앉았다. 나는 계속 그 학생을 주시했다. 그가 몸을 앞으로 기울이면 수업이 잘되고 있으며 학생들이 집중하고 있다는 뜻이었다. 하지만 그가 무기력하게 등을 뒤로 기대면 나는 즉시 무언가가 잘못되고 있다는 것을 알 수 있었고, 화법이나 주제, 강의 스타일을 바꿔야 했다."[34] 스미스의 기억에서 알 수 있듯, 강사로서 그가 성공할 수 있었던 이유는 학생들을 좋아했기 때문이다. 램지는 다음과 같은 말을 남기기도 했다.

— 스미스는 천재의 씨앗을 발견하고 소중히 다루는 데 많은 노력을 기울였다. 날카로운 지성을 가진 학구적인 젊은이들을 만나면 집으로 초대하여 대화를 나누면서 그들이 가진 능력의 성향과 범위를 발견하곤 했다. 그는 그들의 연구를 지도하고 의문을 해결해주고 그들이 인생 계획을 세우도록 돕는 데서 큰 기쁨을 느꼈다. 그와 같은 인물의 개인적인 조언은 영특한 젊은이들의 마음에 어떤 대단한 강의보다 깊은 인상을 남겼다.[35]

그는 강의를 통해 숭배의 대상이 됐다. 학생들은 지역 서점에서 스미스의 초상화를 샀으며, 밀러에 따르면 여러 클럽과 지식인 소모임에서 사상이 거론되는 철학자로도 인정받았다고 한다. 또한 글래스고의 젊은 상인들을 자유무역상으로 바꾸는 데 성공한 권위자가 됐다.[36] 특이하게도, 그의 초상화는 남아 있지 않다.

교수직을 맡으면서 확실히 스미스의 사생활은 피해를 봤다. 때로 그의 애정 관계에 관한 소문이 돌기도 했지만 실제로는 아무 일도 일어나지 않았다. 이안 로스는 다음과 같은 말을 남겼다. "전기 작가에게 스미스의 성생활은 '승화'의 역사에 각주를 다는 것만큼이나 기여할 거리가 없는 참 곤란한 주제다."[37] 스미스는 휴가의 시작과 끝에 커콜디를 오가는 동안 들를 때를 제외하고는 에든버러를 거의 방문하지 않았다. 어쨌든 그의 친구인 헵번Hepburn 양은 아마도 그의 친구들을 대신해 그가 "글래스고에 정착해 우리를 볼 기회가 거의 없다"는 사실이 안타깝다고 이야기했다.[38] 이 서신은 스미스의 에든버러 친구들이 그에게서 답장을 받을 가능성이 없다는 사실을 깨닫고 그에게 지역 소식을 담은 편지를 쓰지 않게 됐다는 것을 암시한다. 나중에 주고받은 편지에는 답장을 잘 보내지 않는 스미스를 놀리는 내용이 반복적으로 등장하기도 한다. 스미스가 에든버러에서 가르쳤던 학생인 알렉산더 웨더번은 1754년 불평을 순화해 다음과 같이 표현했다. "교수님이 떠난 이후 한 번도 소식을 듣지 못했지만 저를 자주 떠올리시리라고 생각합니다. 혼자만의 시간 동안 제 관심을 끌기보다 집중력을 흐트러뜨리는 다양한 대상을 마주할 때면 저는 항상 교수님을 생각했기 때문입니다."[39]

이 기간에 스미스와 흄의 우정이 무르익기는 했지만 역시 직접 만나기보다는 편지를 주고받았던 것으로 보인다. 1750년대 흄의 편지를 살펴보면 잉글랜드의 역사에 관한 그의 연구에 대해 그들이 최근에 나눴던 대화나 서신에 관한 내용이 이어진다. 그는 당시 제임스 1세James I와 찰스 1세Charles I의 통치 역사에 관해 쓰고 있었다. 곧 출간될 철학 소논문에 관한 내용과 에든버러의 가십, 스미스의 좋지 않은 건강 상태를 묻는 내용도 자주 등장한다. 흄은 1753년 5월 26일 에든버러에서 '친애하는 스미스'로 시작하는 편지를 썼다.

— 최근 자네의 건강이 좋지 않았다는 소식을 리치먼에게 전해 들었는데, 매우 유감스럽게 생각하네. 수업을 너무 열심히 한 탓에 무척이나 피로가 쌓였던 모양인데, 여가와 휴식이 더 필요하지 않을까 싶네. 이제 날씨가 좋은 계절이 다가오고 있고 곧 휴가가 시작되겠지. 몸을 움

직이고 휴식을 취할 수 있도록 이곳으로 휴가를 오면 좋겠네. 할 이야 기가 많기도 하고 말일세. 자네가 내 친구가 아니었다면 내 튼튼한 체질을 질투했을 텐데. 나는 여전히 열정적으로 일하면서도 건강을 유지하고 있네. 나는 장기 의회(찰스 1세가 소집해 1640년부터 1660년까지 계속된 청교도 혁명 때의 의회-옮긴이)에 관한 부분을 쓰고 있어. 내가 정독 중인 책들과 까다로운 나의 글쓰기 방식을 생각할 때 엄청난 진전이지. 나는 자네가 방학 동안 이 도시에 머물러야 한다고 생각하네. 여기에는 늘 좋은 동료가 있고 알다시피 나는 자네가 원하는 만큼 책을 구해줄 수 있네.

자네가 마음 편히 쉬고 있다는 소식을 듣고 싶군.

애정과 충성의 마음을 담아,

데이비드 흄[40]

예상했다시피 편안한 숙소와 좋은 친구를 미끼로 한 흄의 제안은 아무런 소용이 없었다. 과중한 업무 탓에 항상 과로에 시달리며 헨리 홈(1752년 케임스 경이 되어 최고민사법원의 재판관으로 승격함)에게 잠시 쉬라는 애정 어린 잔소리를 들으면서도 스미스는 대학생은 물론 고상한 지식인 사회에서까지 받아들일 수 있는 철학을 개발하는 막중한 작업에 착수했다.

1754년부터 1755년까지 도덕철학 강의를 진행한 스미스는 글래스고와 에든버러뿐만 아니라 런던과 파리에서도 이름을 떨칠 수 있기를 바라며 강의를 책으로 펴내는 힘든 작업을 시작했다. 이 과정에서 그는 상업으로 인간의 성격을 개선하고 완성할 수 있다는 흄의 주장을 철학적으로 방어하는 수단으로 자신의 도덕철학을 제시했다. 흄이 1752년 《정치적 담론》에서 소개한 이 주장에 대해 1756년 장자크 루소Jean Jacques Rousseau가 의문을 제기했는데, 스미스는 《도덕감정론》을 쓰며 루소의 주장에 반박하기 쉽지 않다는 사실을 깨닫게 된다.

Adam Smith:
An Enlightened Life

7장
—

# 《도덕감정론》 및
# 문명화 과정의 본질

흄의 인간 본성에 관한 이론은 스미스가 에든버러 강의의 자료를 만들던 때 강력한 출발점을 제공했다. 스미스는 흄의 지식 이론을 강화하기 위해 언어 이론을 발전시켰고, 사회적 능력을 확장하는 데 품위와 적정성의 감각이 중요하다는 사실을 증명했다. 그는 서로 다른 재산, 정부, 통치 체제가 어떻게 사람들의 정의감을 형성하며 정치사회에서 생존 능력의 기반인 사회성 원칙을 결정하는지 보여줌으로써 흄의 정의 이론을 발전시켰다. 이 과정에서 스미스는 인간이 조직화된 사회에서 생존하고 번영하기 위해 습득해야 하는 정서에 대한 연구를 바탕으로 자신이 인간 중심 과학의 기반을 마련했다는 흄의 주장을 뒷받침했다. 스미스는 이제 자신만의 인간 중심 과학을 세우는 데 바탕이 되는 사회성 이론을 개발할 준비가 되어 있었다. 1750~1751년에 두 사람이 처음 만났을 때 흄은 《정치적 담론》을 작업하고 있었고, 이 저술은 지금은 두 사람의 공동 프로젝트로 알려진 인간 중심 과학에 대해 흄이 마지막으로 기여한 연구였다. 이는 인간 본성에 대한 그의 이론으로 상업 이론 및 문명화 과정에 대한 설명을 뒷받침하려는 시도였고, 상당한 영향력을 발휘했다. 그의 연구를 지켜본 스미스는 그를 "당대 가장 걸출한 철학자이자 역사가"

애덤 스미스

라고 묘사했다.[1]

1751년까지 지식인으로서 흄의 경력은 스미스와 마찬가지로 끊임없이 변하고 있었다. 《인간 본성에 관한 논고》는 스미스를 비롯한 헨리 홈의 동료들 사이에서 중요한 역할을 했지만 대중적인 성공을 거두지는 못했다. 1740년대 흄은 연구 시간 대부분을 당대 영국의 도덕적·정치적 문화를 이해하는 데 《인간 본성에 관한 논고》의 원칙을 적용하기 위해 헌신했다. 이런 분석을 바탕으로 도덕, 철학, 정치에 관한 소논문을 1741년, 1742년, 1748년에 각각 출판했다. 이런 논문을 출간한 이유는 근대 영국인들에게 헌법과 자유의 기원이 고대가 아닌 근대라는 사실을 설득하고, 전쟁·상업·제국의 성장에 따라 변화를 거듭하는 '거대한 군주제' 사회에서 살고 있는 시민으로서 자신들의 권리와 의무의 본질에 대해 다시 생각하게 하기 위해서였다. 이는 훗날 역사가로서 그의 연구의 중심이 됐다.

1740년대까지 그는 다양한 방면에서 지식인으로서의 경력을 쌓았다. 외교 사절단의 비서로 토리노와 빈에서 2년을 보내면서 국제 관계와 근대 유럽 법원에서 종종 혼란을 빚었던 국익의 개념에 관심을 가지게 됐다. 1748년 몽테스키외는 《법의 정신》에서 서로 다른 사회 관념에 대한 체계적이고 신중한 분석을 통해 사법체계를 발전시킬 수 있다는 것을 증명했다. 고전을 집중적으로 정독한 흄은 새로운 방식으로 철학적 원칙을 제시하게 된다. 그 결과 1748년 《인간 이해에 관한 탐구Enquiry Concerning Human Understanding》와 1751년 《도덕 원리에 관한 탐구Enquiry Concerning the Principles of Morals》를 출판했다. 특히 《도덕 원리에 관한 탐구》에 대해 그는 "역사, 철학, 문학에 관해 쓴 내 작품 중 단연 최고라고 할 수 있다. 하지만 세상에 나왔을 때 아무도 주목하는 이가 없었다"라는 말을 남기기도 했다. 그는 《자연종교에 관한 대화Dialogue Concerning Natural Religion》에서 자연적인 종교의 원칙에 관해 매우 회의적인 태도를 보였는데, 이 원고는 1751년에 쓰였으나 출판하기에 논란의 여지가 너무 크다는 이유로 친구들 사이에서만 돌려봤다. 그는 유언장에 스미스에게 이 작품을 사후 출판해달라는 뜻을 남겼는데, 스미스는 이 요청을 유독 난처하게 생각했다. 1752년 《정치적 담론》이 출간됐고, 흄은 다음 10년 동안 잉글랜드의 역사에 관한 책을 집필하는 거대한 프로젝트로 관심을 돌렸다.

1752년 판 《정치적 담론》에 실린 12개의 소논문을 통해 흄의 다양한 경력을 한눈에 볼 수 있다. 그의 논의는 《인간 본성에 관한 논고》에 제시된 주요 원칙을 바탕으로 이뤄졌고, 현대에 와서는 당연한 것으로 받아들여지는 원칙이 됐다. 그는 역사적인 예를 들어 지기 주장을 설명했는데, 이는 《영국사》에서 사용하게 될 집필 방식을 미리 보여준 셈이었다. 스미스에게 가장 중요한 것은 흄이 사회성에 대한 자신의 주요 생각을 자세히 소개하며 인간이라는 종의 결핍을 반영했다는 점이었다. 흄의 인간 중심 과학은 이제 어느 때보다 완벽했고, 도덕철학 강의에서 같은 문제를 다루기 시작한 스미스는 이를 발전시킬 준비가 되어 있었다. 이런 관점에서 보면 글래스고 문학학회에 제출한 스미스의 첫 번째 논문이 〈상업에 관한 데이비드 흄의 소논문 중 일부에 관한 설명〉이었던 것은 당연한 일이다.

《정치적 담론》에서 흄은 날카로우면서도 우아하며 비유적으로 논조를 이어갔다. 이 논문에서는 "상업, 화폐, 금리, 무역수지 등에 관한 담론으로 호기심을 불러일으키는, 저속한 주제에 비해 매우 교양 있고 미묘해 보이는 몇 가지 원칙을 발견할 수 있다." 자기 작품에 대한 반어적인 설명이었다. 그는 상인, 정치인, 철학자들이 상업에 관한 원칙과 정치적 견해를 논의하는 데 사용하던 언어를 철학적으로 다시 검토할 것을 제안했다. 그는 경제적 문제는 곧 노동과 노동력을 배치하는 방식에 관한 문제이며, 바꿔 말하면 인간 본성의 원리에 관한 문제라는 점을 증명하고자 했다. 그는 "이 세상의 모든 것은 노동으로 획득되며 노동의 유일한 원인은 인간의 열정"이라고 주장했다.[2] 모든 국가의 부와 권력이 금과 은 매장량이 아니라 노동력의 양과 질로 측정되어야 한다는 의미다. 흄이 생각하는 화폐란 "적절하게 말하면 상업의 원인이 아니라 한 상품을 다른 상품으로 쉽게 교환하기 위해 사람들이 동의한 도구일 뿐이다. 화폐는 무역이 굴러가게 하는 바퀴가 아니라 바퀴가 쉽고 부드럽게 굴러가게 하는 윤활유다."[3] 그러므로 상업 측면에서 군주의 주된 의무는 무역과 제조를 발전시키고 국가 노동력의 양과 질을 강화하는 방식으로 화폐의 유통을 촉진하는 것이었다.

화폐·금리·무역수지에 관한 흄의 의견은 계몽주의와 계몽주의 이후의 경제적 사상에 가장 큰 공헌을 했으며, 특히 스미스는 《국부론》에서 화폐의 사용에 관해 다루기도 했다. 스미스와 마찬가지로 흄도 독자들이 인류를 태생적으로 능동적인 종으로 보고 삶의 '필수품'과 '편의품'을 확보하기 위해 노동을 사용한다고 생각하길 바랐다. 자급자족하던 원시 사회에서는 필수품을 확보하기 위해 노력하기에도 벅찼다. 그에 비해 근대의 상업 사회에서 인류는 삶의 편의품을 추구하기 위해 힘쓸 수 있다. 그러나 두 사회 모두에서 인간 삶의 원동력은 같고, 인간은 자신이 필요하다고 생각하는 것을 충족하기 위한 끊임없는 욕망에 따라 움직인다. 이런 생각은 버나드 맨더빌의 사상과 비슷했으며, 맨더빌과 마찬가지로 흄은 욕구가 일시적 풍습fashion에 크게 영향을 받으며 시장을 만드는 메커니즘 역시 이런 풍습이라고 생각했다. 그의 관심을 끈 주제는 시장을 형성하고 운영하는 과정에서 상인들이 하는 역할이었다. 엄밀히 말하면 상인은 한 지역 노동시장의 수확물을 다른 지역으로 옮기는 중개인이며, 화폐는 이를 가능하게 하는 메커니즘이다. 그러므로 상업의 원리를 이해하려면 화폐 공급과 금리가 시장의 작용에 미치는 영향을 이해해야 한다. 그러려면 맨더빌의 한계를 뛰어넘어 경제를 관리하는 과정에서 정부의 역할에 관한 의견이 분분한 질문을 다뤄야 했다. 흄이 의도한 대로 모든 질문은 그의 경제적 사상의 기반인 부, 노동, 필요에 관한 명제로 돌아갔다.

하지만 흄은 여전히 맨더빌의 냉소주의적인 지적을 해소해야 했다. 맨더빌은 문명화 과정을 설명하면서 인간의 성품이 노예화됐다고 봤다. 그의 관점에서 원시인은 불안한 환경에서 빈곤하게 살았지만 적어도 그 자신이 주인이었다. 그러나 교활한 통치자들이 나타나 이들을 속여 정치적 권위에 굴복시키고, 자신을 존중하고자 하는 열정을 깨뜨리고 '훈련받은 동물'로 변하게 하는 취향·관습·도덕규범을 받아들이게 했다. 사회적 승인에 대한 끊임없는 갈망과 풍습으로 자라난 오만과 우둔함 때문에 인간은 사회적 관습의 노예가 되며 자기 존재를 알아보지 못하게 됐다. 맨더빌이 유일하게 다행이라고 생각한 것은 사람들이 대부분 잘 속아 넘어가서 자신에게 무슨 일이 일어나는지 이해하지 못한다는 점이었다.

상업과 경제적 진보가 윤리적으로 유익하다는 것을 증명하지 못하면 자신의 경제적 사상이 설득력이 없다는 것을 깨달았던 흄은 가장 설득력 있고 유창한 산문을 완성했다. 그는 노동은 부자연스러운 것이며 노동을 통해 인간이 나태함과 타고난 습성에서 벗어나게 됐다고 정당하게 주장할 수 있는 사람은 가장 엄격한 도덕주의자뿐이라고 봤다. "인간의 마음에서 일과 직업에 대한 욕구보다 더 지속적이고 채워지지 않는 갈망은 없다. 또한 이 욕망은 인간의 열정과 활동 대부분의 기반이라고 할 수 있다."[4] 그가 보기에 인간이 태생적으로 게으르다고 주장하는 것은 나태함이 주는 즐거움을 오해한 탓이었다. "게으름이나 휴식은 그 자체만으로는 큰 즐거움을 주지 않는다. 하지만 잠과 마찬가지로, 인간 본성은 나약하여 어떤 활동이나 쾌락을 중단 없이 이어갈 수 없기에 나태함이라는 사치가 반드시 필요하다."[5] 원시인들이 살던 사회는 자원이 부족했기 때문에 그들은 근면해지지 못하고 나태할 수밖에 없었다. 흄의 관점에서 보면 희소성과 자산이라는 개념이 생기면서 이를 바탕으로 사회와 문명이 진보했으며, 산업과 발명, 사회성과 행복의 궁극적인 기반인 안보가 제공되기 시작했다. 실제로 흄의 글은 상업 문명사회의 시민들은 도덕성이 부족하고 불행한 삶을 살았던 원시 사회의 주민들보다 더 행복하게 살 수 있으므로 상업 문명이 원시 문명보다 인간에게 더 자연스럽다고 설명한다.

— 산업과 기술이 번창하는 시대에 인간은 끊임없이 직업을 찾아 일하며 직업 자체와 노동의 결실로 얻어지는 쾌락을 보상으로 여겨 즐긴다. 그러면 인간의 정신에 새로운 활력이 더해져 그 영향력과 기능이 확대된다. 또한 성실함과 근면함, 부지런함으로 자연적인 욕구를 충족하며 안이함과 게으름을 먹고 돋아나는 부자연스러운 욕구가 자라지 않게 한다. 이런 기술을 사회에서 제거한다면 인간에게서 행동과 쾌락을 모두 박탈하고 그 자리에 나태함만 남기게 될 것이고, 그러면 나태함이 주는 즐거움마저 파괴될 것이다. 노동을 마친 뒤이거나 무언가에 과도하게 몰두해 지쳐 있는 영혼을 보충할 때가 아닌 이상 나태함만 남는 것은 절대 바람직하지 않다.

산업과 기계적인 기술이 발전하며 얻을 수 있는 또 다른 이점은 일반적으로 자유주의적 사상이 개선된다는 것이다. 다른 사람과 어느 정도 함께하지 않고 완벽해질 수 있는 사람은 없다. 위대한 철학자와 정치가, 저명한 장군과 시인을 배출한 시대에는 보통 숙련된 직조공과 선박 제조 장인도 넘쳐난다. 우리는 천문학에 무지하거나 도덕을 무시하는 나라에서 모포 한 장을 제대로 만들리라고 합리적으로 기대할 수 없다. (…)

애덤 스미스

기술이 정교하게 발전할수록 인간은 더 사회적으로 변한다. 과학이 발전하고 토론할 능력을 갖추고 나면, 사람들은 무지하고 원시적인 국가에서 볼 수 있는 것처럼 서로 거리를 두며 고독하게 살아가는 데 만족할 수 없게 된다. 사람들은 도시로 모여든다. 지식을 주고받고 재치와 교양을 뽐내고 대화나 집, 옷이나 가구를 통해 취향을 드러내기를 좋아하게 된다. 현명한 사람들은 호기심에, 어리석은 사람들은 자만심에 끌린다. 즐거움은 이 모든 사람을 유혹한다. 특정한 클럽이나 사교 모임이 곳곳에서 형성된다. 남녀는 사교적으로 가볍게 만난다. 인간의 기질과 행동은 빠르게 개선된다. 지식과 교양을 통해 자신이 발전하는 것을 느끼는 것 외에도 함께 대화하고 서로의 즐거움과 오락에 기여하는 활동을 통해 인간성이 자라는 것을 느낀다. 따라서 끊을 수 없는 사슬로 서로 연결되어 있는 근면함, 지식, 인간성은 경험과 이성에서 찾을 수 있으며 이는 세련된, 일반적으로는 더 호화로운 시대라고 부르는 시대의 특징이다.[6]

이는 에든버러의 계몽주의를 표현하는 가장 철학적인 목소리였다. 잘못 이해되고 있는 인간 본성의 무해한 특성이 만든 의도하지 않은 결과를 독자들이 다시 돌아보게 하는 한편, 이런 결과를 쉽게 악의 열매로 기록할 수 있는지 의문을 가지게 했다. 여기에서 주목할 만한 점은 맨더빌이 제기한 질문 중 더 문제의 소지가 있는 질문을 흄이 신중하게 피했다는 것이다. 상업과 상업을 추진하는 심리적 동력이 인간의 성격을 변화시켰다면, 문명화 과정이 인간의 성격에 미치는 영향에 관해 질적인 질문이 제기되어야 하지 않을까? 원시적이고 잔인한 순수함을 잃음으로써 우리가 타인의 의견에 전적으로 의존하게 됐고 우리 자신을 알아보지 못하게 됐다는 맨더빌의 주장에 일리가 있지 않을까? 흄이 철학적으로 설명하는 데 관심이 없었던 이런 질문은 스미스가 도덕철학 강의를 책으로 출간하고자 할 때 새롭고 골치 아픈 형태로 다시 모습을 드러냈다. 스미스의 고민은 계몽된 사상에 관한 다음 두 주요 작품에서 시작됐다. 하나는 새뮤얼 존슨의《영어 사전Dictionary of the English Language》이고, 다른 하나는 루소의《인간 불평등 기원론》이었다. 두 작품은 각각 1755년과 1756년에 출간됐다. 스미스는 이 작품들을 검토해 2개의 소논문을 썼고, 1755~1756년에 명사회 회원들이 창간하고 편집한 야망 가득한 저널이었으나 오래가지는 못했던 〈에든버러 리뷰〉에 기고했다. 이 소논문은 그가 철학자로서 인쇄물 형태로 발표한 첫 작품이다.[7]

스미스는 존슨의《영어 사전》에 대해 진심으로 감탄했지만 제한적이었다. 그는 "영어 사전이나 영어 문법책을 집필하려는 사람은 자신이 들여야 할 노동의 절반 이상을 아껴준 존슨에게 빚을 졌다는 사실을 인정해야 한다"라고 썼다. 하지만 그는 존슨의 방식이 "문법 체계를 충분히 반영하지 않았다. 한 단어에 대해 다양한 의미가 수집되기는 했지만 일반적인 분류에 따라 해석되거나 단어가 주로 표현하는 의미에 따라 분류되지 않았으며, 동의어로 보이는 단어를 구별하기 위해 충분한 주의를 기울이지 않았다[원문 그대로임]"라고 평했다. 스미스는 여기에 덧붙여 '하지만But'과 '유머Humour'라는 단어를 어떻게 다뤄야 하는지 두 가지 예를 제시하며 의견을 뒷받침했다. 흥미로운 점은 스미스가 첫 번째로 출간된 이 소논문에서 사전 편찬 문제에 자신의 방법을 적용하여 알렸다는 것이다. 그는 신중하게 정돈한 해박한 지식을 통해 개발하고, 중요성을 부여할 수 있는 일반 원칙 또는 공리를 바탕으로 명제를 구축하는 '학술적' 방법을 사용해야 한다고 제안했다. 사전 편찬 방법에 대한 그의 평론에 따르면 그렇게 해야만 철학자는 어떤 용법이 부정확하며 어떤 용법을 피해야 하는지 보여줄 수 있다는 것이다.

스미스는 루소의 《인간 불평등 기원론》에 대해서는 더 열정적인 평을 남겼다. 스코틀랜드 언론이 더 국제적이고 덜 편협한 시각으로 평론해야 한다고 지적하면서 "외국인의 관심을 끌 만한 성공을 거두거나 좋은 평을 얻은" 철학 연구에 성공한 두 나라인 잉글랜드와 프랑스의 도덕철학에 더 관심을 기울여야 마땅하다는 말로 평을 시작했다. 하지만 잉글랜드와 프랑스의 정신적 특성에는 놀랄 만한 차이가 있다고 언급했다. 잉글랜드는 특징적으로 문학에서 상상력·천재성·창조성을 보여줬고, 철학에서는 "이전 세상에서 쌓인 관찰에 새로운 것"을 추가했다. 반면 프랑스는 "취향, 판단력, 적정성, 질서"와 "노력 없이도 관심을 끄는, 모든 주제를 자연스럽고 단순하게 정렬할 수 있는 (…) 독특한 재능"으로 잘 알려졌다. 그는 지적으로 매혹적인 데카르트의 오류들 탓에 오랫동안 마비됐던 프랑스 철학이 최근 다시 살아난 데 큰 충격을 받았다. 이때 이뤄진 가장 주목할 만한 발전은 디드로와 달랑베르의 《백과전서》 각 권이 차례로 출간된 것이었다. 이 훌륭한 작품에는 존슨의《영어 사전》에서는 찾을 수 없었던 철학적 강점들이 갖춰져 있었으며, "각 주제에 대한 완전하고 합리적이며 심지어 비판적인 조사"와 함께 "다양한 기술과 과학의 지도, 그들의 계보 및 친애하는 프랜시스 베이컨 경이 제공했던 것과 같은 수준의 (…) 유래"가 담겨 있었다. 이는 안정적인 철학적 원칙에 따라 지식의 원리를 표현하는 문제에 자신만의 의견을 가지고 있었던 철학자의 목소리였다.

무엇보다 스미스의 관심을 끈 것은 프랑스와 잉글랜드 철학의 당시 위치였다. 잉글랜드는 바로 이때 가장 크게 발전하고 있었고 스미스는 인간 중심 과학을 가능하게 했던 "홉스, 로크, 맨더빌, 섀프츠베리 경, 버틀러 박사, 클라크 박사, 허치슨"과 같은 철학자들의 목록을 재구성하며 은근슬쩍 자신과 흄의 어깨를 나란히 놓았다.[8] 루소는 사회성 원리와 상업의 진보에 진지한 관심을 가진 천재적인 철학자로 학계에 등장했다. 스미스와 흄 그리고 스코틀랜드 철학자들의 일반적인 견해와 180도 다른 그의 견해는 관심의 대상이 되기에 충분했으며, 당연히 도전 의식을 불러일으켰다. 하지만 평론은 이런 중요한 작업을 위한 것이 아니었다. 스미스는 자신에게 주어진 지면을 활용하여 루소의 논증 뼈대를 낱낱이 드러냈으며, 허치슨의 사상과 자신의 철학적 교육관을 형성하는 데 중요한 역할을 한 문제작《꿀벌의 우화》에 제시된 체계와 루소의 체계를 비교했다.[9] 스미스의 간결하고 훌륭한 분석은 인용할 만한 가치가 있을 것이다.

애덤 스미스

— [《인간 불평등 기원론》을] 주의 깊게 읽은 사람은《꿀벌의 우화》제2권이 루소의 체계에 기반을 제공했다는 사실을 알게 될 것이다. 그러나 루소의 연구에서는 잉글랜드 작가인 맨더빌의 원칙이 부드러워지고 개선되고 미화됐으며, 원작에서 이런 원칙을 불명예스럽게 했던 부패와 부도덕함이 모두 제거됐다. 인류의 원시 상태를 맨더빌은 상상할 수 있는 가장 비참하고 끔찍한 상태로 표현한 반면, 루소는 가장 행복한 상태이며 인간 본성에 가장 적합하다고 설명한다. 그런가 하면 두 사람 모두 인간에게 사회를 구성하게 하는 본능이 없다고 가정한다. 하지만 한 사람은 인간이 원시 상태의 결핍 때문에 어쩔 수 없이 이런 거슬리는 치료법에 의지하게 됐다고 주장하고, 다른 한 사람은 불행한 사건들이 일어나면서 인간에게 자연적이지 않은 욕망과 우월함에 대한 헛된 욕구가 생겼고 전에는 느껴보지 못한 이런 감정 때문에 사회가 형성되는 치명적인 결과가 빚어졌다고 주장했다. 두 사람은 모두 인간을 사회와 더불어 살기에 적합하게 하는 모든 재능·습관·기술이 느리고 점진적으로 발전한다고 가정하며, 이런 진보를 설명하는 방식 또한 같다. 두 사람에 따르면 인간 사회에 존재하는 불평등을 유지하는 정의의 법칙은 교활하고 힘 있는 사람들이 동료 피조물 사이에서 부자연스럽고 부당한 우월함을 유지하거나 획득하기 위해 발명한 수단이다. 하지만 루소는 맨더빌을 비판한다. 루소는 맨더빌이 인간에게서 찾은 자연스러운 원리 중 유일하게 호의적으로 생각한 원리인 연민이 모든 미덕을 끌어낼 수 있다고 봤지만, 맨더빌의 생각은 달랐다. 동시에 루소는 이 원리 자체가 미덕은 아니며, 원시인과 가장 저속

하고 방탕한 사람들이 우아하고 교양 있는 사람들보다 이 원리를 더 완벽하게 소유하고 있다고 생각하는 듯하다. 이 부분은 맨더빌의 생각과 일치한다.[10]

스미스는 자신에게 영향을 미쳤던 루소의 사상에서 주요 측면을 세심하게 지적했다. 루소는 좋고 나쁨과는 상관없이 인간은 야만적인 상태에서 가장 자연스러웠다고 언급했다. 필요는 문명화 과정의 어머니이고, 문명화 과정은 타인의 의견과 권력에 인간이 점점 노예화되어가는 이야기이며, 그 역사를 윤리적인 관점에서 보면 문명이란 인간이 자신을 알아보지 못하게 하는 속임수와 자기기만의 이야기라고 주장했다. 흄은 사람들이 활동적일 때 가장 행복하며, 인간이 가장 활동적인 삶을 살 수 있는 환경은 상업 사회라고 주장하기 위해 노력했다. 그에 비해 루소는 인간이 천성적으로 게으르며, 단순하게 살면서 자유롭게 나태함에 빠질 수 있을 때 야만적인 상태의 자신을 유지할 수 있다고 주장했다. 인간의 인격이 문명화 과정에서 다듬어지고 완성됐다는 흄의 주장에 대해 문명화에 대한 루소의 열정적인 비난이 남긴 것은 무엇일까? 루소의 비판은 사회성에 관한 윤리적 질문을 제시했고, 이는 비평가들로부터 상업을 방어하기 위해 다뤄야 할 질문이었다. 스미스는 도덕철학 강의를 책으로 엮을 준비를 하면서 이런 질문들을 마주하게 된다.

《도덕감정론》은 무자비한 종교적 회의주의, 맨더빌식 냉소주의 또는 루소식 절망에 빠지지 않고 공동생활의 경험에서 도덕성 원리를 배우는 과정을 일관되고 타당성 있게 설명하려는 스미스의 비범한 시도였다. 그는 인간이 도덕적 이해를 형성하고 의무를 배우는 데 바탕이 되는 경험과 사회적 교류 과정, 자신과 타인의 행동을 평가하는 법을 배우는 방식을 심혈을 기울여 실증적으로 연구했다. 무엇보다 이런 과정이 인간 성격에 미치는 영향에 주의를 기울였다. 이는 모든 형태의 인간 소통에서 궁극적인 기반이 되는 공감의 원리를 다시 생각하는 작업이었다.

공감(원어 sympathy는 공감 혹은 동감으로도 번역될 수 있다. 스미스는 흄의 이론에 영향을 받았지만 스미스의 동감 이론과 흄의 공감 이론은 차이가 있다. 이 책에서는 두 사람의 이론 설명에 따라 공감과 동감으로 구분을 주었다-옮긴이)은 당대의 도덕철학자와 대중적인 윤리학자들에게 잘 알려진 개념이었다. 고등학생 독자 대부분이 알고 있었듯 고대 스토아학파는 공감을 인간과 인간, 인간과 자연 세계, 인간과 자비로운 창조주가 조화롭게 살 수 있게 해주는 인력의 원리로 봤다. 애디슨과 같은 근대 대중 윤리학자들은 이 용어의 사용 범위를 넓혀 우정과 사회성의 근본인 애착의 뿌리를 설명하기도 했다. 흄은 우리가 왜 도덕과 정의의 규칙을 고수할 수밖에 없는지를 설명하기 위해 이 용어를 좀 더 전문적이고 철학적인 의미로 사용했다. 실제로 인간이 언어뿐만 아니라 공감을 통해 자신이 의미하는 바를 전달한다는 개념은 영국과 프랑스 계몽주의 교양인들의 문화에 깊숙이 뿌리를 내리고 있었고 계몽주의 자체를 이해하는 데 기본이 됐다. 그러나 스미스에게 이 친숙한 개념은 일반적으로 알려진 것 이상의 설명적 가치를 지니고 있었다. 그는 이 개념을 일반적인 상업 이론의 기반이 될 수 있는 사회적 능력에 관한 이론의 지배 원리로 소개하는 위대한 업적을 세웠다. 그의 분석이 흄의 상업에 대한 찬사를 뒷받침하는 철학적 토대가 되기는 했지만, 윤리적인 측면에서 보면 기대했던 것보다 문명화 과정에 대해 어둡고 모호하며 심지어 더 루소주의적인 설명을 제시했는데 이는 윤리학자의 심각한 의문을 부를 수 있었다. 루소에 대해서도, 그의 냉소적인 멘토 맨더빌에 대해서도 명쾌한 해답을 내놓지 않았기 때문이다.

스미스의 저서는 동감의 개념을 논의하며 시작된다. 그는 이기심이나 자애로움이 아니라 다른 사람들에 대한 동료 의식의 기반이 되는 애착으로 연민을 설명하는 루소와 맨더빌의 방식이 옳았다는 것을 암묵적으로 인정하며 논의를 시작했다. "연민은 타인의 불행을 보거나 매우 생생한 방식으로 생각하게 됐을 때 우리가 느끼는 감정"이다.[11] 하지만 이는 우리가 타인의 슬픔에 대해 본능적이고 분별없이 느끼는 공감을 설명하기에는 충분했지만, 불행에 대해 느끼는 매우 다양한 반응의 복잡성을 설명하기에는 너무 부정확하고 일반화된 개념이었다. 스미스는 키케로의 《최고선악론De Finibus》을 각색한 첫 번째 생생한 예시를 통해 요점을 설명했는데, 이 예시들이 그에게 유명세를 안겨줬다. 스미스는 고문실에 갇힌 형제를 지켜보는 상상을 하라고 제안한다. 그에 따르면, 연민은 당신 반응의 깊이와 혼란을 표현하며 시작되지 않는다. 형제가 어떤 일을 겪고 있는지 이해하는 건 상당히 어려운 일이고, 연민은 이를 고려하지 않기 때문이다.

애덤 스미스

—　형제가 벌을 받고 있는 상황이라도 우리가 편안한 상태에 있는 이상 우리의 감각은 그들이 받는 고통을 절대 알려주지 않을 것이다. 과거에도 앞으로도 감각은 절대 우리 자신의 경험 이상으로 우리를 데려갈 수 없으며, 형제가 어떤 감각을 느끼고 있는지에 대한 개념을 형성하는 것은 *상상으로만* 가능하다[이탤릭 처리는 추가했음]. 그러나 상상력도 우리가 형제의 상황에 처해 있었더라면 직접 겪었을 일을 재현하는 것 말고는 아무것도 하지 못한다. 우리의 상상력이 그리는 것은 형제의 감각이 아니라 우리 자신이 느끼는 감각일 뿐이다. 상상을 통해 우리는 스스로를 형제의 상황에 놓고, 우리 자신이 그와 같은 고통을 견디고 있다고 생각한다. 말하자면 형제의 몸에 들어가 어느 정도 그와 같은 사람이 됨으로써 그가 어떤 감각을 느낄지 생각하고, 정도는 약할지라도 그런 감각과 완전히 다르지는 않은 무언가를 느낀다. 마침내 우리가 그의 고통을 절실히 느끼며 그의 감각을 받아들이고 우리의 것으로 만들면 마침내 감각은 우리에게 영향을 미치고, 우리는 그가 느끼는 고통을 생각하면서 전율하며 몸서리친다. 어떤 고통이나 괴로움 속에 있을 때 가장 큰 슬픔을 느끼는 것처럼, 우리가 그런 상황 속에 있다고 생각하거나 상상하면 이해가 얼마나 생생하거나 흐릿한지에 비례해 마찬가지로 슬픔을 느낀다.[12]

스미스는 여기에서 인간관계에 대한 깜짝 놀랄 만한, 조금은 불편한 설명을 제시한다. 서로를 안다고 생각하는 사람들도 위험할 정도로 불확실한 상상으로만 서로의 마음에 접근할 수 있다는 사실을 깨닫게 된다는 것이다. 형제가 처한 어려움에 호기심이 생겼을 때 우리가 할 수 있는 일은 형제의 입장이 어떨지 동감하며 상상해보는 것뿐이다. 신체적 반응이 시작되고 눈앞에 펼쳐진 공포에 몸을 떨고 몸서리를 치게 됐을 때야 비로소 공감적 상상이 최대치에 도달했다는 사실을 느낄 수 있다. 흄이 표현했듯이, 여기에서 스미스는 우리가 우리 자신을 서로의 마음을 '알기'를 바랄 수 없는 행위자로 여겨야 한다고 생각하는 것처럼 보인다. 흄이 서로에 대한 '이해'라고 묘사한 것에 도달하기 위해 우리가 할 수 있는 일은 공감적 상상력을 사용하는 것뿐이다. 엄밀히 말해 우리는 서로에게 낯선 사람이며, 서로를 더 잘 알기 위해 끊임없이 노력하고 있다. 이런 의미에서 《도덕감정론》은 낯선 사람들의 도덕적·정서적 욕구와 그들이 그런 욕구를 만족시키는 방식에 대한 연구로 발전한다. 그런 욕구가 사회에서 충족될 수 있는가를 생각하는 루소주의적 질문을 스미스는 오랫동안 고민했다.

허치슨과 마찬가지로 스미스는 동감적 교류가 모든 인간이 다른 사람의 운명에 대해 가지는 천성적인 듯한 호기심의 기능이라고 생각했다. 이런 호기심을 충족시키는 것은 필연적으로 관련된 사람의 행동을 평가하고, 그 사람에게 암묵적으로 또는 노골적으로 우리의 승인이나 거절, 애정이나 반감을 표현하는 것과 관련이 있다. 스미스는 이런 평가와 승인의 과정이 품위 및 적정성 감각, 즉 우리의 감정이 그 사람이 처한 상황에 적절한지에 대해 느끼는 감각과 전적으로 관련이 있다고 봤다. 그는 이를 다음과 같이 설명했다.

— 당사자의 본원적 열정이 그를 바라보는 인물의 동감하는 감정과 완전히 일치할 때, 동감하는 인물은 필연적으로 그의 열정이 공정하고 적절하며 대상에 적합하다고 생각하게 된다. 상황을 곰곰이 생각해도 자신이 느끼는 감정과 그의 열정이 일치하지 않는다는 생각이 들면, 열정은 필연적으로 부당하고 부적절하며 감정을 불러일으킨 원인에 적합하지 않은 것처럼 보이게 된다. 그러므로 다른 사람의 열정이 열정의 대상에게 적합하다고 승인하는 것은 우리가 그 열정에 전적으로 동감한다는 의미다. 반대로 그들의 열정을 승인하지 않는 것은 우리가 그들에게 전적으로 동감하지 않는다는 의미다.[13]

다시 말해 "나의 시각으로 타인의 시각을 판단하고, 나의 청력으로 타인의 청력을, 나의 이성으로 타인의 이성을, 나의 분노로 타인의 분노를, 나의 사랑으로 타인의 사랑을 판단한다. 나는 그러한 감정을 다른 방식으로 판단할 수 없으며 판단할 방법을 찾을 수 없다"라는 얘기다.[14]

스미스는 여기에서 다른 사람들의 도덕적 행동에 대한 우리의 반응을 분석하는 것 이상의 연구를 완성한 셈이다. 그는 도덕적 대립은 서로 간에 이뤄지는 상황이며, 타인의 행동에 동감하려는 시도는 나의 행동에 동감하려는 타인의 시도로 보상받을 가능성이 크다는 것을 보여주는 이론을 발전시키고 있었다. 이런 상황에서 우리는 서로에 대한 자신의 반응을 '높이거나 낮추는' 과정에 참여하며, 그의 윤리에 동정이나 자기 통제력의 영향력을 행사한다. 이 과정에서 우리는 서로의 감정이 '일치'하는 관계를 발전시키기를 바란다. 그럴 때 우리는 타인의 감정을 인정하고 그에 대한 애정을 느낄 뿐만 아니라 타인이 보답해주기를 바라며 동감을 표현하게 된다. 이로써 '상호 동감'이라는 아주 기쁜 상태에 도달하게 된다. 왜냐하면 "인간이 느끼는 행복은 주로 사랑받고 있다는 의식에서 비롯되기" 때문이다.[15] 이를 깨닫기까지 시간이 걸리고 어려울 수 있는데, 왜냐하면 상호 동감은 기쁨의 원천이지만 공감을 주고자 하는 마음을 거절당하면 극도로 고통스럽다는 것을 경험을 통해 배우기 때문이다. 그렇다면 스미스의 사상을 아는 신중한 사람은 남들과의 도덕적 교류에서 주의를 기울여 확실히 받아들여지고 보답받을 수 있는 제안만 할 것이다. 스미스가 "인간은 불안한 동물"이라고 언급한 것도 놀라운 일이 아니다.[16] 여기에서 우리는 도덕성이 감정을 교환하는 것과 관련된 문제이며, 이 과정에서 우리가 보람 있는 감정적 거래를 맺기를 바란다는 것을 알 수 있다. 스미스가 설명하는 것은 도덕적 감정을 주고받는 시장의 방식이며, 그는 분석에서 이런 도덕적 시장의 원칙을 주로 다뤘다.

스미스는 이제 동감의 의미를 기존의 범위보다 훨씬 확장할 준비가 되어 있었다. 그는 자기 이론이 기쁨과 슬픔에 대한 우리의 반응, 심지어 증오나 분노 같은 '혐오스러운' 반사회적 열정에 대한 우리의 반응을 설명할 수 있다고 생각했다. 그리고 슬픔보다는 기쁨에, 미움이나 원한보다는 앞의 두 감정에 동감하는 것이 더 쉽다고 언급했다. 이 단순한 관찰에는 중대한 사회학적 의미가 담겨 있는데, 이 관찰을 통해 합리적으로 잘 규제된 정치사회에서 가장 두드러지는 특징

중 하나인 사회적 복종과 정치적 안정의 기반이라고 할 수 있는 부자와 권력자에 대한 맹목적인 찬사를 설명할 수 있다는 것이다. 이런 원칙을 "스미스 체계의 중심점"이라고 묘사한 흄이 절대적으로 옳았던 셈이다.[17] 스미스는 사회적 복종의 기반은 터무니없는 기만이라고 주저 없이 지적했고, 이는 문명화 과정이 인간의 성격을 타락시켰다는 루소의 확신을 뒷받침하는 주장이 될 수 있었다.

— 상상을 통해 쉽게 채워지는 기만적인 색안경 너머로 위인이 처한 상황을 고찰할 때 우리는 마치 완벽하고 행복한 상태라는 추상적인 개념을 그리는 듯하다. 이는 우리가 모든 헛된 공상 속에서 모든 욕망의 최종적인 목적지로 그렸던 바로 그 상태다. 그러므로 우리는 그런 상태에 있는 사람들의 만족에 특별한 동감을 느낀다. 우리는 그들의 모든 성향을 지지하고 모든 소망을 함께 기원한다. 그들의 좋은 상황을 망치고 타락시키는 것이 얼마나 안타까운 일인지 생각한다. 우리는 그들이 불멸하기를 바라기도 한다. 그토록 완전한 즐거움을 결국 죽음으로 끝내야 한다는 것을 받아들이기 어려워하는 듯 보이기도 한다. 우리는 대자연이 그들을 고귀한 위치에서 끌어내려 자신의 모든 아들딸에게 제공해온 소박하지만 쾌적한 보금자리로 돌려보내는 것을 잔인하다고 생각한다. 경험을 통해 말이 되지 않는다는 것을 배우지 않는다면, 우리는 '폐하, 만수무강하소서!'라는 동양의 아첨 가득한 인사말을 기꺼이 입에 올리게 될 것이다.[18]

그러나 이런 기만이 심리적으로 해만 끼치지는 않는데, 문명이 진보하는 데 기반이 되는 개선 정신과 경쟁 정신의 연료가 되는 심오하고 의도치 않은 결과를 낳기 때문이다.

— 우리가 부를 과시하고 가난을 감추는 이유는 인류가 슬픔보다 기쁨을 더 온전히 동감하는 경향이 있기 때문이다. 대중의 눈에 고통을 드러내는 것, 자신의 상황이 낱낱이 공개되지만 어떤 필멸의 인간도 자신이 느끼는 고통의 반도 느낄 수 없다고 생각하는 것만큼 굴욕적인 것은 없다. 우리가 부를 추구하고 가난을 피하는 것은 주로 인간의 감정에 대한 이런 관점에서 비롯된다. 이 세상의 모든 수고와 분주함에는 어떤 목적이 있는가? 탐욕과 야망, 부와 권력과 탁월함을 추구하면 무엇을 얻을 수 있는가? 자연적으로 요구되는 필수품을 얻기 위함인가? 그런 것들은 가장 천한 일꾼의 품삯으로도 구할 수 있다. 그 품삯만으로도 음식과 의복, 집과 가족의 안락함을 마련하는 것을 우리는 목격한다. 그의 경제 사정을 자세히 조사해본다면 우리는 그가 불필요한 것으로 보일 수도 있는 편의품을 위해 품삯의 많은 부분을 소비하고 있으며, 특별한 경우에는 허영심과 명성을 위해서도 어느 정도의 품삯을 사용한다는 것을 알 수 있다. 그렇다면 그의 상황에 대해 우리가 반감을 느끼는 원인은 무엇이며, 더 나은 수준의 삶을 사는 교육받은 이들이 노동을 하지 않고도 이런 노동자와 같은 임금을 받고 낮은 지붕 아래 그와 같은 수준의 옷차림으로 살게 되는 것을 죽음보다 더 나쁘게 여기는 이유는 무엇인가? 그들은 자기 위장이 훨씬 값어치 있다

거나 오두막보다 궁전에서 더 잘살 수 있다고 상상하는가? 그 반대의 상황은 훨씬 자주 눈에 띄며, 눈에 보이지 않을지라도 이를 모르는 사람은 없을 것이다. 그렇다면 다른 모든 계층에서 나타나는 경쟁심은 어디에서 발생하며, 우리가 환경의 개선이라 표현하는 인간 삶의 위대한 목적을 통해 얻으려는 이득은 무엇인가? 동감, 자기만족, 승인을 통해 관찰의 대상이 되고 관심과 주목을 받는 것은 모두 이러한 부유함에서 얻을 수 있는 이득이다. 우리의 관심을 끄는 것은 안락함이나 즐거움이 아니라 허영심이다.[19]

기쁨이 우리에게 주는 쉬운 동감, 자신의 가난이 타인의 기쁨을 방해할 때 느끼는 수치심은 맨더빌과 루소가 묘사했던 요인들만큼 어리석은 개인을 타인의 의견에 노예처럼 의존하는 윤리적 집단으로 만들기에 충분하다. 무엇보다 사람들이 어떻게 정의로운 인간뿐만 아니라 부도덕한 사람들에게도 의존하게 됐는지를 설명하는 복종 이론이다. 1790년 《도덕감정론》에서 스미스는 마지막 의견을 제시하기 위해 이 주제를 다시 찾았다.

이때도 스미스는 루소주의자들을 위해 더 많은 공격을 준비했다. 그는 이성적이고 안정된 사회의 시민이 정의의 규칙을 준수하는 행동을 특별히 칭찬할 만하다고 여기는 이유가 무엇인지, "가만히 앉아서 아무것도 하지 않아도 모든 정의의 규칙을 준수할 수 있다"라는 믿음은 어디에서 비롯된 것인지 질문했다.[20] 답은 너무나 간단했다. 안정된 사회에서 사람들 대부분은 생명과 재산을 위협하는 이들을 공포와 혐오의 대상으로 보기 때문에, 법적 결과뿐만 아니라 사회적 결과에 대한 두려움에서 부당 행위를 저지르지 않기로 한다는 것이다. 그는 다음과 같이 적었다. "모든 사람은 의심할 바 없이 본성적으로 자신을 가장 먼저 보살핀다. 그렇게 하는 것이 다른 사람보다 자신을 돌보는 데 더 적합하기 때문에 이는 적절하고 옳다."[21] 그러나 그는 이렇게 덧붙였다. "그는 부와 명예와 승진을 위한 경주에서 최대한 열정적으로 달리며 모든 신경과 근육을 활용해 경쟁자를 앞지를 것이다. 하지만 그가 경쟁자를 밀치거나 쓰러뜨리면 그를 지켜보던 관찰자들의 관용은 완전히 끝난다. 공정한 경기에서 승인되지 않는 규칙 위반이기 때문이다."[22]

앞으로 보게 되겠지만 스미스는 그의 저서 두 번째 판에서 허영심과 수치심, 두려움만으로 대부분 사람이 법을 준수하게 할 수 있다고 인정했다. 하지만 이런 주장은 많은 사람이 부당하게 행동했거나 그런 생각을 했을 때 느끼는 후회라는 고통은 설명하지 못한다. 민감한 도덕성이 느끼는 보복에 대한 스미스의 설명은 놀라울 정도로 공포와 심리적 날카로움을 잘 묘사한다. 이는 문명화 과정이 많은 시민의 성격에 가한 명백한 폭력을 조명하며, 보즈웰을 비롯한 사람들이 그토록 존경했던 스미스 강의의 예시 중 가장 복잡하고 미묘했다.

— 신성한 정의의 법칙을 위반한 사람은 수치심, 공포, 실망이 주는 고통을 체감하지 않고는 인류가 그에게 품을 감정을 반성을 통해 느낄 수 없다. 그의 열정이 충족됐을 때 차분하게 자기 행동을 되짚으면 그는

애덤 스미스

자기 행동에 영향을 미친 동기 중 어느 것에도 동감할 수 없다. 그의 동기는 이제 다른 이들에게 비쳤던 것처럼 그에게도 혐오스럽게 보인다. 다른 이들이 그에게 품을 증오와 혐오에 동감함으로써 그는 어느 정도 자신을 증오하고 혐오하게 된다. 자신의 불의로 인해 고통받는 사람의 상황은 이제 그에게 연민을 불러일으킨다. 그는 그 사실을 생각하며 괴로워한다. 자기 행동이 불러온 불행한 결과를 후회하고 동시에 그런 행동으로 인해 자신이 세상 사람들의 분개와 분노의 대상이 됐다고 생각하며 그런 분개심의 자연스러운 결말인 복수와 처벌에 대해 생각한다. 이런 생각은 그를 끊임없이 괴롭히고 공포와 실망이 그를 채운다. 그는 감히 더 이상 사회를 정면으로 바라볼 수 없으며 사회에서 거부당하고 모든 인류의 애정 어린 시선 밖으로 밀려난 자신을 상상한다. 고통이 너무나 커서 다른 이들로부터 동감을 통해 위로받으리라고 기대할 수 없다. 자신의 범죄에 대한 기억은 다른 사람들의 마음에서 그에 대한 모든 동료의식을 차단했다. 그들이 그에게 품은 감정을 그는 가장 두려워한다. 모든 것이 적대적으로 보이며 그는 인간 피조물의 얼굴이 보이지 않는, 다른 인간 피조물의 얼굴에 자신의 범죄에 대한 비난이 비치지 않는 황량한 사막으로 기꺼이 도망치려 할 것이다. 그러나 고독은 여전히 사회보다 더 두렵다. 그의 머릿속에는 어둡고 불행하고 비참하며 이해할 수 없는 불행과 파멸이 오리라는 우울한 예감 말고는 아무것도 떠오르지 않는다. 고독의 공포는 다시 그를 사회로 몰아넣고 자신에 대한 판결을 만장일치로 내린 바로 그 재판관들에게 약간의 보호나마 간청하기 위해 수치심과 두려움에 사로잡힌 채 세상 앞에 나타난 자신에게 충격을 받는다. 이것이 인간의 마음에 자리 잡을 수 있는 감정 중 가장 무서운 후회의 본질이다.[23]

이 시점에 스미스는 민감한 윤리 의식을 가진 사람의 도덕성이 다른 사람의 의견 외의 원인으로 형성됐으며 도덕적 인격을 손상시키기보다는 향상시키는 방식으로 형성됐다는 것을 증명함으로써 루소의 주장을 뒤집을 준비가 되어 있었다. 예시 속 인물은 우리가 언제나 모든 사람을 기쁘게 할 수 없으며 다른 사람이 자신을 보는 것처럼 자신을 볼 수 있다는 사실을 힘들게 깨달았다. 다시 말해 그는 상상으로 만들어낸 공정한 관찰자인 '마음속 인간'의 눈으로 자기 행동을 봤다. 마음속 인물과의 대화와 조언, 칭찬과 비난은 친구나 지인들의 판단보다 그에게 더 의미 있었다. 때로 이 공정한 관찰자의 목소리는 비판적일 것이고 양심의 목소리 또는 신의 목소리처럼 들리기도 할 것이다. 때로는 우리 판단이 옳고 그 자체로 아름다울 뿐 아니라 사회에도 도움이 된다고 생각하게 할 수 있다. 그리고 공정한 관찰자의 지시에 따라 생활하는 법을 배운 사람은 자기 행동이 다른 사람의 눈에는 물론 자기 눈에도 옳다고 느낄 때 가장 만족할 것이다. 스미스는 《도덕 감정론》의 마지막 판에서 가장 빛나는 문구를 남기며 이를 설명했다. "인간은 사랑받기를 원할 뿐만 아니라 사랑받을 만한 사람이 되기를 자연스럽게 원한다. 또는 사랑을 받을 만한 자연스럽고 적절한 대상이 되고자 한다. 당연히 그는 미움받는 것뿐만 아니라 미움을 받을 만한 대상이 되는 것을 두려워한다. 또는 증오를 받을 만한 대상이 될까 봐 두려워한다."[24] "자기애에서 비롯되는 오만함을 낮추고 남들과 함께하는 법을 배우면서" 우리는 선한 삶으로 향하는 첫발을 내디뎠다는 것이다.[25] 우리는 자기 행동을 판단하는 법과 다른 사람의 의견에 휘둘리지 않고 사는 법을 배웠으며, 문명화 과정은 실제로 우리가 문명화 이전처럼 우리 자신을 인식하지 못하게도 하지만 우리가 되고 싶은 사람이 되게 할 수도 있다는 주장이다.

스미스의 이론은 상상력이 윤리에 미치는 영향에 관한 것이었다. 선량한 사람들의 윤리적 행동을 규제할 권한을 가진 공정한 관찰자을 상상의 산물 또는 우리의 도덕적 불안을 진정시키고 우리가 윤리적으로 자율적인 행위자라는 만족스러운 믿음을 얻을 수 있도록 일상적인 삶을 통해 획득한 도덕성의 허구적 산물이 아니라면 무엇이라고 설명해야 할까? 공정한 관찰자의 목소리를 양심이나 신의 목소리라고 믿을 수도 있지만, 실제로 이 목소리는 우리가 속한 세상의 목소리다. 공정한 관찰자를 통해 느낄 수 있는 윤리적 자율성은 윤리적인 어린 시절 의존하는 상태에 있었을 때보다 우리를 더 사회적으로 만드는 속임수다. 루소는 인간이 자유롭게 태어나지만 어디에서나 사슬에 매여 있다고 말했다. 스미스는 이 사슬이 상상일 뿐이며, 도덕적 성격이 형성되는 과정을 회의적으로 인식하고 상식을 갖추면 풀수 있지만 절대 완전히 풀릴 수는 없다고 봤다. 공정한 관찰자의 지시를 따르며 사는 선한 삶에 대한 스미스의 설명은 루소학파나 기독교인에게는 교묘한 속임수에 지나지 않을 수 있고, 그런 인식이 그의 말년을 괴롭히기도 했다. 하지만 스미스는 공정한 관찰자의 지시를 따르며 사회적으로 살면서 얻는 만족이 인류에게 충분하며, 사회를 개선하고 비참했던 과거의 환경에서 문명의 진보를 이뤄내기에 충분했다고 반박했다.

《도덕감정론》에서 스미스는 문명화 과정의 본질, 평범한 인간이 일상생활에서 도덕적 욕구를 충족하는 방법, 시민들이 선한 삶을 열망하게 하는 적합성과 윤리적 아름다움을 획득하는 방식에 대해 강력한 추측을 제공했다. 그는 이제 인간 중심 과학의 다른 분야로 눈을 돌릴 수 있었다. 《도덕감정론》의 결론에서 그는 "법률과 정부의 일반 원칙, 각기 다른 시대와 사회의 법 및 정부에서 발생한 다양한 혁명을 정의뿐만 아니라 행정규제, 세입, 국방 그리고 그 밖의 법의 대상이 되는 모든 것과 관련지어 설명하는 책"을 쓰겠다는 의도를 밝혔다.[26] 이는 그가 글래스고대학교에서 교수 경력의 말년에 맡은 연구였다. 그는 법학에 관한 강의를 수정하고 재구성했으며 새로운 예시도 제공했다. 그러나 행정규제에 관한 강의에는 다른 문제가 있었다. 이 과목은 상업 규제를 다루는 법학의 한 분야였는데, 스미스는 부와 부의 본질 그리고 진보의 기반이 되는 일반적인 원칙에 더 관심을 가지게 됐다. 이 원칙은 정치경제학으로 알려지게 된 영역에 속하는 질문이었다. 이런 원칙을 다루기 전까지는 상업 규제에 적합한 법률에 관해 효과적인 글을 쓸 수 없었다. 처리해야 할 행정 업무가 계속 늘어났기에 그로서는 감당하기 어려운 무거운 주제였다.

Adam Smith:
An Enlightened Life

8장
—

글래스고대학교의
도덕철학 교수 생활 2

1758년 여름방학이 끝날 무렵 《도덕감정론》이 거의 마무리됐다. 1759년 4월 말 앤드루 밀러Andrew Millar가 런던에서 출판했고, 얼마 지나지 않아 밀러가 함께 일하곤 했던 출판사인 킨케이드앤벨이 에든버러에서 이 작품을 출판했다. 출판 담당자는 윌리엄 스트레이핸이었고 곧 스미스의 절친한 친구이자 《국부론》의 출판인이 됐다. 책은 좋은 품질로 멋지게 출판됐고, 가격은 6실링으로 밀러는 "특히 이 책이 얼마나 훌륭한지를 고려했을 때 저렴한 가격"이라는 말을 남겼다. 꽤 많은 부수인 1,000부를 인쇄해 3분의 2는 런던에, 나머지는 에든버러에 유통했다.[1] 밀러와 킨케이드는 후속판이 계속 팔리면 투자한 돈을 회수할 수 있으리라 기대하며 정확하지는 않지만 꽤 괜찮은 가격에 스미스에게서 《국부론》의 저작권을 구입했다. 그들의 예상은 맞아떨어졌다. 밀러는 '찬사 겸 자랑'으로 런던 출판 부수의 3분의 2가 출간 전에 판매됐다고 이야기했다.[2]

수정하기를 좋아하는 완벽주의자였던 스미스는 첫 번째 판이 출간되자마자 원고를 수정해 두 번째 판을 출간할 계획을 세웠다. 런던에서 매출이 좋았던 덕분에 스코틀랜드 문학 후원 단체에서도 수월하게 지원을 받을 수 있었다. 흄과 명사회의 회원이었던 두 명의 동료,

그러니까 〈에든버러 리뷰〉의 편집장이자 훗날 러프버러 대법관이 된 알렉산더 웨더번과 좋은 성품의 농촌 지주이자 문인이면서 몽테스키외의 제자였던 존 댈림플은《도덕감정론》의 사본이 뷰트 백작, 아가일 공작, 맨스필드Mansfield 경, 셸번Shelburne 백작, 버클루 공작의 계부인 찰스 톤젠드Charles Townshend를 포함하여 런던과 스코틀랜드에 기반을 둔 거물급 인사들에게 보내지도록 손을 썼다. 실제로 톤젠드가 스미스에게 자기 의붓아들을 가르쳐달라는 제안을 한 데는 이 작품의 영향이 컸다고 전해진다. 당시에는 제안이 받아들여지지 않았으나 톤젠드의 바람은 1763년에 마침내 이뤄졌다.

《도덕감정론》을 출판하면서 스미스는 다시 문학인으로 활동하게 됐다. 그는 런던과 스코틀랜드에서 곧바로 문학적 성공을 거뒀다. 데이비드 흄의 사촌이자 뷰트의 주요 런던 고문이었던 존 홈은 윌리엄 로버트슨에게 "스미스의 책이 이름깨나 날리는 사람들 손에 한 권씩 들려 있다. 주제와 문체 모두에서 큰 찬사를 받고 있다. 그토록 무거운 주제에 관한 어떤 책도 이보다 더 영예로운 방식으로 받아들여질 수 없을 것이다. 잉글랜드 사람들은 그가 옥스퍼드에서 교육받았다는 사실에 큰 위안을 받는다. 작품에 그런 경험이 녹아 있다고 주장한다"라고 전했다.[3] 당시 런던에 있던 흄도 장난기 가득하게 스미스를 놀리며 이 작품이 얼마나 성공적으로 출간됐는지 이야기했다.

— 출판된 지 몇 주밖에 안 됐지만 이미 강력한 조짐이 보여 감히 작품의 운명을 예측할 수 있을 정도네. 요약하면, (최근 스코틀랜드에서 온 어리

석고 무례한 방문객 때문에 편지에 방해를 받았네[방문객에 대한 소식을 길게 전함]) 자네의 작품과 작품이 이 도시에서 얼마나 성공적인지로 돌아가자면, (쉴 새 없이 방해를 받는군! 거절하려고 했는데 지금 또 방해를 받고 말았네. 그는 문인이며 우리는 문학적 대화를 많이 나눴지. 자네가 문학적 일화에 호기심이 많다고 이야기했으니 나도 알게 된 사실들을 전해주도록 하겠네[자세히 설명함]. 하지만 이게 책과 무슨 관련이 있느냐고 자네는 이야기하겠지) 친애하는 스미스, 인내심을 가지게. 차분히 기다려보게나. 직업이 철학자이니 철학자의 면모를 보이면 어떻겠나. 인간의 일반적인 판단의 공허함, 경솔함, 무익함을 생각해보게. 이런 것들은 대개 어떤 문제에서도 이성으로 통제되지 않지. 특히 저속한 사람의 이해 범위를 벗어나는 철학적인 문제에서는 말이네. '고상한 로마에 접근하여 그 사악함을 조사하고 규모를 가늠한다면 더는 바깥에서 의문을 품지 않게 될 것이다Non si quid improba Roma, Elevet, accedas examenque improbum in illa, Perpendas trutina, nec te quaesiveris extra'라고 하지 않는가. 현명한 사람의 왕국은 자기 마음속이지. 또는 그가 더 멀리 내다본다면 그 왕국은 편견에서 벗어나 자기 일을 검토할 수 있는 선택된 소수의 판단 속에 있을 테지. 다수의 찬사보다 강력하게 거짓 추정을 하게 하는 것은 없네. 자네도 알다시피 포키온Phocion은 대중의 박수갈채를 받을 때 자신이 어떤 실수를 저질렀는지 항상 의심하지 않았던가.

그러므로 자네가 이 모든 성찰을 통해 최악의 상황을 대비했다고 가정하고 나는 자네의 작품이 매우 운이 없었다는 우울한 소식을 전해야겠네. 대중은 너무 극단적으로 박수갈채를 보내는 경향이 있는 것

애덤 스미스

같아. 조급하고 어리석은 사람들이 자네 작품을 찾지. 문학인 무리는 이미 매우 큰 소리로 찬사를 외치고 있어. 어제 밀러의 가게에 주교 세 명이 전화하여 사본을 구입한 뒤 저자가 누구냐고 물었다는군. 피터 버러의 주교는 사람들과 저녁 시간을 보냈는데 그곳에서 자네의 작품이 세상의 어떤 책보다 칭찬받더라고 이야기했다네. 그 미신 숭배자들이 매우 높이 평가한다면 진정한 철학자들이 자네 작품에 대해 어떤 의견일지 결론을 내릴 수 있겠지.[4]

그렇게 편지는 계속됐다. 그즈음 가까이에 있던 이전 학생 중 한 명인 제임스 워드로James Wodrow 목사는 친구 새뮤얼 켄리크Samuel Kenrick에게 자신이 어렴풋이 이해하는 것을 넘어서는 무언가를 깨달았다고 평가할 수 있는 책에 대해 열정적인 글을 썼다. 이 사실을 스미스가 알았다면 마찬가지로 기뻐했을 것이다.

— 책에 담긴 철학은 우리가 타인의 자리에 있다는 상상을 바탕으로 하며, 이는 그가 생각하는 동감의 기반인 것처럼 보인다. 이 책은 가장 독창적인 작품이다. 글은 단순하고도 아름다우며 인간의 열정과 환경을 묘사한 부분은 감탄할 만하다. 이론의 다양한 부분을 설명하기 위해 자연철학의 여러 사실과 실험들로 이뤄진 풍성한 예시가 등장하고, 이들은 저자의 원칙을 가장 만족스러운 방식으로 확인하고 뒷받침한다. 나는 이런 예시들이 독자의 4분의 3을 설득할 수 있으며, 그들이 의문을 품지 않고 원칙을 받아들이게 할 수 있다고 생각한다. 더 말

할 것도 없이 그의 도덕은 순수해 보인다. 저자는 악덕을 강하게 혐오하고 미덕을 매우 사랑하는 것처럼 보이며, 종교에 관해서는 데이비드 흄의 글 대부분과 같이 방종한 경향을 띠지는 않지만 원리는 같은 바다에 뿌리를 내리고 있는 듯하다. 이 책을 통해 소개하고 뒷받침하려는 것이 무엇이든, 책 자체는 훌륭하며 후대까지 이어질 것으로 보인다.[5]

그러나 잉글랜드와 스코틀랜드 경계에 있던 슈티첼의 저택에서 흄의 또 다른 친구인 조지 리드패스Geroge Ridpath 목사는 비판적인 평가를 남겼다. "나는 그 작품이 받는 박수갈채에 절대 동참할 수 없다." 이론은 의심할 여지 없이 신선하지만 이론을 다루는 방식은 산만하고 부정확하고, "선언하고 미화하기 위해 말도 안 되게 주제가 전환되며" 20페이지로 요약할 수 있는 내용을 400페이지나 할애해 설명하고 있다.[6] 다시 말해 성직자는 허락하지 않을, 과도한 철학적 표현을 사용하며 설명한다는 평이었다.

초기에 스미스를 평가한 평론가 중 흥미로운 이들이 있었다. 에드먼드 버크Edmund Burke는 1759년 판 〈애뉴얼 레지스터Annual Register〉에, 데이비드 흄은 1759년 5월 〈크리티컬 리뷰Critical Review〉에 직접 글을 썼다.[7] 두 사람 모두 도덕 이론을 독창적으로 풀어 이해하기 쉽게 썼다며 스미스의 책을 반겼다. 버크는 공감과 도덕적 승인의 원칙에 관해 "새로우면서 완벽하게 자연스러운 추측의 여정"을 제공했으며 "아마도 역사상 가장 아름다운 도덕 이론 구조"가 탄생했다고 생각

애덤 스미스

했다. "책의 예시들은 비범한 관찰력을 가진 인물만이 제시할 수 있는 것"이라고 평가했다.[8] 사실 버크는 이미 스미스에게 자신을 소개하고 책 한 권을 보내준 데 감사하는 편지를 쓴 상태였다. 이를 계기로 두 사람의 오랜 우정이 시작됐다. 버크는 스미스가 무엇을 설명하고자 하는지 잘 이해했다며 다음과 같이 썼다.

—— 작품에 포함된 평범한 삶과 예절에서 가져온 쉽고 행복한 예시들은 내가 지금까지 알던 것보다 훨씬 더 풍부하며, 자연과 관련된 모든 학문이 시작되어야 할 정신의 자연스러운 흐름을 설명하기에 매우 적합합니다. 그러나 눈앞에 놓여 있는 것들을 잘 활용하지 못하는 것 같습니다. 그래서 철학자들은 젊은 청년이 무심하게 발걸음을 옮기듯 무한한 이점이 될 수 있는 1,000가지를 놓칠 때가 많습니다. 훌륭한 그리스도인이 되는 것만큼이나 훌륭한 철학자가 되는 데는 아무도 경멸하지 않는 어린아이 같은 단순함이 필요한 듯합니다.

스미스는 확실히 예시를 풍성하게 사용했고, 자신의 논의를 "약간 산만하게 했다. 그러나 이는 관대하게 넘길 만한 결점이며 상상력이 거의 없는 사람이 빠지기 쉬운 건조하고 메마른 방식보다는 훨씬 나았다."[9] 버크가 올바르게 지적한 것처럼 동감의 작용에 대한 스미스의 추측에 영향력과 신뢰성을 더한 것은 예시들이었다.

〈크리티컬 리뷰〉에 실린 흄의 평론은 인간의 열정을 만드는 '활기와 흐름 그리고 힘'이라는 공감 이론에 대한 놀랍도록 미묘한 논의를 제공했다. 다시 한번 스미스는 '상식과 경험'에 호소하는 예시를 사용하고 현학적이지 않은 '진짜 세상의 사람들처럼' 글을 쓴다는 좋은 평가를 받았으며, 흄식 농담으로 "저자는 어느 부분에서나 종교적 원칙을 엄격히 유지한다. 과학에서 권위를 주장하는 일부 사람들은 철학자와 종교 애호가를 분리하려고 노력할 수 있지만, 진리는 모든 곳에서 동일하며 일관성이 있기 때문에 다른 분야에 대한 정당한 요구를 모두 포기하지 않고 한 분야를 소화할 수는 없다는 것을 알게 될 것이다."[10]

흄 자신은 〈크리티컬 리뷰〉 소논문에서 논의하지 않은 공감 이론 자체에는 의구심을 가지고 있었다. 7월 28일 스미스에게 보낸 편지에서 그는 이렇게 말했다. "자네가 개정판을 준비하고 있으며 반대 의견에 반박하기 위해 몇 가지를 추가하고 수정한다고 들었네. (…) 나는 자네가 모든 공감은 유쾌한 것이라는 주장을 더 구체적이고 완전하게 증명했으면 하네. 이것은 자네 체제의 핵심인데도 자네는 20쪽에서 허겁지겁 문제를 언급하고 지나가지 않았는가." 그리고 후에 이렇게 덧붙였다. "자네는 슬픔과 함께하는 것이 고통스러우며 우리가 슬픔에 빠지는 것을 내키지 않아 한다고 했지. 이 감정에 관한 내용을 수정하거나 설명하고 자네의 체제에 맞게 조정해야 할 것이네."[11]

이는 실제로 스미스가 세운 체계의 핵심이었지만 흄의 이의에 대해서는 상당히 쉽게 반박할 수 있었다. 분노보다 기쁨에 동감하는 것이 더 쉽기는 하지만, 서로가 동감하고 있다는 사실을 인지하며 형성되는 감정적 유대감은 그 자체가 필연적으로 즐거움을 준다. 스미스

애덤 스미스

는 친구 길버트 엘리엇Gilbert Elliot에게 "내가 그를 완전히 실망시킨 것 같다"라고 말하면서 개정판에 이런 효과에 대한 미주를 추가할 예정이었다.[12]

엘리엇은 다른 측면에서 의구심을 품고 있었다. 스코틀랜드의 여러 문인과 마찬가지로 그는 윤리의 원칙을 사회적 경험과 대중문화로 정리하는 것처럼 보이는 스미스 이론의 회의적인 영향에 대해 고민했다. 사실 머지않아 스미스가 도덕철학 강좌교수 자리를 떠난 후 그의 후임인 토머스 리드와 그의 옛 후견인 헨리 홈(당시 케임스 경)은 그의 이론(그리고 스미스의 도덕 이론 전체)을 맨더빌이 주장했던 "이기적 체계의 개정안"으로 간주하게 됐다.[13] 엘리엇은 부유하고 지적인 법률가이자 하원 의원이었고 사려 깊은 기독교인이면서 흄의 절친한 친구이기도 했다. 그는 자연종교의 원칙에 대한 가장 온건하고 덜 열광적인 방어의 초석이었던 목적론적 증명argument from design(세계 질서의 합목적성에서 그 설계자인 신의 존재를 추론함-옮긴이)에 대한 그의 표현을 뒷받침할 수 있기를 바라며 그에게 《자연종교에 관하여Dialoques Concerning Natural Religion》를 보냈다.

스미스는 자신의 도덕 이론에 대한 엘리엇의 비판을 마찬가지로 진지하게 받아들였다. 엘리엇의 편지는 사라지고 없지만 스미스가 뒤늦게 10월 10일에 보낸 긴 회신에서 리드나 케임스처럼 엘리엇도 스미스 이론의 회의적인 의미에 관해 걱정했다는 사실을 알 수 있다. 스미스는 회신에서 자신이 준비하고 있던 개정판에 포함된 공정한 관찰자에 대한 이론을 매력적일 정도로 정교하게 설명했다. 이는 우리가 공정한 관찰자의 존재를 의식하고 '마음속 재판소' 앞에 서 있는 피고인처럼 자기 행동을 판단할 때 자신을 발견하게 되는 상황을 묘사한다.

— 그러나 마음속에 있는 이 재판소는 우리의 모든 행동에 대한 최고의 중재자이므로 (⋯) 찬사 속에서 우리를 억누르고 세상의 비난 아래에서 우리를 지지할 수 있지만 이런 장치의 기원을 조사한다면 그 영향력은 너무나 자주, 너무나 정당하게 번복하는 바로 그 재판소의 권위에서 나온다는 사실을 깨닫게 될 것이다. 우리는 함께 사는 사람들을 기쁘게 하고자 하는 열망을 가진 존재로 처음 세상에 왔으며 이 때문에 부모, 주인, 동료 등 함께 대화를 나누는 모든 사람이 어떤 행동을 마음에 들어 할지 생각하는 데 익숙하다. 우리는 타인에게 다가가 한동안 자신을 보편적으로 동의할 수 있는 사람으로 보이게 하면서 모든 사람의 선의와 승인을 얻고자 하는 불가능하고 어리석은 프로젝트를 추구한다. 그러나 우리는 곧 경험을 통해 이런 보편적 승인은 전혀 도달할 수 없는 목표라는 것을 알게 된다. 다루어야 할 더 중요한 주제에 관심을 가지게 되면, 우리는 누군가를 기쁘게 함으로써 다른 사람의 분노를 일으킬 수 있고 한 개인을 즐겁게 하느라 전체를 짜증 나게 할 수 있다는 사실을 발견하게 된다. 가장 공정하고 공평한 행동도 종종 누군가의 성향에 어긋나거나 그들의 이익을 방해한다. 그들은 우리의 동기가 적절하다고 이해하려 하거나 우리의 행동이 그들을 불쾌하게 할지라도 상황에 완벽하게 적합하고 옳은 행동이라는 것을 인정

할 만큼 솔직하지 않을 것이다. 그러므로 우리는 곧 자신과 함께 사는 사람들 사이에 마음속 재판관을 세우는 법을 배운다. 우리는 매우 솔직하고 공평한 사람, 우리 자신이나 우리의 행동에 영향을 받는 사람들과 특별한 관계가 없는 사람, 즉 우리 자신 또는 영향을 받는 사람의 아버지나 형제, 친구가 아닌 사람들 앞에서 행동한다고 생각한다. 그러므로 그 사람은 우리가 다른 사람들의 행동을 생각할 때처럼 우리의 행동에 대해 무관심한 공정한 관찰자, 일반적인 사람이어야 한다.

확실히 '약하고 허영심 많고 경박한 인물'은 일반적으로 자신의 삶을 선택할 때 여론을 따르는 것으로 만족할 것이다. 그러나 루소주의적 윤리의 혼란에서 벗어나고자 하는 충실하고 고결한 마음을 가진, 공적 생활을 훌륭하게 해낼 수 있는 인물의 삶은 언제나 공정한 관찰자에 좌우될 것이다. 왜냐하면 "우리 자신과 관련된 대상이 적절한지를 판단하고 자신의 이익과 다른 사람의 이익을 적절하게 비교하는 방법은 마음속 재판관과 상의하는 것뿐이기 때문이다."[14] 엘리엇의 도움으로 스미스는 고결한 스미스학파 시민이자 치안판사의 모습을 그려낼 수 있었다. 사회적이고 진지하며 경험이 많고 자립적이라는 특징은 실제로 엘리엇의 모습과 매우 닮았다. 이 묘사는 두 번째 판에서 중심적인 역할을 했으며 그의 생애 마지막 해까지 《도덕감정론》의 결정적인 주제가 됐다.

독창적이고 도발적인 도덕 체계를 완성하려는 스미스의 노력에 대한 일화가 있다. 1761년 그는 언어의 기원에 관한 강의의 확장판을 '언어의 최초 형성에 관한 고찰'이라는 제목으로 〈철학적 경수필 Philological Miscellany〉이라는 잘 알려지지 못한 채 금세 사라진 평론지에 출판했다. 이유는 분명했다. 그의 도덕 이론과 이론의 기반이 된 공감적인 교류 과정에 대한 정교한 논의가 수사학 이론의 기반인 언어 이론을 전제로 했기 때문이다. 그가 에든버러와 글래스고의 학생들에게 제시한 언어 이론은 언어가 본질적으로 문명만큼 오래된 역사를 가진 의사소통 수단이라는 것을 보여주기 위해 고안됐다. 이는 동감의 작용을 이해하는 데 분명하게 관련이 있는 주제였을 뿐만 아니라 "새로운 문법학자라고 할지라도(콩디야크를 염두에 둠)" 현대 문법의 모든 복잡성을 자연주의적 용어로 설명할 수 없다는 루소의 반론을 해결하는 수단이기도 했다.[15] 스미스는 동의하지 않았다. 언어 이론에 대한 그의 확장된 설명은 흄학파의 상상 이론을 적절히 사용하여 어떻게 그를 설득할 수 있는지 보여주기 위해 고안됐다.

이 책으로 그는 루소의 사회성 이론에 대한 비판을 완성했으며, 이 내용은 1763년 출판된 《도덕감정론》의 세 번째 판본과 그가 생전에 출판한 후속판에 포함됐다. 최신판에서 이런 내용이 포함되지 않은 것은 유감이다. 스튜어트의 말처럼 이 저술은 "저자 자신이 가치를 높게 평가한" 소논문이었다.[16]

1759년 여름, 스미스에게는 자신의 윤리학이 얼마나 실용적인 가치가 있는지 생각해볼 직접적인 이유가 생겼다. 그는 1대 셸번 백작으로 부유하고 지적이며 정치적 야망이 있는 영국계 아일랜드 동료의 어린 아들 토머스 피츠모리스Thomas Fitzmaurice를 가르치게 됐다. 거물급 인사들이 아들의 가정교사를 대학에서 찾는 관행은 초기 근대 유럽에서 일반적이었고, 스코틀랜드에서도 예외는 아니었다. 일반적인 관행은 학자가 자신의 직책을 사임하고 후원자의 집으로 들어가는 것이었다. 셸번과 스미스는 특히 글래스고에서는 전례가 없던 이례적인 합의를 맺었고, 셸번 백작은 아들을 글래스고대학교에 입학시키기로 했다. 백작은 아들이 스미스와 함께 살기를 원했고, 스미스가 아들의 교육에 대해 어떤 통제도 없는 완전한 책임과 지시를 할 수 있기를 바랐다. 스미스는 그 대가로 최소 100파운드를 받게 되어 있었다. 이런 합의는 대학에 의미 있는 결정이 되리라는 것을 잘 알고 있던 길버트 엘리엇의 중재로 이뤄졌다. "의심할 여지 없이 당신은 이쪽 세계[그는 런던에서 서신을 쓰고 있었다]에서 스코틀랜드 방언과 먼 거리를 마다하지 않고 글래스고에서 한두 해쯤 겨울을 보낼 젊은이들을 많이 끌어들일 수 있을 것입니다. 승마와 펜싱 같은 활동이나 프랑스어를 배우기 위한 최고의 선생들을 만나게 될 테니 당신에게는 더 이득이 될 것입니다."[17]

이미 사무 및 전문 교육을 다듬는 새로운 방식을 개발하고 있던 대학에서는 이제 귀족 교육을 다듬는 과제를 맡게 됐다. 스미스는 셸번의 제안을 고스란히 받아들였다. 백작은 교과과정을 스미스의 권한으로 맡겼고, 스미스가 피츠모리스에 대한 계획을 상세하게 보고하기는 했지만 백작의 조언이나 승인을 구할 필요는 없었다. 셸번은 피츠모리스가 대학에서 두 번째 해를 시작하자 스미스에게 가르침의 모든 측면에 대해 무한한 감사를 전했다. "선생, 선생께서 인내하실 수 있는 한, 선생의 관심을 받을 가치가 있는 한, 제 아들이 언제까지나 선생과 함께할 수 있기를 바랍니다."[18] 이렇게 스미스와 주요 정치 가문의 수장은 철학자와 귀족으로서 서로를 드높이는 상호 존중을 바탕으로 '계몽된' 관계로 발전했다.

피츠모리스는《도덕감정론》이 언론에 실렸을 때인 1759년 1월에 글래스고대학교에 들어가 1760년 9월 잉글랜드법을 공부하기 위해 옥스퍼드로 떠날 때까지 글래스고에 머물렀다.[19] 처음에 스미스는 피츠모리스를 이튼 스쿨에서 "어느 정도의 영리함을 얻고 건방져진" 젊은 귀족이라고 생각했다. 그는 어마어마한 교육 계획을 세웠다. 1월부터 5월까지 그는 하루에 여섯 시간씩 라틴어, 그리스어, 철학, 수학 등의 대학 수업을 듣고 두세 시간은 스미스에게 개인 교습을 받게 되어 있었다. 그는 여름방학 동안 스미스와 함께《법의 정신》을 포함한 고대 및 근대 도덕철학을 읽고 스미스의 옛 교수 로버트 심슨에게 개인적으로 수학 수업을 들었다. 이를 통해 피츠모리스는 수학과 역학에 대한 가치관을 세울 수 있었다. 스미스는 그가 잠시 마음을 비울 수 있도록 인버래리로 데려가 아가일 공작을 방문하게 했고, 에든버러에서 문인들과의 만남을 주선하기도 했다. 그다음 가을에는 철학, 수학, 역사와 법 등 다양한 사고 체계에 집중해야 하는 과목들을 공부하게 했다. 셸번에게 보낸 편지에서 스미스는 옥스퍼드대학교에서 잉글랜드법을 공부하려는 피츠모리스가 허큘리스 린지의 민법 수업을 들어야 한다고 생각하는 이유를 설명했다.

— 민법은 잉글랜드법보다 더 통상적인 체계 속에 짜여 있으며 민법의 원칙이 여러 면에서 잉글랜드법의 원칙과 다르기는 하지만 공통적인 원칙이 많습니다. 민법을 공부하면 적어도 법 체계가 무엇이며 그것이 어떤 부분으로 구성되어 있고 어떻게 배치되어야 하는지를 알게 됩니다. 체계의 개념을 배우고 나면 나중에 이해하기 어려운 다른 나라의 법을 공부하게 되더라도 체계의 어느 부분을 참고해야 하는지 알 수 있습니다.[20]

스미스는 피츠모리스의 개인적인 생활도 교육의 한 부분으로 보고 자세히 감독했다. 피츠모리스는 다른 학생들과 많이 어울리거나 도시를 자주 방문한 것 같지는 않아 보인다. 그의 생활은 스미스와 사적으로 "가장 친밀한" 대화를 나누는 시간을 중심으로 이뤄졌다.[21] 그는 흠잡을 데 없이 단순한 생활을 하기 시작했는데, 스미스는 그가 "술에 취하지 않으며 저녁을 아예 먹지 않거나 구운 사과 또는 가벼운 음식, 물 이외에는 거의 먹고 마시지 않는다. 그가 이런 생활을 한 것은 습관이 아니라 그렇게 살기로 마음먹었기 때문이라는 데 더욱 가치가 있다. 나는 그가 이튼 스쿨에서 지금과 다르게 살았다는 것을 안다. 하지만 공과 셸번 부인의 조언 덕분에 이런 변화가 있을 수 있다고 여긴다"라고 썼다.[22]

스미스는 제자와의 재정적 거래를 셸번에게 자세히 보고했다. 피츠모리스에게 용돈을 줄 때면 영수증을 받았다. "나와 함께 계산하고 검토한 후 용돈을 지급했다. 나에게서 돈을 받을 때면 피츠모리스는 항상 영수증을 써준다. 영수증에는 돈의 목적을 표시하고 뒷면에 돈을 받은 날짜를 표시하여 증거 서류로 보관했다. 기회를 봐서 이런 자료를 공께 전달하겠다."[23] 셸번은 그들이 '경제'에 관심을 가진다는 사실을 매우 반겼다. 스미스가 셸번에게 보낸 마지막 편지에 따르면 글래스고에서 18개월을 보내며 "매우 활기차고 통제하기 쉽지 않은" 열여섯 살 이튼 스쿨 졸업생은 진지하고 독립적이며 "우아하거나 고상하기보다는 강하고 단단하며 남성적인" 정신을 가진 청년이 됐다. 스미스는 다음과 같이 덧붙였다.

— 누구도 자기 생각에 따라 옳은 행동을 하겠다고 더 강하고 확고하게 결심할 수 없지만, 어떤 일을 하는 것이 합당하다고 설득할 수만 있다면 그가 그렇게 하리라고 전적으로 믿을 수 있습니다. 이 훌륭한 기질에 완고함이라고 부를 만한 특성이 더해져 그는 다양한 상황과 동료들 사이에서 마음대로 행동할 기회가 있더라도 자신을 자제할 수 있습니다. 필수적으로 따라야 하는 의무는 큰 맥락에서 보면 항상 같고, 그는 절대 이를 벗어나지 않지만 끊임없이 변하며 특정한 규칙이 부여될 수 없는 작은 부분들에서는 종종 실수를 하기도 합니다. 이 때문에 그는 사람을 대하는 태도가 서투르고 마음을 얻고 싶은 다양한 상대에게 맞추기를 어려워합니다. 이튼 스쿨에서 몸에 밴, 그에게 어울리지 않았던 건방진 태도도 지금은 거의 사라졌습니다. 몇 달만 지나면 완전히 사라질 것입니다. 그의 마음의 깊이는 실제로 매우 진중하고 심오합니다. 스물다섯 살이 된 그가 가지게 될 모든 결점은 진중하

애덤 스미스

고 심오한 사람이 가지는 결점들일 것이며, 이로 인해 그는 최고의 성품을 가지게 될 것입니다.[24]

이렇듯 그는 피츠모리스의 특성을 이야기할 때 《도덕감정론》에서 소개한 공정한 관찰자의 지시에 따라 삶을 살 수 있는 신진 정치가 또는 '의무를 지는 인물'의 요건을 기준으로 삼았다.

스미스의 편지에서 알 수 있는 사실은 그와 피츠모리스가 서로를 좋아하게 됐다는 것이다. 보즈웰을 비롯한 사람들이 알아차렸듯 스미스는 학생들을 좋아했고, 그들의 의견을 진지하게 받아들였으며 피츠모리스도 어렵지 않게 자신의 가정교사였던 스미스를 친구로 대했다. 1762년 옥스퍼드에서 스미스에게 보낸 편지 중 남아 있는 마지막 편지에서 그는 매우 신이 난 듯 악필로 잡담을 늘어놓았고, 스미스에게 계속 연락하자며 다음과 같이 마무리 지었다. "마음속 깊이 애정을 담아, 토머스 피츠모리스."[25]

1년 후 흄은 파리에서 "자네의 오랜 친구인 피츠모리스"가 《도덕감정론》을 프랑스어로 번역하는, 수포로 돌아간 프로젝트를 열정적으로 지지하고 있다고 썼다.[26] 피츠모리스가 공적 생활에 잘 적응할 수 있도록 오랫동안 공을 들인 스미스의 프로젝트는 실패하고 말았다. 피츠모리스는 옥스퍼드를 떠난 후 1762년부터 1780년까지 승계받은 지위를 통해 의회에 입성했고 아마포 산업에 손을 댔으나 처참한 실패를 맛봤다.[27] 이후에는 뇌졸중에 걸려 평생 정상적인 생활을 할 수 없었다.

셀번 가문과 스미스의 관계에 대한 후일담이 있다. 스미스는 1761년 피츠모리스의 형이자 당대 가장 사려 깊은 정치인으로 훗날 총리에 오른 셀번 2대 백작과 함께 대학과 관련된 일로 처음 런던을 방문했다. 그는 스튜어트에게 다음과 같이 전했다.

— 스미스와 함께 인생에서 가장 반짝였던 시기에 에든버러에서 런던으로 여정을 떠났는데, 전과 후는 빛과 어둠만큼 다릅니다. 젊은 치기와 편견에 사로잡혀 있던 나는 당시 그의 새로운 원칙의 의미를 이해할 수 없었습니다. 그는 유창한 언변뿐만 아니라 매우 자비로운 태도로 자신의 원칙을 설명해줬고, 결국은 나도 어느 정도 깨칠 수 있었습니다. 그로부터 몇 년 후에도 원칙이 확신에 도달할 만큼 발전하지는 못했지만, 그 이후 내 인생의 행복과 내가 누린 배려에 그의 원칙이 영향을 끼쳤다고 확신할 수 있습니다.[28]

1760년대 초까지 스미스의 가르침은 외국에서 주목을 받았다. 볼테르와 프랑스 왕족의 주치의였던 부유층 전담 의사 테오도르 트롱셍Théodore Tronchin은 제네바 문인 사회의 주요 구성원이자 루소를 초기에 비평한 인물로, 아들을 글래스고에서 공부하도록 보냈다. 그 덕분에 스미스는 1765년 버클루 공작과 함께 유럽을 여행하면서 제네바 철학계에서 호의적인 대우를 받을 수 있었다. 그는 또한 새로 설립된 모스크바대학교에서 교수직을 준비하고 있던 예카테리나 대제Catherine the Great의 제자였던 두 러시아 학생, 세묜 데스니츠키Semyon Desnitsky와

애덤 스미스

이반 트레티야코프Ivan Tret'yakov의 교육에서도 중요한 역할을 했다. 두 사람 모두 스미스의 윤리학과 민법학 과정을 수강했고, 존 밀러와 함께 민법을 공부했다. 후에는 스미스의 윤리와 법학을 전파하고 러시아가 당면한 문제에 적용하는 데 경력을 바친 헌신적인 스미스주의자가 됐다. 특히 데스니츠키는 《도덕감정론》을 러시아어로 번역하자고 제안하기까지 한(출간되지는 않았다) 충실한 제자였다. A. H. 브라운A. H. Brown에 따르면 법학에 관한 그의 연구, 특히 예카테리나 대제에게 바친 1768년 '러시아 제국의 입법, 사법 및 집행 권한 수립에 관한 제안'은 법률의 원칙을 완전히 이해한 법학자의 연구였다고 한다. 스미스는 그의 원칙에 따라 자신의 법학에서 기초를 세울 수 있었다. 그의 사상은 독점과 과세 원칙에 관한 질문에 대한 답을 찾는 것이었고, 예카테리나 대제는 이런 사상을 1768년 작성한 훈시에 포함하도록 장관들에게 지시했다.[29] 정부와 행정규제에 대한 스미스의 이론이 《국부론》이 출판되기 10년 전 이미 러시아 법원에 도달한 셈이다.

이 모든 사건이 일어나고 있을 때 스미스는 대학 행정에 점점 깊이 관여하고 있었다. 1760~1762년 교수 학부장으로서 그는 교수진이 관계된 징계 사건에 휘말렸고, 총장과 교구 목사의 권한과 관련해 조직 내에서 발생한 팽팽한 갈등의 중심에 서게 됐다. 대학 행정을 처리할 때 그는 기본적으로 기존의 시스템을 작동시키려 노력하며 관리자다운 태도를 유지했고, 교수들의 변덕과 이익보다는 원칙을 기반으로 관리 체계를 개발하려 한 개량 지향적 행정가의 모습을 보여줬다.[30] 스미스는 피츠모리스에게 경제학 원리를 가르칠 때와 마찬가지로 꼼꼼하게 회계를 처리하며 대학 도서관을 관리하고 회계 시스템을 개혁했다.

여기에서 가장 주목할 만한 점은 1762년 총장 및 교구 목사의 권한과 관련해 조직에서 위기가 발생했을 때 보인 그의 해결 방식이다. 갈등의 세부적인 내용은 중요하지 않지만, 스미스가 이런 갈등을 어떻게 해결했는지는 살펴볼 필요가 있다. 그는 총장과 교수들 사이에서 최선을 다해 중재했다. 갈등을 해결할 수단을 제안하기 위한 긴 보고서의 초안을 작성해 교구 목사법원으로 보내는 데 중요한 역할을 한 사람도 스미스와 존 밀러였다. 1762년 8월 12일 자 보고서에서는 1577년 대학 설립 이후 총장과 교구 목사 각각의 권한에 관한 기록을 매우 자세히 조사하여 모든 회의의 모든 내용이 문서에 기록되는 혼란스럽고 무질서한 방식과 근대의 방식을 대조했다. "법원들이 행정 절차의 기록을 보존하는 적절하고 체계적인 방식에 정착하기 전 한두 세기 동안 주먹구구식으로 연명한 덕분에 대학은 이득을 봤다"라고 썼다. 보고서는 이 점에 대해 당시 수학 교수였던 심슨에게 감사해야 한다고 언급했다. 그가 대학의 서기로서 "이런 문제와 다른 여러 사회문제를 처리하는 데 질서와 방식을 도입한 인물"이라는 것이었다.[31] 이 보고서는 조직의 구조가 잘못됐을 때 행정이 올바로 이뤄질 수 없다는 사실을 아주 명백히 보여줬고, 시민 정부의 체제를 유지하는 데 입법부와 입법자들의 역할이 얼마나 중요한지를 여실히 드러냈다.

놀랍게도 이런 압박 속에서 스미스는 자신의 강의를 재구성하고 정부와 행정규제에 관한 사상을 발전시키기로 했다. 스튜어트는 다음과 같은 말을 남겼다.

— 《도덕감정론》이 출간된 후, 스미스는 글래스고에 4년 동안 머물면서 공무를 열정적으로 수행했고 명성을 드높였다. 그동안 그의 강의 계획에는 상당한 변화가 생겼다. 그가 출간한 저서에 귀중한 일부가 담긴 윤리적 교리는 강의에서 이전보다 훨씬 적은 부분을 차지하게 됐고, 그는 자연스럽게 법학과 정치경제학 원리에 대한 완전한 예시를 제시하는 데 주의를 돌렸다.[32]

여기에 더해 1763~1764년에 기록된 학생의 강의 노트에서 분명하게 알 수 있듯, 스미스는 정부의 의무에 대한 질문을 전면에 내세우며 강의 과정을 재구성하고 《국부론》에서 발전시킨 경제사상의 기반이 된 중심 원칙을 확립하며 글래스고에서의 마지막 해를 보냈다.

학생들이 남긴 완전한 강의 노트 두 묶음에서 이 시기 스미스가 어떤 식으로 법학 강의를 했는지 알 수 있다. 한 묶음은 1762~1763년에 작성됐고 다른 한 묶음은 이듬해에 작성됐다. 두 노트를 비교하면 상당히 놀라운 사실을 발견할 수 있다. 먼저 작성된 묶음은 그의 철학은 물론 그의 박식함을 여실히 보여준다. 모든 원칙은 세심하게 다듬어진 역사적 예시를 풍부하게 사용하여 구체화되어 있다. 나중에 작성된 묶음에는 이런 예시 자료가 과감하게 정리되어 복합적인 체계의 기본 원리가 더 명확하게 나타나도록 도식적으로 사용된 것을 볼 수 있다. 또한 나중 기록을 통해 스미스가 교수 경력의 마지막 해에 정부에서 정의의 규칙을 유지하고 국민의 사회적 성향을 장려하는 것이 얼마나 중요한지를 강조할 수 있도록 강의 과정을 재구성했다는 것을 알 수 있다. 그는 이전 강의를 재산 소유권의 자연적 역사로 시작했는데, 생존 수단과 재산의 분배가 정부의 권위와 국민의 정의감에서 기반이 되는 복종 및 권력의 양상을 결정한다는 것을 증명하고자 했기 때문이다. 그런 다음에는 통치와 행정규제 원칙을 논의했다. 나중에 스미스는 처음 두 부분의 순서를 뒤집어 통치의 원칙에 대한 논의로 강의를 시작하여 다양한 형태의 사회에서 달라지는 재산 상황에 대해 논의한 다음 행정규제에 대한 논의로 마무리했다. 강의 노트 묶음으로 미루어 짐작한 변화는 이렇다.

1750년 에든버러에서 강의할 때 스미스는 자기 법학 이론의 기반이 된 원칙, 즉 정의감은 공정한 관찰자의 판단에 따라 신체와 재산이 부당하게 침해됐다고 확신할 때 느끼는 분노에 대한 동감적 대응에서 비롯된다는 원칙을 제안하는 것 이상을 할 수 없었다. 그런 다음 그는 특정한 사회 형태에서 작동하는 재산 체계, 그 위에 세워진 사회 체계, 그리고 궁극적으로 그런 사회가 통치되는 방식으로 정의감이 어떻게 형성되는지 보여줬을 것이다. 이는 정의를 이해하며 본질적으로 역사적 뿌리 또는 우리의 기준으로는 사회학적 뿌리를 강조하는 접근 방식이었다. 1750년 에든버러에서 강의했던 스미스는 12년 후 자신의 원칙을 설명하는 데 필요한 지식을 아직 충분히 쌓지 못한 상태였다. 그러나 깊은 학식과 풍부한 예시도 학생들에게 공적 생활을 준비시키려는 계몽된 교수에게 이론적으로 중요할 뿐만 아니라 실용적인 문제라고 할 수 있는 정치적 문제를 간과한 채 분석의 사회학적 측면만 강조한다며 비판받을 수 있었다. 스미스는 이런 문제를 꿰뚫어 봤다. 그는 새로 개정한 강의를 시작하며 다음과 같이 언급했다.

— 재산과 시민 정부는 서로에게 매우 의존한다. 재산권과 소유의 불평등으로 정부가 형성됐고, 재산의 상태는 언제나 정부의 형태에 따라 달라진다. 민간인은 정부를 구성하려는 고민을 시작하고 재산권 및 기타 권리를 어떻게 다뤄야할지를 고려한다. 이 주제를 연구하는 다른 이들은 후자에서 시작하여 가족과 시민 정부의 구성을 다룬다. 각 방식에는 고유한 장점이 몇 가지 있지만, 민법을 바탕으로 한 방식이 전반적으로 선호할 만하다.[33]

새로운 강의를 통치의 원칙에 대한 논의로 시작하는 것이 얼마나 중요한지 강조하듯, 스미스는 자연법학을 적절하게 이해하기 위해 홉스가 얼마나 중요한지 일깨우는 중요한 역사를 간략하게 소개했다. 사회성 이론의 주창자인 홉스는 불안하고 이기적인 사람들을 사회적으로 만드는 데 군주가 얼마나 중요한 역할을 하는지 강조했다. 불필요한 예시를 다듬어낸 새 과정은 학생들이 정의의 규칙을 집행 및 개선하고, 부의 진보를 장려하는 통치의 원칙과 의무에 집중할 수 있도록 설계됐다. 이 새로운 강의는 입법 원칙에 관한 논고였으며 스미스가 생애 말년에 시작했으나 끝내 완성하지 못한 저서의 기틀이 됐다.

스미스의 법학 강의, 특히 새로 바뀐 버전은 봉건적 토지 소유 원칙을 기반으로 한 농업 체계와 급속도로 확장하는 상업 및 제조 체계를 갖춘 정부 형태에 적합한 통치 방식과 원칙을 근본적으로 다시 한번 생각하게 했다. 그의 정부 이론에서 기초가 된 흄의 공리들이 소개됐고 다양한 형태로 발전했다. 모든 정부의 권위는 우리가 나이·출생·재능·부에 대한 자연적 존중에 기초하고, 이런 요소들은 효용감에 의해 강화된다. 그런데 "이런 원칙은《도덕감정론》에 완전하게 설명되어 있다"라는 것이었다.[34] 그는 학생들에게 "재산이 생기기 전까지는 정부가 존재할 수 없으며, 정부의 목적은 부를 확보하고 가난한 사람들로부터 부자들을 보호하는 것"이라는 흄의 기본 원칙을 상기시켰다.[35] 그리고 양을 치며 살았던 시대부터 봉건 시대를 거쳐 근대에 이르기까지 정부의 자연적인 역사를 요약하여 가르치는 방식으로 다양한 계층, 특히 귀족들이 어떻게 정부를 활용하여 자신들의 이익과 권력을 보존했는지 보여줬다. 이로써 그는 근대의 토지 소유 체제가 상업과 발전의 시대에 '사회의 문화'라고 부르던 것과는 근본적으로 맞지 않는 봉건 제도의 원칙에 기초하고 있다는 것을 증명할 수 있었다. 또한 장자상속이나 유언상속, 한사상속(상속인이 상속받은 부동산을 마음대로 처분하지 못하게 하는 조건하의 상속-옮긴이) 등 상속과 관련된 법률의 일부 기본 조항이 시장경제의 작용을 촉진하기보다 귀족의 권력을 영속화하는 데 더 유리한 제도라고 주장할 수 있었다.

에든버러의 개혁가들은 이런 질문에 대해 자주 논의했고, 봉건 제도와 스코틀랜드 사회에서 귀족의 역할에 대한 논쟁의 핵심이 됐다. 몽테스키외는 프랑스와 같은 국가를 폭정으로부터 보호할 수 있는 유일한 수단이 지주 귀족을 보존하는 것이라고 생각했지만, 스미스는 다시 한번 귀족은 언제든 상업과 문명의 발전에 장애물이 될 수 있다고 주장했다. 그들에게 계몽된 교육을 제공하는 것이 얼마나 중요한지 일깨워주는 발언이었다.

두 강의 버전은 모두 행정규제에 대한 토론에서 절정에 이르렀는데, 스미스는 '청결함'이라고 부르는 요소와 행정규제, 그리고 무엇보다 "저렴함 또는 풍부함, 다르게 표현하면 부와 풍요를 얻는 가장 적절한 방법"을 유지하는 문제를 고려하기 위해 에든버러에서 처음 새로운 의미로 사용했던 '행정규제'라는 단어를 의식적으로 사용했던 것으로 보인다.[36] 이 주제는 스미스의 법학 강의에서 정점이라고 할 수 있었고, 주목할 만하게도 그가 개발해온 교과과정의 정점이기도 했다. 스미스의 교수 경력 마지막 해에는 새로운 프로젝트가 발전하고 있었는데, 약 14년 후 《국부론》을 통해 세상에 알려졌다. 강의의 이 부분은 '부'의 진보 그리고 개량의 원칙을 이해하는 데 필요한 노동 분업과 그 의미에 대한 논의를 기반으로 했다. 이 주제는 개량에 대한 감각의 심리적 기원을 설명하며 조심스럽게 소개됐다. 그의 학생들은 이 논의가 수사학, 순수문학, 도덕철학 강의에 뿌리를 두고 있다는 사실을 깨달았을 것이다. 이는 상업과 문명화 과정에 대한 흄의 고전적 설명뿐만 아니라 루소의 염세주의에 대한 스미스 자신의 의견과도 대조를 이뤘다.

— 자연은 모든 동물이 개량의 의지가 없이도 생존할 수 있도록 모든 것을 생산한다. 음식·의복·주거지는 모든 동물의 욕구이고, 동물 대부분은 자신의 상태를 유지하는 데 필요한 이런 모든 욕구를 자연에서 충분히 공급받을 수 있다. 그중 어떤 것으로도 인간의 취향을 만족시킬 수 없는 이유는 인간만이 가진 섬세함 때문이다. 인간은 모든 것에 개선이 필요하다고 생각한다. 원시인들의 관습에서는 식재료에 어떤 조치도 취할 필요가 없지만 인간이 불에 익숙해지면서 불을 사용하면 음식을 더 건강하고 쉽게 소화할 수 있다는 사실과 매우 치명적인 여러 질병으로부터 자신을 보호할 수 있다는 사실을 깨달았다. 그러나 개선이 필요한 것은 음식뿐만이 아니다. 인간은 신체 구조가 연약하기 때문에 마시는 공기의 온도가 맞지 않으면 해를 입는다. 인간의 기질에 적합하게 공기를 개선하는 것은 거의 불가능하므로 인간은 인공적인 환경을 조성한다. 인간의 피부는 혹독한 날씨를 견딜 수 없으며, 공기가 인체의 자연적인 따뜻함보다 더 따뜻하고 옷이 필요하지 않은 나라라고 할지라도 태양과 비로 해를 입지 않으려고 몸에 물감을 칠하거나 얼룩을 그려 넣는다.[37]

스미스는 수사학 강의에서도 이런 주장을 언급했는데 필기를 꼼꼼하게 하지 않은 학생들의 노트에서도 이런 내용을 볼 수 있다. "생활 속에서 인간의 노력은 세 가지 소박한 필수 요건인 의·식·주를 조달하기 위해서가 아니라 까다롭고 섬세한 기질에 맞춰 편의를 얻기 위해 사용된다. 필수품의 주대상인 재료들을 개선하고 늘리는 동안 다양한 기술이 발전한다."

— 식량을 공급하는 것이 주목적인 농업을 위해 인간은 땅을 경작할 뿐만 아니라 나무를 심고 아마, 대마 등 이와 비슷한 셀 수 없이 많은 것을 생산한다. 이를 통해 또다시 개선될 가능성이 큰 다양한 제품이 생겨난다. 땅속 깊은 곳에서 파낸 금속은 이렇게 다양한 기술이 실행되는 과정에서 필요한 도구들의 재료가 된다. 상업과 항해 또한 이런 여러 기술의 생산물을 수집함으로써 같은 목적에 공헌한다. 이들이 다시 다른 부차적인 기술들을 만들어낸다. 거래를 기록하기 위한 글이나 여러 유용한 목적으로 쓰이는 기하학이 여기에 해당한다. 법과 정부 역시 재산을 확장한 개인을 지키고 이들이 재산을 통해 얻는 열매를 평화롭게 누릴 수 있게 하는 것 외에 다른 목적은 없다고 할 수 있다. 법과 정부의 힘으로 다양한 기술이 번성하며, 이런 기술에서 기회를 얻어 발생한 부의 불평등은 충분히 보전된다. 법과 정부를 통해 가정은 평화를 누리며 외국 침략자로부터 안전을 보장할 수 있다. 지혜와 미덕도 이런 필수적인 요소를 지원할 때 빛을 발한다. 법과 정부의 수립은 인간의 신중함과 지혜로 할 수 있는 최고의 노력이므로 그 결과는 원인과는 다른 영향을 미칠 수 없다. 게다가 우리에게 행동의 타당성과 그것을 달성하는 적절한 방법을 지적하는 것 역시 우리와 더불어 사는 사람들의 지혜와 정직함이다. 그들의 용기가 우리를 보호하고, 그들의 자비는 우리의 요구를 충족시키며, 이러한 신성한 자질을 행사함으로써 굶주린 자를 먹이고, 헐벗은 자에게 옷을 입힌다. 따

라서 위의 설명에 따르면 이 모든 것은 우리의 세 가지 필수품을 공급하는 데 공헌한다.[38]

스미스는 이런 철학적 서론 뒤에 부의 진보에 대한 철학적 이해의 기반이 되는 노동 분업을 중심 원칙으로 하는 논의에 착수했다. 정치 이론가들이 대부분 사회, 심지어 가장 원시적인 사회에서도 볼 수 있는 특징인 전문성을 문명의 진보 또는 쇠퇴와 연관 짓는 것은 충분히 관행적이었다. 무역과 상업 이론가들이 제조 공정에서 노동 분업의 영향에 대해 고찰하는 일 또한 아예 없지는 않았지만 관행이라고 볼 수는 없었다. 흄의 《정치적 담론》은 이를 당연하게 받아들였다. 《국부론》에서 스미스는 이런 경험을 어떻게 국가 전체의 경제 작용에 대한 분석의 기초로 사용할 수 있는지와 어떻게 분업의 조건을 설정하고 여기에 정부를 포함시킬 수 있는지 증명하는 주목할 만한 업적을 남겼다. 스미스는 시장에서 장애물이 제거되어야 자유로운 정치 체제에서 정의의 규칙을 보전할 수 있다고 봤다. 하지만 이런 주장은 나중에야 소개됐다. 강의에서 그의 주요 목적은 "노동 분업이 부의 직접적인 원인"이라는 것을 증명하고 이를 규제하는 원칙을 설명하는 것이었다.[39] 이는 입법자들이 도입할 수 있는 조직적인 원칙이 아니라 인간 본성 깊숙한 곳에 박혀 있는 원칙, 즉 교섭하고 물물 교환을 하고 교환하려는 성향과 "인간 본성에 널리 퍼져 있는 설득의 원칙"이 낳은 의도하지 않은 결과였다.[40]

── 인간은 계속해서 다른 사람의 도움을 구해야 하고, 그들의 도움을 얻으려면 수단을 찾아야 한다. 단순히 어르고 달래는 것만으로는 부족하다. 도움을 청하는 사람은 당신에게 득이 되거나 적어도 그렇게 보일 수 없다면 도움을 얻으리라고 기대하지 않는다. 그가 어떤 식으로든 당신의 이기심을 자극하지 않는 이상 단순한 사랑만 가지고는 도움을 얻을 수 없다. 거래는 가장 쉬운 방법으로 이런 요구를 충족시킨다. 양조장이나 정육점에 맥주나 쇠고기를 주문할 때 우리는 그들에게 그것들이 얼마나 필요한지 설명하지 않고 그것들을 가지는 데 얼마를 지불할 수 있는지 설명한다. 가게 주인의 인간성이 아닌 이기심에 호소하는 것이다.[41]

이 내용은 《국부론》에서 다시 등장하며 널리 알려졌다. 스미스는 분업이 부를 생산하는 메커니즘이며 자연적인 발전을 가로막는 장애물을 제거해야만 증진될 수 있다고 봤다. 그는 이 주제를 마무리하면서 종종 개량 지향적인 정부가 제거해야 할 장애물의 주요 유형에 관해 자세히 설명하곤 했다. 여기에는 가격과 시장 작용에 필연적으로 영향을 미친 재산에 관한 봉건법, 세금, 지원금, 독점, 특권을 비롯해 화폐가 풍요로움의 구성 요소라는 흄학파적 논의의 오류(그는 이 주제를 놀라우리만치 상세하게 설명했다), 통화 공급을 관리하며 발생하는 문제 등이 포함됐다.

스미스는 자유무역을 장려하는 정부의 역할에 주목하기 위해 원래는 법학에서 쓰이던 행정적인 용어를 사용하여 강의했고, 젊은 글래스고 상인들을 자유무역주의자로 키워내며 글래스고에서의 교수 경력이 끝날 무렵에는 어느 정도 성공을 거뒀다고 평가됐다.[42] 그러나 당시 스미스는 개혁가로서 노동 분업을 다양한 유형의 경제 주체를 개선하는 문제를 논의할 때 적용할 수 있는 원칙으로 사용할 수 있길 바라며 강의했다. 이 시기 그는 경제의 작용을 전체적으로 설명하고 농업, 제조업과 상업, 국가, 도시와 제국, 그리고 국제 무역의 작용에 관한 논의를 하나의 통합된 개념으로 이끌 수 있는 일반 이론을 아직 수립하지 못했다. 또한 강의 말미에 그가 던진 '문명화된 세계에서 상업의 발전이 왜 더뎠는가?'라는 도발적인 질문에 대해서도 답할 수 없었다. 자신의 질문에 대해 그가 당시 내놓은 답은 개발되지 않은 사회에서는 노동력을 사용하는 새로운 방법을 개발하는 데 필요한 자원이 부족하다는 것이었다. 하지만 이는 상업 사회 이전 경제 형태의 작용에 대한 보다 일반적인 질문을 자아낸다는 사실을 깨달았고, 스미스는 아직 그런 문제에 답할 수 없다고 인정했다. 1762년 이런 이론은 그의 능력 밖에 있었다.

그런데 A. S. 스키너A. S. Skinner와 R. M. 미크R. M. Meek가 증명한 것처럼, 1763년 4월 노동 분업에 대한 강의를 하면서 스미스는 흄이 당연하게 여겼던 단순해 보이는 원칙, 즉 분업은 시장의 범위에 따라 규제된다는 원칙의 중요성을 발견한 듯 보인다. 그는 강의 마지막 버전에서 이를 다음과 같이 언급했다. "지금까지 말한 모든 것에서 우리는 노동 분업이 항상 상업의 규모에 비례한다는 것을 관찰할 수 있다. 특정한 상품 하나를 10명이 원할 때와 1,000명이 원할 때, 그 상품을 제조하는 과정은 절대 똑같이 분배되지 않을 것이다."[43] 그는 일단 원칙을 일반화하고 예시를 제공하고 응용하여 경제라고 묘사할 수 있는 주체의 작용을 분석했고, 근대 유럽의 전체적인 경제 발전을 비판적으로 설명하는 데 원칙을 적용했다.

1763년까지 스미스는 스코틀랜드의 계몽된 문화의 중심에 놓여 있던 개선이라는 개념을 새롭게 철학적으로 조명하는 도덕철학 체계와 법학 체계를 개발했고, 결과적으로 유럽의 법학을 변화시켰다. 그는 상업과 개선이 인간에게 자연스러운 것이며 인간의 타고난 결핍, 사회에 대한 욕구, 개선이 가져다주는 만족을 즐기는 성향에서 비롯된다는 것을 보여줬다. 그는 상업과 교환 기술이 사람들을 자연스럽게 사회적으로 만드는 경향이 있다는 흄의 주장을 다듬었으며, 노동 분업이 발전하도록 장려하는 것이 사람들을 사회적으로 만들고 사회를 안전하게 하는 가장 확실한 방법이라는 것을 증명했다.

　스미스는 글래스고에서 자신의 교수 경력이 절정에 이르렀을 때 이 모든 일을 해냈다. 대학은 1762년 10월 그에게 법학 박사 학위를 수여하며 "문인들 사이에서 보편적으로 인정되는 명성과 특히 이 대학에서 법학을 가르치는 수년 동안 학회에 찬사와 함께 큰 이점을 가져다준 공로"를 인정했다.[44] 그러나 이런 업적이 그 자신의 건강에는 악영향을 미쳤다. 일찍이 1753년 흄은 스미스에게 "수업에서 오는 피로 때문에 자네가 많이 지쳤고, 지금보다 훨씬 더 많이 여가를 갖고 휴식을 취해야 하네"라고 경고하기도 했다.[45] 1760년 스미스는 과로와 끊임없이 재발하는 독감으로 확실히 몸이 허약해져 있었다. 그는 셸번 경에게 농담 삼아 친구이자 의사인 윌리엄 컬렌이 "내년 겨울에 살아 있기 바란다면 9월이 시작되기 전에 800킬로미터는 달려야 해"라고 경고했다는 이야기도 했다. 이는 값진 충고였고 스미스는 이를 받아들이며 자조적으로 다음과 같은 말을 남겼다. "만약 내가 다음 열흘 동안 지난 열흘만큼 건강이 약해진다면 나 자신은 수고를 덜 수 있고 내 상속인인 어머니는 친구의 처방을 따르는 데 드는 비용 만큼 더 상속받을 수 있을 거야."[46]

과로에 지친 데다 노화의 증상을 느끼기 시작한 그는 새롭고 방대한 철학적 연구 기회를 엿보고 있었고, 스코틀랜드 명문가에서 다시 한번 후원을 약속받으며 새로운 시작을 하게 된다. 1년 후인 11월 8일, 젊은 버클루 공작의 가정교사로 임명된 그는 대학교수직에서 물러났다.

Adam Smith:
An Enlightened Life

9장
—

# 버클루 공작과 함께한
# 유럽 여행

《도덕감정론》이 성공을 거두면서 스미스는 스코틀랜드와 그 너머에서까지 철학적 명성을 얻었을 뿐만 아니라 일류 교사로서의 입지를 확립할 수 있었다. 이는 그의 교수 경력을 끝내는 중요한 계기가 됐다. 1759년 4월 흄은 젊은 버클루 공작의 계부이자 후견인인 찰스 톤젠드가 "스미스의 업적에 완전히 매료됐으며, 거절하지 못할 만한 제안을 해서 그에게 버클루 공작의 교육을 맡기겠다고 오즈월드에게 이야기했다"라고 전했다. 흄은 톤젠드가 셸번 백작의 전례를 따라 버클루 공작을 글래스고대학교에 보내기를 바라며 이렇게 말했다. "그가 자네에게 교수직을 포기하도록 유혹할 만한 제안을 할 수 없었으면 했네만, 결국 내 뜻대로 되지 않았지."[1] 당시에는 아무 일도 일어나지 않았지만 제안은 강력했고, 곧 효력을 발휘하게 된다.

톤젠드는 당대 가장 매력적이고 야심 찬 정치인이었고, 기대를 한 몸에 받는 훌륭한 하원 연설가였다. 1755년 버클루의 어머니 댈키스 Dalkeith 백작부인과 결혼하면서 스코틀랜드와 잉글랜드에 광활한 영지를 가진 가문과 깊은 인연을 맺게 됐고, 아내 및 의붓아들인 어린 공작과의 관계를 활용하여 정치적 입지를 강화할 수 있었다. 톤젠드와 백작부인은 1759년 여름 처음으로 스코틀랜드를 방문했는데, 댈

애덤 스미스

키스 궁에서 매주 크고 호화로운 연회를 열어 스코틀랜드 기득권층과 에든버러 지식인들 사이에 존재감을 드러냈다. 톤젠드는 유쾌하고 선한 인물이었으나 말실수가 잦은 편이었고, 한번은 왕을 조롱하는 바람에 고지식한 인사들을 불쾌하게 만들기도 했다. 명사회는 톤젠드의 유명한 웅변을 듣고자 회원으로 받아들였지만, 알렉산더 칼라일은 "찰스는 잠시 눈부신 빛을 발했지만 그의 후광은 마치 유성처럼 곧 사라졌으며, 그다지 강한 인상도 남기지 못했다"라고 말했다.[2]

스미스가 그를 처음 만난 것도 이때였다. 스미스는 버클루 공작이 나이를 좀 더 먹은 뒤 가르치는 데 원칙적으로 동의했던 것 같다. 당시 버클루 공작은 열세 살이었고, 이제 막 이튼 스쿨에 적응하기 시작한 참이었다. 스미스는 자신의 의지를 보이기 위해 훗날 버클루 공작을 가르치는 데 필요한 라틴어와 그리스어 책 31권 묶음을 주문하기로 약속했다. 여기에는 윤리에 관한 자료 외에도 스미스가 선별한 문학 및 역사와 관련된 자료가 여럿 포함되어 있었다. 호머, 베르질리우스Virgil, 아이스킬로스Aechylus, 에우리피데스, 테오파라투스Theophrastus, 키케로, 마르쿠스 아우렐리우스Marcus Aurelius, 에픽테토스를 아우르는 자료에는 스토아학파와 키케로 스타일의 글을 비롯한 문학적 자료가 다양하게 포함되어 있었다. 불완전한 세상에서 인간의 성격과 공적 의무에 관한 공작의 감수성을 키워줄 자료들이었다. 스미스는 또한 근대 스코틀랜드 출판 업계의 빛나는 역작으로, 파울리스 프레스에서 출판한 화려하고 값비싼 호머의 작품집을 구매하려고 노력을 기울이기도 했다.[3]

톤젠드는 1763년 10월 25일 스미스에게 다시 한번 공작을 가르쳐 달라고 제안했다. 그는 친절하고 진중하면서 예의를 갖추고 있었다. 이번에는 공작이 글래스고대학교의 학생이 되리라는 언급이 없었다.

— 친애하는 선생께,

버클루 공작이 곧 외국으로 나갑니다. 선생과 이 문제를 다시 논의하고 싶습니다. 선생이 여전히 공작과 함께 여행할 마음이 있으시다면 저는 댈키스 부인과 공작에게 이를 알리고 그들과 제가 간절히 바라던 소망이 이뤄진 것을 축하할 수 있을 것입니다. 공작은 아직 이튼에 있으며 크리스마스까지 머무를 예정입니다. 그리고 런던에서 잠시 시간을 보내는 동안 궁정에도 들를 것입니다. 학교에서 바로 외국으로 나가지는 않을 것입니다. 그러나 그의 정신이 교육과 경험을 통해 더 확고해지고 신중해지기 전에 런던에 오래 머물며 그곳에서 친구들과 보내는 일상생활이 몸에 익숙해져서는 안 될 것입니다.

선생께서 이런 상황에 대해 이의만 없으시다면 조건과 관련해서는 우리의 의견이 다를 수 없을 테니 이 편지에서 모든 것을 마무리 지으려 하지는 않겠습니다. 하지만 선생과의 관계가 버클루 공작에게 본질적으로 도움이 되리라고 확신하는 만큼, 선생께서도 만족스럽고 유익한 관계를 얻으실 수 있도록 선생 자신보다 제가 더 세심한 주의를 기울이고 있다는 것을 아시게 될 것입니다.

버클루 공작은 최근 고대 언어에 대한 지식을 쌓고 작문에 필요한 감각을 익혔습니다. 이런 발전으로 점점 독서에 흥미를 느끼고 지도를

애덤 스미스

받는 즐거움을 얻게 됐습니다. 그는 충분한 재능을 갖췄습니다. 기질은 남자답고 마음씨는 고결하며 진리를 추구합니다. 그와 같은 지위와 재산을 가진 인물에게는 삶의 무게를 지며 한결같은 고귀함을 유지하는 데 가장 단단한 기반이 되어줄 특징이지요. 선생께서 교육을 통해 훌륭한 재료로 신뢰할 수 있는 성품을 빚는 데 동의하신다면, 그는 분명히 우리가 간절하게 바라던 인물이 되어 가족과 조국의 품으로 돌아오리라 믿어 의심치 않습니다.

저는 다음 주 금요일에 도시로 갑니다. 이 편지에 대한 당신의 답을 꼭 듣고 싶습니다.

친애하는 스미스 선생께 진실한 애정과 존경을 담아,

C. 톤젠드[4]

추신: 댈키스 부인이 선생께 찬사를 전해달라는군요.


톤젠드는 스미스가 가정교사로 있는 동안 연간 500파운드를 지급하고, 이후에는 매년 300파운드를 지급하기로 했다. 그가 교수로 있는 동안 받았던 연봉이 150파운드에서 300파운드 정도였음을 고려하면 매우 후한 액수였다. 더욱이 톤젠드가 지적한 것처럼 버클루와의 친분은 스미스가 스코틀랜드 세관위원회에서 보수가 좋은 공직에 진출하는 데 도움이 될 것이었다. 거절할 만한 제안이 아니었다. 스미스는 제안을 신속하고 분명하게 수락하고, 11월 8일 교수직을 사임하겠다는 의사를 밝혔다. 그가 흄에게 말했듯, 유일한 문제는 자신이 맡고 있던 법학 강의를 어떻게 마칠까 하는 것이었다. 이 문제는 전통적인 방식으로 신속하게 해결됐는데, 그의 조수였다는 것 외에는 알려진 바가 거의 없는 파이프 출신 청년 토머스 영Thomas Young이 빈자리를 채우게 됐다.

스미스의 교수 경력은 만족스럽게 끝을 맺었다. 강의를 마치지 못해 학생들에게 빚을 졌다고 생각한 그가 수강료를 환불해주기로 했지만, 학생들은 극구 사양했다.

— 그러나 스미스는 뜻을 굽히지 않았다. 젊은 친구들이 보여준 존경심에 깊은 인상을 받았다면서 학생들에게 이것이 자신과 자신의 정신 사이의 문제이고 옳고 적절하다고 생각한 일을 완수하지 않고는 편히 있을 수가 없다고 이야기했다. "제가 만족스럽게 떠날 수 있도록 거절하지 말아 주십시오, 맙소사, 신사 여러분. 부디 그러지 마십시오." 그러고는 옆에 서 있던 청년의 코트를 잡아당겨 주머니에 화폐를 찔러 넣은 다음 청년을 밀쳐냈다. 나머지 사람들은 아무리 설득해도 소용이 없다는 것을 깨닫고 그가 하는 대로 하도록 놔둘 수밖에 없었다.[5]

스미스는 1764년 1월 런던으로 떠났다. 그는 자신의 후임을 지명하기 위해 치러진 치열한 선거에 참여하길 거부했다. 가장 강력하고 영향력 있는 목소리로 흄을 비평했던 인물이자 명망 있고 출세한 후보자인 토머스 리드가 임명되어 스미스의 자리와 그가 쌓아온 업적이 훼손될까 봐 우려하는 윌리엄 컬렌, 존 밀러 등의 동료들이 요청하는 도움을 뿌리친 채 교수로서의 경력을 단칼에 잘라냈다. 그리고 1784년까지 글래스고로 돌아가지 않았다.

스미스는 런던에서 새 제자를 처음 만났고, 함께 프랑스로 떠나 2월 13일 파리에 도착했다. 두 사람의 친분은 스미스의 여생 동안 지속됐다. 스미스가 사망한 후 버클루 공작은 스튜어트에게 다음과 같이 말했다. "1766년 10월, 우리는 거의 3년을 함께 보낸 후 런던으로 돌아왔습니다. 우리는 의견이 조금이라도 어긋나거나 사이가 서먹해진 적이 없으며, 그는 그 정도 명성을 가진 인물에게서 기대할 수 있는 모든 장점을 가지고 있었습니다. 우리는 그가 세상을 떠나는 순간까지 우정을 나눴습니다. 나는 그의 재능뿐만 아니라 성품 또한 사랑하고 존경했고, 소중한 친구를 잃었다는 생각을 앞으로도 지울 수 없을 것입니다."[6] 스미스의 전 제자였던 토머스 피츠모리스와 마찬가지로 버클루 역시 이튼 스쿨 졸업생이었지만 버클루에게서는 이전 제자에게서 엿보였던 건방지거나 자만하는 태도를 찾을 수 없었다. 버클루 공작의 어린 시절은 행복하지 않았으며, "어머니는 나에게 거의 관심이 없었고 처음 다닌 학교의 총장 역시 나를 가르치는 데 전혀 관심이 없었다"라고 말했다. 또한 그는 대담하고 자신감 넘치는 두 형제의 그늘에서 자랐다. 그를 이튼에 보내야 한다고 주장한 사람은 계부 톤젠드였다며, "고백하자면, 당시 스미스는 훗날 어떤 실수를 하더라도 용서할 수 있을 만한 배려를 해줬다"라고 언급했다.[7] 버클루는 사실 자신을 국가 정치에 입문할 수 있는 '세습 상원 의원'으로 만들려는 계부의 계획을 전적으로 불신했다. 그는 톤젠드가 자신이 좋아하던 이튼 스쿨 교사에게 그와 함께 그랜드 투어를 떠나달라고 요청하지 않아 실망했을 것이고, 한편으로는 스미스 같은 학문적 대가를 섭외한 것에 대해 우려했을 수도 있다.[8]

스미스가 버클루의 가정교사로 임명된 것을 두고 에든버러에서는 당연히 여러 말이 오갔다. 교수로서 그의 능력을 의심하는 사람은 없었지만, 신분에 걸맞은 정중함을 익혀야 하는 젊은 귀족의 멘토로서는 자격이 있느냐 하는 것이었다. 스미스는 프랑스어를 거의 하지 못했고, 예법도 확실히 어색했다. 칼라일은 스미스가 "여행 동반 교사로서 세상과 교류하는 데는 매우 부적합한 것 같다"라고 봤고, 법률가이자 골동품 전문가였던 데이비드 댈림플 경은 "찰스 톤젠드는 매우 유능한 윤리학 교수이면서 매우 무심한 길동무를 아들에게 붙여준 셈이다. 스미스는 학식이 뛰어나고 사회적 예법에 관해서도 아는 것은 많지만 여전히 어색할 뿐만 아니라 듣는 귀가 나빠서 프랑스인들이 알아들을 수 있을 정도로 자신을 소개하는 법을 절대 배우지 못할 것"이라고 말하기도 했다.[9] 심지어 흄조차도 친구인 부플레르Boufflers 백작부인에게 이렇게 말했다. "그는 집에 틀어박혀 생활하는 데 익숙해서 세상과 어울리기에 부족해 보일 수 있습니다."[10]

하지만 톤젠드는 버클루가 예법을 익히기보다는 성품을 완성하기를 바랐고, 셸번처럼 그 역시 아들을 정치가로 만드는 데 스미스가 적합한 인물이라고 생각했다. 그는 1765년 버클루에게 다음과 같이 언급했다.

— 스미스는 장점이 많지만 특히 우리나라의 헌법과 법률을 깊이 있게

애덤 스미스

해석할 수 있다는 장점이 있어. 그는 지나치게 세련되지 않으면서 독창적이지. 우리 정부에 대해 너무 체계적이지 않으면서 일반적인 개념을 가지고 있으니, 너는 그와 함께하는 짧은 기간에 기반이 탄탄한 정치꾼으로 성장할 수 있을 거야. 여기에서 정치꾼이란 일반적으로 생각하는 의미가 아니라 '정치인'보다 네 나이에 적합한 덜 무거운 의미를 지닌 단어다. 정치인이 되려면 정치꾼이 되어야 하지만, 하나는 지식만 가진 사람이고 다른 하나는 거기에 공직을 맡아 쌓은 경험이 더해진다는 데서 의미가 다르지. 스미스는 너를 정치꾼으로 만들어줄 것이고, 시간이 지나면 내 말이 맞았다는 것을 알게 될 거야.[11]

스미스와 톤젠드는 다음 18개월 동안 공작을 위한 집중 교육을 하기에 적합한 장소로 프랑스 제2의 도시인 툴루즈를 선택했다. 이런 결정을 내리는 데는 흄과 그의 친척이자 툴루즈의 시장이었던 아베 콜베르Abbé Colbert의 조언이 큰 역할을 했을 것으로 보인다. 콜베르가 지역 사회에 그들을 소개했고, 아마도 적절한 숙소도 마련해준 것 같다. 그 후 스미스는 제자와 함께 제네바, 파리, 독일을 방문했다. 그때쯤 버클루 공작은 성년이 됐고 자기 영지와 경력을 스스로 책임질 준비가 되어 있었을 것이다. 스미스는 그의 가까운 친구이자 멘토가 되어 대지주의 공적 역할에 대해 공작의 계부가 할 수 있었던 것보다 적절한 개념을 공작에게 전달한 것으로 보인다. 공작에게는 다행스럽게도, 1767년에 톤젠드가 갑자기 사망하면서 그를 정치인으로 키우겠다는 계획도 없던 일이 됐다.

스미스는 이때 처음이자 마지막으로 유럽을 방문했는데, 당시 유럽의 정세는 매우 흥미로웠다. 1763년 파리 조약으로 7년 전쟁이 마무리된 후 프랑스는 식민 제국의 많은 부분을 잃었고, 경제에 큰 타격을 입었다. 또한 국가의 공공재정을 관리할 능력은 물론 통치의 원칙 자체도 신뢰를 잃고 말았다. 톤젠드는 공공재정에 지대한 관심을 가진 정치인이었고, 당연히 스미스와 버클루에게 최근 프랑스의 역사에 주의를 기울이라고 당부했다. "교활하고 거대한 군주국의 야심 찬 계획이 완성된 듯했고 강력한 무기와 해군과 번성하는 상업으로 유명했던 국가가 프랑스 아닌가. 그런데 어째서 괴물 같은 몸집과 균형을 갖추고도 결정적으로 진가를 발휘할 마지막 순간에 육지와 바다에서 현시대에 가장 쓸모없는 군사력을 보여주게 됐는가."[12]

툴루즈는 비판적인 스코틀랜드 관찰자가 당대 프랑스 문명의 진보를 지켜보기에 적절한 장소였다. 에든버러를 아는 사람이라면 적응하기가 쉬운 도시이기도 했다. 사교계와 정치계, 전문직 종사자들의 생활은 주변 도시의 법률가들과 고등법원에 따라 움직였다. 이 엘리트 집단과 기관은 피에르 벨이 "유럽에서 가장 미신적인 도시"라고 묘사했던 이 도시를 개선하고 교양을 높이는 데 기여했다.[13] 1762년, 자유로운 사상을 가진 야심가 로메니 드 브리엔Loménie de Brienne이 대주교로 임명된 해에 도시에서 예수회 신도들이 추방됐다. 새 대주교는 튀르고Turgot, 모를레Morellet, 달랑베르 같은 철학자들과 친구였으며 파리를 대표하는 살롱들의 단골이자 정치, 무역, 공공재정에 관한 서적들을 갖춘 도서관을 소유하고 있었다. 스미스는 그를 만날 날을 고

애덤 스미스

대하며 그의 도서관에 가보고 싶어 했을 것이다.

도시를 방문하는 사람들의 관심을 끌 만한 다른 개선의 징후도 있었다. 툴루즈는 법학부로 유명한 대학과 왕립 아카데미 3개, 네오 팔라디오 풍으로 도시를 재개발하려는 야심 찬 계획을 가지고 있는 도시였다. 툴루즈에서 가장 놀라운 점은 17세기 후반 대서양과 지중해를 연결하는 '두 바다 운하Canal des Deux mers'를 건설한 도시라는 것이다. 이 운하는 18세기 중반까지 미디 툴루즈 지역의 농업 경제를 자극하는 역할을 했다. 스미스는 이 거대한 프로젝트를 유지하기 위해 만들어진 조항에 찬성했다. 운하를 건설한 공학자들과 그 가족들은 운하를 유지하는 비용을 부담하는 대가로 통행료 수입을 받기로 되어 있었다. 그 덕에 부자가 된 후에도 그들은 "운하를 꾸준히 수리하는 데 큰 관심이 있었다. 만약 운하에 별 관심도 없이 위원들이 통행료를 관리했다면 아마도 비용을 낭비하고 가장 중요한 부분은 방치했을 것이다."[14]

이렇듯 도시가 발전하고 있다는 징후는 곳곳에서 나타났지만 상업과 교양에 대한 이런 변화는 1764년까지도 툴루즈 문화에 깊숙이 침투하지 못했다. 청렴한 개신교 상인이었던 장 칼라스Jean Calas는 자신이 저지르지 않았고 저지를 수도 없었던 살인에 대한 혐의로 재판을 받고, 결국 마차에 묶여 사지가 찢긴 후 매달려 불태워졌다. 지역에 깊이 뿌리 내린 종교적 광신주의와 종교적 압력에 굴복하기 쉬운 지방법원의 취약성을 보여준 사건이다. 이는 유럽을 충격에 빠뜨린 잔혹한 형벌이었고, 볼테르는 이 사건을 주제로 유명한 소논문을 쓰기도 했다. 칼라스의 마지막 말은 《도덕감정론》의 마지막 판에서 "순진한 사람이 겪을 수 있는 가장 잔인한 불행"을 겪은 사람의 말로 기록됐다.[15]

버클루를 교육하기에 툴루즈가 적합한 장소가 맞는지 스미스와 흄, 톤젠드는 의문을 품었던 순간이 있었을 것이다. 상업적 정신이 없고 그런 정신을 개발할 의지도 없는 도시라는 명성을 오랫동안 유지해왔기 때문이다. 1742년 상인 증권거래소는 "툴루즈는 상업적인 도시가 아니"라고 주장했다. 툴루즈의 지위와 특성은 다수의 법률가, 서비스 산업과 여기에 얽혀 있는 길드 및 기업 네트워크, 그리고 루이 드 망드한Louis de Mandran이 "휴식을 사랑하며 노동을 두려워하고 수고를 거부하는 성향"이라고 표현한 지역 노동자들의 성향으로 얻어진 것이었다.[16] 여행을 계획하면서 스미스는 7년 전쟁의 여파로 프랑스 고등법원과 왕실 간에 심화되고 있던 위기에 관심을 가지게 됐다. 왕은 그러지 않아도 악명 높은 20분의 1세Vingtième(수입의 20분의 1, 즉 5퍼센트를 징수하던 세금-옮긴이)를 무려 세 배나 인상하고자 했고, 이에 대해 툴루즈는 최전선에서 저항하고 있었다. 1763년 왕실 부대가 도시를 점령했다. 스미스와 버클루 공작이 프랑스에 도착했을 때도 툴루즈는 여전히 왕실과 길고 치열한 싸움을 벌이고 있었다. 스미스는 이런 싸움을 주제로 쓴 방대한 소논문들을 수집하여 스코틀랜드로 보냈다. 세금과 공공재정에 대한 다툼에서 비롯되는 부담은 그 후 그의 정치경제 사상에서 중요한 주제로 남았다.

여행이 그다지 즐거운 출발을 하지는 못했던 모양이다. 대주교는 파리에 있었고 스미스와 버클루가 방문했을 때 계속 파리에 머물렀던 것으로 보인다. 스미스가 흄에게 1764년 7월에 보낸 서신에는 더 나쁜 소식이 담겨 있었다.

—— 톤젠드는 슈아죌Choiseul 공작이 이곳과 프랑스 전역의 모든 상류층 사람에게 우리를 추천해줄 것이라고 했네. 하지만 우리는 어디에서도 초청받지 못했고, 우리만큼이나 이곳을 잘 모르는 아베 콜베르의 도움을 받아 우리 스스로 모든 것을 해결해야 했네. 우리가 이룬 것이 그다지 많지는 않아. 공작이 아는 프랑스인은 한 명도 없네. 내가 아는 몇 안 되는 사람들도 집에 데려오거나 그들 집에 자유롭게 드나들 수 없어 친분을 쌓기가 힘들다네. 글래스고에서 내가 영위한 삶은 여기에서의 삶에 비하면 즐겁고 방탕한 삶이었네. 나는 시간을 보내기 위해 책을 쓰기 시작했어.[17]

그가 쓰고 있던 책이 《국부론》이었는지에 대해서는 논란과 추측만이 남아 있다. 하지만 스미스의 편지를 통해 짐작할 수 있는 사실은 스미스가 프랑수아 케네François Quesnay 및 그와 친분이 있던 파리의 중농주의 경제학자들과 논의하고 싶어 했던 법학, 행정규제, 정치경제에 대한 사상을 통합할 때라는 결정을 했으리라는 것이다.

공작에게 이 여정은 열심히 공부하며 적어도 처음 얼마 동안은 상대적으로 고립되어 살아야 한다는 의미였다. 글래스고대학교에서 피츠모리스가 경험한 것과 마찬가지로 스미스의 기본 교육 원칙은 '검사와 통제'였고 스미스 자신이 인정했던 교육 계획은 '첫 번째 겨울 동안 과제로 그를 묶어두는 것'이었다. 이는 그를 계속 바쁘게 해서 게으름 피울 시간을 주지 않으려는 것이었다. 버클루는 아마도 혼자 읽는 시간을 가진 후 스미스가 글래스고에서 했던 도덕철학 및 법학 강의를 바탕으로 집중적인 토론을 하고, 현지 강사와 함께 승마와 펜싱 같은 운동을 규칙적으로 했던 것 같다. 스미스는 피츠모리스에게 두 번째 해에 법과 정치를 가르쳤는데, 버클루에게도 똑같은 방식으로 영국과 프랑스의 체제, 근대 유럽에서 점점 짙어져 가는 군국주의, 7년 전쟁 이후 처참히 붕괴한 프랑스의 권력을 조명하는 몽테스키외의 《법의 정신》과 흄의 《영국사》를 소개했다. 공공재정 전문가로서 톤젠드는 프랑스 헌법에 대한 버클루의 소논문을 보고 기뻐했으며, 세금 제도에 특별히 관심을 기울이라고 격려한 듯하다. 버클루가 언급하진 않았지만 프랑스 군주제의 미래에서 프랑스 귀족 사회가 가지는 중요성에 대한, 논란의 여지가 있는 몽테스키외의 견해도 스미스와 분명히 논의했을 것이다. 공작이 지주 귀족의 경제적·도덕적 중요성과 개선 과정에서 그들의 역할을 인식하고 앞으로 대지주가 맡아야 할 역할에 대해 온건하면서 덜 당파적인 개념을 발전시킨 것은 이런 논의 덕분이었다. 이는 스미스와의 우정이 오래도록 이어지는 데 기반이 되기도 했다.

어쨌든 공작은 툴루즈에서 외로운 생활을 해야 했다. 스미스는 흄의 도움으로 버클루 공작의 형제인 캠벨 스콧Campbell Scott과 이튼 스쿨 시절부터 오랫동안 친분을 유지해온 제임스 맥도널드James Macdonald

경을 설득했고, 그들이 가을에 합류하면서 부담을 덜 수 있었다. 그 뒤로 상황이 점차 안정됐다. 스미스와 버클루는 툴루즈의 정치 모임에 나가기 시작했으며, 지역 의회에서 열리는 토론에 참석하기 위해 보르도와 몽펠리에를 여행했다. 1765년 4월 톤젠드는 버클루에게 '학습 및 운동 일정을 동일하게' 유지하는 조건으로 그들이 파리로 이사하는 걸 허락했다. 그때까지 스미스는 다음과 같이 기록할 수 있었다. "공작에게 큰 변화가 있었다. 그는 프랑스 지인들에게 익숙해지기 시작했고, 나는 남은 시간 동안 우리가 함께하며 평화롭고 만족스러우면서도 즐겁고 유쾌한 시간을 보내리라고 확신한다."[18] 여름 동안 스콧, 맥도널드와 함께 프랑스 남부와 피레네산맥으로 짧게 여행을 다녀온 두 사람은 1765년 12월 파리로 이사하기 전 두 달 동안 제네바를 방문했다.

제네바를 두 달 동안이나 방문하기로 한 결정은 다소 이례적인데, 아마도 스미스가 여행을 계획하는 데 관여했던 것으로 보인다. 그의 이전 제자였던 프랑수아 루이 트롱솅François-Louis Tronchin의 아버지 테오도르 트롱셍은 제네바의 주요 인사이자 지식인 모임의 중요한 구성원이었고, 프랑스 왕실의 주치의이기도 했다. 게다가 제네바는 루소와 볼테르의 도시이기도 하다. 이 도시 역시 스미스와 버클루에게 흥미로운 정치 상황을 통해 생각할 거리를 던져줬다. 도시 국가였던 제네바의 헌법은 본질적으로 귀족적이었고, 당시는 시민들이 정치적 기반을 넓히고자 이에 대항하고 있었다. 여기에서도 근대 국가를 통치하는 데 귀족의 역할에 대해 생각할 거리를 찾을 수 있었다. 테오도르 트롱솅은 칼뱅파 지식인들이 스코틀랜드의 철학, 역사, 의학에 특히 관심이 있던 시기에 스미스와 버클루가 제네바 문학 및 학술 모임에 쉽게 접근할 수 있게 해줬다.[19]

몇 주 만에 스미스는 제네바 정부의 주요 인사들과 조지프 블랙의 잠열 이론theory of latent heat에 관심이 있던 조르주 르 사주George Le Sage, 샤를 보네Charles Bonnet 같은 교수들을 소개받았다. 이 두 사람은 악명 높은 회의론자와 스미스의 우정에 흥미를 느꼈다. 더 중요한 것은 트롱솅 역시 젊은 귀족 라 로슈푸코 공작과 그의 어머니이자 자신의 환자였던 드엥빌d'Enville 공작부인을 스미스에게 소개했다는 것이다. 라 로슈푸코 공작은 결국 수포로 돌아가기는 했지만 《도덕감정론》을 프랑스어로 번역할 계획을 세우기도 했고, 스미스는 남은 생애 동안 그와 정기적으로 연락하며 지냈다. 드엥빌 부인은 중요한 인맥이었다. 매우 지적인 여성인 그녀는 튀르고의 절친한 친구였고, 스미스가 프랑스 살롱 모임과 중농주의 경제학자들 사이에서 성공적으로 데뷔할 수 있도록 기반을 닦아줬다.

루소는 당시 제네바에 없었고, 스미스는 그를 만난 적이 없는 것으로 보인다. 하지만 볼테르와는 확실히 만났으며 두 사람은 점점 불안정해지는 왕실과 지방 고등법원, 영지 사이의 관계에 관해 논의하기도 했다.[20] 스미스는 흉상까지 모셔놓을 정도로 볼테르를 존경했고, "모든 종파의 광신자들과 이단자들을 향한 볼테르의 조롱과 풍자는 인간의 이해력이 진리의 빛을 품을 수 있게 했고, 지적 정신을 가진 사람들이 열망해야 할 질문에 답하도록 준비시켰다. 그분은 소수만

### 제네바, 1765년

스미스와 버클루 공작은 1765년 제네바를 방문했고, 그랜드 투어 일정으로는 이례적인 방문이었다. 제네바는 고상하고 지성적인 삶을 누릴 수 있는 도시였으며 루소와 볼테르의 본거지이기도 했다(위 삽화는 1780년 경 제작된 줄라우벤 남작의 《스위스 회화집Tableaux de la Suisse》에서 발췌한 것이다). 스미스가 방문했을 당시 루소는 제네바에 없었지만 스미스가 흉상까지 가지고 있을 정도로 존경했던 볼테르와는 만날 수 있었다. 두 사람이 어떤 대화를 나눴는지는 기록되어 있지 않지만 두 사람의 만났다는 것만으로도 큰 성과를 거둔 셈이었다. 스미스는 볼테르를 두고 '볼테르 선생은 유일무이한 존재'라고 했고, 볼테르는 스미스의 《도덕감정론》을 두고 "스미스에 비견할 인물이 없으며 친애하는 내 동료들의 연구조차도 그의 연구와 비교하면 부끄러워질 정도"라고 평했다.

이 저서를 찾아 읽는 위대한 철학자들보다 인류의 발전을 위해 훨씬 더 많은 일을 했다. 볼테르의 글은 모두를 위해 쓰였고 모두가 읽었다"라며 그에 대해 흄학파적 평가를 남기기도 했다.[21] 《도덕감정론》, 《국부론》, 인간 중심 근대 과학을 위한 스미스의 전체 프로젝트가 계몽주의의 종교에 대한 본질적인 공격을 바탕으로 세워졌다는 사실을 다시 한번 떠올리게 하는 대목이다.

스미스와 버클루는 1765년 늦가을에 제네바를 떠나 크리스마스에 파리에 도착했고, 여정은 가장 중요한 단계로 접어들었다. 두 사람은 이후 9개월 동안 생제르맹에 있는 영국 대사관 근처 파크 로열 호텔에서 살았다. 영국 대사였던 하트퍼드Hertford 백작은 공작을 왕실과 외교관 모임에 소개했고, 톤젠드는 버클루에게 흄이 그를 문인 모임과 "네게 가장 유용한, 물정에 밝은 인사들"에게 소개할 거라며 "너도 그런 사람이 되어야 한다"라고 말했다.[22] 프랑스 지식인 모임에 흄보다 더 누군가를 인상적으로 소개할 수 있는 사람은 없었다. 흄은 1763년부터 파리에서 하트퍼드 백작의 비서로 일하면서 외교관이라는 지위와 함께 넉넉한 급여를 받으며 《정치적 담론》과 《영국사》를 통해 얻은 명성을 즐겼다. 예상치 못한 명사 대우를 받고 놀란 흄은 이를 스미스를 비롯한 스코틀랜드 친구들에게 자세히 보고했다. 1763년 10월 스미스에게 보낸 편지에서 그는 에든버러와 런던에서 받은 인색한 환대에 관해 거듭 이야기하며 "파리에서 박수갈채로 나를 맞아주는 이들이 몇 년 전만 해도 내게 정중함이라고는 보여주지 않았던 에든버러 사람들과 같은 종족이라는 사실을 믿을 수 있는

가?"라고 썼다.[23] 2년 후 스미스가 툴루즈에 있을 때 흄은 파리에 정착하게 될 수도 있다고 이야기했는데, 이 제안을 듣고 놀란 스미스는 즉시 다음과 같이 편지를 보내 날카롭게 답했다.

— 사람은 언제나 외국에서 홀대를 받게 마련이지. 이 나라의 자랑스러운 인간성과 예의에도 불구하고 이들은 일반적으로 악의적인 관심이 있으며 우정을 쌓을 때도 우리나라 사람들보다 훨씬 덜 진심을 쏟는 듯하네. 이들은 매우 큰 사회에 살고 있고, 이들의 애정은 매우 다양한 곳에 분산되어 있어 한 개인에게 줄 수 있는 애정은 극히 일부에 불과하다네. 자네가 함께 살고자 하는 위대한 공들과 숙녀들이 자네에게 진실한 애정을 가지고 그런 제안을 할 것이라고는 생각지 말게. 그들은 자기 집에 유명인을 두고 허영심을 만족시키는 것 말고는 관심이 없으며, 하트퍼드 경과 부인의 가족에게서 누렸던 충만한 애정은 느낄 수 없다는 것을 자네도 곧 깨닫게 될 걸세.[24]

그러나 그때쯤 흄의 파리지앵 시절은 거의 끝을 맞이하고 있었다. 하트퍼드는 더블린에 중위로 배치되어 소환됐고, 흄은 계속 그의 비서로 남았다. 흄은 상당한 급여를 받을 수 있었지만, "파리에서 더블린으로 이사하다니 빛에서 어둠으로 들어가는 기분"이라고 이야기했다.[25] 하트퍼드의 임명은 취소됐지만 그는 흄과 함께 런던으로 돌아갔고, 스미스는 유명한 외교관의 도움 없이 자신과 제자를 파리 사교계에 알려야 하는 책임을 맡았다.

사실 걱정할 필요는 없었다. 흄은 이미 사람들에게 그들이 방문하리라는 사실을 꼼꼼하게 알려뒀고, 스미스 자신도 어느 정도 유명세를 누리고 있었다. 1764년 돌바흐d'Holbach 남작이 속해 있던 무리 중한 사람이 출판한《도덕감정론》이 엉터리 번역에도 불구하고 파리에서 호평을 받은 덕분이었다.

설상가상으로 제목마저《영혼의 형이상학La Métaphysique de l'âme》이라는 얀센주의적 제목으로 바뀌면서 프랑스 독자들에게 정서의 인과관계학을 탐구하는 작품으로는 강점을 인정받았지만 신학적으로는 실패했다는 평가가 나오기도 했다. 하지만 스미스는 스코틀랜드 철학과 문학이 번역의 아쉬움을 뛰어넘은 인기를 끌고 있을 때 프랑스를 방문하게 됐다. 1762년과 1765년에 출판된 오시안Ossian의 첫 번째 시집은 런던 및 에든버러에서와 마찬가지로 파리에서도 문제작으로 거론되며 화제를 불러일으켰다. 볼테르의《앙리아드Henriade》를 비판하는 케임스 경의《비판의 요소Elements of Criticism》도 마찬가지였는데, 볼테르는 신랄하게 대응했다.

━ 오늘날 서사시에서 정원 가꾸는 법에 관한 책에 이르기까지 모든 예술 분야에서 스코틀랜드의 취향이 우리에게까지 도달한 것은 인간 문화가 진보하며 얻은 놀라운 결과다. 인간의 정신은 매일 확장되므로 오크니제도(스코틀랜드 북방의 제도-옮긴이)에서 시와 수사학에 관한 논고를 받는다고 해서 낙담할 필요는 없다. 하지만 사실 이 나라는 여전히 예술에 대한 위대한 담론보다는 위대한 예술가를 보고 싶어 한다.[26]

애덤 스미스

스미스는 파리에서 거의 흄과 같은 정도의 환대를 받았다. 그는 머지않아 드엥빌 공작부인, 조프랭Geofrin 부인, 드 레스피나de l'Espinasse 부인, 그루시Grouchy 부인, 흄의 오랜 친구인 부플레르 백작부인과 함께 주요 살롱의 단골이 됐다. 마리보 시대부터 지적인 여성들이 정서적 윤리학과 문학을 논의했던 바로 그 장소에서《도덕감정론》에 대한 토론이 이뤄졌다. 한때 이 책을 더 정확하게 번역해야 하는지 고민하기도 했던 백작부인은 여성들의 모임에서 유행하는 이론으로서 스미스의 동감 이론이 흄의 회의론을 대체하기에 적합하다고 생각했다.[27] 스미스는 또한 돌바흐 남작의 주간 만찬이나 클로드 아드리앙 엘베시우스Claude-Adrien Helvétius의 저택, 파리와 베르사유 궁전에서 열리는 왕실 의사 케네의 철학 모임에도 쉽게 접근할 수 있었다. 그는 튀르고, 모를레, 네케르Necker, 달랑베르, 마르몽텔Marmontel 그리고 근대 소설가 중 가장 인기 있는 인물이었던 리코보니Riccoboni 부인과도 친구가 됐다.[28] 그는 전에도 없었고 앞으로도 없을 충만한 사교 생활을 누렸다. 존 레이John Rae가 지적했듯 스미스는 7월 한 주 동안 21일에는 에스피나 부인, 25일에는 부플레르 백작부인, 27일에는 돌바흐 남작과 함께 시간을 보냈다.[29] 스미스의 하인이 작성한 옷장 목록을 보면 그가 꽤 비싼 옷을 입기 시작했다는 사실을 알 수 있다.[30] 이후 작성한 글에서 그는 당시 연극과 성악 공연의 예술성에 관해 논의하기 위해 극장과 오페라 단골이 됐다고 회상했다. 항간에는 그가 그다지 진지하지 않은 연애를 시작했다는 소문이 돌기도 했다.[31]

그러나 가장 중요한 것은 "프랑스에서 가장 지적인 인물들"이었던 케네의 주변 인물들을 만난 것이었다.[32] 중농주의 경제학자들에게 스미스는 미지의 인물이었고, 듀폰 드 느무르Du Pont de Nemours의 말처럼 "사려 깊고 단순하며 아직 자신의 가치를 증명하지 못한 사람"으로 평가받았으며,[33] 흄의 친구이자 당시 널리 알려진 훌륭한 도덕철학 체계를 세운 인물로 인정받았다. 그가 구상한 정치경제 체계를 통해, 각자의 해결 방식이 어리둥절할 정도로 다르기는 하지만 많은 경제학자의 관심사가 해결되기도 했다. 스미스 역시 케네의 연구에 대해 잘 알지 못했다. 그는 1750년대 후반《백과전서》의 글을 통해 케네를 처음 알게 됐다. 그 글은 곡물의 자유무역을 옹호하고 국가가 부유해질 수 있는 유일한 원천은 토지라는 고전적인 주장의 토대가 됐다. 케네는《경제표Tableaux Économiques》에서 매우 추상적인 용어로 이런 원칙을 발전시켰는데, 1758~1759년에 매우 제한된 독자층을 대상으로 펴낸 출판물이었던 탓에 글래스고에는 잘 알려지지 않았던 모양이다. 스미스가 1766년 프랑스 중농주의 경제학자들을 처음 만났을 때 그들은 케네 체계에 담긴 개념적이고 정치적인 의미를 폭넓게 연구하고 있었다. 이런 발전은 1767년 미라보Mirabeau 후작이《농촌 철학 Rural Philosophy》을 출판하면서 세상에 알려졌고, 같은 해 이 연구의 맥을 잇는《중농주의Physiocratie》가 출간됐다. 튀르고, 듀폰 드 느무르, 르메르시에Lemercier의 시리즈도 준비 중이거나 제작 중이었다.[34] 스미스는 자신의 체계 외에 유일하게 훌륭한 계몽주의 정치경제학 체계가 발전하는 것을 직접 목격할 수 있었던 셈이다.

프랑스어에 능숙하지 못했고 예법도 어색한 데다 프랑스인들의 시스텀에 심각한 의구심을 품고 있기는 했지만, 스미스는 케네를 비롯해 그의 주변인들과도 잘 어울렸다.《국부론》에서 그들을 폭넓게 비평했는데, 그의 비판에는 진지함뿐만 아니라 친근함도 담겨 있어 눈에 띈다. 스미스는 자기에게 《중농주의》의 원고를 보여줬던 케네를 "각 체계의 창시자인 고대 철학자들"만큼이나 제자들에게 존경을 받으면서도 "가장 겸손하고 꾸밈없는 인물"로,[35] 미라보는 "매우 부지런하고 존경할 만한 작가"로 묘사했다.[36] 튀르고에 대해서는 "모든 면에서 자네와 견줄 만한 친구"라는 말을 흄에게 전하기도 했다.[37] 스미스가 본 프랑스 중농주의 경제학자들의 체계는 다음과 같았다. "결함이 있기는 하지만 정치경제학이라는 주제에서 아직 발표되지 않은 진실에 가장 가까운 체계이며, 경제학이라는 중요한 학문의 원리를 깊이 연구하고자 하는 사람이라면 고려할 가치가 충분히 있다."[38] 그는 실제로 스튜어트에게 케네가 《국부론》이 출간될 때까지 살아 있었다면 그에게 헌사를 부탁했을 것이라고 이야기하기도 했다.[39] 모를레가 얼마 후 출간한 《상업 사전Dictionnaire du commerce》에서 "프랑스 중농주의 경제학자들을 부수고, 두드리고, 그들에게 벼락을 내려 먼지와 재로 만들기를" 바랐던 흄의 바람과는 현저하게 대조되는 언급이다. 흄은 여기에 "그들은 실존하는 이들 중 가장 비현실적이고 오만한 사람들"이라는 말을 덧붙였다.[40] 이는 스미스가 세상을 떠날 때까지 점점 더 공감하게 된 견해였다.

스튜어트는 스미스가 프랑스 중농주의 경제학자들의 체계를 진지하게 받아들인 이유가 자기 생각을 정리하는 데 도움이 됐기 때문이라고 생각했지만, 그게 다는 아니었다. 그는 콩디야크, 몽테스키외, 루소의 철학 체계를 진지하게 받아들였지만 근본적인 결함을 발견했다. 케네의 경제 체계에 관해서도 마찬가지였다. 스미스와 케네의 체계에는 어느 정도 겹치는 부분이 있었다. 두 사람 모두 국민의 필요와 욕구를 충족시키는 능력을 바탕으로 국가의 부와 세입을 논했다. 또한 흄이 이야기했던 '거대한' 유럽 군주제 중 하나에서 이런 필요와 욕구를 충족시키려면 토지에 고용되지 않은 사람들을 위해 잉여 농산물을 어떻게 사용할 것인지 고민해야 한다고 주장했다. 국가의 장기적인 수입과 권력 그리고 국민의 행복은 충분히 높은 수준의 농업 생산을 유지하는 능력에 달렸다고 주장한 점도 같았다. 또한 이 목표를 달성하는 가장 좋은 방법이 상품, 서비스, 정서를 자유롭게 교환하는 데 방해가 되는 요인을 제거하는 것이라는 데도 두 사람 모두 동의했다. 실제로 케네의 《경제표》에 소개된 매우 추상적인 논증의 요점은 선진국 경제에서 농업으로 생성된 부가 국가의 수입과 국민의 부를 증가시키는 방식으로 경제의 여러 부문을 자연스럽게 순환하는 방법을 보여주는 것이었다.

프랑스 중농주의 경제학자들은 자신들이 정치경제학의 일반 이론을 발전시키고 있다고 주장했다. 사고가 발전하는 역사적인 맥락을 누구보다 민감하게 지켜본 스미스는 농업 시스템이 개발되지 않은 거대한 영토 국가에서 무역과 상업, 국가적 영광을 촉진하는 방법에 관한 선입견을 오랫동안 가지고 있었던 프랑스의 관점에서 문제를 바라보고자 했다. 《국부론》에서 그는 프랑스 중농주의 경제학자들의

애덤 스미스

체계가 유명했지만 실패한 콜베르의 시도에 대한 과잉 반응이라고 생각했다. 그는 도시의 산업을 지방의 산업보다 중시하는 '억제 및 규제 체계'를 통해 프랑스를 위대한 무역 및 제조 국가로 바꾸려고 했다. 스미스는 이런 억제 및 규제 체계에 대해 "여러 정부 부처를 규제하는 데 익숙하던, 근면하고 성실한 사업가들이 동의하지 않을 수 없는 체계"라는 냉소적인 견해를 가지고 있었다. 프랑스 중농주의 경제학자들은 "농업을 국가의 모든 세입과 부의 유일한 원천으로 삼는"다는 역시 극단적인 계획을 제시했고, 결과적으로 상업과 산업에 배치된 노동력은 어차피 노동력의 근본인 토지에 노동과 자본의 가치를 반환할 뿐이라는 점에서 유용하지만 본질적으로는 비생산적이라고 간주했다.[41]

스미스는 이런 주장이 유토피아적이고 잘못됐으며 정치적인 불안을 유발할 수 있다고 생각했다. 미라보가 《농촌 철학》에서 지적했듯, 이런 분석은 프랑스의 특징인 기존의 소작농이나 자급자족 경작 체계가 아니라, 영국의 특징인 발전되고 규모가 큰 농업을 전제로 했다. 문제는 프랑스가 앞으로 번영하여 위대한 국가로 거듭나는 데 기반이 될 농업혁명을 어떻게 시작할 것인가였다. 토지와 지주 계층에 기존 조세 제도 대신 단일 세금을 매기고 내수와 노동력 이동을 방해하는 장애물을 제거하면, 경제의 여러 측면에서 부의 순환을 촉진하고 농업 개선의 기반인 자원을 생성하고 국가의 부를 증가시킬 수 있다는 것이다. 이는 국가적 혁명으로만 이뤄질 수 있는 미개발 경제를 재생하는 방법일 뿐이었다. 케네는 이런 국가적 혁명을 '합법적 전제주의' 행위라는 파괴적인 표현으로 묘사했는데, 스미스는 이를 위험할 정도로 유토피아적인 '투영'의 한 형태라고 생각했다.

이 체계에 대한 스미스의 비평은 그의 경제적 사고뿐만 아니라 이 체계의 실현 가능성을 민감하게 평가한 것으로 유명하다.[42] 논란의 여지가 컸던, 새로운 조세 체계를 만드는 데 필요한 국가적 혁명과는 별개로 이 계획은 단일 세금을 통해 프랑스 지주 계급을 효율적인 농업 개량자 계급으로 전환하도록 자극하기에 충분하리라는 가정을 담고 있었다. 스코틀랜드 귀족에게서 그런 긍정적인 면을 찾을 수 있으리라는 믿음이 거의 없었던 스미스는 수긍하기 힘든 가정이었다. 그가 받아들일 수 있는 유일한 가정은 "토지 소유자 계급은 토지 개량에 *때때로 비용을 지출하여* 연간 생산량에 기여한다"라는 것이었다[이탤릭 처리는 추가했음].[43] 스미스는 케네 체계가 얼마나 편협하고 경직되어 있는지 발견하고는 더욱 충격을 받았다. 마치 "인체의 건강은 정확한 식이요법과 운동으로만 지킬 수 있으며, 조금만 위반해도 그 정도에 따라 해를 입거나 장애가 발생한다"라고 이야기하는 (케네 자신 같은) "추측에 의존하는 의사"가 만들어낸 듯한 체계라고 생각했다.[44] 파리에서 구체화된 이 비평은 프랑스 체계와 그의 체계 간 대립에서 핵심이 됐고, 근대 프랑스식 사고가 독창적일 수 있지만 인간 본성의 원리에 대한 이해가 부족하다는 그의 견해는 더 설득력을 얻었다. 무엇보다 국가적 혁명이 아닌 국가 제도의 점진적 개선을 목표로 하는 정책의 중요성을 강화했다.

─── 케네는 사회의 모든 구성원들이 자신의 환경을 개선하기 위해 지속적으로 수행하는 자연스러운 노력이 편파적이고 강압적인 경제 정책의 악영향을 여러 측면에서 예방하고, 수정하는 보존의 원동력이라는 점을 고려하지 않은 듯하다. 이런 경제 정책이 부와 번영을 향한 국가의 자연적 진보를 지연시킬 수는 있지만 완전히 멈출 수는 없으며 퇴보하게 하는 일은 더더욱 드물다. 완전한 자유와 완전한 정의를 누릴 수 없다는 이유로 국가가 번영할 수 없다면 세상에 번영할 수 있는 국가는 없다. 그러나 다행스럽게도 정치적 조직은 자연의 지혜로 인간의 어리석음과 불의가 빚은 나쁜 결과들을 치유할 충분한 준비가 되어 있다. 인간의 게으름과 무절제함을 고치기 위해 인간의 신체에 적용된 것과 같은 방식이다.[45]

《국부론》에서 스미스는 계속해서 개선 원칙이 분석에서 가지는 힘을 보여줬다. 케네 체계의 주요 오류는 장인·제조업자·상인의 노동을 본질적으로 비생산적이라고 묘사하며, "자신이 연간 소비하는 만큼의 가치를 재생산"한다는 점에서 가사도우미의 노동과 유사하다고 가정한 점이었다. 하지만 장인·제조업자·상인은 "판매할 수 있는" 상품을 생산하며 이를 생산한 노동은 추가 수요를 창출하므로, 결국 국가의 노동과 자본에 추가될 수 있다. 노동 분업의 진보와 개선의 진보가 제조업보다 농업에서 항상 느리다는 이유로 농업에서 얻은 수입이 무역과 제조업에서 창출한 수입보다 크다는 주장도 사실이 아니다. 이런 비평은 스미스 사상의 근본적인 결론을 바탕으로 했는데,

상업 또는 농업 중 하나를 선호하도록 고안된 정치경제 체계는 국가의 부를 극대화하는 수단이 되기에 결함이 있다는 지적은 그가 에든버러에서 한 강의에서도 언급했던 내용이다. 정지경제의 과제는 가능한 한 농업과 제조업 모두에서 자유무역을 방해하는 요소를 제거할 수 있는 진정한 자유주의를 어떤 수단으로 수립할지 생각하는 것이다.

이 모든 과정에서 스미스는 글래스고에서 제기했던 시골과 도시, 농업과 상업 사이의 관계에 대한 폭넓은 질문으로 돌아가고 있었다. 어쩌면 프랑스 중농주의 경제학자들과 만난 이후 이런 질문을 더 잘 해결할 수 있었을 것이다. 글래스고를 떠날 때 그는 이미 상업이라는 유익한 관행이 유럽에서 왜 그렇게 느리게 발전했는지 질문할 수 있는 수준까지 상업에 관한 논의를 발전시킨 상태였다. 그리고 봉건 제도가 농업의 진보와 노동 분업에 미치는 복잡한 악영향에 대한 분석을 통해 답을 구했다. 《국부론》에서 그는 이런 진보가 "역행적이며 자연스럽지 않다"라고 썼다. 이슈트반 혼트Istvan Hont가 이야기했듯 그는 미라보의 《농촌 철학》에서(그리고 아마도 미라보와 직접 나눈 대화에서) 그 주장을 뒷받침할 근거를 찾았으며, 프랑스 중농주의 경제학자들의 체계가 왜 그토록 위험한지 깨닫게 됐을 것이다.[46]

스미스를 비롯한 많은 이들처럼 미라보는 부의 진보를 사냥에서 목축과 농업으로의 진보 같은 자연스러운 발전 과정으로 봤고, 상업의 기원과 발달은 더 발전된 농업 상태에서 자연스럽게 발생한 결과로 봤다. "곡물 창고가 농작물 옆에 세워지듯 상업 사회는 농업 사회와 더불어 세워질 수 있었고, 또 그렇게 될 수밖에 없었다."[47] 농업을 희생하여 제조업에 유리한 조세 제도를 마련함으로써 프랑스를 거대한 무역 및 제조업 국가로 만들고자 했던 콜베르의 시도는 프랑스 중농주의 경제학자들이 국가적 조치를 바탕으로 반박했던, 자연의 흐름을 방해하는 비뚤어진 시도였다.

《국부론》을 쓸 때 스미스는 콜베르가 주장한 발전 과정이 '자연스럽고 유익한' 것으로 생각될 수 있으나 실제로 근대 유럽의 상업이 발전해온 과정은 이와 같지 않다는 사실을 알게 됐다. 또한 도시를 곡물 창고나 미라보가 이야기한 은행이 아니라 공화국으로 여기게 한 봉건 제도, 전쟁, 탐험, 사치품의 역사가 가져온 악영향이 고려되지 않았다고 봤다. 아마도 그는 1766년 파리에서 이뤄진 논의를 통해 이런 결론에 도달한 것으로 보인다. 만약 그렇다면, 정치경제학을 통해 이런 부자연스럽고 역행적으로 세워진 국가를 어떻게 관리해야 하는지 보여주어야 한다는 사실을 깨달은 것도 파리일 것이다.

하지만 1766년 여름, 스미스의 파리 생활은 거의 끝을 바라보고 있었다. 스미스와 버클루 공작은 툴루즈에서 합류했던 제임스 맥도널드가 로마에서 사망했다는 소식을 들었다. 이 소식을 전해 들은 흄은 스미스에게 보내는 편지에 다음과 같이 썼다. "자네와 내가 함께 있었더라면 우리는 지금쯤 불쌍한 제임스 맥도널드 경을 위해 눈물을 흘리고 있겠지. 이렇게 귀한 젊은이를 잃은 것보다 더 마음 아픈 일이 어디에 있겠나."[48]

뒤이어 더 나쁜 일이 일어났다. 8월 말 콩피에뉴 궁정을 방문해 머물고 있던 버클루 공작이 열이 끓으며 식중독 증세를 보였다. 그는 괜찮다고 우겼지만 스미스는 걱정하며 케네와 의사 두 명을 왕실로 보냈다. 스미스는 톤젠드에게 공작의 병세가 어떻게 진행되는지 자세히 보고했고, "아침 8시부터 밤 10시까지 그의 방에서 꼼짝하지 않고 공작에게 어떤 변화가 일어나는지 지켜봅니다. 성실하게 그의 곁을 지키는 저에 대해 쿡[버클루의 하인]이 질투하여 환자의 심기를 거스르지만 않았다면 아마 밤새도록 공작의 옆을 지켰을 것"이라며 톤젠드를 안심시켰다.[49] 글래스고에서 토머스 피츠모리스가 병에 걸렸을 때 보여줬던 것과 같은 세심한 보살핌이었다.

그때쯤 스미스는 집에 갈 채비를 마쳤다. 그는 출판인인 앤드루 밀러에게 다음과 같이 전했다.

— 이곳에서도 매우 행복하긴 하지만, 오랜 친구들과 다시 만나기를 간절히 원합니다. 고향 땅을 밟고 나면 다시는 바다를 건너지 않을 것 같습니다. 흄에게도 진지하게 생각하라고 충고해주세요. 여기나 프랑스 어딘가에서 여생을 보내겠다고 하거든 정신을 차리라고 이야기해주십시오. 그에게 따뜻한 안부를 전해주시길.[50]

마치 파리에서 원하는 것을 다 얻었으니 이제 글을 쓸 준비가 됐다고 이야기하는 듯한 서신이었다. 공작 역시 그만하면 여행이 충분하다고 생각했던 듯하다. 그런 생각을 행동으로 옮긴 것은 10월 19일 파리에서 버클루의 형제 캠벨 스콧이 갑자기 병에 걸려 세상을 떠나고 나서였다. 스콧은 열, 구토, 환각에 시달렸다고 한다. 스미스는 테오도르 트롱솅("나의 친애하는 특별한 친구")과 케네("프랑스에서 가장 고귀하며 장소를 막론하고 만날 수 있는 최고의 의사")를 불러 진찰하게 했지만 아무 소용이 없었다. 그는 버클루에게 형이 죽어가고 있다는 사실을 알리기 위해 대사관으로 갔다가, 그가 사망하고 5분 후 돌아왔다. 스미스는 "내 손으로 그의 눈을 감겨주지도 못했다. 이 편지를 계속 쓸 힘도 없다. 공작은 아주 큰 고통을 겪고 있지만 건강에는 이상이 없다"라고 적었다.[51]

그들의 파리 생활은 드디어 끝을 맺었다. 11월 중순경 스미스와 버클루는 캠벨 스콧의 시신과 함께 고향으로 돌아왔다. 스미스는 처음이자 마지막 유럽 방문에 마침표를 찍었다.

Adam Smith:
An Enlightened Life

10장
———

《국부론》 집필을 끝내다

1766년 10월 캠벨 스콧이 사망한 뒤 버클루의 유럽 여행은 갑작스럽게 끝을 맺었다. 몇 주 전 밀러에게 고향으로 돌아가고 싶다고 이야기했던 스미스는 1767년 봄까지 런던에 남아 있어야 했다. 이유는 분명하지 않지만 버클루와 톤젠드에 관해 처리할 일이 있었던 것으로 보인다. 공작은 1767년 9월 성년이 될 예정이었고, 그의 계부는 의붓아들이 스코틀랜드에 있는 막대한 영지를 관리할 준비를 하는 데 스미스가 도움을 줬으면 했을 것이다. 톤젠드는 여전히 버클루가 정치에 입문하여 잉글랜드에 거주지를 두고 가문의 관행에 따라 이전 세기 동안 정교하게 발전해온 위임 관리를 통해 런던에서 자기 영지를 관리하리라고 예상했다. 스스로 농업 개혁가가 되기를 원했던 그는 스미스가 국가의 부를 쌓고 귀족의 고귀함을 유지하는 과정에서 농업 개선이 중요하다고 생각한다는 것을 알았다. 영지 관리 문제를 두고 스미스와 논의했을 가능성이 있다.[1]

톤젠드가 스미스의 도움을 요청할 만한 다른 이유가 있었을 수도 있다. 그는 채텀Chatham 경의 새 내각에서 재무장관으로 임명돼 7년 전쟁으로 타격을 입은 공공재정을 관리하는 임무를 맡았다. 그는 스미스가 아직 프랑스에 있을 때 조세 정책에 관해 상의했으며,

애덤 스미스

1766년 가을 국가부채를 관리하기 위해 새로운 감채기금(채권의 상환 자원을 확보하기 위하여 적립하는 자금-옮긴이)을 마련하려는 계획에 관해 스미스와 다시 상의했다. 계획안을 스미스에게 보내 논평해달라고 부탁하면서 "이 의견서(편지라고는 차마 할 수가 없으므로)의 모든 부분을 거리낌 없이 평가해주십시오"라고 덧붙였다.[2] 안타깝게도 스미스의 의견은 남아 있지 않다. 그러나 캠벨과 스키너에 따르면 정치인 중에서도 특히 변덕스러웠던 그가 1766년 가을 혼란스러운 정치적 사건에 휘말렸고, 여기에 더해 동인도회사 사건으로 금융위기가 촉발되면서 아마도 톤젠드에게는 조세 원칙을 진지하게 고려할 시간이나 기회가 거의 없었을 것으로 보인다.[3]

스미스가 런던에 5개월간 머무른 이유가 이상의 설명과 일치하든 아니든 그가 바빴던 것만큼은 분명하다. 그는 영국과 아메리카 관계의 미래와 인도 정부에서 동인도회사의 역할, 공공재정 및 조세 등의 문제가 논의되던 시기에 정치계 인사들과 어울렸고, 이런 주제들은 《국부론》에서 중요하게 다뤄졌다. 당시 국무장관이던 셀번 경은 스미스에게 로마인의 식민 정책에 대한 정보를 요청했는데, 놀라울 정도로 형식적인 답변을 받았다.[4] 스미스는 (스코틀랜드인인 존 프링글John Pringle 경이 회장이었던) 왕립학회에 잘 알려져 있었으며, 1767년 5월 회원으로 선출됐다. 그는 당시 개장한 지 얼마 되지 않았던 대영 박물관의 막대한 자원을 활용할 수 있었다. 의심할 여지 없이 그는 스콧이 정기적으로 방문하던 런던 근교 휴양지 채링크로스를 벗어나 브리티시 커피하우스를 방문했을 것이다. 그리고 이때쯤

〈언어의 기원에 관한 논문〉이 추가된 《도덕감정론》의 세 번째 판이 언론을 통해 세상에 알려졌다. 책도 같은 해에 출판됐다. 스미스는 1767년 5월, 손해보험까지 가입한 책 네 상자를 가지고 커콜디로 돌아와서 1773년까지 머물렀다. 이때 《국부론》의 초안이 거의 완성됐다.

스미스는 커콜디에 정착하여 마음의 안정을 찾았다. 에든버러와 글래스고에서 충분히 멀리 떨어진 커콜디는 평화롭고 조용한 곳이었고, 어머니 덕분에 정돈되고 안정된 생활을 할 수 있었다. 근처에 살고 있던 학창 시절 친구들도 마음이 잘 맞는 동료가 되어줬다. 까다로운 책을 작업하기에 좋은 장소였다. 스미스는 안드레아스 홀트Andreas Holt에게 자신이 휴식을 취하기 위해 "(그다지 진척은 없지만) 별로 관심을 두지 않았던 다른 과학 분야와 함께" 식물학을 공부하게 됐다고 전했다.[5] 6월에는 흄에게 다음과 같이 전했다. "이곳에서 나는 지난 한 달 동안 매우 깊이 있는 연구를 하고 있네. 머리를 식힐 겸 해변을 따라 길고 외로운 산책을 하기도 한다네. 나는 매우 행복하고 편안하며 만족스러운 생활을 하고 있어. 평생 이렇게 만족스러웠던 적이 있나 싶어."[6] 외로운 산책을 할 때면 그는 생각에 잠겨 실내복을 입은 채로 던펌린까지 트래킹 길을 따라 20킬로미터 넘게 걷기도 했다. 마을 종소리를 듣고서야 갑작스럽게 걸음을 멈추곤 했다고 전해진다.[7] 흄은 스미스에게 세상 밖의 뉴스와 가십을 전하면서 자주 만나지 못한다며 불평하곤 했다. 에든버러에 한번 오라고 말하는 장난스럽고 짓궂지만 애정이 묻어나는 편지에서는 그가 실제로 방문하리라는 기대가 아니라 그저 바람임을 엿볼 수 있다.

— 에든버러 제임스 궁, 1769년 8월 20일

친애하는 스미스.

자네의 시야 안에 들어가 커콜디의 풍경을 창에 담을 수 있어 기쁘네. 그렇지만 자네와 대화도 나누고 싶으니 그럴 계획을 함께 세웠으며 좋겠군. 물 공포증 때문에 바다에서 죽을 뻔했는데, 우리 사이에 놓인 바다를 보면 공수병이 도질 것 같아. 나는 여행하는 게 지겹네. 자네도 집에 있는 게 지겹겠지. 그러니 나는 자네가 [에든버러로] 와서 고독 속에서 나와 함께 며칠을 보내줬으면 좋겠네. 자네가 무엇을 하고 있는지 알고 싶고 휴가 동안 어떻게 지냈는지도 자세히 듣고 싶어. 안타깝게도 자네는 내가 아니니 아마 잘못된 추측들을 했을 테지. 그러니 우리는 만나야 해. 자네가 적당한 방안을 제시해줬으면 좋겠어. [포스만 중간에 있는] 인치키스섬에 사람이 살기만 한다면 그곳에서 만나자고 했을 텐데. 모든 논쟁에서 합의점을 찾을 때까지 우리 둘 다 그곳에 머무는 거지. 나는 내일 로즈니스로 가서 콘웨이Conway 장군을 만나는데 거기서 며칠 동안 머무를 예정이야. 돌아왔을 때 나의 도전을 받아들이겠다는 자네의 답장이 기다리고 있으면 좋겠군.

진심을 담아,

데이비드 흄[8]


젊은 버클루 공작은 스미스의 휴가를 방해할 수 있는 유일한 사람이었고, 스미스가 그에게 쓴 별다른 주제가 없는 편지들을 보면 스미스도 그런 방해를 즐겼던 것으로 보인다. 9월 4일 톤젠드가 갑작스럽게 사망하면서 버클루를 '정치의 소용돌이' 속으로 끌어들여 런던에서 업무를 보게 하려던 계획은 없던 일이 됐다. 공작은 에든버러 외곽에 있는 댈키스 저택을 새로운 집무실로 정하고 대대적으로 개조했다. 영지를 인수하는 작업에 착수하기 전, 몬터규Montagu 공작의 딸인 엘리자베스Elizabeth와의 결혼과 자신의 성년을 축하하기로 했다. 스미스도 그의 친구이자 젊은 부부의 멘토 자격으로 초대를 받았다. 그런데 버클루의 사교계 데뷔가 성공적이지는 않았던 모양이다. 칼라일에 따르면 "음식은 훌륭했으나 참석한 인물들은 형식적이고 따분했다. 그들의 유일한 지인이었던 스미스는 유쾌하게 생일을 축하하기에는 역부족이었고, 젊은 부부는 아직 사교계 경험이 부족했다."[9]

어찌 됐건 스미스는 1773년 이전 커콜디에서 휴양하는 동안 가장 오래 집을 떠나 두 달이나 댈키스에 머물렀다. 이 방문을 시작으로 그는 이후에도 댈키스를 여러 번 방문했으며, 평생 공작 가족의 친구로 지냈다. 재산을 관리하는 문제에 대해 옛 제자와 의견을 같이하고, 공적 생활에서 대지주의 역할에 대해 훨씬 우호적인 견해를 가진 인물로서 톤젠드를 대신하게 됐다.

버클루의 영지를 재건하는 임무는 만만치 않았다. 톤젠드가 횡령을 했다고 말하는 사람들이 있을 정도로 그는 부동산을 담보로 많은 돈을 빌렸으며, 이 때문에 현금흐름에 심각한 문제가 남아 있었다.[10] 영지의 규모도 엄청났다. 에트릭의 사우스컨트리라고 불리는 테비오데일과 리데스데일에만 농장이 439개나 있었고 연간 임대 수익은 총 1만 9,074파운드였다. 토지는 대부분 상속인을 한정하여 양도하게 되어 있었기에 스미스와 버클루를 비롯한 모든 토지 개혁가가 농업 개량을 이루기 위해 반드시 해결해야 한다고 믿었던 장기 임대 문제를 안고 있었다. 영지를 어떻게 관리할 것인가에 관한 초기 논의에 참여했든 아니든 간에, 스미스는 1767년 가을 다시 열린 논의에는 확실히 참여했으며 한사상속을 완화하는 법안을 발의하는 계획을 세우는 데도 참여했다. 이 장기적이고 복잡한 문제는 1770년 결국 법률이 제정되며 마무리됐다. 그가 가장 좋아하는 글래스고 학생이자 법률가인 일레이 캠벨Ilay Campbell이 공작의 법률 고문이 됐다. 그와 스미스는 10월 20일 〈에든버러 애드버타이저Edinburgh Advertiser〉에 실린, 사우스 컨트리 영지의 임대 신청을 받는다는 주목할 만한 광고의 초안을 함께 논의하고 작성했을 것으로 보인다. 예비 차지인들은 자신들이 원하는 임대 기간과 토지를 어떻게 개선하려고 하는지, 이를 위해 공작의 재정적 지원이 얼마나 필요한지와 함께 임대료를 얼마나 낼 수 있는지 설명해야 했다. 이는 스미스의 사상이 그대로 녹아 있는 농업 개선을 장려하는 움직임이자 다른 고문들이 제공한 더 조심스러운 계획들을 완전히 무시한 조처였다. 이 '통칙General Sett'은 눈에 띄게 성공적이었다. 신청자의 절반은 기존 차지인, 절반은 낯선 사람이었는데 대부분 잉글랜드 출신이었다. 브라이언 보니먼Brian Bonnyman이 말했듯 "토지를 시장 경쟁에 노출하려는 노골적인 시도"였다.[11] 계획을 실행하는 과정이 간단하지는 않았지만 스미스는 댈키스를 자주 방문하며 그들과 긴밀하게 소통했던 것으로 보인다.

버클루는 농업 개선에 필요한 기반 시설과 기술적 요구에 진심으로 관심이 있는 스미스의 모범적인 제자이자, 도로·교량·운하에 막대한 투자를 하고 혁신적인 차지인에게 보상을 제공하는 지주였다. 그는 상업화가 진행 중인 경제에서 대지주가 맡아야 할 의무는 정치 사업에 개입하기보다 자기 영지를 개량하는 것이라고 생각하도록 교육받았고, 이를 런던의 웨스트민스터보다 스코틀랜드의 공적 생활에 참여하라는 의미로 해석했다. 그는 에든버러에서 '애국자'로 잘 알려진 인기 있고 저명한 귀족이었고, 원했다면 아가일 공작의 후임으로서 '왕관을 쓰지 않은 스코틀랜드의 왕'이 될 수도 있었다. 하지만 그는 이를 원치 않았고, 스코틀랜드 정부를 떠나 야심 차고 재주 많은 헨리 던다스에게 자신의 정치적 관심사를 처리하는 임무를 맡기는 데 만족했다. 던다스와 스미스는 곧 두터운 친분을 쌓게 됐다. 머지않아 스미스는 존 맥퍼슨John Macpherson이 표현한 것처럼 "당신의 공작"의 가까운 친구로 알려졌고, 필요할 때 부탁을 할 수 있을 정도로 귀중한 인맥이 됐다.[12] 두 사람은 이후에도 조용하게 친분을 유지했다.

이런 일들을 제외하면 스미스는 커콜디에서 방해받지 않고 휴양을 즐겼고,《국부론》을 집필하는 막중한 작업에 집중했다. 그는 1769년 1월 판사이자 골동품 전문가인 헤일스Hailes 경에게 답장이 늦어 미안하다는 사과와 함께 다음과 같이 이야기했다. "현재 상황에서 할 일이 없다고 말하는 것이 적절하겠지만, 내가 세워둔 연구 계획 덕분에 여가가 거의 없으며 연구가 끝없이 이어져서 아마 영원히 마무리 지을 수 없을 것 같습니다."[13] 이 시기의 서신은 거의 남아 있지 않지만 스미스의 주요 임무는 케네와 그 제자들의 원리에 비추어 그가 글래스고에서 발전시킨 정치경제학의 원리를 다시 한번 살펴보고 이론의 효율성을 입증할 방대한 양의 역사적 예시를 개발하고 다듬는 것이었다. 그는 이미 국가의 부는 금과 은의 매장량이 아니라 소비재의 기간별 흐름으로 측정되어야 한다는 원칙을 확립한 상태였다. 그의 노동 이론은 소비재가 유통되는 정도와 비율은 국가의 노동력이 배치되는 방식과 분업의 정도에 따라 달라지며, 노동 분업의 진보는 시장의 규모에 달렸다고 봤다. 또한 가치와 가격에 관한 노동가치론을 발전시키면서 이를 토대로 상품의 자연 가격과 시장 가격을 구별했다. 그리고 화폐에 대한 흄학파적 이론으로 이를 뒷받침했다. 더욱이 그는 자유시장과 자유로운 교환 체계가 국가의 부를 최적화할 수 있다는 자연적 자유 이론의 틀을 잡았고, 유럽에서 부의 발전이 그토록 더디게 진행된 이유에 대한 도발적이면서 논점 회피적인 문제를 제기했다. 부유함의 진보에서 기반이 되는 경제적·정치적·도덕적 요인에 대한 설명은 제시했지만, 이런 요인들이 상호작용하는 방식을 정확하게 설명하는 체계에 관해서는 아직 연구를 시작하기 전이었다.

케네의 체계가 가진 매력이 바로 여기에 있었다. 케네 역시 소비와 생산 과정의 관점에서 부를 논의해야 한다고 생각했으며, 상품과 서비스의 자유로운 교환을 허용하는 경제에서 생산량이 최대화될 수 있다는 것을 증명했다. 그러나 그의 체계는 경제 전반에 걸쳐 상품과 서비스의 흐름을 규제하는 원리를 설명하고, 경제가 어떻게 지속되고 재생산될 수 있는지 보여주는 데 중점을 뒀다. 또한 개선을 이뤄내는 과정에서 자본의 역할을 강조한 점도 주목할 만했다. 이런 이유로

스미스는 케네의 의견이 완전하지는 않더라도 진지하게 받아들일 가치가 있다고 봤다.[14]

케네의 체계가 자신의 체계에 미치는 영향을 반영하는 것은 복잡한 작업이었다. 순환 원리에 대한 자신의 설명을 발전시키려면 국가 부의 원천은 케네가 주장한 토지가 아니라 노동력이며, 제조업에 고용된 노동력이 비생산적이라는 케네의 주장이 잘못됐다는 것도 고려해야 했다. 그는 또한 순환 체계가 수학적 원리에 따라 작동한다는 케네의 주장에 정당성이 없으며 위험할 정도로 기계론적이라고 여겼고, 가격과 가치는 수학적 필요성이 아닌 '흥정과 협상'으로 규제된다고 생각했다. 자연적 자유의 체계가 작용하기 위해서는 합법적인 전제주의가 필요하다는 케네의 악명 높은 주장도 위험할 정도로 유토피아적이라고 여겼다. 부의 진보는 새로운 제도를 만드는 것보다 기존 제도를 개선해야 훨씬 더 촉진할 수 있다는 것이다. 케네는 경제학을 수학을 기반으로 한 정확한 과학으로 전환할 수 있다고 믿었지만, 스미스는 철학 체계만이 경제를 이해하는 데 도움이 된다고 봤다. 그리고 독자가 철학 체계를 얼마나 신뢰할 수 있는지는 일반적인 삶과 역사에서 가져온 예시를 통해 자신의 원리를 설명하는 철학자의 능력에 달렸다는 흄학파적 견해를 군건히 고수했다.

스미스는 커콜디에서 자신이 발전시키고 있던 체계를 설명하는 데 시간과 지식을 쏟았다. 1772년 에어뱅크가 파산한 과정을 설명하는 부분에서 그가 문제의 핵심을 찌르는 예시로 시사적인 문제를 자주 사용했다는 사실을 아주 잘 확인할 수 있다. 에어뱅크는 경제의 주요 부문에 영향을 미친 주목할 만한 경제 성장기가 끝날 무렵인 1769년 신용 부족에 대응하기 위해 설립됐다. 글래스고의 강의에서 스미스는 이런 경제적 성공과 관련이 있는 스코틀랜드 은행 시스템의 주요 특징을 지적했다. 잉글랜드와 달리 스코틀랜드의 은행 시스템은 교환의 주된 수단인 환어음 유통에 전적으로 의존했다. 이런 시스템은 은행에 정화正貨가 과도하게 쌓이는 것을 방지하고 국가의 통화 재고가 상업 및 산업 진흥에 사용되게 했다. 이는 스코틀랜드 경제의 이점으로 작용했는데, 은행 입장에서는 재산과 명예가 보장된 두 명의 신용 보증자를 둔 사람에게만 어음을 발행해 대출을 쉽게 상환받을 수 있었기 때문이다. 스미스는 다음과 같이 이야기했다. "현명하면서도 신중한 태도와 쉬운 상환 조건은 내가 아는 한 스코틀랜드 은행에서만 볼 수 있는 특성이며, 이는 은행의 거래를 증가시키고 국가가 큰 이익을 누릴 수 있도록 한 주요 원인이었다."[15]

이 시스템은 호황 속에서 돈을 벌고 싶어 하는 사업가와 개혁가들의 끊임없는 자금 수요를 충족시킬 수 없었고, 이를 해결하기 위해 에어뱅크가 설립됐다. 은행 설립자 중에는 버클루처럼 농업 개선에 대한 투자를 열정적으로 장려하는 부유한 지주들이 상당수 포함되어 있었다. 그들은 매우 큰 자금을 내놓으면서 전 재산에 버금갈 정도의 부채를 졌다. 은행은 급속도로 커졌고, 이들이 발행한 어음이 국가 전체 신용 지폐의 3분의 2를 차지할 정도였다. 하지만 자금력을 뛰어넘은 대출이 계속되자 환어음은 요구가 있는 즉시 할인됐으며 불안정한 부채가 위험할 정도로 축적됐다.[16] 1771년까지 은행의 자산은 런던 은행들의 자산과 떼려야 뗄 수 없는 관계가 됐고, 이때쯤 런던 은행들도 위험할 정도로 확장된 상태였다. 에어뱅크는 1년 후 파산했고, 원래 자금을 댔던 이들은 큰 빚을 지게 됐다. 대부분 에어셔에 있는 75만 파운드에 달하는 출자자들의 부동산 소유권이 바뀌었다. 버클루의 영지도 1840년대까지 대부분 저당 잡혀 있을 수밖에 없었다. 불행하게 끝난 이런 모험에 버클루가 어떻게 연루됐는지에 대한 기록은 없다. 오로지 장기적인 수익만 기대할 수 있는 일종의 농업 개선 자금을 대려는 의도로 "받을 수 있는 모든 도움을 끌어다 써도 절대 완수할 수 없는 과분한 사업에 돈을 투자할 비현실적인 사업가"들이나 매력을 느낄 만한 스캔들에 버클루가 연루된 것에 대해 스미스가 어떻게 생각했는지도 기록되어 있지 않다.[17]

흄은 런던과 에든버러의 매우 우울한 상황을 회상하며 "이런 사건들이 자네의 이론에 영향을 미치는가, 아니면 일부분을 교정할 생각인가?"라고 질문하면서 다음과 같이 말했다. "대체로 나는 우리의 터무니없고 근거 없는 신용을 바탕으로 주어진 자본이 결국에는 이로웠다는 것이 증명되리라고 생각하네. 사람들은 더 견고하고 덜 허무맹랑한 프로젝트를 찾게 될 것이고, 상인과 제조업자들은 더 절약하게 될 테니 말이네. 자네 생각은 어떤가? 자네가 추측해볼 만한 주제 같네."[18] 스미스의 견해도 흄과 다르지 않았다. 그렇지만 은행가들이 '부당한 운영'을 계획하는 경쟁자들 사이에서 나쁜 계략을 경계하는 법을 배우고 신중한 판단을 하게 한다는 이유로 잉글랜드와 스코틀랜드 은행의 확장이 은행 시스템 전반으로 봤을 때 유익했다는 주장을《국부론》에 추가하기에는 우려가 됐다.

스미스는 책을 끝내야 한다는 부담감을 느꼈지만 이 사건에도 시간을 꽤 들여야 했다. 그는 1772년 9월에 윌리엄 풀트니William Pulteney 경에게 다음과 같이 말했다. "대중적인 참사에 개인적으로는 얽혀 있지 않지만 내가 관심을 가진 몇몇 친구가 그 사건과 관련이 있었습니다. 그리고 나는 그들을 구출할 가장 적절한 방법을 찾기 위해 주의를 기울였습니다." 그는 다음과 같이 결론을 내렸다. "이번 겨울이 시작하기 전 출판 준비를 마칠 수 있었지만 여가가 부족한 데다 한 가지 일에 너무 몰두하는 바람에 건강이 악화되어 이따금 작업을 멈춰야 했습니다. 부분적으로는 앞에서 언급한 이유로 몇 달 더 출판을 연기할 수밖에 없겠습니다."[19]

스미스는 에어뱅크의 재난이 주는 교훈을 되돌아보며 지폐를 교환 매개체로 사용할 때의 이점과 문제점에 관한 논의, 그리고 은행업에 대한 논의를 확장했다. 에어뱅크 사건이 발생한 원인은 과거 스코틀랜드 경제를 변화시키는 데 도움을 줬고, 그 후로도 계속 개선을 위해 노력할 수 있었을 국가공인 은행이 신중함을 잃었기 때문이다. 스코틀랜드 경제의 눈부신 발전은 연합법, 개선하려는 의지, 진취적이고 신중하게 관리되는 은행 시스템으로 만들어진 자유시장 체제가 시장의 요구에 부응하여 매우 자연스럽게 발전한 결과였다. 스미스의 관점에서 이런 특징은 미국 식민지 경제 발전에서도 나타났으며, 미국은《국부론》에서 소개하는 중요한 예가 됐다. 그 후 3년이 지나서야 원고가 완성된 이유는 그가 원고를 끊임없이 수정했기 때문이기도 하지만 런던이 아니면 제대로 관찰하기 힘들었던 급속도로 발전하는 영국과 아메리카 관계의 위기를 대하는 스미스의 태도 때문이기도 했다.

1773년 봄 스미스는 커콜디에서 휴양을 끝내고 수도에서 《국부론》을 마무리하기로 했다. 동료들이 필요하기도 했고, 미국에 관한 뉴스도 접해야 했기 때문이다. 여기에 더해 그는 《국부론》이 완성되면 젊은 해밀턴 공작의 가정교사로 고용될 가능성도 있으리라고 생각했다. 스미스는 런던으로 떠나기 전 유언장을 작성하면서 흄을 유언장 집행인으로 임명하고 미발표 논문들을 처분해달라는 의사를 밝혔다. 철학 체계의 본질에 대한 그의 생각이 담긴 천문학사에 대한 소논문을 제외하고는 모두 처분하게 되어 있었다. "일부러 미숙하게 남긴 연구가 출판이 되지 않을 수도 있겠지만, 판단은 전적으로 자네에게 맡기겠네. 어쨌든 나는 그 연구의 어떤 부분은 실속 있기보다 고상하다고 생각하게 됐지만 말이네. 내 방 책상에 있는 얇은 2절판 책에 이 보잘것없는 연구가 실려 있다네." 그는 다음과 같은 말로 마무리 지었다. "내가 갑자기 죽지 않는 한 작업 중인 논문을 자네에게 조심스럽게 보내려 하네." 그렇지만 결국 흄은 《국부론》을 언론을 통해 확인했다.[20]

스미스는 1773년 5월 런던에 도착하여 채링크로스 근처의 서포크가에 거처를 마련했고, 런던의 스코틀랜드인 거주 구역에 있는 브리티시 커피하우스의 단골이 됐다. 스미스는 버클루의 조언에 따라 해밀턴 공작의 제안을 수락하지 않았는데, 아마도 버클루가 《국부론》이 출간되면 더 명예롭고 수익이 좋은 공직을 주겠다고 약속했기 때문일 것이다. 1778년 버클루는 자신이 약속했던 대로 스미스에게 스코틀랜드 관세위원 자리를 얻어주기 위해 정치적 힘을 활용했다. 하지만 돌아보면 해밀턴의 제안을 거절한 것은 명백히 실수였다. 스미스가 만약 제안을 수락했다면 급여와 함께 버클루에게서 받는 연금에 더해 상당한 액수를 연금으로 받을 수 있었을 것이고, 그러면 편안하게 철학을 연구할 시간을 충분히 가질 수 있었을 것이다. 관세위원은 확실히 명예로운 공직이었고 수입도 좋았지만 시간을 많이 들여 피곤한 업무를 처리해야 했다. 스미스는 자신의 철학 프로젝트를 연구할 시간이 부족하다며 끊임없이 아쉬워했다. 버클루의 의도는 의심할 여지 없이 선의였지만 역사적으로 보면 그의 조언은 오판이었다고 볼 수도 있다.

스미스는《국부론》이 거의 완성될 때까지 런던에서 3년을 보냈고, 특히 사교적으로 생활하면서 그 전 몇 년 동안 철저히 홀로 지낸 시간을 보상했다. 그는 브리티시 커피하우스의 단골이 됐고, 웨더번이 여는 주간 만찬에도 자주 참석했다. 1773년 5월 공식적으로 왕립학회 회원이 됐는데, 절차에 따라 완전한 자격을 얻기 위해 약간의 어려움을 겪기도 했다. 해부학에 관한 윌리엄 헌터William Hunter의 공개강의에도 참석했다. 1774년 그는 런던 문학 생활의 중심이자 새뮤얼 존슨의 언변으로 잘 알려진 '더 클럽The Club'의 회원이 됐다. 이 모임을 통해 에드먼드 버크, 에드워드 기번Edward Gibbon과 연이 닿았고 스미스는 두 사람을 좋아했다. 그런데 제임스 보즈웰의 기록에 따르면 그의 말주변이 존슨을 비롯한 클럽 구성원들의 취향에 그다지 맞지 않았다는 사실을 알 수 있다. 특히 존슨은 스미스를 좋아하지 않았다. "지금까지 살아오면서 만난 개들만큼이나 멍청한" 인물이라고 생각했으며, "와인을 마신 후에는 입에 거품을 내며 이야기하는 가장 불쾌한 사람"이라고 언급했다.[21] 한편 스미스는 기행을 저질러 심기를 거스른 한 회원에 관해 '매우 경멸적인' 의견을 제시한 적이 있다. "나는 그 생물이 예고도 없이 사람들 무리 한가운데서 벌떡 일어나 의자 뒤에 무릎을 꿇고 주기도문을 외운 다음 식탁에 다시 앉는 것을 봤다. 그는 저녁 내내 이 기행을 대여섯 번이나 반복했다. 위선이 아니라 광기였다."[22]

그럼에도 스미스는 런던에서 좋은 평판을 유지한 듯하다. 당시 에든버러의 의학 교수인 윌리엄 컬렌에게 보낸 장문의 편지에서 그는 대학에서 2년을 공부한 사람들에게만 의학 학위를 수여하는 법안을 새로 만들어야 한다는 왕립외과협회의 제안에 대해 언급했는데, 오랜 친구가 지지하는 계획을 무너뜨리기 위해 철학과 학식, 유머 감각을 총동원해 가장 밝고 강력한 방식으로 공격할 준비가 된 그의 모습을 엿볼 수 있다. 그는 의사들의 제안이 윌리엄 헌터 같은 독립적이고 뛰어난 의학 교사들에게는 '억압적인' 것이며 미래의 의사들이 '분별 있는 과학자'가 되리라고 보장해주지도 않는 독점적 기회주의의 일부라면서 글을 이었다.

— 박사라는 직함은 그 직함을 받은 사람에게 신용과 권위를 부여한다고 말할 수 있어. 이 직함이 그의 업무를 확장하고, 결과적으로 해를 끼칠

애덤 스미스

수 있는 영역도 확장되지. 그의 자만심을 키우고 결과적으로 해를 끼치는 성품을 기를 수도 있고 말이야. 무분별하게 부여된 학위가 이렇게 자잘한 문제를 미치고 있고 이를 부정하는 것은 터무니없는 일이야. 하지만 그 영향이 상당하다고는 할 수 없어. 박사들이 다른 사람들과 마찬가지로 어리석을 수 있다는 사실은 오늘날 학식 있는 사람들에게만 알려진 심오한 비밀이 아니잖아. 박사 직함은 그리 대단하지 않으며, 누군가가 박사라는 이유만으로 자신의 건강을 맡기는 경우도 없어. 신뢰를 얻는 인물은 직함이 없더라도 대부분 그 정도의 신뢰를 받을 만한 지식이나 기술을 가지고 있지. 사실 비난을 받는 일반적이지 않은 경로로 학위를 신청하는 사람들은 환자에게 조언하거나 처방하는, 의사의 역할을 하는 외과 의사나 약제사들이야. 그러나 이들은 외과 의사이자 약사일 뿐이라는 이유로 의사만큼 급여를 받지 못해. 그들이 박사 학위를 받고자 하는 것은 진료비를 늘릴 수 있을 만큼 진료를 확장하려는 것이 아니야. 그러니 혹여 그런 사람들에게 과분하게 학위가 부여되더라도 대중에게는 거의 해를 끼치지 않을 거야.

그는 계속해서 다음과 같이 말했다. 분별 있는 의사에게는 의료 행위를 하기에 적절한 사람이 되기 위해 "학위를 가진 사람이 의료 행위를 하기에 적합하다고 보장해주지 않는 학위를 믿기보다 인간, 신사, 문인으로서 자질을 갖추기 위해 더 주의를 기울이라고 조언하는 것이 나을 거야. 가장 엄격한 대학들은 특정 지위의 학생들에게만 학위를 수여하는데, 대학에서 그런 지위를 요구하는 진짜 이유는 그런 지위의 학생들이 돈을 더 많이 쓰고, 그래서 더 많은 이득을 얻을 수 있기 때문이지." 그는 다음과 같이 유쾌한 결론을 내렸다. "그럼 친구여, 안녕. 너무 장황한 글이라 내 성의가 안 느껴질까 봐 걱정인데, 그래도 내 진심을 알아주길."[23]

하지만 스미스는 에너지 대부분을 미국에 관한 의문을 해결하는 데 쏟고 있었다. 버클루는 흄에게 스미스가 "미국 문제에 매우 열정적"이라고 전했다.[24] 스미스는 《국부론》에서 미국을 통해 봉건법과 제도에 얽매이지 않고 문명화된 세계의 일부이면서 유럽에서 멀리 떨어져 어느 정도 경제적 발전을 이룬 세계의 문명화 과정 가능성에 대해 가장 놀랍고 결정적인 예를 보여줬다. 책은 영국과 아메리카 관계가 점점 악화되고 있을 때 완성됐다. 미국 급진주의자들은 스미스가 런던에 도착하기 직전 통과된 다세법Tea Act이 식민지에 대한 영국의 재정 지배를 강화하려는 시도라고 봤다. 보스턴 차 사건, 1774년의 강압법Coercive Acts, 1774년의 퀘백법Quebec Act은 식민지 주민들에게 영국이 선출된 의회 없이 미국을 통치할지도 모른다는 두려움을 불러일으켰고, 이후 1775년 렉싱턴과 콩코드에서 적대적인 반발이 일어났다. 역사적인 전쟁이 발발하면서 스미스는 상업 강국이었던 영국에 전환점을 가져올 위기에 대한 독특한 관점을 얻었다.

스미스는 흄이 1752년 《정치적 담론》에서 제기한, 과도한 조세 제도를 가진 근대 정부가 끊임없는 전쟁으로 떠안게 된 어마어마한 공공부채를 어떻게 관리해야 하는지에 관한 질문을 자신만의 방법으로 해석하며 《국부론》을 마무리 짓고자 했다. 1764년 흄은 "국가가 공적 신용public credit을 파괴하지 않으면 공적 신용이 국가를 파괴할 것이다. 지금까지 이 나라와 다른 국가들에서 공적 신용이 관리돼온 방식을 생각하면 둘 다 살아남을 방법은 없다"라고 주장했다.[25] 스미스는 《국부론》에서 식민지 전쟁과 제국을 방어하기 위해 지속적으로 드는 비용 탓에 상황이 어떻게 복잡해지고 심화됐는지 보여주는 방식으로 문제를 자세히 설명했다. 그는 식민지 쟁탈전이 권력·영광·부에 대한 열망 때문이 아니라, 부를 금 매장량으로 측정할 수 있으며 독점적으로 추진되는 국제 무역 시스템을 통해 국부를 증진해야 한다는 터무니없고 미신적인 믿음 때문에 주도됐다고 봤다. 실제로 "이 독점 상태를 유지하는 것이 지금까지 대영제국이 식민지를 지배한 주요 목적이자 (더 적절하게는) 유일한 목표였다고 할 수 있다."[26]

이런 관점에서 스미스는 영국과 아메리카 관계의 당시 상태를 상업의 문명화 과정에 닥친 치명적인 위기의 영향으로 봤고, 스미스는 이에 따라 발생할 수 있는 결과를 중상주의에 대한 그의 비평과 공공재정에 대한 논의에 조심스럽게 짜 넣었다. 새러토가에서 버고인 Burgoyne 장군이 처참하게 패한 지 1년 뒤인 1778년, 그는 총리의 가장 가까운 대미 정책 고문이자 오랜 친구 웨더번의 요청으로 작성한 추도문에서 이런 의견을 요약해 정치계에서 주목을 받게 됐다.[27]

미국과의 위기가 불러올 결과에 대해 스미스는 정치적으로 민감하고 무거운 견해를 가지고 있었다. 전쟁에서 승리를 거둔다면 식민지를 정복하게 될 것이고, 군사 정부를 조직하느라 파멸적인 비용이 들어갈 것이 뻔했다. 급진적인 성향이었던 글로스터의 조합장 조사이아 터커Josiah Tucker가 선호했던 대로 식민지를 포기하거나 새뮤얼 존슨이 제안한 대로 프랑스와 스페인 식민령을 각국의 왕권에 반환하면 식민지를 방어하는 데 드는 막대한 비용을 덜 수 있으며 "상인들보다 대다수 사람에게 더 유리한 자유무역을 효과적으로 보장하는 통상 조약"을 협상할 가능성을 열 수 있었다.[28] 하지만 이것은 불가능한 꿈이었다. "통치하기가 얼마나 번거롭든 간에, 한 지역의 지배권을 자발적으로 포기한 나라는 없었다."[29]

기존 식민지 관계를 지속하도록 합의를 본다고 해도 식민지에 세금을 어떻게 부과할 것인가에 관한 난처한 문제가 해결되어야만 효력을 발휘할 수 있었다. 영국이 식민지를 방어하는 모든 부담을 무한정 질 수도 없었다. 한편 영국 의회에 자신들을 대변할 대표가 없거나 조세 권한이 제국 의회에서 식민 의회로 이전되지 않으면 식민지가 제국을 방어하는 데 기여하리라고 기대할 수 없었다. 몇 년 전 벤저민 프랭클린Benjamin Franklin의 지지를 받았고 케임스 경의 주의를 끈 의회 대표에 관한 제안은 정부가 하원에 대해 강한 권한을 행사할 수 있다는 이유로 하원 의원들의 걱정을 샀다. 조세 권한에 관한 제안은 식민 의회가 자신들이 통제할 수 없는 군대를 지원하기 위해 언제까지나 자금을 대리라는 불가능한 가정을 바탕으로 하고 있었다. 이는 아마도 스미스가 과하게 비관적으로 끝날 수 있었던 《국부론》의 결말을 가볍게 하고자 제시한, 미래에 대한 유일한 유토피아적 전망이었을 것이다. 어찌 됐건 그는 《국부론》의 집필을 마쳤다. 이 위대한 저술의 원고는 1775년 후반 출판 담당자 스트레이핸에게 보내졌다.

Adam Smith:
An Enlightened Life

11장
—

《국부론》과
보이지 않는 손의 의미

1776년 3월 9일 《국부론》이 출간됐다. 간소하지만 세련된 사절판 두 권으로 제작됐으며 가격은 제본이 없이는 1파운드 16실링, 제본이 된 상태는 2파운드 2실링으로 총 750부를 찍었던 것으로 보인다. 《도덕 감정론》 제3판에서 자신의 이름을 "앞뒤로 아무것도 추가하지 않고" 단순히 '애덤 스미스'로 표기해야 한다고 주장했던 그는 《국부론》에 서는 '애덤 스미스 LL. D.(법학 박사-옮긴이), F.R.S.(영국 왕립학회 회원-옮 긴이), 전 글래스고대학교 도덕철학 교수'로 표기하며 자신이 문필가 이기보다 철학자이자 과학인임을 드러냈다. 런던과 에든버러의 진중 한 상류층을 대상으로 출판됐기 때문에 책에는 상대적으로 비싼 값 이 매겨졌다. 일반적인 방식대로 저자와 출판사가 제작비를 분담했 고, 책은 충분히 잘 팔려서 스미스는 그해 말 초기 수익금으로 300파 운드를 받을 수 있었다. 책이 성공적으로 팔리자 더블린에서도 출판 됐으며, 약간 수정된 원고로 1778년 제2판이 출간됐다. 그때까지 책 은 원래 대상으로 했던 문학계와 정치계 인사들 사이에서 널리 검토 되며 주목을 받았다.[1] 시작부터 꽤 성공적이었던 이 저술은 스미스의 생애가 끝날 무렵에는 베스트셀러가 됐다.[2]

스미스의 첫 번째 독자층 대부분은 스미스의 걸작이 상업이나 정치경제에 관한 논문 이상이라는 것을 깨달았다. 스코틀랜드 독자들은 철학적 토대 위에서 정치학을 연구하는 역사적 시도라고 봤다. 윌리엄 로버트슨은 스미스에게 "정치학의 가장 중요한 부분에서 규칙적이고 지속적인 체계를 형성했다"라고 이야기했으며,[3] 존 밀러는 책의 저자가 정치학계의 뉴턴으로 불릴 자격이 있다고 덧붙였다. 스미스는 당대의 정치적 문제에 대한 혁명적인 해결책을 혐오했다. 이를 강조하는 것이 유리했던 1793년, 스튜어트는 스미스가 투표 및 정치 과정에 참여하는 것보다 "제정된 법률의 형평성 및 편의"가 국민의 행복과 더 관련이 있다는 근본적인 진실을 파악했다는 점을 중요하게 여겼다.[4] 진정한 정치학은 역사 속 다른 시대에 존재했던 여러 국가의 자치법규에 대한 연구를 기반으로 해야 하며 "모든 국가에서 법의 기반이자 국가를 지배하는 일반 원칙"에 주의를 기울여야 한다. 그렇게 해야 "실제 입법자들이 [계몽된] 정책"을 제정하고 "공동체의 일반적인 이익을 위해 어떤 입법 개선이 필요한지" 배울 수 있을 것이다. 그는 다음과 같이 언급했다.

── 그러한 사색적 고찰은 다른 무엇보다 더 본질적이고 널리 활용될 수 있지만, 기존 제도를 무너뜨리거나 대중이 격분하도록 선동하는 경향은 없다. 그런 고찰에 따라 권고되는 개선책은 그 운영 안에서 너무 점진적이고 느리게 작용해서 모험적인 소수를 제외한 다수 대중의 상상력을 자극할 뿐이다. 그런 개선책들이 채택될수록, 정치적 구조는 견고해지고 그 기반은 확대된다.

이런 점에서 《국부론》은 "국가의 정치경제 체계를 형성하는 법률에서 가장 중요한 부분과 관련된 국가 정책의 방향을 잡는 데" 중요했다.[5] 스튜어트가 바로 본 것처럼 《국부론》은 민주주의적 사고를 가진 사람들보다는 개혁론자, 휘그주의자들에게 개선과 관련된 정치를 설명하는 논문이자 거의 25년에 걸쳐 형성된 탁월한 법학에 단단하게 뿌리를 둔 작품이었다. 《국부론》을 쓰면서 스미스는 《도덕감정론》을 집필할 때 맞닥뜨린 것과 같은 문제에 직면했다. 즉, 대학생들을 대상으로 하던 강의를 여러 독자층을 위한 원고로 개발하는 문제였다. 문명화 과정에 대한 루소의 비판은 훌륭했지만 틀린 지적이었고, 《도덕감정론》은 이에 대한 반박으로 스미스 자신의 철학을 제시하는 과정이었다. 《국부론》은 더 복잡했다. 로버트슨·밀러·스튜어트가 깨달은 것처럼, 그의 정치경제학은 대부분의 독자가 전혀 알지 못하는 도덕철학·법학·정치학 체계에 뿌리를 깊게 두고 있었다. 문제는 독자들이 스미스의 정치경제를 이해하기 위해 학식을 얼마나 갖춰야 하는가였다. 스미스의 대답은 "그다지 많지 않다"였다.

그는 문명의 진보에 대한 자신의 논의와 관련이 있는 재산과 정부의 역사 원리를 정식으로 설명하려고 하지 않았다. 글래스고 강연의 서문이었던 '인류의 자연적 필요 및 욕구'와 그런 요소들이 문명의 진보 및 인간 정신에 미친 영향에 대한 길고 섬세한 논의는 전략적으로 노동력을 사용하는 방식을 결정하는 데 이기심이 미치는 힘과 개선을 향한 욕구에 대한 통찰, 재치 있는 일화를 배치하여 전략적으로 축소했다. 그리고 이 방식은 충분히 효과를 발휘했다. "우리가 저녁

식사에 오를 음식을 기대할 수 있는 것은 정육점 주인, 양조업자, 제빵사의 자비 때문이 아니라 그들이 자신의 이익을 생각하기 때문이다. 우리는 그들의 인간성이 아니라 자기애에 대해 이야기해야 하며, 그들에게 우리의 필요가 아니라 그들의 이익에 대해 말해야 한다." 이에 대해 그는 "모든 사람이 노동을 통해 소유하게 된 재산은 다른 모든 재산의 기본 토대이므로 가장 신성하며 침범할 수 없다"라고 했으며, "시민 정부는 재산의 안전을 위해 구성됐으므로 실제로는 가난한 사람들로부터 부자를 보호하기 위한 또는 재산이 없는 사람으로부터 재산이 있는 사람을 보호하기 위한 제도"라고 결론지었다. 그는 정치경제학을 설명하는 데 필수적인 부분이 될 수사학을 발전시키고 있었고, 이런 새로운 학문을 추종하는 사람과 깎아내리는 사람들에게 존경을 받기도 하고 비난을 받기도 했다.[6]

스미스는 자신의 체계를 도덕철학자로서가 아니라 프랑스 중농주의 경제학자들이 이해할 수 있는 언어를 사용하는 케네와 같은 경제학자로서 소개했는데, 그가 자신이 진지하게 받아들인 유일한 경제학자였기 때문이다. 서론과 계획에서 그는 해마다 소비하는 생활필수품과 편의를 국가에 공급하는 노동력에 대한 자금 또는 재고, 다양한 사회에서 사용되는 기술·재주·판단력, 다양한 형태의 국가에서 찾아볼 수 있는 유용한 노동력과 비생산적인 노동력이 책의 주제라고 밝혔다. 이런 주제들을 통해 그는 노동 생산력이 개선되는 원인과 근대 정부의 상업 정책을 논의할 수 있었으며, 자유시장에서 부는 경제의 여러 부문에서 정부의 수익이 순환하며 나타나는 결과로써 연구되어야 한다는 케네의 견해에 대한 논의를 시작할 수 있었다. 그러나 국가의 부는 경제의 여러 부문에서 분업이 이뤄질 수 있느냐 아니냐에 달렸다는 스미스의 유명한 논증은 농업이 '모든 상품의 어머니'이며, 군주국의 부를 증가시킬 수 있는 유일한 경제활동 형태이고, 농업에 사용되지 않는 모든 노동은 비생산적이라는 케네의 주장과 어긋났다. 게다가 케네의 모델은 프랑스와 유럽 대부분의 특징인 자급 농업 체계가 아니라 영국이나 네덜란드와 같은 '바람직한 경작' 체계를 전제로 했다. 이에 더해 '법적 독재' 행위를 통해 개량된 농업 체계를 도입될 수 있다고 가정했는데, 이런 유토피아적 제안에 대해 흄은 다음과 같은 비판을 남겼다. "그들은 소르본대학교가 망한 이후 현존하는 가장 기괴하고 오만한 사람들이다."[7]

정치경제에 대한 케네의 접근 방식은 스미스의 관점에서는 너무 투기적이고 비역사적이었다. 또한 프랑스의 경험과 동시대인들의 관심사였던 프랑스 군주제의 미래에 너무 치중했기 때문에 일반적이고 실행 가능한 경제 발전 이론의 기반이 되기에는 무리였다. 스미스는 프랑스 및 나머지 유럽 국가뿐만 아니라 미국과 아시아에서 영국과 대영제국이 겪은 매우 다양한 경험에도 주의를 기울였다. 그는 자신의 수사학·법학·윤리학을 발전시키는 과정에서 콩디야크·몽테스키외·루소를 대했던 것처럼, 케네를 결함은 있지만 인간 중심 과학에 훌륭하고 도발적인 공헌을 한 인물로 여겨야 한다고 주장했다.

《국부론》의 첫 번째 편에는 스미스의 이전 글래스고 학생들이 친숙하게 여겼을 주제들이 등장한다. 부의 진보가 노동의 분업에 달렸다는 그의 위대한 공리를 다시 소개하는 부분을 비롯해 노동의 가격을 결정하는 물물 교환과 거래, 교환의 진보에 관한 설명, 시장에 의한 노동 분업 과정에서 발생한 제한에 관한 논의가 여기에 해당한다. 화폐의 기원에 관한 설명과 가격 및 가치의 진정한 결정 요인은 화폐가 아니라 노동력이라는 주장, 노동력과 상품의 자연 가격과 시장 가격의 비교 또한 마찬가지였을 것이다. 자연 가격과 시장 가격이 다르다는 주장은 유럽에서 부의 진보가 더디게 진행된 원인에 대한 그의 분석과 자유시장의 작용을 방해하는 법 및 관습에 대한 비판의 기반이 되기도 했다.《국부론》에서 이런 비판은 더 넓고 깊이 확대됐고, 스미스가 느낀 역설과 분노는 어느 때보다 강력하게 드러났다. 이런 비판의 뿌리가 그가《국부론》을 작성하던 마지막 해에 프랑스와 글래스고에서 케네를 비롯한 프랑스 중농주의 경제학자들과 함께 개발하고 다듬은 일반 경제 이론에 뿌리를 두고 있었기 때문이다. 이 이론은 인간 본성의 원리와 사회의 진보에 대한 그의 이해를 바탕으로 한 부의 창출에 관한 것이었지만 이를 표현하는 언어는 교환, 유통, 시장의 작동 원리와 관련되어 있었다.

우선 그의 이론에서 중요했던 부분이 확장됐다. 그때까지 노동력의 가격에 집중했던 가격과 가치에 관한 논의는 이제 상품의 가격과 가치가 "정확한 척도에 의해서가 아니라 정확하지는 않지만 일상생활을 지속하기에 충분한 대략적인 평등에 따른 시장의 흥정"에 의해 어떻게 "조정되는가"에 관한 논의로 확장됐다.[8] 특이하게도, 타고난 것처럼 보이는 이 성향이 "설득하고자 하는 인간의 욕구"에 기반을 두고 있다는, 그가 수사학 강의에서 다뤘던 명료한 제안은 생략됐다. 아마도 이런 제안이 실질적 가격과 명목 가격에 대한 훨씬 더 중요한 논의와 이런 논의가 시장의 작용을 이해하는 데 미치는 중요성으로부터 독자의 주의를 분산시킬까 봐 우려했기 때문일 것이다.

그러나 이는 나중에 고려해야 할 문제였다. 이런 확장된 논의에서 스미스의 중심 과제는 지대, 임금, 기업가 또는 혁신가의 이윤이라는 가격의 세 가지 결정 요소를 확립하고 궁극적으로 다른 모든 계층의 수입을 창출하는 지주, 임금 근로자, 제조업자, 상인을 모든 문명사회를 구성하는 기본적인 세 계층으로 식별하는 것이었다. 지대와 임금은 경제가 팽창하고 수축하면서 자연스럽게 오르내리지만 상인과 제조업자가 벌어들인 이윤은 부유한 나라에서는 낮고, 가난한 나라에서는 높으며 "빠르게 파멸에 이르는 국가들"에서 가장 높다는 것을 보여주기 위해 고안된 논의였다. 이로부터 상인과 제조업자의 관심사는 지주나 임금 노동자의 관심사와 정확히 일치할 수 없다는 중요한 정치적 결론을 내릴 수 있었다. 이런 논의는 자신과 대중의 관심사에서 진정한 본질을 이해하는 세 기본 계층 각각의 능력에 대한 냉소적인 토론에서 절정에 달했다. 지주들은 너무 부유하고 나태해서 "공적 규제의 결과를 예견하고 이해하기 위해 전력"을 다할 수 없다. 임금 노동자들은 너무 가난하고 "충분한 정보가 있더라도" 판단하는 데 필요한 시간, 교육, 습관이 부족하다. 상인과 제조업자는 "농촌 지주 대부분보다 더 예리한 이해력"을 가졌으면서도 이를 사용해 다른 사람들을 적극적으로 속여 그들의 이익과 자신의 이익이 같다고 믿게 한다. 스미스는 다음과 같이 신랄하게 언급했다.

— 특수한 상업이나 제조업의 어떤 부문에서든 상인과 제조업자의 관심사는 언제나 공공의 이익과 어떤 면에서 다르거나 심지어는 반대되기도 한다. 상인과 제조업자의 관심사는 언제나 시장을 넓히고 경쟁자를 줄이는 것이다. 시장을 넓히는 것은 종종 공공에 이익을 가져다주기도 한다. 그러나 경쟁자를 줄이는 것은 공공의 이익과 언제나 대립한다. 상인과 제조업자가 자신들의 이득을 위해 다른 시민들에게 터무니없는 부담을 전가함으로써 자연스럽게 얻는 이익보다 더 높은 이익을 얻도록 하기 때문이다. 따라서 이런 계급에서 제안하는 새로운 상업적 법률이나 규제는 항상 신중을 기해 경계심을 가지고 대해야 하며, 의문을 품고 가장 세심한주의를 기울여 오랫동안 검토한 후가 아니면 채택해서는 안 된다. 대중의 관심과는 다른 관심을 가진, 그들을 속이거나 억압하기도 하는 계급에서 나온 제안이기 때문이다.[9]

스미스가 전달하고자 하는 메시지는 암묵적이지만 분명했다. 정치와 통치 권한이 지주와 상업 계층의 손에 달린 나라에서 지배층을 교육해 공익을 지키는 것은 정치경제의 원리를 이해하는 철학자의 몫이며, '철학가이면서 정치인'인 이들의 키케로식 이상이 이토록 흥미를 끌거나 시급해 보인 적은 없다는 것이었다. 《국부론》의 길고 긴 첫 번째 편에서 스미스는 개인이 원하는 대로 자기 노동력을 자유롭게 배치할 수 있는 사회에서 국가의 생존과 번영의 기반인 노동력을 어떻게 배치할 것인가에 대한 원칙을 자세히 설명했다. 이 과정에서 그는 야만적 사회의 경험을 사유재산 및 정부 체계를 소유하고 "견딜 수 있을 정도의 안전"을 누리는 사회와 대조하기 위해 추측적 역사의 방법을 사용했으며, 같은 조건하에서 전체 사회의 노동량은 개인의 노동량과 똑같은 방식으로 배치될 것이라고 주장했다. 이런 비유는 의도치 않은 개인행동이 사회에 미치는 결과에 대한 논의로 이어졌고, 즉시 스미스의 가장 유명한 신조가 됐다. 그는 상대적으로 짧은 두 번째 편에서 재고나 자본의 축적과 순환에 대해 논의하며 이 문제를 해결했으며, 그 과정에서 오랫동안 그 자신과 스코틀랜드 문인들이 인간 중심 과학을 이해하는 데 핵심으로 생각했던 개선 원리를 이론으로 확립했다.

프랑스 중농주의 경제학자들은 경제 성장을 이루는 과정에서 자본의 중요성을 강조했다. 부의 진보가 분업, 개선에 대한 욕구, 상대적인 안정뿐만 아니라 투자할 수 있는 자본이 적절하게 축적되어 있느냐에도 달렸다는 것이다. 그러나 스미스는 글래스고에서 다음과 같이 이야기했다. "재고가 어느 정도 생기기 전에는 분업이 일어날 수 없으며, 분업이 발생하기 전에는 재고가 거의 축적되지 않을 수 있다."[10] 근대 사회에서 노동 빈곤층의 재고는 너무 적어서 필수적인 소비에 대부분 사용되기 때문에 부의 진보는 무역, 제조업, 농업에 종사하는 사람들의 잉여 재고에 달려 있었다. 스미스는 상대적으로 자유로운 시장에서 이런 자원이 어떻게 사회의 다양한 부분을 통해 순환하는지에 관심을 가졌다. 그는 소비와 보급의 순환적 과정이라는 관점을 통해 이 과정을 묘사했고, 정치가에게 다음과 같은 메시지를 전달했다. "직접적인 소비를 위해 비축할 수 있는 재고를 유지하고 늘리는 것은 고정자본과 유동자본 모두의 유일한 목적이며, 국민을 먹이고 입히고 재우는 것이 바로 이 축적된 재고다. 국민의 부와 빈곤은 고정자본과 유동자본을 통해 직접적 소비를 위해 비축된 재고를 풍부하고 충분하게 공급할 수 있느냐에 달렸다."[11]

이 분석을 통해 스미스는 노동 분업의 진보를 극대화하고 개인과 공공의 수입을 늘리는 방식으로 사회의 자산과 자본을 순환시키는 '순환 및 분배의 거대한 바퀴' 역할을 하는 화폐와 은행, 특히 스코틀랜드 은행의 역할에 대한 복잡한 논의를 전개할 수 있었다.[12] 그의 분석은 또한 프랑스 중농주의 경제학자들에게 국가의 진정한 부의 기반은 농업뿐만이 아니라 끝없는 소비와 생산 과정에 종사하는 노동력이라는 것을 보여줬다. 그는 이 분석을 통해 자신의 정치경제 사상과 개선에 대한 이해의 기반이자, 가장 특징적이고 뿌리 깊은 원칙, 즉 사회 개량가의 특성 및 자연적 절약정신을 소개할 수 있었다.

— 그러나 비축하고자 하는 행동원리는 우리의 상태를 개선하려는 욕망이다. 일반적으로는 차분하고 냉정한 이 욕망은 자궁에서 우리와 함께 나오고 무덤에 들어갈 때까지 절대 우리를 떠나지 않는다. 이 두 순간 사이의 기간 동안 인간이 어떤 변경이나 개선을 바라지 않을 정도로 자신의 상황에 완전하게 만족하는 순간은 아마 없을 것이다. 재산

을 늘리는 것은 자신의 상태를 개선하는 수단이며, 그러한 계획을 세우는 사람들에게 가장 통속적이며 명백한 수단이다.[13]

이런 타고난 절약정신은 언제나 영국 경제 발전의 바탕이었던 자본의 소리 없는 축적을 설명했다. 그는 정부를 다음과 같이 평가했다. "그들 자신은 언제나 그리고 예외 없이 사회에서 가장 낭비가 많은 이들이다. 그들이 자신의 비용을 잘 관리한다면 개인의 지출은 개인이 알아서 하도록 신뢰해도 좋을 것이다. 그들의 낭비가 국가를 망하게 할 수는 있어도 그들이 통치하는 이들의 낭비가 국가를 망하게 하는 일은 절대 없을 것이다."[14]

스미스는 이제 이론을 실천에 적용할 준비가 거의 되어 있었다. 또한 그가 이전 강의에서 제시했던, 유럽에서 부가 느리게 진보한 이유를 설명하는 방법에 관한 이론을 바탕으로 당시 상업 정책에 대한 비판을 발전시킬 준비도 되어 있었다. 이런 비판은 후에 《국부론》에 즉시 유명세를 안겨줬다. 그는 이제 유럽의 자연적 부의 진보와 실제의 진보를 대조할 수 있었다. 이 논의는 국가와 도시의 경제적 관계에 집중됐다. 도시가 농촌의 천연자원을 고갈시킨다고 생각하는 동시대인들에게 스미스는 그들은 자연스럽게 서로 혜택을 주고받는다고 반박했다. 농촌은 도시 경제가 의존하는 생활과 원자재의 원천이고, 도시는 그 나라의 생산물을 위한 시장이자 공산품과 농업에 투자될 수 있는 자본의 원천이다. 스미스는 "규모가 상당한 도시 근처에 있는 땅과 도시에서 어느 정도 떨어져 있는 땅이 얼마나 경작됐는지 비교하면 도시의 상업 덕에 시골이 얼마나 많은 혜택을 받는지 이해할 수 있을 것"이라고 언급했다. 아마도 그 예로 글래스고를 염두에 뒀을 것이다.[15] 그는 결국 "도시의 주민과 시골의 주민은 서로의 고용인"이라고 봤다. 이론적으로 어찌됐든 "모든 조건과 모든 이윤은 같으며" 이는 도시와 시골의 관계 때문인데, "이러한 사물의 자연스러운 이치에 따라 (…) 성장하는 사회의 자본 대부분은 첫째 농업으로, 그다음에는 제조업으로, 그리고 마지막에는 무역으로 흘러간다. 이런 순서는 매우 자연스러워서 영토가 있는 모든 사회에서 항상 어느 정도 지켜졌다.[16] 문제는 이 자연 질서가 어떤 이유로 역행하게 됐냐는 것이었다. 서양에서 일어난 농업 개선의 많은 부분은 "제조업과 무역"으로 일어났으며, 상업 시스템은 "이런 부자연스럽고 역행적인 질서"의 결과였다.[17]

스미스는 부가 느리게 발전하고 사물의 자연 질서가 역행하게 된 근본 원인을 봉건 제도라고 봤다. 그가 법학 강의에서 증명했듯 봉건 제도는 지주들이 자신의 토지를 개선하기보다 확장하도록 부추겼고, 소작인을 의존 상태에 빠뜨리거나 심지어 노예 상태로 전락시켰다. 스미스는 노예 제도를 언제나 가장 생산적이지 않은 노동 형태라고 생각했다. 더군다나 장자상속, 토지 사용권, 한사상속 등을 통해 인위적으로 보존해온 제도는 경제적 효율성에는 말할 것도 없고 국민의 정의감에도 부합하지 않았다. 스코틀랜드 문인들은 아마도 스미스와의 대화와 소모임 명사회에서의 토론을 통해 그가 주장하는 바의 개요를 충분히 알고 있었을 것이다. 하지만 중농정치에 공감하고 있던 프랑스 독자들은 스미스의 사상을 '대귀족의 재산이 근대 정부의 진정한 부의 궁극적인 원천'이라는 주장에 대한 급진적인 공격으로 봤을 가능성이 크다.

스미스의 분석은 도시와 국가 사이의 관계에서 봉건 제도가 미친 영향에 대한 강력한 논의를 통해 한층 더 날카로워졌다. 봉건적 농업과 영주 권력을 바탕으로 한 원시적 체제는 작은 도시와 이들이 속한 지역의 경제적·정치적 발전을 더디게 했고, 영주 권력의 성장을 막으려던 통치자들이 재정난을 극복하고자 부추긴 사치품 무역을 통해 일부 해안 도시는 이웃 교외에 돈을 투자하는 대신 일종의 '독립적인 공화국'으로 발전했다. 그 결과 농업 개선의 결과였어야 할 상업과 제조업이 그 '원인과 계기'가 됐다. 스미스는 이런 발전이 봉건 국가의 전반적인 경제 성장을 지연시켰으며, 경제 성장을 촉진하는 과정에서 대외무역에 대한 불운한 오해를 불러일으켰다고 생각했다. 스미스는 자연 질서가 역전된 원인에 대해 관심이 컸던 만큼 그 재앙적인 결과에 분개했다. 흄이 영국 정당 이데올로기에 대한 글을 썼을 때처럼, 스미스는 이를 유럽의 정치 문화와 인간 본성의 나약함에 뿌리를 둔 문제로 봤다. 한 국가의 부와 권력이 국내 무역이 아니라 대외 무역에 의존한다는 믿음은 '부는 노동이 아니라 화폐 또는 금과 은으로 구성된다'라는 생각을 바탕으로 했다. 이는 모든 유럽 국가에 자리 잡고 있던 믿음이었다. 그것은 학자들이 이론화하고 상인들이 조작했으며, 근대 세계의 평화와 번영을 위협하는 국가 정책의 지적 원동력이 됐다. 종교 전쟁을 촉발한, 여전히 유럽 구석구석에 배어 있는 종교적 미신만큼 문명의 진보에 위험한 믿음이었다.

스미스는《국부론》4편을 이런 새로운 미신을 타파하고, 볼테르와 흄이 성직자의 영향력을 공격했을 때처럼 이런 믿음을 전파한 상인과 이론가들을 공격하기 위해 썼다. 그러나 이 근거는 이미 1편에서 가치와 가격에 대한 까다로운 논의에서 제시됐다. 다소 '장황할' 수 있다고 인정한 논의에서 그는 생활 속에서 흥정하는 일상적인 경험이 가치와 가격에 대한 적절한 이해를 제공하는데도 노동력과 상품의 가치를 화폐 측면에서 생각하기 쉬운 이유를 설명하기 위해 세심하게 사고실험을 수행했다. "상업의 도구이면서 가치의 척도이기도 한 화폐의 이중 기능에서 자연스럽게 발생하는" 혼란의 결과이며, "모호한 표현 때문에 통속적인 개념이 우리에게 친숙해졌고, 그러한 개념이 옳지 않다고 확신하는 이들조차 논리를 전개하는 과정에서 자신의 원칙을 잊고 이러한 통속적인 개념을 확실하고 부인할 수 없는 진리로 받아들이게 된다."[18] 흄이라면 아주 잘 이해했을 설명이다.

이런 미신의 힘과 파괴적인 잠재력에 대한 스미스의 첫 번째 예시는 충분히 평범한 것이었다. 그는 스페인이 아메리카를 탐험하고 식민지화하는 과정에서 아메리카 원주민을 대량 학살하는 잔학 행위를 저지르게 한 '황금에 대한 신성한 갈망'을 예로 들었다. 그러나 이 예시는 스미스의 주요 목적을 위한 서막에 불과했다. 이 원시적인 믿음이 어떻게 미신이 되어 당시 문명 전체의 정치 문화 중심에 놓여 경제 발전을 왜곡하는 정책의 땔감이 됐는지를 보여주고자 했다. 분석은 엄격하고 냉소적이며, 도덕 해부학자로서 스미스가 가진 능력을 잘 보여줬고, 철학과 역사를 통해 미신과 싸우려는 후기 계몽주의의 목표를 잘 드러내는 고전적 예시를 제공했다. 스미스는 금과 은을 비축하는 국가 정책을 옹호하는, 당대에 등장한 주장을 검토했다.

— 그러나 사람들은 그 논거에 설득되었다. 그리고 상인들은 의회, 추밀원, 귀족, 시골의 지주들에게 이런 논리를 전달했다. 무역을 이해하는 이들이 무역에 대해 무지하다는 사실을 스스로 의식하고 있는 이들에게 전달한 것이다. 외국무역은 나라를 풍요롭게 했고, 그 경험은 상인들뿐만 아니라 귀족들과 시골 지주들에게도 영향을 미쳤다. 그러나 어떤 방식으로 어떻게 그런 결과를 발생시켰는지는 누구도 잘 알지 못했다. 다만 상인들은 외국무역이 어떤 방식으로 자신들을 풍요롭게 하는지 완벽하게 알고 있었다. 그것을 아는 것이 그들의 일이었기 때문이다. 그러나 외국무역이 어떤 방식으로 나라를 풍요롭게 하는지는 그들이 알 바가 아니었다. 그들은 이 문제에 관심이 없었지만, 외국무역과 관련된 법률을 일부 수정해달라고 국가에 요청해야 할 때는 달랐다. 그럴 때는 외국무역의 유익한 효과와 그런 효과가 기존의 법 때문에 어떻게 방해받고 있는지를 설명해야 했다. 이런 문제를 결정해야 하는 판사들에게는 외국무역이 국가에 화폐를 벌어다줬으며 법에 문제가 없었더라면 화폐를 더 많이 들일 수 있었으리라는 설명이 가장 설득력 있어 보였다. 따라서 이런 주장은 원하는 결과를 낳았다. 프랑스와 잉글랜드에서는 금과 은을 수출하지 못하게 되어 있었지만, 이는 각국의 주화로 국한됐고 외국 주화와 금괴는 자유로이 수출할 수 있게 됐다. 네덜란드와 그 외 일부 국가에서는 자기 나라의 주화까

지 자유롭게 수출할 수 있도록 자유가 확대됐다. 금과 은의 수출을 막던 정부는 이제 이런 금속이 오로지 무역수지를 통해 증가 또는 감소한다고 보고 이를 감시하게 됐다. 쓸데없는 걱정이 똑같이 쓸데없으면서 훨씬 복잡하고 당혹스러운 또 다른 걱정으로 바뀐 셈이다. 토머스 먼Thomas Mun의 《잉글랜드가 외국무역에서 얻는 부Englands Treasure By Foreign Trade》는 잉글랜드뿐 아니라 모든 상업 국가의 경제정책의 근본 원리가 됐다. 가장 중요한 것은 내륙 또는 국내상업, 즉 동등한 자본으로 가장 많은 이익을 거둘 수 있으며 국민에게 가장 큰 고용을 창출하는 국내상업이 외국무역의 부산물처럼 간주되었다는 점이었다. 국내상업은 국가에 화폐를 가져오지도 수출하지도 못한다는 것이었다. 따라서 국내상업의 흥망이 외국무역에 간접적으로 영향을 미치는 경우를 제외하고 국가는 국내상업을 통해 더 부유해지거나 더 가난해질 수 없다는 것이었다.[19]

스미스는 이런 분석을 통해 1750년 에든버러에서 시작하여 글래스고에서 발전시킨 중상주의 체계 전반에 대한 매우 격렬한 공격을 다시 시작했다. 또한 이제 학계를 뒤흔들 파격적인 결론을 내릴 수 있었다. 자유무역을 방해한 정책에 대한 그의 글래스고 시절 비판은 단편적이었다. 하지만 이제 그런 정책들은 전체 문명의 중심에 놓여 모든 유럽 국가의 통치 체계를 병들게 하는 미신의 일부였다. 그는 이제 외국과의 경쟁에 맞서 국내 시장을 봉쇄하고 외국 경쟁자들에 비해 국내 시장이 유리한 입지를 차지할 수 있도록 마련된 외국 수입품에 대한 규제를 비난할 수 있었다. 국내 시장이 보호되면 가격이 인위적으로 오르고, 개선이 더뎌지며, 이웃 국가를 '가난하게 만들어' 국부를 늘리는 무역 정책이 촉진됐다. 이는 역사적으로 상업과 제조업 활동을 저해했으며, 당시의 세계정세까지 재편하던 '비열한 독점 정신'에서 비롯된 결과였다. 거대한 독점적 무역회사가 성장하면서 아시아와 아메리카 대륙은 유럽 시장과 교역을 시작했고 이들 회사는 벵골과 같은 국가의 지배권을 장악했다. 스미스는 다음과 같이 냉소적인 평을 남겼다. "독점적 상인 회사에 휘둘리는 통치는 국가를 막론하고 최악의 통치라고 할 수 있다."[20] 흄이 말한 "무역에 대한 질투"는 유럽과 해외에서 모든 강대국의 생존 자체를 위협하는 엄청난 비용이 드는 전쟁을 일으켰다. 스미스는 말했다.

— [상업은] 개인들 사이에서와 마찬가지로 국가 사이에서도 당연히 연합과 우정으로 결합된 유대여야 했지만, 불화와 적대감의 가장 비옥한 원천이 됐다. 금세기와 이전 세기 동안 왕과 대신들의 변덕스러운 야망보다 상인과 제조업자의 무례한 질투가 유럽의 평화에 더 치명적인 영향을 미쳤다. 인류 사회 통치자들의 폭력과 불의는 고대부터 내려오는 악덕이며, 인간의 본성상 이런 문제가 해결될 리는 없어 보인다. 인류의 지배자가 아니며 지배자가 되어서도 안 되는 상인과 제조업자의 독점 정신과 비열한 약탈을 비록 바로잡을 수는 없지만, 그들 자신 외에 누구의 평온도 방해할 수 없도록 예방하기는 쉽다.[21]

지금까지 상업 제도에 대한 스미스의 공격은 이론적이었고, 봉건주의의 잔재에 얽매이지 않고 자유무역과 완벽한 체제를 누리는 국가에서 일어나는 노동 분업과 부의 자연적 진보에 대한 논의에 기반을 두고 있었다. 물론 그는 자기 이론의 다양한 측면을 신중하게 엄선한 역사적 예시를 통해 세심하게 설명했다. 그러나 그의 이론과 중상주의에 대한 공격에서는 추측적 분석에서 제시된 과정에 따라 경제 발전이 이뤄진 국가의 설득력 있는 예시를 찾아볼 수 없었다. 그는 글래스고 강의를 설명하면서 잉글랜드와 자유무역연합을 맺은 이후 스코틀랜드에서 볼 수 있었던 놀라운 경제적·정치적 발전에 자연스럽게 집중했고, 《국부론》의 다양한 주제를 설명할 때도 스코틀랜드를 예시로 사용했다. 그러나 여전히 봉건 제도의 한계에서 벗어나지 못하고 있던 스코틀랜드는 스미스가 상상했던 자연적 진보의 완벽한 예시가 될 수 없었다. 그는 미국 식민지의 경험을 유럽에 비해 빠르고 자연스럽게 발전한 사회의 전형적이고 유일한 예로 소개했다.

그의 눈에 미국 식민지가 발전할 수 있었던 근본적인 원인은 단순했다. 바로 "풍부한 땅과 그들 자신의 방식으로 자기 일을 통제할 수 있는 자유"였다.[22] 미국 땅은 값이 쌌고, 적어도 일부 지역에서는 장자상속이나 한사상속 같은 제도가 없었으며, 세금이 높지 않았다. 식민지 주민들은 교육을 받았고, 검소하고 순종적이었으며, 열심히 일하는 듯 보였다. 그들은 농업과 단순 제조업에 자신들이 가진 것을 투자하는 타고난 스미스식 개혁가였고, 노동력이 상대적으로 부족해 노동자들에게 높은 임금을 지급해야 했기 때문에 노동자들은 수월하게 자립할 수 있었다. 무엇보다 그들은 정부에 대해 공화주의적 태도를 촉구하는 평등한 정신을 가지고 있었다. 모국인 영국에서 주권, 조세, 무역 규제 문제에 관해 무엇을 주장하든 그런 주장을 시행하기에는 거리상으로 먼 곳에 있었다. 그 결과 북미 및 서인도 식민지는 스미스가 유럽에서 그토록 갈망했던 역내무역 시스템을 개발할 수 있었다. "아메리카 대륙과 서인도제도 간에는 열거된 상품과 열거되지 않은 상품 모두에 대해 가장 완벽한 무역의 자유가 허용된다. 현재 인구가 많고 번성하고 있는 이런 식민지들은 다른 식민지들을 자신들이 생산한 상품에 대한 크고 넓은 시장으로 생각할 수 있으며, 이들을 모두 합치면 서로의 생산물에 대한 거대한 내수 시장을 형성할 수 있다."[23]

스미스의 분석은 도식화돼 있었고, 영국과 아메리카 대륙의 미래 관계에 대한 근대적 논쟁에 기여하게 된 유명한 주제를 제시했다. 이는 또한 식민지 무역이 식민지와 모국에 가져온 결과에 대한 중요한 논의의 기초이기도 했다. 스미스는 식민지와의 무역을 '독점 무역'으로 만든 다양한 규제와 항해조례가 영국 경제의 전반적인 발전을 지연시켰다는 것을 증명하고자 했다. 그의 주장은 충분히 예측할 수 있었다. 독점 무역을 통해 유럽 무역에서 미국 무역으로 자본이 옮겨갔으며 그 결과 다음과 같은 일이 발생했다는 것이다.

— 영국의 산업은 다수의 작은 시장보다 주로 하나의 큰 시장에 적합했다. 상업은 작은 수로 여러 개를 통해 이루어지기보다 큰 수로 하나를 통해 운영되었다. 이 때문에 영국의 상공업체계는 덜 안정적일 수밖에

애덤 스미스

없었다. 독점이 없었더라면 국가 전체가 더 건강할 수 있었을 것이다. 현재의 상태에서 대영제국은 중요한 기관 중 일부가 지나치게 커진 건강하지 않은 신체와 유사하며, 모든 부분이 적절하게 균형을 이룬 신체에서는 거의 볼 수 없는 위험한 장애가 발생하기 쉬운 상태라고 할 수 있다. 부자연스럽게 비대해진 국가의 상공업 때문에 무리하게 순환 중인 잔뜩 팽창한 혈관이 잠시라도 막히는 날에는 국가 전체에 엄청나게 위험한 장애가 발생할 가능성이 매우 크다. 식민지와의 무역이 단절될지도 모른다는 예측이 스페인 함대나 프랑스의 침략이 있었을 때 느꼈던 것보다 더 큰 공포로 영국 국민을 강타한 것도 이 때문이다.[24]

미국 식민지를 잃을지도 모른다는 두려움에 대한 이 생생하고 암시적인 병리학적 분석은 스미스가 근대 신념을 얼마나 탁월하게 분석했는지 보여준다. 그러나 그가 식민지 무역이 미국이나 모국과 유럽 국가 간의 무역에 미치는 영향에 대한 자신의 추측을 뒷받침하는 데 필요한 예시를 제공하지 못했다는 점도 주목할 만하다. 매사추세츠주의 전 주지사였던 토머스 파우널Thomas Pownall은 강력히 반발하며 다음과 같이 말했다. "당신은 추론을 훌륭하게 확장했다. 믿을 만한 이유만을 근거로 주장을 발전시키며 그럴듯한 가정으로만 증명한다. 그러나 당신의 책을 읽는 독자 대부분은 당신이 확실한 증거를 설정했다고 생각할 것이며 마치 당신이 결론을 내린 것처럼 생각할 것이다."[25] 이는 스미스의 방식을 누구보다 잘 이해하며, 방대한 체제의 신뢰성을 좌우할 예시로 아메리카 대륙을 사용했다는 데 의문을 제기할 수 있는 위치에 있었던 비평가의 반응이었다.

상업 제도와 중상주의자들의 끔찍한 독점 정신에 대한 스미스의 비판은 미신이 팽배하는 사회에 대해 계몽 철학자가 가지는 분노 이상으로 불타올랐다. 자신들의 관심사와 공공의 관심사가 같다는 귀족, 상인, 제조업자들의 주장을 일축한 스미스는 이제 공익의 본질에 대한 새로운 철학적 주장으로 논의를 마무리할 수 있었다. 그는 케네와 프랑스 중농주의 경제학자들에게 완전한 자유 체계가 합법적 전제주의라는 단 하나의 혁명적 행위로 만들어질 필요는 없다는 것을 증명해 보였다. 필요한 것은 시장의 작용을 '방해하는 요인'을 제거하고 나머지는 자연에 맡길 준비가 된 군주였다. 완전하게 자유로운 국가에 사는 사람은 자기 역량을 국제적인 사업보다는 자국 내에서, 즉 법률과 관습과 사람들을 잘 아는 곳에서 사용하고자 할 것이다. 그러면 '대외 소비 무역에 동등한 자본'을 사용할 때보다 지역 산업을 자극할 수 있어 부를 순환하는 데 더 효과적으로 기여할 수 있다.

— [모든 개인은] 사실 일반적으로 공익을 증진할 의도가 없으며 자신이 얼마나 공익을 증진하고 있는지도 알지 못한다. 그가 외국의 산업보다 국내 산업을 지지하는 것은 자신을 안전하게 지키기 위해서다. 또한 노동생산물이 가장 가치 있을 수 있는 방식으로 산업을 이끄는 것도 자신의 이익을 도모하기 위해서다. 다른 많은 경우와 마찬가지로 이 경우에 그는 보이지 않는 손에 이끌려 자신이 의도하지 않은 결과를 만들게 된다.[26]

이는 《국부론》에서 가장 유명하고 가장 영향력 있는 주장이 됐을 뿐만 아니라, 그의 스코틀랜드 동료 몇몇을 제외하고는 가장 깊은 철학적 뿌리를 바탕으로 공익을 이해했던 계몽된 철학자의 근본적인 정치적 주장이었다.

완벽한 자유 체계를 조성하기 위해 스미스가 내린 정치적 처방은 두말할 필요 없이 현실적이었고, 체계를 조성하는 데 방해가 되는 장애물을 제거하기 위해서는 점진적으로 접근해야 한다고 주장했다. 그러지 않으면 필연적으로 심각한 반발을 불러일으킬 것이기 때문이었다. "무역의 자유가 대영제국에서 완전히 회복되리라고 기대하는 것은 오세아나(제임스 해링턴James Harrington의 《오세아나 공화국The Commonwealth of Oceana》에 등장하는 유토피아적 세상-옮긴이) 또는 유토피아가 영국에 건설되리라고 기대하는 것만큼이나 터무니없다. 이는 대중의 편견 때문만이 아니다. 대중의 편견보다 훨씬 더 정복하기 어려운 개인의 이익을 지키고자 하는 욕구가 회복을 반대할 것이기 때문이다."[27] 이는 정부의 최종 목적이 사회성의 궁극적인 기반인 정의의 규칙을 보존하는 것이라는 사실을 염두에 둔 법학자의 실용주의적 발언이었다. 스미스는 다음과 같이 요약했다.

— 따라서 특혜나 제한을 부여하는 제도가 완전히 제거되면 명백하고 단순한 자연적 자유 체제가 저절로 확립된다. 정의의 법칙을 위반하지 않는 한 모든 사람은 자신의 방식대로 이익을 추구하고 자신의 산업 및 자본을 다른 사람이나 계급의 산업 및 자본과 자유롭게 경쟁할 수

있다. 이렇게 되면 어떠한 지혜나 지식도 충분하지 않아 군주를 수많은 망상에 빠뜨리는, 개인의 노동을 감독하고 이를 사회의 이익에 가장 적합하게 사용되도록 인도하는 의무를 군주는 수행할 필요가 없게 된다.[28]

스미스는 이제 국방, 정의, 공공사업, 교육 및 모든 초기 근대 군주들의 골칫거리였던 종교 문제에서 근대 통치자가 직면한 문제를 고려했다. 이 모든 문제는 시민의 사회적 능력을 보존하거나 가능하면 향상시키는 역할을 했다. 논평의 대부분은 그의 글래스고 강의를 바탕으로 했고, 문제를 역사적인 관점에서 분석해 이전 시대에서 물려받았지만 더는 쓸모가 없어진 관행과 믿음을 식별하는 그의 습관은 여기에서도 적용됐다. 그는 특히 정부의 다양한 측면에서 발생하는 비용과 이들이 조세에 미치는 영향에 관심이 있었고, 불공정하고 독단적인 세금보다 분노를 불러일으키는 문제는 없다는 사실을 깨달았다. 사회성을 증진하려면 받아들일 만한 조세 시스템을 유지해야 한다는 의미였다.

스미스는 국방, 정의, 공공사업의 문제에서 변화하는 사회의 요구를 설명하며 추측적 역사를 최대한 활용했다. 충분한 예시로 뒷받침된 이런 논의는 일반적으로 도발적이었다. 국방에 대한 논의에서 그는 시민 민병대를 통해 국가 방어에 대한 요구를 가장 잘 충족할 수 있다고 믿는 자유주의자들에게 "어느 국가의 문명이 영원히 계속되거나 상당한 시간 동안 보전되려면 상비군이 있어야만 한다"라는 사실을 보여주고자 했다.[29] 정의에 대한 토론에서 그는 "재산을 안전하게 보전하기 위해 제정된 시민 정부는 실제로는 가난한 이들로부터 부자들을, 재산이 없는 사람들로부터 재산이 있는 사람들을 지키기 위해 제정됐다"라는 불편할 정도로 날카로운 주장을 다시 한번 반복했다.[30] 그는 이런 주장을 통해 실행 가능한 사법제도를 유지함으로써 개선의 기반인 부의 격차를 보존하고 안정감을 기를 수 있으며, 매우 편파적인 사회에서 정의의 규칙을 엄격하고 공평하게 집행하도록 요구할 수 있다는 것을 시민과 행정관들에게 상기시키고자 했다.

근대 정부의 권한에 대한 스미스의 의구심은 상업 발전의 기반이 되는 도로, 운하, 교량 등을 제공하는 군주의 의무에 대한 논의에 구석구석 스며들어 있었다(이후 판에서는 무역회사에 대한 장을 보완했다). 이런 시설은 납세자와 국가가 아닌 사용자와 지역 조직이 비용을 부담해야 할 자원이었다. "지역 및 지방 정부의 세입이 엄청나게 남용되는 것처럼 보일 때가 있지만, 실제로는 대제국의 세입 중 행정부 및 예산에서 발생하는 낭비와 비교하면 매우 사소하다. 게다가 훨씬 쉽게 고칠 수 있다."[31] 같은 방식으로 스미스는 사법부를 유지하는 비용을 법정 수수료로 충당할 수 있다고 생각했다. 진짜 문제는 방어 비용이었다. 이는 납세자에게 부담이 될 수밖에 없었고, 기술적으로 진보한 사회에서는 가장 무거운 부담이었으며 끊임없이 전쟁이 발발하는 시대에는 쉽게 파멸을 부를 수 있는 비용이었다. 근대에 발생한 전쟁에 드는 비용에 대한 그의 우려는 논의 전체에 스며들어 있었다.

스미스는 군주의 근본적인 의무를 주로 글래스고 강의와《국부론》

의 이전 내용에서 추출한 내용을 통해 다뤘다. 그러나 군주의 교육적 의무에 관한 부분에서는 교수로서 자신의 경험과 스코틀랜드의 최근 역사에서 배울 수 있는 교훈을 바탕으로 이전에 논의한 적이 없는 주제로 눈을 돌렸다. 시민과 행정관 교육의 근본인 고등학교와 대학교가 어떻게 자금을 조달하는가? 부유한 교회가 있는 부유한 국가에는 옥스퍼드처럼 기부금이 충분한 대학이 있을 가능성이 컸으며, 이런 대학들은 학생보다는 교수의 이익을 위해 운영되는 폐쇄적인 기업이 되기 쉬웠다. 스코틀랜드 같은 가난한 국가에서는 대학에 기부금이 부족하여 교수들이 등록금으로 생활해야만 했고, 따라서 자연스럽게 학생들의 관심에 더 민감하게 반응했다. 스미스는 경험 많고 헌신적인 교사만이 남길 수 있는 다음과 같은 글을 썼다. "청년 대부분은 관대하기 때문에 교사의 지시를 무시하거나 경멸하지 않으려 한다. 교사가 그들에게 도움이 되고자 하는 의도를 진지하게 보이기만 한다면 그들은 일반적으로 그가 책무를 수행하며 저지르는 실수들을 용서하려 하며, 그 실수가 중대한 것일지라도 대중에게 공개되지 않도록 숨겨주기도 한다."[32] 스미스는 특히 관심을 뒀던 주제인 철학 커리큘럼의 역사에 대해 놀랍도록 긴 글을 썼다. 그의 미발표 논문 대부분은 모닥불 속에서 사라졌으나, 이 주제에 대한 그의 노트와 소논문만은 살아남았다. 기독교 시대에 신학으로 철학 교육이 어떻게 왜곡됐는지에 대해 그가 전하고자 했던 메시지는 대부분의 독자도 충분히 잘 아는 내용이었지만, 신학적인 영향을 받은 대학들이 공교육의 기반인 대부분 교사를 훈련하는 책임을 지고 있었기에 여전히 중요했다.

이를 개선하기 위해 할 수 있는 일은 없었지만 스미스는 일반적으로 펜실베이니아의 퀘이커교도 문화와 근대 스코틀랜드의 온건 장로교가 공유하는 특성이기도 한, 독립성과 관용을 장려하는 개신교 국가의 교육을 낙관적으로 전망했다. 스코틀랜드와 같은 국가에서 종교 목사는 아첨이나 국가의 후원으로 이뤄지는 승격보다는 학식과 예의 그리고 부자와 가난한 사람들의 존경에 의존해야 했다. 이런 성직자들은 "과학은 열정과 미신이라는 독에 대한 해독제"이며 교육을 잘 받은 사람이 훌륭한 시민을 길러낼 수 있다는 위대한 깨달음을 이해하는 훌륭한 교사를 배출할 가능성이 컸다.[33] "교육을 받고 지적인 사람들은 (…) 무지하고 어리석은 사람들보다 언제나 품위 있고 정돈되어 있다. 이들은 자신이 존경받을 만하며 합법적으로 자신보다 높은 지위에 있는 사람들에게 존중받을 가능성이 크다고 느끼기 때문에 그런 사람들을 존경하는 경향이 있다."[34]

대학은 학생 등록금으로 자금을 지원받으므로 그런 교육에는 과도한 비용이 들지 않을 것이며 스코틀랜드 방식으로 운영되는 의무 교구 교육 시스템의 비용은 무시해도 될 정도다. 이런 이유로 스미스는 다음과 같이 언급했다. "유럽에서 네덜란드, 제네바, 스위스, 스코틀랜드의 장로교 성직자 대부분보다 더 학식과 품위를 갖춘 존경할 만한 이들을 찾아보기는 힘들 것이다."[35] 실제로 대중을 교육하기 위해 군주가 할 수 있는 유일하게 긍정적인 역할은 "스캔들 없이 자신의 이익을 위해 그림·시·음악·춤 등으로 사람들을 즐겁게 하고, 기분을 전환하고자 노력하는 이들에게 완전한 자유를 제공함으로써 대중이

유쾌한 오락에 자주 노출될 수 있도록 장려하는 것"이었다. 왜냐하면 이런 오락은 "거의 언제나 대중적인 미신과 열광의 먹이가 되는 우울하고 침울한 기분을 쉽게 나아지도록 하기" 때문이다.[36]

《국부론》을 마무리 짓는 조세와 공공부채에 관한 논의에서 스미스는 책 전체에 영향을 미친 두 철학자인 케네와 흄에게 눈을 돌렸다. 상업화된 국가에서 세금을 어떻게 부과할 것인가에 대한 논의에서는 특히 근대 조세 제도의 기초가 토지를 바탕으로 형성되어야 한다는, 프랑스 중농주의 경제학자들의 재정 시스템에서 근본이 된 잘 알려진 견해의 '매우 독창적인' 버전에 특히 집중했다. 그렇지만 앞에서 봤듯 그는 이런 견해가 이론적으로 건전하지 않을 뿐만 아니라 실행할 수 없다고 생각했다.[37] 스미스의 견해는 대체로 흄의 견해를 다듬은 버전이었다. 실행 가능한 조세 제도란 국부의 분배를 반영하는, 쉽고 저렴하게 징수할 수 있는 제도였다. 그렇지 않은 제도는 독단적이고 억압적이라고 볼 수 있었다. 그는 영국의 조세 제도를 세심하게 검토하면서 세금을 징수할 새로운 기회가 일부 정치인과 이론가들이 믿는 것보다 훨씬 제한적이라는 것을 보여주고자 했으며, 모든 불완전성에도 불구하고 유럽에서 가장 공평한 제도일 것이라는 결론을 내렸다. 즉 개선되어야 할 부분이 있지만 유토피아를 향한 거대한 구조적 혁명이 일어나지 않는 이상 개선될 수 없는 제도라는 의미다.

스미스는 책 마지막 페이지까지 이상적인 이론을 펼치지 않았다. 그가 더 집중하고자 했던 내용은 《국부론》의 마지막 장에서 논의된 모든 주제 중 가장 시사적이었던 공공신용public credit과 공공재정에 전쟁이 미친 영향에 관해 논의하는 것이었다. 분석은 1752년 흄이 했던 것과 거의 같은 과정을 따랐다. 근대 사회에서는 정부가 미래의 세수를 저당 잡고 미래 세대가 짊어져야 할 막대한 공공부채를 바탕으로 전쟁 자금을 조달하기가 너무 쉬웠다. 이런 공공부채를 "국가의 기타 자본에 추가된 거대하게 축적된 자본으로 간주하며, 그러한 자본이 없었을 때보다 무역이 확장되고 제조업이 확대됐으며 토지가 경작되고 개량됐다"라는 일부 사람들의 가정은 심각한 오류였다.[38] 당시 "유럽의 모든 강대국을 압박하고 장기적으로는 파멸시킬 수 있는 막대한 부채"를 상환하는 비용을 마련하기 위해서는 어쩔 수 없이 세금을 높이고 경제활동을 줄여야 했다.[39] 1764년 흄은 토지세가 급격하게 인상되어 지주 계급을 파멸시키고 새롭고 치명적인 형태의 폭정을 불러오리라고 예측하며 이런 암울한 분석을 재앙적인 결론으로 마무리 지었다. 그는 "국가가 공공신용을 파괴해야 한다. 안 그러면 공공신용이 국가를 파괴할 것이다. 지금까지 관리된 방식으로는 어느 나라에서도 함께 살아남을 가능성은 없다"라고 주장했다.[40]

흄은 오스트리아 왕위 계승 전쟁과 7년 전쟁의 비용을 염두에 두고 글을 썼다. 그에 비해 스미스는 비용이 많이 드는 미국과의 전쟁 자금을 어떻게 조달할 것인가 하는 문제에서 정부가 어떤 선택지를 가지고 있는지 고민했다. 그의 분석은 조세 제도에 더는 부담을 지울 수 없다는 것을 보여줬다. 국가 신용이 평가절하되는 상황은 경멸해야 마땅할 뿐만 아니라 경제에 막대한 비용을 부담하게 하면서도 그 이익은 미미할 가능성이 크기 때문이었다. 스미스가 생각한 유일한 해결

책은 최근 스코틀랜드 경험을 기반으로 한 것이었다. 그는 1707년 의회연합이 확립한 잉글랜드와 식민지의 자유무역보다 스코틀랜드에서 경제 성장과 세금 징수를 촉진하는 데 큰 영향을 미친 사건이 있는지 질문을 던졌다. 또한 이와 유사한 대영제국, 아일랜드, 미국 식민지 사이의 연합이 정치적·경제적 이익을 가져오리라고 제안했다. 아일랜드와 미국을 대표하는 이들이 제국 의회에 포함되리라고 가정하면 두말할 것 없이 통합된 새 연합이 생길 것이었다.

── 잉글랜드와의 연합으로 스코틀랜드의 중하층민들은 항상 자신들을 억압해온 귀족의 권력에서 완전히 해방됐다. 마찬가지로 대영제국과의 연합을 통해 모든 계층의 아일랜드 국민 대부분은 훨씬 더 억압적인 귀족 정치에서 완전히 벗어날 수 있을 것이다. 스코틀랜드에서와 마찬가지로 그들의 귀족 정치는 출생과 재산이라는 자연스럽고 존중할 만한 구분에 기초하고 있지 않으며 모든 구별 중에서 가장 혐오스러운 종교적·정치적 편견을 바탕으로 한다.

정치의 중심이 아메리카 대륙에서 런던으로 옮겨가면 미국인들은 "작은 민주주의의 고질병이자 국민의 관심을 분열시켜 민주적인 형태를 가장해 정부의 안정을 방해하는 사악하고 치명적인 파벌싸움에서" 자신들이 구출됐다는 사실을 깨닫게 되리라는 것이다. 의심할 여지 없이 아일랜드와 미국은 현재보다 더 무거운 세금을 부담하겠지만 세금 자원을 신중하게 관리한다면 그 부담은 오래가지 않을 것이

애덤 스미스

다. 잉글랜드에서는 새로운 연합이 상업적 이익을 바탕으로 부지런히 몸집을 키운 잉글랜드의 '황금빛 꿈'을 유지하는 데 기여할 수 있다는 사실을 알게 될 것이다. 흄이 생의 말년에 근대 정치에 대해 품었던 사상의 특징이라고 할 수 있는 피해망상적인 결론보다는 덜하지만, 스미스 역시 여전히 매우 비관적인 결론을 내렸다.

— 대영제국의 통치자들은 지난 100년 이상 대서양 서쪽에 대제국을 소유하고 있다는 상상으로 사람들을 즐겁게 해왔다. 그러나 이 제국은 지금까지 상상 속에서만 존재했다. 지금까지 비용이 들었고, 지금도 들고 있으며, 지금까지와 같은 방식으로 계속 추진한다면 막대한 비용을 들이고도 이익을 얻을 가능성이 없는 계획이었다. 식민지 무역을 독점한 결과는 많은 사람에게 이익이 아닌 단순한 손실이었다는 사실이 밝혀졌다. 이제 우리의 통치자들은 자신과 국민들이 빠져 있던 이 황금빛 꿈을 실현하거나, 스스로 그런 꿈에서 깨어나 사람들을 깨우려고 노력해야 한다. 완료할 수 없는 계획은 포기해야 마땅하다. 속주들이 제국 전체를 지원하는 데 기여하도록 할 수 없다면 대영제국은 이제라도 그런 속주를 전시 상황에서 방어하고 평시에 민간 또는 군사 제도들을 유지하는 비용에서 벗어나야 하며, 미래에 대한 견해와 계획을 평범한 현실에 맞추도록 노력해야 한다.[41]

《국부론》은 스코틀랜드 계몽주의의 지적 문화가 남긴 불후의 기념비적인 저술이다. 이 저술에는 스코틀랜드식 예절에 비추어 본 인간의 행동에 관한 이론과 정신·예절·재산을 개선하기 위해 노력하며 자연적 순리처럼 보이는 길을 따르면 공공의 이익에 기여할 수 있다고 믿는 행위자에 관한 이론이 포함되어 있다. 한편 이 작품은 예절이라는 대중적인 문화 속에서 스미스의 두 위대한 멘토였던 허치슨과 흄이 창시한 사회성 이론을 추출하고자 했던 뛰어난 지식인의 최고 업적이기도 하다. 흄은 인간이 어떻게 평범한 삶의 경험을 통해 사회에서 생존하고 번성하며 고결하게 사는 사회적 동물이 되는 방법을 배우는지에 관한 이론을 개발하는 데 필요한 철학적 역량을 스미스에게 제공했다. 지배자들에 대한 개탄스러운 일화에 기울이는 관심만큼 인류의 물질적·도덕적·지적 진보에 많은 관심을 기울여 문명의 진보를 설명하는 방법을 스미스에게 보여준 사람도 흄이었다. 스미스는 상품, 서비스, 정서의 교환 및 순환, 그리고 인간 사회의 생존과 문명이 진보하는 데 기반이 되는 문화가 창조되는 과정에 대한 열광적인 관심을 바탕으로 이런 작업에 공헌했다. 이는 그의 모든 연구에서 드러나는 특징이라고 할 수 있는 눈에 띄게 체계적인 사고와 방대한 학식, 목적의 중요함과 심오함을 바탕으로 완성된 관심이었다.

결론적으로 《국부론》은 《도덕감정론》 및 관련 강의와 마찬가지로 동시대인들에게 그들과 그들이 책임져야 할 사람들의 삶에 대한 도덕적·정치적·지적 통제권을 가져야 한다고 선언했다. 역사가들이 《국부론》을 읽어야 하는 이유가 바로 이것이다. 그의 추종자들과 비평가들에게 나머지 판단을 맡긴다.

Adam Smith:
An Enlightened Life

12장
—

흄의 죽음

아마도 《국부론》에 대해 처음 반응을 보인 이들은 칭찬과 비난을 거리낌 없이 쏟아낼 수 있었던 스미스의 스코틀랜드 친구들이었을 것이다. 휴 블레어는 그 책의 초안을 읽었던 때를 회상하며, "[많은 것을 기대했는데] 그 기대를 뛰어넘었다. 지금껏 이 주제를 다뤘던 작가들은 나를 당황시키기만 했다. 그래서 이 책에서도 명확한 아이디어를 얻을 수 있으리라고 기대하지 않았다. 당신은 나에게 완전하고 완벽한 만족을 줬으며, 이런 믿음은 깨지지 않을 것"이라고 이야기했다. 문명화를 대하는 스코틀랜드 장로교의 경향에 대한 스미스의 논평이 너무 낙관적이기는 했지만 "이익에 눈먼 상인들의 궤변"에 대한 공격과 "대학에 대한 정책에서 볼 수 있는 훌륭한 감각과 진실"은 특히 관심을 끌었다. 블레어는 온건파 장로교 목사로서 흥미로운 평론을 계속 이어갔다. "금욕 제도를 과하게 지지하고 있으며, 이는 인류의 위대한 발전에 절대 호의적이지 않다." 그러나 블레어는 "최근의 다른 출판물들과 너무 비슷하다"라는 이유로 미국 문제에 대한 스미스의 논의를 아쉬워했다. 블레어는 미국 문제에 대한 스미스의 논의가 분석 전체에 얼마나 깊이 스며들어 있는지 깨닫지 못했던 모양이다. 그는 스미스가 향후 판에 색인과 함께 "대학 강의에서 사용하는 것 같

애덤 스미스

은 짧은 독립 명제를 나열한 전체 계획서"를 포함하길 바랐다.[1] 스미스는 색인은 포함했지만 계획서는 포함하지 않았다.《국부론》은 학생이 아니라 정치가를 위한 책이었기 때문이다.

스미스가 속해 있던 스코틀랜드 모임의 다른 구성원들도 거의 같은 노선을 따랐다. 블레어와 마찬가지로 윌리엄 로버트슨은 스미스가 자신의 기대를 뛰어넘었다고 인정하면서 이 책이 저속한 휘그주의 인사들의 시야를 넓힐 수 있으리라고 생각했다.

—— 당신은 정치학에서 가장 복잡하고 중요한 부분의 하나를 규칙적이고 일관된 체제로 만들었습니다. 만약 중상주의 지지자들이 도입하고 로크와 몇몇 저자가 묵인하는 명예혁명 원칙에 대한 협소하고 경직된 계획을 뛰어넘어 생각을 확장할 수 있다면, 나는 당신의 책이 행정규제 및 공공재정의 몇 가지 주요 부문에서 총체적인 변화를 일으키리라고 생각합니다.[2]

특히 논쟁이 일어나리라고 예상하며 즐거워하던 애덤 퍼거슨은 스코틀랜드 교회, 대학, 상인 공동체에서 분노를 표출하기를 기대했으며 민병대의 열렬한 자유주의 옹호자로서 스미스가 민병대를 비판한 것에 대해 자신이 할 일이 있을 것이라고 경고했다. "이 나라의 지주과 농민들은 극한의 경우 그리고 극한의 상황에 대한 압박이 그리 멀지 않은 곳에 있는 경우, 철학자의 인정 없이도 그들이 가진 모든 자원을 소홀히 대하며 태만해질 수 있다. 이런 예시는 빌립보서Philippi에서 많이 찾을 수 있다."[3]

　이런 사소한 비판들이 있었지만 그 후 만찬 토론에서는 더 중요한 요점이 화두에 올랐다. 존 밀러는 흄에게 스미스의 "무한한 무역의 자유에 관한 위대한 원칙"에 이의가 있다고 말했으며, 원칙을 어느 정도까지 사실로 받아들여야 하는지 궁금해했다. 제조업자와 상인의 관심사가 대중의 관심사와 필연적으로 반대된다는 주장이 사실인지에 관해서도 의문을 가졌다.[4] 그러나 스미스는 아마도 흄의 의견을 가장 듣고 싶어 했을 것이다. 흄은 스미스의 구성방식에 의구심을 가지고 있었던 것으로 보이지만, 구체적인 내용은 남아 있지 않다. 밀러는 흄의 의구심들이 너무 까다롭다고 생각했지만 겉으로는 드러내지 않았다. 그러나 흄의 축하 편지를 통해 그가 스미스의 가격 이론에 심각한 의구심을 품고 있었으며 칭찬을 아꼈다는 사실을 알 수 있다.

──── 에든버러, 1776년 4월 1일

　와, 멋지군. 친애하는 스미스.

　나는 자네가 거둔 성과에 매우 만족하네. 정독하고 나니 그간의 불안을 거둘 수 있었네. 이 작품은 자네 자신과 자네의 친구들 그리고 대중에게 너무나 많은 기대를 받았고, 그 모습을 보고 두려움이 느껴질 정도였지. 하지만 지금은 안심이 되네. 이해하는 데 관심을 많이 기울여야 하는 책이었네. 대중은 관심을 많이 주지 않는 경향이 있는데 이렇게 단번에 인기를 얻었다는 사실을 한동안은 믿을 수 없을 것이네. 그러나 책은 깊이와 견고함과 날카로움을 가지고 있으며 호기심을 불러

　　　　　　　　　　　　　　　　　　　　　　　　　애덤 스미스

일으키는 사실들로 설명되어 있어 대중의 주목을 받을 수밖에 없다고 생각하네. 아마도 마지막 거처였던 런던에 살면서 책이 훨씬 좋아진 모양이야. 자네가 나와 함께 난롯가에 앉아 있었다면 나는 자네의 원칙들에 이의를 제기했을 테지. 나는 농장 임대료가 생산물 가격의 어떤 부분을 차지한다고 생각할 수 없고, 가격은 전적으로 수량과 수요로 결정된다고 생각하네. 그리고 프랑스 왕이 주화에 대해 8퍼센트의 화폐주조세를 취할 수 있다는 주장은 불가능해 보이네. (…) 그러나 이 밖에 100가지 다른 논점은 대화를 통해서만 논의할 수 있네. 자네가 올 수 없다고 이야기할 때까지 나는 우리가 곧 대화를 나눌 수 있으리라고 가정할 생각이야. 그날이 빨리 왔으면 좋겠군. 왜냐하면 내 건강이 매우 나빠져서 오래 기다릴 수 없을 것 같거든.[5]

긴 시간 동안 나눈 친밀하며 유익한 우정의 마지막 장을 연 편지였다. 흄은 한동안 몸이 좋지 않았고 살이 빠지고 있었다. 1776년 2월, 그는 스미스에게 지난 3년간 체중이 30킬로그램 가까이 줄었으며 스미스가 스코틀랜드로 돌아오기를 미루면 자신이 "아마도 완전히 존재하기를 멈출 것"이라고 전했다.[6] 같은 해 4월, 조지프 블랙은 흄의 병을 일종의 암으로 진단했고, 스미스에게 가능한 한 빨리 스코틀랜드로 돌아가라고 재촉하면서 "당신이 하루빨리 그의 곁으로 가준다면 위로를 받을 수 있을 것"이라고 말했다.[7] 흄은 블랙에게 어머니도 같은 병으로 죽었다고 말하면서 자신도 곧 생을 마감하리라고 체념했지만, 불편한 여행을 감수하고라도 런던으로 가서 오랜 친구인 존 프링

글 경과 상의하고 바스에서 온천 치료를 하는 데는 동의했다.

그는 1776년 5월 남쪽으로 향하는 여정 중에 북쪽으로 오고 있던 스미스와 모페스에서 만났다. 두 사람은 흄의 유언을 논의하면서 그가 남긴 원고의 관리자로서 스미스가 해야 할 일에 관해 논의했다. 흄은 자신의 철학적·역사적 저작물을 어떻게 할 것인지를 놓고 깊이 고민했다. 이후의 서신을 통해 미루어 보면, 미발표 논문을 폐기하고 몇 년 동안 작업해온 작품의 새로운 판본을 출판하는 문제를 논의했던 듯하다. 대부분의 작업은 간단했다. 스미스는 흄 사후에 언론을 통해 그의 작품을 출간하게 되어 있었고, 흄이 막 완성한 짧은 자서전인 《나의 생애My Own Life》가 출판될 수 있도록 필요한 준비를 하기로 했다. 흄은 지난 5년 안에 작성된 원고가 아니면 출판되지 않은 상태로 유지하다가 '여유가 될 때' 폐기해달라고 부탁했다. 예외가 하나 있었는데, 대중이 읽기에는 너무 회의적이라고 생각해 동료들 사이에서만 배포됐던, 흄이 1750~1751년에 쓴 《자연종교에 관한 대화》에 관한 것이었다. 흄은 스미스가 이 작품을 자신이 세상을 떠난 후 출판해주기를 원했으나 스미스는 거부했다. 흄의 삶에서 마지막 몇 주 동안 그들의 관계에 그림자를 드리운 불일치였다.

흄에게 《자연종교에 관한 대화》를 출판하는 것보다 중요한 일은 없었다. 이 작품은 그가 남길 세심하게 짜인 문학 및 철학적 유산의 구조에 포함되어야 했기 때문이다. 《나의 생애》에서 그는 자신의 삶과 성격에 관한 짧고 설득력 있는 이야기를 플루타크Plutarchian(그리스 철학자이자 《영웅전》의 작가-옮긴이) 식으로 전개했는데, 자신의 저서 《영국사》에서 통치 말기의 영국 통치자들을 퇴장시킬 때와 같이 자신을 역사의 뒤안길로 사라지는 인물로 묘사했다. 그는 자신이 철학자로 서 집필한《인간 본성에 관한 논고》가 언론에서 '사산아' 취급을 받았 고, 이후 평론가로서의 삶은 시작이 더뎠으며, 1752년《정치적 담화》 가 출판되고 나서야 명성을 쌓기 시작했고,《영국사》를 쓰고 난 뒤에 야 차츰 유명해졌다고 묘사했다. 그는 다혈질적인 성격과 차분한 성 격을 동시에 타고났다. 뒤늦게 문학가로서 명성을 얻은 후 작게나마 부를 거머쥘 수 있었지만, 성직자와 당파정치 이론가들의 비난을 받 게 됐다. 그가 임종할 때까지 말년을 투자해 교정하고 있던 작품의 새 판본은 그가 항상 달성하려고 노력해온 '공정하다'라는 명성을 보존 하고자 불필요한 우상 파괴적 표현을 다듬기 위해 계획된 것이었다. 여기에는 정부와 정치적 의무의 원칙에 대한 그의 생각을 다듬은 새 로운 정치 소논문 〈정부의 기원에 관하여Of the Origins of Government〉가 포함될 예정이었다. 그는《자연종교에 관한 대화》를 출판하여 자연종 교에 관한 자신의 중심 사상을 세상에 알리고자 했다. 이 작품이 출판 되어야 완전한 유산을 남길 수 있었던 것이다.

스미스가《자연종교에 관한 대화》의 출판을 반대한 이유는 단순했 다. 어떤 면에서는 신중한 선택이었다. 흄이 사망한 후 스미스가 그의 출판인인 윌리엄 스트레이핸에게 말했듯 작품이 출판되면 분노가 일 테고, 새로운 판본의 판매에 영향을 미칠 것이며, 작품을 출판할 책 임을 맡은 스미스는 개인적으로 불쾌하고 당혹스러운 입장에 놓이게 될 것이었다.[8] 실제로 흄은 스미스에게 자기가 남긴 원고의 관리자가 되어주는 대가로 200파운드를 남기겠다고 제안했기 때문에 세상 사람들은 스미스가 자신의 이익을 위해 이 작품을 출판했다고 생각할 수도 있었을 것이다.[9] 물론 흄은 이런 식의 세평을 인정하지 않았을 것이다. 그는 작품이 정말로 사람들의 분노를 일으킬지 의심했고, 원고가 출판되어 충격적인 결과가 발생할까 봐 스미스가 두려워하는 것도 의아하게 생각했다. 그는 타협안을 제안했다. 사후 출판 여부를 결정하는 것을 "전적으로 자네에게 맡기겠네"라면서 그는 이렇게 말했다.

— 만일 내가 죽고 난 후 자네가 이 논문을 출판하지 않기로 한다면, 적절하다고 생각할 때 원고를 다시 찾겠다고 서명한 다음 내 형제와 가족과 함께 봉인해 보관해주게. 내가 몇 년을 더 살게 된다면 직접 출판하겠네. 라 로슈푸코의 명언이 생각나는군. 바람은 촛불을 끄기도 하지만 불길을 타오르게도 하지.[10]

스미스는 "보존되기를 바라는 어떤 것도 손실되지 않도록 가능한 모든 조치"를 취할 것이며, 자신이 사망한 후에는 《자연종교에 관한 대화》를 흄의 조카에게 반환하겠노라고 답했다. 하지만 흄은 여전히 고민에 빠져 있었다. 8월 25일 사망하기 일주일 전 그는 조카, 출판인, 스미스에게 《자연종교에 관한 대화》를 새로 출판하라고 지시하며 다음과 같이 말했다. "이 원고를 출판함으로써 어떤 일에도 얽매이지 않을 것이며, 원고가 오히려 안전장치 역할을 해줄 것이다." 죽기 이

틀 전에 쓴 "친애하는 나의 친구에게"로 시작하는 편지에서 그는 스미스에게 "내가 죽고 난 후 3년 안에 작품이 출판되지 않을 경우"를 대비해 《자연종교에 관한 대화》를 조카에게 남겼다고 전했다. 편지는 "아듀, 가장 친애하는 친구여"로 끝을 맺었다.[11]

2주 후 스미스는 스트레이핸에게 그 일에 대한 자기 의견을 전했다.

— 내가 적절하다고 생각하는 때에 작품을 출간할지 말지 결정하게 해달라고 그를 설득한 적이 있네. 그가 계속 그 생각을 유지했다면 원고는 가장 조심스럽게 보존됐을 것이고, 내가 죽고 난 후에는 그의 가족에게 돌아갔겠지. 하지만 그 작품이 내 생전에 출판되어서는 안 되네. 자네가 원고를 읽고 나면 작품을 어떻게 해야 할지 신중한 친구와 상의해야 마땅하다고 생각하네. 나는 그의 자서전에 생의 마지막에 병환에 시달리면서 한 행동에 대해 올바른 설명이 추가되어야 한다고 생각한다네. 그리고 그의 자서전과 《자연종교에 관한 대화》가 함께 출판되지 않았으면 좋겠어. 여러 가지 이유로 나는 《자연종교에 관한 대화》의 출판에 관심을 두지 않기로 했네.[12]

가장 친한 친구가 삶의 마지막 몇 주를 보내는 동안 스미스가 무엇을 했는지 짐작하기는 쉽지 않다. 그의 작품은 종교에 대한 스미스의 견해에는 아무런 영향을 미치지 않았다. 스미스는 종교에 관한 견해를 드러낸 적이 없지만, 흄과 실질적으로 같은 견해를 가지고 있었다는 사실이 여기저기에서 나타난다. 스미스는 흄만큼이나 인간 본성에 대한 흄의 회의론에 깊이 몰두했다. 그는 《자연종교에 관한 대화》가 저자에게 전혀 가치가 없다고 생각하지도 않았다. 그는 스트레이핸에게 《자연종교에 관한 대화》가 참으로 "정교하게 쓰인" 작품이라고 인정했다. 그리고 흄이 삶의 마지막을 정리한 방식에 대해 무한히 감탄했는데, 전통 기독교 도덕을 경멸한다는 점에서 흄학파적 감탄이었다. 그는 흄과 함께 아는 친구에게 다음과 같이 말했다. "가엾은 흄은 아주 빠른 속도로 쇠약해지고 있었지만 하나님의 뜻에 체념한 척하면서 죽어가는 어떤 징징대는 기독교인보다 더 명랑하고 재치 있었으며, 자연의 순리에 체념하며 진솔하게 죽음을 맞이했지."[13]

그러나 글래스고, 옥스퍼드, 에든버러에서 정통파와 논란을 겪은 스미스는 격렬한 종교적 논쟁은 물론 자신 또는 다른 사람의 철학에 영향을 미치지 않는 논쟁 역시 두려워했던 듯하다. 실제로 사람들은 스미스가 볼테르를 찬미하게 된 이유를 놓고 볼테르가 자신을 넘어서는 대담함으로 비열함을 공격할 수 있는 인물이었기 때문이 아닐까 궁금해하기도 했다. 1776년 그는 스트레이핸에게 《자연종교에 관한 대화》의 출판이 어떻게 될 것인지 생각하느라 마음이 평화롭지 못하다는 사실을 인정했다.[14]

스미스는 《나의 생애》에 헌사를 더하며 자신의 소심함을 크게 만회했다. 그는 흄에게 "내 희망과는 달리 이것으로 자네의 마지막을 증명해야 한다면, 병에 걸린 자네가 어땠는지 내 이름을 걸고 전할 것"이라고 이야기했다. 헌사는 윌리엄 스트레이핸에게 보낸 편지의 형태였고 1777년에 《나의 생애》에 추가됐다.[15] 이 편지는 흄의 마지막 달을 세심하게 기록한 감동적인 글이자 "가장 완벽한 안도와 체념으로" 유쾌하게 죽음을 맞이했던 결연한 이교도의 초상을 묘사한 글이었다. 헌사는 가장 친한 친구에 대한 스미스의 마지막 찬사로 끝을 맺는데, 이는 당대를 대표하는 철학자이자 문필가였던 그가 어떤 사람이었는지 그리는 데 무엇보다 큰 도움을 줬다.

— 이렇게 우리의 가장 훌륭하고 절대 잊을 수 없는 친구가 세상을 떠났다. 그의 철학적 견해에 대해 사람들은 당연히 다양한 판단을 내릴 것이다. 그의 견해가 우연히 자신의 견해와 일치하는지 아닌지에 따라 그들은 승인하거나 비하할 것이다. 그러나 누군가의 성품과 행동에 대해서는 의견 차이가 있을 수 없다. 그는 내가 아는 어떤 사람보다 (감히 판단하자면) 행복하고 균형 잡힌 성품을 가진 인물이었다. 그는 가장 궁핍한 시절에도 몸에 밴 훌륭한 검소함 덕분에 필요한 곳에 자비와 관대함을 베풀 수 있었다. 탐욕이 아니라 독립심을 향한 욕구에 근거한 검소함이었다. 끊임없이 샘솟는 그의 온화함은 단단한 정신과 확고한 결심을 절대 약화하지 않았다. 평생 간직했던 유쾌함은 섬세함과 겸손함으로 단련된 선량함과 유머 감각을 통해 흔히 다른 사람들에게 재치라고 불리는 것의 유쾌하지 못한 근원인 악의는 조금도 섞이지 않은 채 분출됐다. 그의 농담은 절대 비웃음이 아니었다. 따라서 기분을 상하게 하기는커녕 농담의 대상이 된 사람들까지도 기쁘고 즐겁게 했다. 자주 농담의 대상이 됐던 친구들은 그의 위대하고 상냥한 자질들을 갖추지 못했고, 그런 이유로 그와의 대화를 더욱 소중히

여겼다. 그리고 사교계에서는 너무나 환영받지만, 종종 경솔하고 피상적인 기질을 동반하는 유쾌함은 가장 폭넓은 학식과 가장 깊이 있는 사상, 모든 면에서 가장 포괄적인 능력을 보여주며 언제나 가장 엄격하게 행사됐다. 나는 그가 살아 있을 때도 죽은 이후에도 인간의 나약함 속에서 보여줄 수 있는 가장 완전한 지혜를 품은 덕망 있는 인물의 모습을 보여줬다고 생각한다.[16]

그러나 이 마지막 찬사조차 열성분자들의 분노를 일으키지 않겠다는 결심을 바탕으로 신중하게 다듬어졌다. 이는 흄이 특히 좋아하는 책이었던 루시안Lucian의 《대화Dialogues》에 관해 그들이 나눈 대화를 중심으로 구성됐다. 스미스는 흄이 죽기 며칠 전인 8월 14일 런던에 있는 친구에게 이 대화를 전했다. 저승 세계로 출발하려는 카론Charon(이승과 저승을 나누는 강의 뱃사공-옮긴이)을 유령들이 붙잡은 이유에 대해 루시안이 했던 재미있는 설명을 흄은 다음과 같이 전했다고 한다.

─ 한 유령은 어린 딸을 결혼시킬 때까지, 다른 유령은 그가 막 짓기 시작한 집을 완성할 때까지, 세 번째 유령은 두세 명의 어린 자식에게 먹고 살 방법을 제공할 때까지 출발을 미뤄달라고 간청했다고 한다. 나는 카론에게 떠날 날을 잠시 미루기 위해 어떤 변명을 할 수 있을까 생각하기 시작했다. 이제 나는 계획했던 모든 일을 끝냈기 때문에 한동안 그럴듯한 이유가 생각나지 않았다는 것을 인정한다. 마침내 나는 "친절한 카론이시여, 저는 사람들의 눈을 뜨이게 하려고 애썼습니다. 교

회들이 문을 닫고 성직자들이 비난받는 즐거운 광경을 볼 수 있을 때까지 약간의 인내심을 발휘해주십시오"라고 말할 수 있으리라고 생각했다. 그러나 카론은 답할 것이다. "게으른 불량배 같은 유령이여, 그런 일은 지난 200년 동안 일어나지 않았네. 그대를 그렇게나 오래 기다려주리라고 생각하지는 않겠지. 당장 배에 타시게."[17]

스트레이핸에게 보낸 편지에서는 교회와 성직자에 대한 언급은 삭제됐다. 그 대신 흄이 "조금만 기다려주십시오. 친절한 카론이시여, 나는 대중의 눈을 뜨이게 하려고 노력해왔습니다. 몇 년만 더 산다면 미신을 바탕으로 널리 퍼진 체계가 무너지는 것을 보고 만족할 것입니다"라고 이야기한 것으로 수정됐다. 아이러니하게도, 1779년 흄의 조카가 주도하여 마침내 《자연종교에 관한 대화》가 익명으로 출판됐을 때는 대중 사이에 전혀 소란이 일지 않았다. 그런데 스미스가 스트레이핸에게 보낸 이 편지가 마딜런대학의 총장과 옥스퍼드대학교의 부총장이자 훗날 노리치 주교가 된 조지 혼George Horne이 이끄는 영국 고교회파 신도들의 분노를 불러일으켰다. 자신을 "철학적 불신이라는 종이 탑"을 채찍질할 인물이라고 공표한 혼은 "데이비드 흄의 삶, 죽음 및 철학에 관하여 법학 박사 애덤 스미스께" 쓴 편지에서 임종하던 순간 흄이 종교의 위안을 찾았어야 했다고 지적하지 않은 스미스를 노골적으로 비난했다. 그는 다음과 같이 말했다.

— 당신은 법률가 데이비드 흄의 예시를 통해 무신론만이 우울한 영혼을

위로하고 죽음의 공포에 대한 적절한 해독제가 될 수 있다고 우리를 설득할 것입니다. 하지만 친구가 이생에서 자신의 재능을 소비하고 죽는 순간에 루시안과 카론에 관해 떠들며 즐거워하는 것을 안일하게 생각할 수 있는 사람은 폐허가 된 바빌론을 보고 미소 지을 수 있으며, 리스본을 파괴한 지진을 유쾌한 사건으로 평가할 수 있고, 무정한 파라오가 홍해에서 전복된 것을 축하할 수 있는 사람입니다.[18]

이 글로 언론에서는 짧지만 격렬한 논쟁이 일어났고, 스미스는 약 30년 전 옥스퍼드에서 목격했던 광적인 열성분자들을 떠올렸을 것이다. 존 램지는 "흄의 성격을 존경하고 그의 글에 감탄했던" 에든버러 친구들이 이 글을 읽고 흄을 "공공연한 회의론자"라고 생각하게 됐으며, 그 모습을 본 그는 "매우 큰 고통"을 겪었다고 이야기하기도 했다.[19] 그러나 존슨의 더 클럽에 속해 있던 스미스의 일부 친구들 반응은 더 놀라웠다. 자신의 옛 교수를 "자루 가발을 쓴 자칭 이교도"라고 이야기했던 제임스 보즈웰은 스미스와 흄의 친구인 에드먼드 버크가 경멸이 담긴 비판을 했다고 전했다. 버크는 스미스의 추도에서 근대 무신론자들이 전형적으로 가지고 있던 배타성이 그대로 드러난다고 생각했다.

— 데이비드 흄에 대해 이야기하면서 버크는 그의 삶과 그가 '가장 덕망 있다'라고 했던 스미스의 발언을 비웃었다. 그는 "교회를 명예롭게 하기 위한 발언이지만 어떤 교회의 신도도 교회를 명예롭게 하려고 그

정도로 공을 들이지는 않을 것이다"라고 이야기했다. 여기에 덧붙여 "그는 두려움을 나타내지 않고 죽을 준비를 하던 [예순다섯 살] 노인이 었다. 그는 두려움을 완전히 물리쳤다. 일반적으로 인간은 편안하게 죽는다. (…) 모든 사람은 미래에 대한 불확실한 믿음과 희망을 품고 있지만, 이 불확실성이 죽음을 준비할 때는 도움이 된다"라고 했다.

보즈웰: 하지만 죽음은 끔찍한 것이지요.

버크: 지금 우리에게는 그렇지. 멀쩡한 신체가 갑자기 처형당하는 것 이나 마찬가지일 테니. 하지만 죽을 준비를 차근차근 한 이후라면 그 리 놀랍지 않겠지.

그가 그렇게 말하는 동안 마음이 밝아졌고, 나는 편안하고 단호하게 죽음을 기대했으며, 불쾌하지 않은 떨림을 느꼈다.[20]

이 에피소드는 스미스의 풍자적인 논평을 불러일으켰다. "고인이 된 우리 친구 흄의 죽음에 관해 우연히 쓰게 된 무해하다고 생각했던 종 이 한 장 때문에 대영제국 전체의 중상주의 시스템에 관해 썼을 때 받았던 격렬한 공격보다 열 배나 더 욕을 먹게 됐다."[21]

스미스는 심미주의자의 결벽을 통해 가장 오래되고 가장 중요한 우정을 시험하게 한 종교적 논쟁에 대한 불안을 해결하고자 했다. 그 는 글이란 내용이 명확해야 하며 거기에 포함된 철학은 저자에 대한 대중의 호기심이나 더 나쁘게는 저자의 자기 홍보 능력으로 오염되 지 않아야 한다고 생각했다. 그는 《나의 생애》의 서문에 흄이 주고 받은 편지를 싣겠다는 스트레이핸의 제안에 경악했다. "흄의 편지 모음이 (…) 사람들에게 찬사를 받는다면 (당신이 받은 편지라면 당연히 그렇겠지만) 긴 세월 동안 그에게 쪽지라도 받은 적이 있는 모든 사람은 자신의 수납장을 뒤지기 시작할 것이다. 빛을 보기에 적합하지 않은 많은 내용이 출판되어 그를 좋은 기억으로 간직하려는 사람들에게 치욕을 안길 것이다."[22]

그는 자신의 기념관을 세우겠다는 흄의 계획을 상스럽다고 생각하며 똑같이 불쾌감을 느꼈다. 이 기념관은 로버트 애덤Robert Adam이 에든버러의 칼턴 묘지에 세우려고 계획했던 엄청나게 사치스러운 묘지였다. 그는 다음과 같이 말했다. "나는 그 기념비가 마음에 들지 않는다. 내 친구 흄이 보여준 가장 거대한 허영심이었다."[23] 자기 홍보에 대한 이런 혐오는 스코틀랜드의 여느 문학가처럼 스코틀랜드 계몽주의 초상화가인 앨런 램지, 데이비드 마틴David Martin, 헨리 레이번Henry Raeburn이 왜 그의 초상화를 그린 적이 없는지, 그가 왜 개인적인 글들을 모두 파괴하기로 했는지를 설명해준다. 이는 《도덕감정론》의 최종판에 실린, 매우 특이한 스토아주의에 스며든 사고방식의 일부였다.

흄의 죽음 이후 일어난 논란을 뒤로한 스미스는 커콜디로 돌아와 5월 또는 6월경 가치관과 비평 이론에 보탬이 될 모방 예술에 관한 책을 쓰는 프로젝트에 모든 관심을 쏟았다. 그의 서재에 있던 서적들을 통해 이 주제에 그가 한동안 관심을 가졌으며, 글래스고에서 행정규제에 대해 했던 강의의 서문이었으나 《국부론》에서는 제외됐던 욕구에 대한 놀랄 만한 이론에서 자연스럽게 파생된 주제라는 것을 확실히 알 수 있다. 문명의 진보에 대한 노동 분업의 영향을 고려하면서 그는 인류의 물질적 진보가 어떻게 과학과 예술로 만족시킬 수 있는 미적·지적 욕구를 만들어냈는지 보여줬다. 인류의 물질적 욕구와 부의 창출을 연구하며 고된 15년을 보낸 그는 이제 인간의 미적 욕구와 이를 충족하는 모방 예술의 역할에 대한 지극히 어려운 질문으로 눈을 돌렸다.

책이 출간되지는 않았지만, 스미스는 1788년 글래스고문학협회에 이 주제에 관한 두 편의 논문을 제공했으며 세 번째 논문에 대해서도 언급했다. 이 논문에서 그는 시각 예술, 음악, 춤에서의 모방에 관해 이야기했는데 다른 원고들이 불태워질 때도 이 논문들은 살아남았다. 정점에 다다랐던 스미스의 영향력을 보여주는 처음 두 원고는 프랑스 철학자들과 무엇보다 루소에 대해 비판적이었던 주제를 다뤘는데, 이는 흄의 영향을 받은 그의 철학적 관심에서 핵심이기도 했다. 그는 오랫동안 흄에게 깊은 영향을 받았다.《인간 본성에 관한 논고》에서 인간 중심 과학의 근본인 오성에 관한 철학의 본질적인 요소 중 하나로 비평철학을 꼽았던 흄은 실망스럽게도 이 주제에 관해《정치적 담론》이 출간된 지 5년 후인 1757년 〈비극에 대하여Of Tragedy〉와 〈가치관의 기준Of the Standard of Taste〉이라는 얇은 소논문 두 편을 썼을 뿐이다. 그럼에도 이 논문들은 상업에 관한 흄의 논문이 정치경제학에 대한 스미스의 생각에 미친 영향만큼 그의 미적 사고를 확장하는 데도 매우 중요한 역할을 했다.

흄의 소논문은 주로 프랑스 철학자들이 주도했던, 우리가 비극에서 공포를 느끼며 얻는 즐거움에 관한 논쟁과 예술 작품의 장점을 판단하는 고정된 가치 기준이 있을 수 있는지에 대한 광범위한 질문을 다뤘다. 비극에 관한 소논문은 특히 스미스에게 영향을 미쳤다. 여기에서 흄은 우리가 비극이나 예술 작품에서 얻는 즐거움은 열정을 표현하는 작가의 수사적 기술을 인정하는 데서 비롯된다며, "비극은 모조품이며, 모방은 항상 그 자체로 바람직하다"라는 흥미로운 사실을 언급했다.[24] 하지만 스미스는 모방이 항상 즐거움을 준다는 견해가 과장됐다고 생각했다. 다양한 형태의 모방에서 어느 정도의 즐거움을 얻는지를 고려하지 않기 때문이다.

───  예를 들어, 지금 내 앞에 놓인 카펫의 가장 완벽한 모조품은 무엇인가? 같은 패턴을 따라 가능한 한 정확하게 가공된 다른 카펫일 것이다. 그러나 이 두 번째 카펫의 장점이나 아름다움이 무엇이든 첫 번째 카펫을 모방하여 만든 이상 이런 장점이 두 번째 카펫에서 파생됐다고 할 수는 없을 것이다. 원본이 아니라 복제품이기 때문에 장점이 다소 축소된다고도 볼 수 있다. 장점이 얼마나 축소되는지는 원래의 대상이 어느 정도의 감탄을 자아내는지에 비례한다. 일반적인 카펫의 장점은 그다지 줄지 않을 것이다. 왜냐하면 카펫은 어떤 아름다움이나 장점이 거의 없다고 주장할 수 있는 하찮은 물건이어서 복제본이 원본의 독창성에 크게 영향을 미치지 않기 때문이다. 원본이 매우 정교한 솜씨로 만든 공예품 양탄자라면 복제품의 가치가 훨씬 줄어들 것이다. 훨씬 더 중요한 대상이라면 원본에 비해 조잡한 모조품은 용서할 수 없

는 오점으로 간주될 것이다. 로마나 런던에 성 베드로 교회나 세인트 폴 교회를 현재의 건물과 정확히 같은 크기, 비율, 장식으로 하나 더 지으려면 가장 고귀하고 장엄한 그 창작물들이 불명예스러울 정도로 창의적이지도, 천재적이지도 않다는 점을 보여줘야 할 것이다.[25]

이런 모방이 위대한 고전 조각품이나 네덜란드 실내 풍속화의 훌륭한 현대 회화만큼 만족을 주지 않는다면, 모방이라고 명백하게 주장할 수 없는 기악 연주가 엄청나게 매력적으로 느껴지는 이유는 무엇일까? 스미스는 우리가 극작가나 예술가의 기교와 언변을 통해 미적 쾌감을 얻는다는 흄의 견해에 관심이 있었다. 특히 사물이나 상황을 다른 매체로 표현하는 예술가의 능력에 대한 경이감에서 그런 즐거움이 비롯된다고 생각하려 했다.

— 인공 생산물이 같은 종류의 다른 대상과 유사할 때는 거의 이점이 없지만, 그 대상이 인공물이든 자연의 생산품이든 다른 종류의 대상과 유사할 때는 많은 이점을 얻는다. 모직의 복슬복슬함과 부드러움을 표현하기 위해 오묘한 음영과 색채로 채워진 근면한 네덜란드 예술가가 그린 옷감은 지금 내 앞에 놓인 보잘것없는 카펫과 닮았지만, 어느 정도 이점이 생긴다. 이 경우 복제품은 원본보다 훨씬 가치 있을 수 있다. 카펫이 마루나 탁자 위에 펼쳐져 있고 원근법과 명암을 정확하게 적용하여 그림 뒤쪽에서 앞쪽으로 튀어나오도록 묘사된다면 복제품의 장점은 더 커질 것이다.[26]

이 명제는 모방 예술에서 발생하는 쾌락에 대한 그의 이론에서 바탕이 되는 공리이자 그가 철학자로서 마지막으로 제안한 공리였다. 그러나 이전 체계의 기반으로 자신만만하게 제기된 공리와 비교할 때 스미스는 이 공리의 범위가 미학의 일반 이론을 포괄할 수 있을 정도로 넓은지 확신하지 못한 듯 망설였다. "인공물은 같은 종류 다른 대상과의 유사성에서 거의 어떤 장점도 얻지 *못하며* 다른 종류 다른 대상과의 유사성에서 종종 이점을 얻는다[이탤릭 처리는 추가했음]."[27] 이 공리의 범위를 어떻게 확장할지는 음악에 대한 논의에서 분명해졌다. 그는 가장 추상적인 음악 형식이면서 모방과는 전혀 관련이 없는 협주곡과 서곡에서 우리가 얻는 즐거움에 대해 훌륭한 논의를 전개했다.

이론에서 이런 측면을 발전시키기 위해 그는 1748년 에든버러에서 처음 탐구했던 언어의 자연적 역사로 되돌아갔다. 이는 그의 인간 중심 과학의 핵심으로 남아 있었다. 여기에서 그는 우리의 언어 능력이 욕구에 기원을 두고 있다고 제안했고, 어린아이나 원주민의 미성숙한 기호와 소리부터 문명이 진보하는 데 기반이 된 고도로 구조화된 언어 시스템에 이르기까지 언어의 자연스러운 진보에 대한 도발적인 추측을 발전시켰다. 스미스는 이 추측을 음악과 춤의 기원과 발전, "아마도 [인간이] 발명한 최초의 즐거움"에 대한 자신의 설명을 적용하기 위해 사용했다.[28] 이것들은 일보다는 여가의 세계, 원시 사회의 특징인 사냥과 사냥 사이의 길고 무력한 기간, 현대 상업 사회에서는 운 좋은 소수가 즐기는 여가에 속하는 즐거움이다. "언제나 목소리가 으뜸이었고, 자연스럽게 목소리는 최초의 악기가 됐을 것"이라는 말처럼, 원래 모든 음악은 목소리로 시작됐을 것이고 노래와 함께 자연스럽게 춤이 동반됐을 것이다. 스미스는 아프리카 노예가 자신이 부르는 노래에 맞춰 출전의 춤을 추는 광경에 깊은 감명을 받았다며 다음과 같이 썼다. "격렬한 동작과 표정을 본 신사와 숙녀, 모든 사람은 자리에서 일어나 그의 분노에서 최대한 멀리 벗어나려 했다."[29] 이후 음악의 자연적 역사는 음악적 목소리와 리듬이 어떻게 다양한 열정을 표현하는 매체로 발전했는지, 어떻게 단어·시·내러티브와 결합하여 새로운 수준의 모방 범위를 획득했는지에 관한 이야기였다. 실제로 시와 산문은 인간의 계속되는 열정을 묘사할 수 있을 뿐이지만 성악은 이를 모방하는 독특한 능력이 있었다.

— 선율을 통해 전달되는 가사, 특히 열정적인 가사는 길지 않지만 낭송처럼 끝까지 순서에 따라 부르는 경우가 거의 없고, 작곡가의 상상이나 판단에 따라 거의 항상 여러 부분으로 나뉘며 순서가 바뀌고 여러 번 반복된다. 그런 반복을 통해 음악은 고유한 특징이라고 할 수 있는 독특한 모방 능력을 발휘해 다른 모든 모방 예술을 능가한다.[30]

실제로 오페라에서 음악은 단어와 노래, 동작을 통해 복잡하고 독특한 모방 수단이 됐다. 스미스는 독특하고 복잡한 모방 행위를 수행하는 훌륭한 오페라 가수에 대해 묘사했는데, 이는 스미스가 헨델Handel의 터전이었던 런던과 라모Rameau의 터전이었던 파리에서 예술 형식에 대한 관심을 키웠으리라는 사실을 설득력 있게 암시한다.

— 훌륭한 오페라 배우는 목소리의 변조와 멈춤뿐만 아니라 모든 동작과 몸짓, 그의 분위기나 자세의 변화를 음악의 마디와 박자에 일치시킨다. 이런 요소들은 음악이 모방하는 감정이나 열정을 표현하며, 그 표현은 필연적으로 마디 및 박자와 들어맞는다. 음악은 오페라 배우를 움직이는 영혼과 같으며, 그에게 표정을 불어넣고 눈의 모든 움직임을 지시한다. 노래의 음악적 표현처럼 그의 행동은 노래가 모방하는 감정이나 행동의 자연스러운 우아함에 자체적이고 새로운, 독특한 우아함을 더한다. 그의 몸짓과 동작, 음악의 마디와 박자로 만들어지는 분위기와 그의 태도에서 우러나는 강렬하고 매력적인 우아함은 음악적 표현을 고양하고 생동감을 부여한다.[31]

이때까지 스미스는 성악을 독특하고 복잡한 모방 예술로 바꾼 것은 단어와의 연관성이라고 주장해왔다. 실제로 정확하게 분석하기보다 강력한 직감을 발휘하는 작가였던 루소는 이런 가정을 바탕으로 음악의 일반 이론을 개발하는 데 크게 기여했다. 그러나 어떤 의미에서도 모방이라고 할 수 없는 순수한 기악의 매력을 설명하지는 못했다. 스미스의 독창적인 관찰은 바로 여기에서 힘을 발휘했다. 즉, 고대인들이 느꼈던 것처럼 음악의 본질적 매력은 정신을 깨우거나 진정시킬 수 있는 연속적인 소리와 박자에 있다는 것이다.

— 왜냐하면 기악에서 마디와 박자는 어떤 순서와 방식으로 이야기를 전달할지 결정하기 때문이다. 그것들은 음악을 적절한 마디와 절로 나

누어 과거에 지나간 소절을 더 잘 기억하게 하고 종종 이후에 올 소절을 예견할 수 있게 한다. (…) 그리고 고대 철학자이자 음악가의 말에 따르면 음악의 즐거움은 부분적으로는 기억에서, 부분적으로는 예측에서 비롯된다.[32]

이를 바탕으로 스미스는 성악이 아닌 기악의 매력은 체계적 특성에 있으며, 그 매력이 철학의 체계와 다르지 않다는 놀라운 결론을 끌어냈다. "우연히 그리고 연속적으로 매우 완전하고 규칙적인 체계로 배열되고 소화된 유쾌하고 선율을 갖춘 소리의 끝없는 다양성을 고려하면 우리의 정신은 감각적 쾌락뿐만 아니라 매우 높은 지적 쾌락을 즐길 수 있다. 이는 다른 학문의 위대한 체계에 대한 고찰에서 얻을 수 있는 것과 다르지 않다."[33]

이는 음악 자체를 모방 예술이라고 볼 수 있는지 또는 모방이라는 개념이 흄의 인간 중심 과학이라는 관점에서 요구하는 미학의 일반 이론을 지탱할 수 있는지에 대한 질문을 제기했다. 아마도 스미스가 책을 끝낼 수 있었다면 답을 구해야 했을 질문일 것이다. 끝마치지 못한 마지막 논문에서 그는 춤과 비극을 다루고자 했다. 1788년 글래스고에서 스미스의 논문 소식을 들은 옛 제자 윌리엄 리처드슨은 "그렇다. 선생님께서는 춤을 모방 예술로 생각하신다. 그리고 그리스 비극이 발레와 다름없었다는 것을 증명하고자 하시는 것 같다"라는 말을 남겼다.[34]

그러나 스미스는 강의도, 계획했던 책도 완성하지 못했다. 1778년

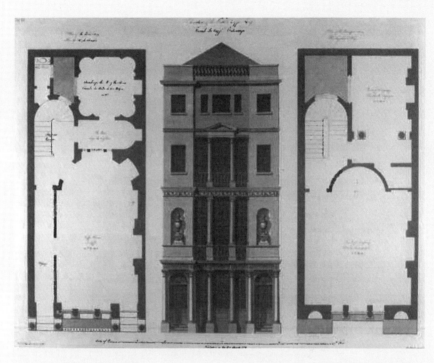

**칼튼 언덕길에서 바라본 풍경**

1778년 스코틀랜드 관세위원으로 임명된 후 스미스는 어머니와 사촌 재닛 더글러스와 함께 커콜디에서 에든버러 캐논게이트에 있는 판무어 하우스로 이사했다. 메리 엘튼Mary Elton이 그린 〈칼튼 언덕길에서 바라본 풍경View from the Walk on the Top of Calton Hill(1820)〉에 스미스의 어머니가 예배를 드린 캐논게이트 교회와 스미스가 죽은 후 그의 시신이 안치된 넓은 교회 경내의 모습(맨 오른쪽)이 담겨있다. 판무어 하우스는 교회의 동쪽에 아주 가까이 접해 있다.

1월 24일 스미스는 알렉산더 웨더번 법무차관이 "매우 훌륭한 공직"이라고 묘사한 스코틀랜드 관세청 위원 자리에 600파운드의 급여를 받기로 하고 임명됐다.[35] 그는 어머니, 사촌과 함께 커콜디에서 에든버러로 이사해야 했다. 그의 설명에 따르면, 고된 일은 아니었지만 시간이 많이 걸렸다. 설상가상으로 흄이 사망한 후 그는 계몽주의 대표 철학자로 자리매김하게 됐고, 친구들은 언제나 그를 필요로 했으며, 그를 보기 위해 도시를 방문하는 관광객도 점점 늘고 있었다. 상대적으로 고립된 상태에서 작업하는 데 익숙한 철학자가 미학에 대한 일반 이론으로 발전할 가능성이 있는 범상치 않은 연구에 몰두할 수 있는 상황이 아니었다.

스미스가 새로운 임무를 맡게 된 것이 전혀 예상치 못한 일은 아니었다. 휴 블레어는 《국부론》의 출판을 축하하면서 이와 비슷한 일을 예견했다. "사람들은 당연히 자네를 잉글랜드의 몇몇 대단한 위원회에 배치하고 싶어 할 것이네. 그렇지 않다면 그들이 멍청한 거지." 그러나 윌리엄 스트레이핸은 마거릿 스미스의 건강이 악화되는 상황에서 런던으로 이사하는 것이 무리라고 생각했고, 그의 생각은 옳았다.[36] 스미스는 대중적인 인기를 싫어하지는 않았다. 버클루 공작이 1777년 10월 스코틀랜드 이사회에 자리를 제안했을 때 그는 대번에  후보가 되겠다고 공표했다. 버클루 가문에서도 공작부인은 그를 위해 로비를 했으며, 재정 위원인 그레이 쿠퍼Grey Cooper는 임명이 확정됐다고 간주했다.[37] 런던에 퍼진 소문에서도 마찬가지였다. 존슨의 더 클럽 회원인 에드워드 기번은 11월 26일 다음과 같이 전했다.

── 친애하는 선생님께.

이 넓은 도시에 날마다 떠도는 기이한 소문 중에서 오늘 아주 특별한 소문을 들었는데, 어떻게 받아들여야 할지 모르겠습니다. 자신의 영광과 인류의 이익을 위해 무역과 세입의 목적에 관해 어느 시대, 어느 나라에서 출판된 것보다도 심오하고 체계적인 논문으로 세상을 계몽한 철학자에게 스코틀랜드의 관세위원 자리가 맡겨졌다는 소식을 들었습니다. 그러나 동시에 이 철학자가 나의 특별한 친구라는 말을 들었을 때, 간절히 바랐던 그 소문을 믿고 싶은 마음이 강하게 일었습니다.[38]

1778년 1월 24일, 임명이 확정됐을 때 스미스는 버클루에게 지원받고 있던 300파운드의 연금을 포기하겠다고 전했다. 공작은 그의 청을 거절했다. 스미스는 덴마크 소식통에게 보낸 편지에서 다음과 같이 회상했다. "내 명예에 적합한 것이 무엇일지 고민했지만 공작의 명예는 고려하지 않았다. 게다가 그는 연금 부담에서 벗어나기 위해 친구에게 일자리를 구해줬다는 의심을 절대 받고 싶어 하지 않았다. 그래서 나의 현재 상황은 더 바랄 것 없이 매우 풍족하다."[39]

1778년 겨울, 스미스와 그의 가족은 에든버러 캐논게이트에 있는 부유한 유명 인사인 판무어의 저택으로 이사했다. 이곳에서 그는 생애 마지막 12년을 보냈다.

애덤 스미스

Adam Smith:
An Enlightened Life

13장
—

에든버러에서 보낸
마지막 생애

스미스는 런던과 에든버러에 훌륭한 철학적 인맥을 가진, 부유하고 대중적인 지식인이 되어 에든버러로 돌아왔다. 그는 정치적 영향력을 끼칠 수 있었고, 자신이 적절하다고 생각할 때는 망설임 없이 영향력을 발휘했다. 나이를 먹어가던 지식인 친구들은 특히 그의 귀환을 환영했다. 이들은 로버트슨이 '잔인한 단절'이라고 묘사한 흄의 죽음을 얼마 전에 겪었다. 스미스는 이미 휴 블레어에게 "자네가 우리 곁에 정착해 훌륭하고 유용한 도움을 줄 수 있으리라고 기대했네"라는 말을 들었고, 도시의 지적 생활을 다시 활성화하는 데 도움을 줄 수 있으리라는 기대에 부응해 자기 역할을 수행했다.[1]

1770년대 후반, 낙후된 도시 에든버러에서는 지식인들이 오랫동안 꿈꿔온 현대적인 지방 대도시로 거듭나기 위해 방대하고 엄청난 비용이 드는 건축 프로그램이 한창 진행 중이었다. 1752년 '에든버러시 공공사업을 위한 제안'에 따라 그들은 도시에 새로운 공공건물을 짓고 노스 로크 저편에 새로운 교외 마을을 조성해 품위 있는 상업 국가의 중간 계급에 어울리는 개인 주택을 제공하고자 했다. 의회 광장의 대성당 맞은편에 1760년 왕립거래소가 완공됐으며, 위쪽 층은 연간 360파운드에 왕실에 임대되어 관세청으로 사용됐다. 국가의 공공 기록을 보전하기 위한 거대한 기록관은 1774년 착공되어 1788년에 완공될 예정이었다. 재정이 탄탄했던 의과대학은 새로운 도시에 새로운 숙소와 도서관을 지었고 칼턴 힐에는 천문대가 세워졌다. 악취를 풍기던 노스 로크에는 배수 시설이 생겼고 구시가지와 호수 저편의 신개발 도시를 연결하는 거대한 다리가 놓였다.[2] 심지어 기존의 (윌리엄 로버트슨이 '우리의 불행'이라고 부를 만큼) 볼품없던 대학 건물을 도시 남쪽에 새롭게 조성된 학구적인 교외 지역에 있는 대형 건물로 교체하려는 거창한 계획도 있었다. 이 건물은 구시가지에서 이어지는 대로에 접해 있었고, 지금까지 부족했던 지적 생활의 중심이 될 수 있었다. 이런 계획들은 모두 1763년 7년 전쟁이 끝난 후 건축 붐이 일면서 수립됐으나, 1772년 에어뱅크가 파산하면서 갑자기 중단됐다.

스미스는 이런 계획을 알고 어느 정도 관심이 있었을 것으로 보인다. 우선 버클루 공작이 개발 계획이 세워진 도시의 토지를 소유하고 있었으며, 그가 관련된 시의회 회의에서 주장을 펼치기 위해 스미스에게 도움을 요청했다는 증거가 남아 있다.[3] 또한 스미스는 어린 시절부터 애덤 가문의 인물들을 알고 있었으며, 이 열정 넘치고 활기찬 건축가 집안은 도시 건축 개발의 모든 측면에 관여하고 있었다. 왕립 거래소와 기록관은 존 애덤John Adam이 맡았고, 로버트 애덤은 대학 근처에 승마 학교를 짓는 일을 맡았다. 또한 도시 북쪽에 신도시를 개발하고 남쪽에는 대로와 학구적 교외 도시를 개발하는 계획을 제안한 것도 로버트 애덤이었다(결국엔 실패로 끝났다). 그는 우아하고 가치 있는 샬럿 광장과 새로운 대학 건물의 건설 계약을 따내는 데 성공했고 걸작이 되리라고 기대했다.

스미스는 살 곳을 마련하면서 자신의 지위와 함께 늙고 쇠약해지고 있는 어머니도 고려해야 했다. 그는 흄처럼 파격적인 행보를 보이는 데는 관심이 없었기에 도시 생활의 중심과 다소 거리가 있는 교외 신시가지에 지어진 화려한 신고전주의풍 주택에 정착하지 않았다. 그는 도시 남쪽의 광장 중 가장 크고 사교적 엘리트들이 선호하던 조지 광장에 있는 집이 더 마음에 들었다고 고백했다. 결국 그는 한때 귀족적인 교외 지역이었으며 큰 집과 정원이 있는 세련된 신식 주거지로 유명한 캐논게이트의 판무어 하우스를 선택했다. 캐논게이트의 신식 주거지였던 헤일즈 경의 저택과 마찬가지로 뉴 스트리트에 자리한 케임스 경의 우아한 저택 역시 많은 찬사를 받았다.

판무어 하우스는 자코바이트 귀족을 위해 17세기 후반에 지어진, 꽤 크지만 건축학적으로 별 특징이 없는 집이었다. 스미스가 거슬릴 정도로 저속하다고 생각했던 흄의 사치스러운 묘지와 칼턴 바위가 내려다보이는 이 집은 세관과 친구들 대부분의 집에 쉽게 드나들 수 있는 위치였다. 무엇보다 캐논게이트 교회 옆에 있다는 것이 큰 장점이었는데, 점점 쇠약해지던 어머니에게는 상당히 중요한 문제였다. 새집은 스미스와 그의 어머니, 그를 위해 글래스고 집을 관리해줬던 사촌 재닛 더글러스, 그가 교육을 감독해주기로 약속한 아홉 살짜리 사촌이자 상속인인 데이비드 더글러스David Douglas가 모두 함께 살 수 있을 만큼 충분히 컸다. 그리고 매주 일요일 점점 증가하고 있던 그를 만나고 싶어 하는 방문객 및 문화 관광객들과 그의 친구들을 위해 집을 개방하기에 적합한 위치와 구조로 되어 있었다. 1785년 에드먼드 버크를 방문했을 때 윌리엄 윈덤William Windham은 다음과 같은 말을 남겼다. "저택은 훌륭하고 위치도 좋다. 스코틀랜드 가족이 사는 집이라는 인상을 물씬 풍겼다."[4] 스미스는 우선 방문 화가인 콘래드 메츠Conrad Metz에게 어머니의 초상화를 주문해 집을 장식했다.

관세위원 자리는 보수가 좋았고 명예로운 일이었지만 절대 쉬운 자리는 아니었다. 스미스의 시대에는 관리해야 할 관세에 영향을 미치는 개별 의회제정법이 800개나 있었고, 참관해야 하는 판결과 감독해야 하는 세무 업무도 끝이 없었다.[5] 이사회는 1년 내내 주 4일 회의를 열었고, 공휴일에만 쉬었다. 스미스가 언급했듯 회의가 없는 3일도 이사회 업무를 처리해야 할 때가 많았다. 위원회 자체는 규모가 작았으며 1778년에는 선임위원과 네 명의 위원, 법무관, 감찰관 서기로 구성되어 있었다. 위원회는 아주 원만하게 운영된 듯하다. 스미스는 아마도 두 명의 동료 위원을 이미 알고 있었을 것이다. 이들은 훗날 오이스터 클럽Oyster Club의 정규 회원이 될 저명한 농업 개량가인 조지 클러크 맥스웰George Clerk Maxwell과 스미스처럼 헌신적인 고전주의자이자 포커 클럽Poker Club 회원인 제임스 에드거James Edgar였다. 그는 스코틀랜드에서 가장 키가 크다고 알려진(그리고 키에 맞는 덩치를 가진) 거의 2미터에 달하는 법무관 겸 조사관 알렉산더 오즈번Alexander Osborne을 좋아했다. 심지어 오즈번을 서커스에 데려가 그보다 불과 몇 센티미터 더 큰 빼빼 마른 아일랜드 거인 두 사람을 구경하기도 했다. 그

는 헨리 매켄지Henry Mackenzie에게 아일랜드 거인들이 그에게 경쟁의
식을 느끼며 불쾌해했다고 전했다.[6]

스미스는 어떤 위원보다 더 부지런히 이사회에 참석했다. 그는 취
임 선서를 한 2월 3일부터 1782년 3월 19일《국부론》의 차기 판본을
작업하고 건강 상태를 확인하기 위해 4개월 휴가를 받아 런던으로 가
기 전까지 회의에 한 번도 빠지지 않았다. 1782년 7월부터 1787년
1월 3일까지 그가 불참한 회의는 겨우 스물네 번뿐이었고, 그중 여
섯 번은 어머니의 죽음과 관련이 있었다. 하지만 이후 건강이 나빠지
면서 회의에 자주 빠지기 시작했다.[7] 어쨌거나 전반적으로 이런 회의
참석 기록을 바탕으로 평가할 때, 스미스는 자신의 직책을 진지하게
받아들이고 국가의 안보와 번영, 행복을 위해 사법 제도를 유지하는
것이 얼마나 중요한지 이해하는 위원이었다고 할 수 있다.

과세 제도 전문가로서 그의 명성을 생각하면 재무부에서 스미스를
임명할 때 미국의 독립전쟁 이후 스코틀랜드 세관의 업무를 검토할
수 있으리라고 기대한 것도 놀라운 일은 아니다. 노스North 경과 그 뒤
를 이은 셸번 백작은 처참한 공공재정 상태에 깊은 관심이 있었다. 얼
마 지나지 않아 스코틀랜드 정부의 실질적인 통제권을 갖게 된 신임
법무장관 헨리 던다스는 재무부가 런던에 납부하는 스코틀랜드의 세
입 회수율을 개선하라는 압력을 받았다.[8] 그러나 결국 전쟁 말기 웨
스트민스터의 정세가 혼란스러워지면서 별다른 조치는 취해지지 않
았다. 던다스와 스미스는 1782년 봄, 런던에서 스코틀랜드 세관 업무
를 논의했던 것으로 보인다. 이때도 스미스는 스코틀랜드의 다른 지

역에서 세관원이 받는 수수료를 표준화하고 만과 어귀 지역에서 걷은 수수료를 영국의 해당 수수료와 같은 기준으로 맞추라는 칙허 자치도시Royal burghs 협약에서 제안된 요청을 조사하도록 부탁받았을 뿐이다. 스미스는 부탁받은 대로 했지만, 재무부에서 새로운 기준을 실제로 적용하지 않게 하려고 최선을 다했다. 관련 공무원의 소득이 줄고 상업적인 부패가 더욱 만연해지리라는 이유에서였다.

— 세관원의 수입은 그들이 합당하게 속해야 하는 사회의 계급에서 적절하게 생존하는 것조차 어렵게 할 정도로 줄어들 수 있다. 그들의 상황이 어려워지면 그중 많은 이들이 상인에게 의존하게 될 수 있고, 이는 즉시 공공세입에 피해를 줘 결국에는 부적절한 급여를 받아들이고 생계를 유지하려 노력하는 불행한 사람들에게 파멸적인 결과를 가져오게 될 것이다.

이 일로 셸번의 한 친구는 "스미스는 혁신을 이뤄낼 수 없는 세관에서 부족한 점이 없는 인물"이라고 보고하기도 했다.[9] 혁신은 공무원이 아닌 각료들이 맡아야 할 문제였다.

1780년 스미스는 덴마크 소식통 안드레아스 홀트에게 다음과 같이 말했다. "나는 세관에서 매주 4일을 바쁘게 보내느라 다른 일은 아무것도 할 수 없습니다. 나머지 3일도 세관에서 발생하는 특수 업무와 개인적인 일, 일반적인 사교 의무 때문에 자주 방해를 받습니다."[10]

사교 생활에도 노력이 많이 들었다. 그는 관습에 따라 일요일 저녁 친구들과 지인, 소개장을 가진 순회 여행자들에게 집을 개방했을 뿐만 아니라 자신과 마찬가지로 미혼인 두 친구 조지프 블랙, 제임스 허턴과 함께 주간 만찬 클럽을 만들기도 했다. 그들은 카우게이트에 있는 눈에 잘 띄지 않는 선술집에서 처음 만났다. 이 클럽은 회원들에게 '애덤 스미스 클럽'이라고 더 잘 알려진 오이스터 클럽이었고, 스타일은 매우 달랐지만 런던 새뮤얼 존슨의 더 클럽과 마찬가지로 클럽에서 나누는 대화를 통해 에든버러에서 유명해졌다.[11]

존슨의 대화가 런던의 사교계에서 이뤄지는 대화의 에너지원이었다면, 에든버러 세 미혼 지식인의 대화는 오이스터 클럽이 존재하는 이유였다. 허턴의 전기 작가인 존 플레이페어John Playfair는 이렇게 적었다. "그들의 대화는 항상 자유롭고 종종 과학적이었지만, 절대 교훈적이거나 논쟁적이지 않았다. 이 클럽은 방문 목적이 예술이든 학문과 관련됐든 에든버러를 찾은 이방인들의 휴식처였다. 이들은 이런 배경을 통해 엄청난 다양성과 관심사를 끌어냈다" 그는 허턴의 언변은 열정과 열광이, 블랙의 언변은 신중함과 냉정함이 특징이라고 기억했다. 그리고 다음과 같이 덧붙였다. "블랙 박사는 잘못된 정보를 가장 두려워했다. 허턴 박사는 무지를 가장 두려워했다. 한 사람은 진실을 벗어나는 것을, 또 한 사람은 진실에 도달하지 못하는 것을 두려워했던 것이다."[12] 스미스에 대해 스튜어트는 다음과 같이 회상했다. "우리가 그의 글에서 존경하는 훌륭한 결론을 친구들과 그가 나누는 대화에서는 찾을 수 없었다. 그는 보통 일인칭 관점으로 자신의 기질

PHILOSOPHERS

**제임스 허턴과 조지프 블랙**
스미스는 그의 두 유명 인사 친구 지질학자 제임스 허턴과 화학자 조지프 블랙과 함께 에든버러에서
오이스터 클럽 또는 애덤 스미스의 클럽으로 잘 알려진 저녁 만찬 모임을 결성했다. 이 모임은 런던의
새뮤얼 존슨의 클럽처럼 모임에서 나누는 대담을 통해 스코틀랜드 내에서 명성을 얻었다. 제임스 케이
James Kay의 초상화 원판Original Portraits에 '철학자들'이라는 제목으로 허턴과 블랙이 묘사되어 있다.

이나 욕망을 드러내며 대상에 대해 대담하고 능숙하게 윤곽을 제시하는 것으로 만족했다." 이는 체계적 설명이 가능할 수도 있고 불가능할 수도 있는 대담한 전제에 관해 논쟁하기를 사랑하며 놀랍도록 파격적인 의견을 제시할 수 있는 철학자의 대화 방식이었다. 스튜어트는 다소 고지식하게 "체계에 너무 얽매이거나 극단적인 발언은 그가 즉흥적인 판단으로 저지르는 실수"라고 덧붙였다.[13]

이렇게 스미스는 에든버러에서 공인으로 말년을 보내며 자신을 항상 따라다니던 신화를 쓰기 시작했다. 그의 친구들은 그가 글래스고 학생들과 그랬던 것처럼 좋아하는 사람들과 대화할 때는 자유롭고 편안했지만 좋아하지 않는 사람들에게는 가르치는 듯한 인상을 줬다고 언급했다. 그가 종종 자기 생각에 빠진다는 이야기도 자주 등장한다. 그 지역 만화가인 존 케이John Kay는 두 번 스미스를 그렸는데, 그중 하나는 1787년 제작된 것으로 완전히 생각에 잠긴 채 지팡이를 어깨에 메고 꽃다발을 들고 세관으로 가는 모습이다. 꽃다발은 아마도 생각을 방해할 정도로 심한 에든버러의 악취를 가리기 위해서였을 것이다.[14] 위대한 회고록 작가이자 신화 제작자인 월터 스콧Walter Scott은 이렇게 전했다.

— 애덤은 길을 걸을 때 혼잣말을 하거나 웃어서 지나가는 사람들의 시선을 끌고 놀라게 했다. 그는 시장 노파의 고함을 흉내 내기도 했다. 그러자 그녀가 "이런, 선생님"이라고 고개를 저으며 말했고 그녀와 함께 걷던 사람은 동정하는 듯한 한숨을 내쉬며 대답했다. "옷은 참 잘

**관세위원 애덤 스미스**

스미스는 자주 생각에 빠져 있기로 유명했다. 존 케이의 캐리커처에서 생각에 잠긴 채 에든버러의 악명 높은 악취를 가리기 위해 꽃다발을 들고 캐논게이트의 저택에서 예배당 건너의 세관으로 걸어가는 그의 모습을 볼 수 있다.

입으셨네." 두 사람은 신사 같은 옷차림으로 길에 나타난 미치광이에게 놀랐다.[15]

생애 말년에 스미스는 글을 쓸 시간이 있기를 바랐지만 그럴 수 없었다. 그의 학생이었던 데이비드 캘런더David Callander는 스튜어트에게 스미스의 에든버러 친구들이 그가 세관에서 일을 시작하면서 책을 완성하는 것을 어느 정도 포기했다는 사실을 알고 깜짝 놀라며 그에게 항의했다고 전했다. 친구들은 그가 세관 일을 명예직처럼 생각하길 바랐을 것이다. 캘런더의 추측으로는 지인이 세관에서 막 받기 시작한 급여보다 적은 연금을 스미스가 대신 받고 그에게 세관 일자리를 넘기려고도 했지만 허용되지 않았다고 한다.[16] 스미스는 1780년 10월 안드레아스 홀트에게 이렇게 말했다. "현재 상황에서 내가 유일하게 유감스럽게 생각하는 점은 세관 업무 때문에 연구 활동에 제약이 생긴다는 것입니다. 내가 예상했던 몇몇 작업은 생각보다 훨씬 느리게 진행될 것입니다."[17] 1782년 그는 조슈아 레이놀즈Joshua Reynolds 경에게 모방 예술에 대한 소논문을 완성하려 한다고 말했지만, 1787년까지도 그의 이론이 아직 불완전했던 것을 보면 지나치게 낙관적인 전망이었다.[18] 1785년 그는 다른 친구인 라 로슈푸코에게 다음과 같은 편지를 썼다.

— 또 다른 거대한 연구 두 가지를 검토 중이네. 하나는 문학, 철학, 시, 수사법 등 각기 다른 분야에 대한 일종의 철학사일세. 다른 하나는 법과

정부의 이론과 역사의 일종이지. 두 재료 모두 순서대로 진행되고 있네. 노년의 나태함에 격렬하게 맞서 싸우고는 있지만 빠르게 잠식당하는 기분이네. 둘 중 하나라도 끝낼 수 있을지는 매우 불확실하네.[19]

1779년 또는 1780년, 에든버러의 오랜 친구인 헨리 매켄지는 스미스가 철학 논문을 저술할 시간이 더는 없으리라는 사실을 알게 된 것으로 보인다. 그는 제한된 시간을 활용하여 크게 성공을 거둔 자신의 순문학 저널 〈미러Mirror〉에 글을 기고해보지 않겠느냐고 제안했다. 아주 좋은 제안이었다. 저널의 논조가 그의 정서와 맞았고, 정식 기고자였던 윌리엄 크레이그와 로버트 컬렌은 그가 가장 좋아하는 제자이자 성공적인 법률가였으며 스미스와 마찬가지로 집필 시간이 부족한 이들이었다. 그러나 스미스는 이 제안을 거절했다. "그는 내 요청을 받아들이겠다고 반쯤 약속했다. 그러나 나중에는 글을 쓰려고 했으나 완성하지 못했다고 이야기했다. '나의 글쓰기 방식은 그런 종류의 작업에 적합하지 않다. 연역과 추론이 너무 많기 때문이다.'"[20]

그런 와중에 1784년 5월 23일 어머니가 돌아가시자 크게 타격을 받은 것으로 보인다. 그의 연구 경력 전반에 걸쳐 스미스는 철학적 작업을 하는 동안 커콜디에 고립된 채 어머니의 울타리 안에서 지냈다. 에든버러로 이사하면서 이미 따뜻한 보살핌으로 통제되는 고립 상태를 어느 정도는 벗어났는데, 어머니의 죽음은 그런 상태를 완전히 파괴하는 사건이었다. 램지는 "그의 영혼에 끔찍한 충격을 줬고, 그는 자신을 무력하고 외로운 존재로 생각하게 됐다. (…) 이 가엾은 인물

**애덤 스미스의 어머니, 마거릿 스미스**

어머니와 사촌과 함께 에든버러로 이사한 후 애덤 스미스가 가장 먼저 한 일은 당시 80대였던 어머니의 초상화를 의뢰하는 것이었다. 방문 화가였던 콘래드 메츠가 초상화가로 발탁되었으며 이후 마거릿 스미스 가문의 가족 소유물로 전해져 내려왔다. 마거릿 스미스는 일생 동안 사교계에서 무시할 수 없는 존재감을 가진 인물이었으며, 한때 스미스의 제자들은 스미스의 눈에 드는 두 가지 방법으로 그의 철학과 어머니를 꼽기도 했다. 마거릿 스미스는 1784년 사망했다.

은 희망이 없는 사람처럼 슬퍼했다"라고 회상했다.[21] 스트레이핸에게 헌사의 교정쇄를 뒤늦게 돌려주게 된 것을 사과하는 내용을 담은 편지는 수년 동안 그의 어머니를 알았고 스미스가 어머니에게 얼마나 의존했는지를 누구보다 잘 아는 친구에게 쓴 글이었다. 이미 앞에서 일부를 인용했지만 다시 한번 반복할 가치가 있다고 생각한다.

— 가엾은 노모에 대한 마지막 의무를 다하고 막 돌아왔을 때였네. 한 인간이 아흔 살에 생을 마감하는 것은 의심할 여지 없이 순리에 맞는 사건이므로 예측하고 대비할 수도 있을 것이네. 하지만 다른 사람들에게도 말했듯, 나를 사랑했거나 사랑할 어떤 이보다 내게 큰 애정을 준, 내 삶을 통틀어 내가 가장 사랑하고 존경한 사람과 영원히 이별한 후 나는 지금도 여전히 머리를 한 대 얻어맞은 것 같은 느낌을 지울 수가 없다네. 그러나 이런 상황에도 자네의 건강과 영혼에 이상이 있다는 말을 들으니 매우 걱정이 되네. 좋은 날씨 속에 곧 일상적인 활력을 찾을 수 있길 바라네. 내 친구들이 세상에서 점점 사라지고 있는데, 새로운 사람들이 그 자리를 채워줄 것 같진 않아 보이네.

편지에는 "나의 친애하는 친구, 가장 충실한 애정을 담아, 애덤 스미스"라고 서명되어 있다.[22]

스미스가 더 훌륭한 철학적 계획을 실현하기 위해 무엇을 희망했든, 실제로 그가 중요하게 생각한 임무는 자신이 집필한 위대한 두 작품을 가능한 한 완벽한 상태로 남기는 것이었다. 그가 가장 시급하게 생각한 과제는 《국부론》의 새로운 판을 작업하는 것이었다. 부분적으로는 세관에서의 업무를 통해 좋은 예시를 찾을 수 있었기 때문이고, 미국 독립전쟁이 불러온 재앙적인 결과에 비추어 그가 전달하려는 메시지를 다듬어야 했기 때문이다. 그러나 가장 큰 이유는 중상주의 체계에 마지막 공격을 가하고자 했기 때문이다.

저술의 초판은 세상을 떠들썩하게 했던 전쟁에서 모두가 영국이 승리하리라고 예상하고 있을 때 출판됐다. 1777년 버고인 장군이 새러토가에서 패하고 뒤이어 프랑스와 스페인이 참전하면서 무능하고 부패한 내각이 벌인 승산 없는 전쟁이라고 생각하는 사람이 많았지만, 전쟁은 점점 격화됐다. 1782년 노스 경이 이끄는 정부가 몰락한 후 2년 동안 정치는 혼란에 빠졌고, 설상가상으로 잉글랜드의 여러 지역에서 심각한 정치적 불안의 조짐이 나타나기 시작했다. 게다가 아일랜드 의회에서 웨스트민스터로부터의 입법적 독립과 대영제국과의 자유무역권을 요구하면서 상황은 더욱 혼란스러워졌다. 이를 두고 호러스 월폴Horace Walpole은 다음과 같이 전했다. "삼위일체가 해체되고 스코틀랜드가 연합을 해산하라고 요구하더라도 나는 놀라지 않을 것이다. 영국이 우리의 고통에서 이익을 얻지 못한다면 그것이야말로 가장 이상한 일이다."[23]

모든 정당의 정치인들은 이제 가장 중요한 문제에 직면했다. 바로 미국과의 평화 조약, 영·미 관계와 영국·아일랜드 관계의 미래, 그리고 공공재정을 위험할 정도로 과하게 늘리고 있는 처참한 전쟁에 비용을 대는 문제였다. 세관 고위 관리이자 헨리 던다스, 노스 경, 셸번

경, 에드먼드 버크의 친구였던 스미스는 정치적 혼란을 겪는 2년 동안 이런 문제에 대해 토론하며 복잡한 정치적 책략에 연루된 여러 정당의 정치인들에게 이름이 잘 알려져 있었다. 그는 문명의 진보를 위해서는 안정적이고 질서가 잡힌 정부가 중요하다고 깊이 믿는 철학자로서 1783년 10월, 친구 몇 명이 포함되어 있었고 불운하게 끝난 폭스-노스 연립내각Fox-North Coalition에 관해 글을 썼다.

— 현 행정부가 확고한 기반 위에 놓여 있다고 믿을 수 있다면 가장 기쁘겠다. 이 내각은 국가에서 가장 합당하고 유능한 사람, 위대한 두 귀족의 우두머리를 포함하는데 (…) 이 둘의 분열은 마침내 제국의 분열을 초래할 정도로 정부를 약화했다. 그들의 연합은 평판이 좋지 않기는커녕 오히려 모두가 절실히 바라던 결과였다. 다음 몇 해 동안 야당의 통상적인 어리석음과 무례함은 이제까지 그들이 어떤 조치를 취했을 때보다 왕이 새 내각을 더 효과적으로 받아들이게 할 것이다.[24]

스미스는 1782년 3월부터 7월까지 세관을 떠나 런던을 방문하여 새 판본 작업을 시작했지만, 수도의 소란한 생활은 작업에 도움이 되지 않았다. 결국 1782년 12월, 당시 그의 출판인이던 토머스 카델Thomas Caddell에게 아직 준비가 덜 됐다며 사과해야 했다. 그 뒤로도 계속 원고가 완성되지 않았다며 사과를 해야 했고("나는 업무 때문에 어쩔 수 없이 멈춰야 할 때를 빼고는 열심히 작업했다네"[25]), 1783년 11월까지도 완성되지 않았던 원고는 1784년 11월에 이르러서야 출판됐다.

새로운 판본에는 출판에 관한 흥미로운 일화가 얽혀 있다. 스미스가 수정한 부분 중에는 "곡물 보조금에 대한 몇 가지 새로운 주장, 어선 보조금 반대, 중상주의의 짧은 역사가 포함된 새로운 결론, 대부분 특허장 기반 무역회사의 부조리와 유해함에 대한 (내 생각에는) 완전한 설명"과 색인이 포함되어 있었다.[26] 스미스는 특히 이전 두 판의 독자들이 자신의 최근 사상을 접하기를 바랐고, 출판사를 설득하여 2만 4,000단어 분량의 팸플릿인 〈애덤 스미스 박사의 《국부론》 1판과 2판에 대한 추가 사항 및 수정 사항〉을 인쇄했다. 이 글은 초기 독자들에게 제공됐고, 1784년에 출간된 제3판에 포함됐다. 〈추가 및 수정 사항〉에는 중상주의 체계에 대한 스미스의 최후 비판과 후기 중상주의 세계에서 바라본 영국의 미래에 대한 그의 마지막 사상이 포함되어 있었다. 〈중상주의 체계에 대한 결론Conclusion of the Mercantile System〉에서 그는 값싼 외국 원자재의 수입을 장려하던, 특히 아마포 제조업자들이 선호하던 교활한 관행의 기반이 된 법령과 수출을 억제하고 외국 경쟁자들보다 낮은 가격을 유지할 수 있도록 하기 위해 양모 산업에서 오랫동안 선호해온 보조금을 비판하며 주장에 깊이를 더했다.

새로운 이론적 논점이 제시되지는 않았지만, 이 원고는 큰 파장을 일으켰다. 이 논점들은 그가 세관에서 집중적으로 연구했던 법령들을 통해 매우 세심하게 설명됐으며, 의회에서 그런 조치를 적극적으로 장려할 뿐만 아니라 의회 자체가 상업 로비에 따라 만들어질 위기에까지 처해 있다는 사실을 보여줬기 때문이다. 그는 국내 생산자와 가난한 사람들의 임금에 미칠 영향은 고려하지 않은 채 외국 아마포 원사의 수입을 장려하는 의회에 분노했다. 이런 조치가 무역수지를 보존하고 국가 번영을 증진할 수 있다는 주장은 거짓이며, 잇속을 챙기려는 의회의 속셈을 감추려는 시도일 뿐 아니라, 의회와 자유에 대한 모욕이라고 주장했다. 그는 《국부론》에 윤리적 깊이를 더해준 법과 관련된 격언 하나를 제시했다. "다른 목적 없이 특정 시민 계층의 이익을 위해 다른 계층의 이익을 해치는 것은 정도가 어떻든 군주가 백성에게 져야 하는 '모두를 정의와 평등에 따라 대우해야 할 의무'에 명백히 어긋난다."[27] 분란을 일으키지 않으려면 무역 자유화가 조심스럽게 이뤄져야 한다고 다시 한번 일깨워주는 격언이었다.

무역회사의 역사를 다루는 또 다른 새로운 장은 "냉철하고 사려 깊은 작가"인 애덤 앤더슨Adam Anderson의 《상업의 기원에 대한 역사적 및 연대적 추론Historical and Chronological deduction of the Origin of Commerce》 (1764)을 참고하여 완성했으며, 역사적 사고를 가진 법학자로서 스미스의 박식함을 훌륭하게 보여줬다.[28] 그는 대중보다는 기업 소유주의 이익에 더 유리한 과두주의적 기업의 구조를 주제로 삼았다. 실제로 시간이 지나면서 "규제회사"는 "모든 면에서 유럽 다른 국가의 도시와 마을에서 흔히 볼 수 있는 동업조합과 비슷해졌다. 그리고 그것과 같은 종류의 확대된 독점체이기도 하다."[29] 모험적인 기업이 뿌리를 내릴 수 있도록 새로운 무역회사가 "일시적 독점"과 정부의 군사적 지원을 받는 것은 "새로운 기계에 대한 독점권이 발명가에게 주어지고 새로운 책의 독점권이 저자에게 주어지는 것"만큼이나 합리적이라고 할 수 있었다.[30] 그러나 인도와 같은 광활한 영토에 대한 시민 및 군사 통치가 단일 상업 조직의 이익에 계속해서 휘둘리도록 이런 독점을 영구적으로 허용하는 것은 용납할 수 없었다.

물론 동인도회사는 스미스가 중요하게 생각한 주제였다. 동인도회사의 경영은 1772년 이후 중요한 정치적 의제였고 당시 절정에 이르러 있었다. 회사는 1772년 은행 파산의 영향을 받아 제대로 경영되지 않고 있었으며 정부의 재정적 지원에 의존하려 했다. 노스 경은 새로운 헌법적 장치를 통해 인도 아대륙의 시민 및 군사 통치를 회사 경영에서 분리할 수만 있다면 기꺼이 재정적 지원을 하려 했다. 스미스는 역사적 예시를 통해 헌법을 어떻게 개혁하든 인도의 시민 통치는 항상 회사와 회사 부속 기관의 손에 넘어간다는 점을 보여주려 했다. "어떤 변화로도 이들 의회가 직접 통치하거나 대제국의 통치에 참여하는 데 적합하게 만들 수는 없어 보인다. 의회 구성원 대부분은 제국의 번영에서 얻을 수 있는 이득이 거의 없으며 어떻게 번영을 촉진할지 진지하게 생각하지 않는다."[31] 스미스가 제안한 방법은 자유주의적 목표에 점진적으로 접근하는 것이었다. 동인도회사의 독점권을 철회하고 무역을 자유화하고, 회사를 시장의 자유재량에 맡겨야 한다는 것이다. 그는 "경험에 따르면, 주식회사는 독점이 없는 한 무역의 어떤 부문에서도 오래갈 수 없다"라고 예측했으며, 다음과 같은 결론을 내렸다.

— 자금을 환수하고 배타적 특권이 만료되고 나면, 동인도회사는 의회

법률에 따라 주식회사를 계속 운영하면서 회사 자격으로 다른 기업들과 함께 동인도와 무역할 수 있다. 그러나 이 상황에서 민간 사업가는 더 조심스러운 태도로 더 많은 관심을 기울일 것이고, 결국 동인도회사는 곧 무역에서 손을 뗄 수밖에 없을 것이다.[32]

스미스는 무역과 통치에 대한 동인도회사의 지배력이 서서히 그리고 조용히 축소되어 결국은 사라질 것이라고 봤다. 이론적으로 이는 정치 및 헌법의 개선이 단순하면서 상황에 맞게 이뤄지는 것이었고, 미국 식민지를 잃고 서쪽에서 일어난 혁명만큼 영국과 동양의 관계에 새로운 자유주의 질서를 확립할 정도의 거대한 혁명을 일으킬 수 있었다. 실제로 동인도회사의 통치권은 자신들의 목적을 정당화하기 위해 스미스의 자유주의적 제안을 이용한, 매우 반자유주의적인 제국 정권이 계승했다.

1784년 11월 《국부론》의 새 판본이 출간된 것은 스미스의 연구 경력에서 중요한 사건이었다. 원래 정치 계급과 지식인을 대상으로 했던 이 책은 점차 더 넓은 독자층에 다가갔다. 처음 두 판은 4절판으로 약 1,250부가 인쇄됐고 비양장본은 1파운드 16페니, 양장본은 2파운드 2페니에 판매됐다. 새로운 판본은 값이 더 저렴했다. 8절판으로 1,000부가 인쇄됐고 비양장본은 18실링, 양장본은 21실링이었다. 1786년과 1789년에 출판된 4판과 5판은 3판의 시각적 구성을 재편하여 인쇄된 판본이었으며 각각 1,250부, 1,500부가 인쇄됐다. 이들은 그 후의 후속판과 번역본의 기본이 됐으며, 스미스에게 평

생 1,500~1,800파운드의 수익을 안겨줬다.[33]

스미스가 문학인으로서 완수할 마지막 과제는 《도덕감정론》을 수정하는 것이었다. 《국부론》을 수정하는 것보다 광범위하고 이론적으로 더 까다로운 작업이었고, 스미스는 아마도 이것이 그의 마지막 작업이 되리라는 것을 알고 있었을 것이다. 그의 어머니가 돌아가신 후 거의 1년 동안 이 프로젝트에 관해서는 아무 소식도 없었다. 1785년 2월 에든버러로 이주할 생각을 하고 있던 커콜디 출신의 오랜 친구 제임스 멘티스James Menteath에게 말했듯, 그의 세계는 축소되고 있었다. "한두 명의 늙은 사촌을 제외하고는 이제 당신이 이 세상에 남아 있는 가장 오래된 친구이며, 당신이 속한 모임과 동네에서 삶을 마칠 수 있다는 생각에 말로 다 할 수 없을 정도로 만족스럽습니다. 나의 가장 소중한 친구에게, 애정과 충심을 담아, 애덤 스미스."[34] 스미스는 1785년 4월에 토머스 카델에게 보낸 편지에서 《도덕감정론》을 수정하겠다는 의지를 다소 준비 없이 내뱉었다. "이론의 새로운 버전을 출판할 생각이라면, 크게 영향을 미치지 않는 몇 가지 수정 사항이 있으니 조만간 보내겠네." 하지만 그 후 별다른 소식이 없었다.[35]

1787년 1월 그는 세관에 6개월간 휴가를 냈고, 5월과 6월 런던을 방문하여 친구들을 만나며 점점 악화돼 고통을 더해가던 치핵과 장폐색 치료를 받았다.[36] 깁슨의 한 친구는 스미스의 건강 상태에 충격을 받아 다음과 같이 말했다. "가엾은 스미스는 아델피 근처에서 살고 있다. 그가 가엾다고 하는 이유는 그가 매우 쇠약해 보이고 경력이 곧 끝날 것 같기 때문이다. 최근 존 헌터John Hunter가 그에게 몇 가지 기본적인 시술을 해줬다. 그의 상태는 조금 나아진 듯하지만 이미 너무 노쇠한 것 같다."[37]

런던을 방문한 그는 《국부론》을 알고 존중하는 사람들이 정부를 맡고 있다는 사실을 깨닫고 만족하며 위로를 받았다. 1787년까지 윌리엄 피트William Pitt의 내각은 확고하게 권력을 잡았고, 무역을 자유화하기 위해 유럽의 주요 국가들과 조약 협상을 시도하고 있었다. 그때까지 성과는 '상업 조약에 대한 현재의 분노The present Rage for Commercial Treaties'를 통해 1786년 프랑스와 맺은 조약뿐이었고, 아일랜드와도 자유무역연합을 조성하고자 여러 번 협상했으나 실패했다. 그러나 1787년 윌리엄 피트가 무역에 관해 "방해물이자 족쇄"라고 묘사한, 관세와 관련된 혼란스러울 정도로 복잡한 법을 개정하고 단순화하는 법이 발의됐다. 윌리엄 피트와 군부 경리관이었던 윌리엄 그렌빌William Grenville, 헨리 던다스는 모두 《국부론》을 읽고 스미스와 작품에 대해 토론했다. 근대의 가장 심오하고 어려운 문제를 철학적으로 해결할 수 있는 훌륭한 체계를 설계한 철학가라는 명성은 집시들에게 납치됐다는 그의 어린 시절에 관한 소문처럼 영웅 신화에 없어서는 안 될 부분이 됐다. 윔블던에 있는 헨리 던다스의 집에 도착한 스미스는 피트를 포함하여 그렌빌, 헨리 애딩턴Henry Addington, 윌리엄 윌버포스William Wilberforce를 만났다. 그를 맞이하기 위해 자리에서 일어선 그들에게 스미스는 앉아달라고 요청했고, 피트가 이렇게 답했다고 한다. "아닙니다. 우리는 선생님의 추종자이니 선생님께서 앉으시면 앉겠습니다."<sup>38</sup> 피트의 통치 방식은 휘그당이었던 스미스를 피트식 토리당으로 바꾸기에 충분할 정도로 훌륭했다. "피트에게 작은 인정만 받아도 큰 영광이라고 생각한다. 지금껏 나는 그의 반대자들과 길고 단단한 우정을 나눴지만, 그 우정이 내가 그의 행정부의 위대한 계획에서 용기·활동·정직함·공공정신을 알아차리지 못하게는 하지 않는다고 믿어도 좋다."<sup>39</sup> 그러나 버컨 백작은 나중에 그가 다시 휘그주의자로 돌아갔다고 전했다.<sup>40</sup>

7월에 에든버러로 돌아온 직후인 1787년 11월, 스미스는 글래스고대학교의 법인 이사로 선출되면서 새로운 방면에서 인정받게 됐다. 그는 총장인 아치볼드 데이비드슨Archibald Davidson에게 이렇게 썼다.

— 어떤 발탁도 이렇게 만족스럽지는 못할 것입니다. 내가 글래스고대학교에 진 것보다 한 공동체에 더 큰 빚을 진 사람은 없을 것입니다. 나는 글래스고대학교에서 공부했고, 옥스퍼드대학교에 갈 기회를 얻었으며, 스코틀랜드로 돌아온 직후에는 교수진이 됐고, 잊을 수 없는 허치슨 박사의 능력과 미덕이 탁월한 본보기가 된 직책에 후임으로 임명되기도 했습니다. 글래스고대학교의 구성원으로 보낸 13년은 내게 가장 보람 있고 행복하며 명예로운 시절이었습니다. 23년이 지난 지금까지 나의 오랜 친구들과 옹호자들이 나를 좋게 기억하고 있다니, 표현할 수 없을 만큼 기쁩니다.<sup>41</sup>

이때 그는 문학학회에 모방 예술에 관한 세 편의 논문을 완성하겠다고 제안했으나, 결국 마지막 논문은 끝마치지 못했다. 건강이 다시 악화되고 세관 업무가 바빠진 탓이었다. 1788년 3월, 마침내 《도덕감정론》을 수정하는 프로젝트를 시작했을 때 그는 이런 상황에 처해 있었다.

스미스는 토머스 카델에게 세관에서 4개월 휴가를 받았으며, 현재 집필에 몰두하고 있다고 전했다. 그때까지 그의 수정 계획은 훨씬 더 정교하고 광범위해졌다. 새 판은 이전 판의 3분의 1만큼 분량이 더 많았다.

— 가장 중요하고 필수적인 추가 사항은 의무감에 관한 세 번째 부분과 도덕철학의 역사에 관한 마지막 부분에 있다네. 이생이 거의 끝나간다고 생각하니 계획한 작업을 마칠 수 있을지 매우 불안하군. 내가 할 수 있는 최선은 이미 출판한 것들을 가장 훌륭하고 완벽한 상태로 남기는 일이겠지. 나는 천천히 작업하는 느릿느릿한 사람이고, 내가 만족할 때까지 대여섯 번은 쓴 것을 고치고 또 고친다네. 지금 생각으로는 만족할 만한 상태까지 작업을 마친 것 같지만, 6월이나 되어야 원고를 보낼 수 있을 것 같네.[42]

그는 여름에 원고를 전달하겠다고 약속했지만, 1년이 지난 후에도 작업은 완료되지 않았다. "이렇게 지연된 것이 매우 창피하군. 하지만 작업의 범위가 확대되어 어쩔 수 없었네."[43] 이런 이유로 카델은 1789년이 저물 때까지 원고를 받지 못했다. 원고는 1790년 1월이 되어서야 인쇄소에 보내졌고, 몇 주 후 출판된 것으로 보인다. 그 무렵 스미스는 여전히 시인 새뮤얼 로저스Samuel Rogers와 같은 방문객들을 맞이하고 있었고, 나빠진 건강을 딛고 집과 오이스터 클럽에서 즐거운 시간을 보냈다. 그의 제자였던 버컨 백작은 1790년 2월 그를 만나 1년 후에 다시 만날 수 있기를 기대한다고 이야기했다. "그는 내 손을 꼭 잡고 말했다. '사랑하는 친구여, 내가 내년에 살아 있을 수도 있고 앞으로 몇 년을 더 살 수도 있겠지만, 자네는 이 늙은 친구를 더는 볼 수 없을 것이네. 나는 내 몸이 고장 나고 있다는 것을 알고 있네. 미라보다 조금 나은 수준이지.'"44

스미스는 1월 초 자신의 원고들이 파기되는 모습을 지켜봤고, 1790년 7월 17일 일요일 만찬 직후에 사망했다. 그리고 캐논게이트 교회 경내에 묻혔다.

스미스가 《도덕감정론》을 수정한 이유 중 하나는 1759년 출판 이후 그의 도덕철학을 끈질기게 견제해온 비판에 대응하기 위해서였다. 그의 윤리는 도덕성을 여론과 대중의 의견으로 축소했다는 비판을 받았다. 어떻게 보면 아주 비합리적이지는 않았다. 인간의 도덕적 감정의 기원에 대한 그의 세심하고 미묘한 논의는 인간이 동감, 상상력, 일상생활을 바탕으로 도덕 원칙을 이해한다는 것을 보여줬다. 그의 도덕 이론에서 핵심은 자신의 도덕 감정이 남들의 도덕 감정과 다르다고 느낄 때 발생하는 상황을 다루며 펼쳐졌다. 스미스는 이런 상황에서 우리는 자신을 돌아보고 공정한 관찰자의 조언을 구하며, 때로는 그의 승인이 현실 세계 실제 사람들의 승인보다 더 의미 있는 것처럼 보일 수 있다고 주장했다. 기독교인이라면 이런 현상을 내면에 있는 관찰자의 목소리가 양심 또는 신의 목소리이기 때문이라고 주장했겠지만, 스미스는 이를 해결하기 어려운 윤리적 갈등 상황에서 윤리적 타당성을 명확하게 하고 우리 자신이 인정할 수 있는 방식으로 행동하도록 도와주는 가상 인물의 목소리라고 분명히 밝혔다. 엄밀히 말해 공정한 관찰자는 우리 자신과 국가, 문명의 윤리적 삶에 뿌리를 둔 도덕 규칙에 대해 이야기하며, 영원불변한 신의 목소리로 간주할 수 없다는 뜻이었다. 이런 이유로 글래스고에서 스미스의 후계자 토머스 리드와 같은 비평가들은 그의 윤리 이론을 '이기주의 체계를 다듬은 이론'이라고 평가했다. 공정한 관찰자가 객관적인 미덕을 이야기한다고 자신을 속일 수는 있지만, 실제로는 이기심에서 나오는 목소리일 뿐이라는 것이었다.[45]

이런 비판을 하는 사람이 심심치 않게 있었지만 스미스는 이들이 요점을 놓치고 있다고 생각했다. 도덕적 감각이 이기심 또는 자애심에 뿌리를 두고 있다는 데 형이상학자들이 어떤 주장을 펼치든, 공동체 생활에서 중요한 것은 우리가 내면이 지시하는 도덕적 감각을 따른다고 믿는 사람들과 주변 사람들의 의견에 반응하는 사람들을 다르게 판단한다는 것이다. 우리는 전자를 원칙에 따라 행동하는 사람이라고 생각하고, 후자는 단순히 다른 사람의 반대를 피하려고 행동하는 사람이라고 생각한다. 게다가 군중의 목소리가 아닌 내면의 목소리를 따를 때 우리가 자신에 대해 느끼는 감정은 상당히 다르다. 우리는 자기 행동이 주변 사람들과의 관계를 방해하리라고 생각하더라도 도덕적 책임을 지는 개인으로 행동하기 위해 의도적으로 세상의 의견으로부터 스스로 거리를 두어 왔다. 스미스는 윤리적 갈등에 대한 이런 반응을 모든 독자가 자신의 상황으로 인식할 수 있도록 제시했고, 이는 인간 본성의 자연적 특성이라고 설명할 수 있었다. 또한 사회화 과정과 정치사회의 도덕적 경제 작용을 이해하는 데 근본이 되는 특성이기도 했다.

스미스는 개정판에서 이 분석의 자연적 특성을 강조하고 문명화 과정이 인간을 사회적일 뿐만 아니라 선한 행위자로 만들 수 있다는 것을 입증하는 방식으로 분석을 다듬고 심화하려 했다. 새로운 섹션인 '미덕의 특성에 관하여'는 스미스의 초기 정치경제학 논의의 서두였으나《국부론》의 첫 장에서는 과감하게 생략됐던 인류의 필요와 욕구에 관한 논의를 되짚었다. 여기에서 그는 인간의 근면성, 독창성, 개선에 대한 욕구가 결핍과 필요에 대한 반응이라는 것을 보여줬다. 원시인이 스스로 요리하고 옷을 입고 집을 짓는 방법, 자연에서 얻은 원자재를 개조하는 방법, 편리하게 사는 능력과 생존이 걸린 협동을 배운 이유는 필요 때문이었다는 것이다. 재산, 법률, 정부, 예술, 과학이 발명된 것은 기본적으로 필요한 음식, 의복, 주택을 공급하기 위해서였다. 스미스는 이 자연사의 범위를 윤리학으로 확장하는 방식으로《도덕감정론》을 수정했다. 우리는 타인과 협력하며 살아온 경험을 통해 신중함의 의미와 자신에게 져야 할 의무를 배운다. 또한 안전과 경계심의 가치를 알고, 정의의 규칙을 존중하며, 친구를 선택할 때는 유능하고 성실하며 품위 있고 분별력 있고, 공정한 관찰자의 지시를 따르는 사람이 신중한 사람이라고 생각하도록 배운다. 우리는 이런 신중함을 "가장 존경할 만하며 호감을 주는, 받아들일 만한 특성으로 간주하지만 가장 매력적이거나 고상한 미덕이라고 생각하지는 않는다."[46] 오직 자기 보존을 위한 욕구에 따라서만 동기가 부여되는 이런 신중함은 의심할 여지 없이 '열등한' 종류의 신중함이지만, 사회가 보존되고 개선되려면 신중한 시민이 존재해야 했다. 더욱이 이는 위대한 장군들이나 애국자들의 신중함과 같은 더 높은 차원의 신중함을 우리가 존경하는 근거이기도 하다고 그는 주장했다.

— 이 모든 경우 신중함은 더 위대하고 훌륭한 미덕, 용기, 광범위하고 강한 자비, 정의의 규칙에 대한 신성한 관심과 결합하며 모든 것은 적절한 자기 통제력으로 뒷받침된다. 가장 높은 수준의 완벽함에 도달한 신중함을 갖추려면 가능한 한 모든 환경과 상황에서 기술, 재능, 습관 또는 성향이 가장 완벽하고 적절하게 작용해야 한다. 또한 필연적으로 모든 지적 미덕과 모든 도덕적 미덕이 최고로 완전해야 한다. 가장 훌륭한 정신에 가장 영리한 두뇌가 결합한 상태라고 할 수 있다. 가장 완벽한 지혜와 가장 완벽한 덕이 결합한 것이다. 열등한 신중함이 에피쿠로스학파 현인의 성품을 구성하는 것과 마찬가지로, 이런 신중함은 아카데미학파나 아리스토텔레스학파 현인의 성품을 깊이 구성한다.[47]

기독교 도덕주의자들이 반대를 위한 어떤 주장을 펼치든, 스미스는 공동체 생활에서 신중함을 미덕의 필수 요소로 생각해야 한다고 반박했다.

그러나 우리가 다른 사람에게 져야 할 의무와 베풀어야 할 자비로움은 어떻게 설명해야 할까? 동정심과 의무감이 어떻게 자신에서 벗어나 가족·친구·국가로 향하며, 특히 가족에 대한 의무가 친구나 국가에 대한 의무와 충돌한다고 느낄 때, 다른 사람의 선한 본능에 반응하는 방식이 어떻게 형성되는지를 보여주기는 쉬웠다. 스미스는 우리가 가족과 친구에게 베푸는 선행이 당연하게도 언제나 어느 정도의 자기애에서 비롯된다고 생각했다. 현대 시민에게 훨씬 더 어려운 윤리적 문제는 자신이 조국에 얼마나 빚을 졌는지 판단하는 일이었다. 국가를 아무런 비판 없이 사랑하는 사람은 "이웃 국가가 번영하고 지위가 확대되는 것을 가장 악의적인 질투와 시기"에 찬 시선으로 보게 될 수 있고, 이는 스미스와 흄이 영국과 프랑스의 안보, 번영, 공공재정에 대한 위협이라고 여겼던 거짓 애국심이라고 할 수 있었다.

— 프랑스와 영국은 서로의 해군력과 군사력이 증가하는 것을 두려워할 만한 이유가 있을 것이다. 그러나 그중 어느 한쪽이 다른 쪽의 내적 행복과 번영, 경작된 토지, 제조업의 발전, 상업의 발달, 항만 및 항구의 안전과 양적 확장, 예술과 과학에 대한 능력을 부러워한다면 이는 두 위대한 국가의 품위를 떨어뜨리는 일일 것이다. 이런 요소는 우리가 살고 있는 세상이 진보한다는 의미다. 이런 발전으로 인류는 혜택을 받고 인간의 본성은 고귀해진다. 각 국가는 강력한 국가가 되기 위해

애덤 스미스

서 뿐만 아니라, 인류에 대한 애정을 바탕으로 이웃 국가의 우수성을 방해하는 대신 이를 증진시키도록 노력해야 한다. 이러한 요소들은 모두 국가적 편견이나 질투의 대상이 아니라 경쟁을 일으키는 적절한 대상이다.[48]

국가에 대한 시민의 의무라는 이 오래된 문제를 복잡하게 만든 것은 애국심에 관한 주장이 정당과 다른 기관(그는 아마 교회를 추가하고 싶었을 것이다)을 따라잡는 방식이었다. 흄과 스미스가 모두 걱정했듯 정치계는 이전 세기의 종교계와 마찬가지로 점점 더 분파가 나뉘어 이데올로기 대립이 고조되고 있었다. 흄처럼 그는 공공심이 이데올로기와 유토피아를 만들어내는 '특정 정신 체계'에 감염되기 쉬우며, 이런 특정 체계의 정신이 공공심에 "언제나 생기를 불어넣고 종종 광신주의적 광기에 이르도록 불타오르게" 할 수 있다는 점에 괴로워했다. 이런 흄학파적인 두려움 때문에 스미스는 다음과 같은 주장을 펼치게 된다.

— 인간성과 자비심으로 공공정신이 도모되는 사람은 확립된 권력과 특권을 존중할 것이며, 이것이 개인의 권력과 특권이라고 하더라도 그렇게 할 것이다. 또한 국가를 구성하는 거대한 계층이나 사회집단의 권력과 특권이라면 더더욱 존중할 것이다. (…) 이 사람은 할 수 있는 한 사람들의 습관과 편견에 맞게 공적인 장치를 적용할 것이다. 그리고 사람들이 복종하기 싫어하는 규정이 부족한 데서 발생할 수

있는 불편함만을 최대한 시정할 것이다. 올바른 질서를 확립할 수 없을 때는 옳지 못한 것을 개선하는 것을 무가치하다고 무시하지 않을 것이다. 솔론Solon(아테네의 입법가-옮긴이)처럼 최고의 법체계를 세우지 못할 때는 사람들이 감당할 수 있는 최선의 체계를 세우려고 노력할 것이다.[49]

평소 글보다 두서없는 이런 마지막 정치적 고찰은 형이상학자와 신학자가 어떤 주장을 펼치든 그가 항상 고결한 성품의 필수 요소라고 생각해온 윤리적 특성, 즉 자기 통제력에 대한 논의의 전주곡이었다. 그의 분석은 아무리 선의를 가진 사람이라도 "때로는 그를 조종하고 때로는 유혹하여 냉정하고 냉철한 순간이라면 받아들일 규칙을 위반하게 하는" 열정에 속지 않기가 어렵다는 점을 보여줬다.[50]

《도덕감정론》의 초판에서 스미스는 우리가 선한 사람을 공정한 관찰자의 지시에 따라 행동하는 사람으로 생각한다고 가정했다. 그러나 이제 이런 정의는 너무 추상적으로 보였다. 특히 당시와 같이 험난한 시기에는 근대 시민의 충성심에 갈등을 일으킬 만한 사건이 발생하기도 한다는 점에서 더욱 그랬다. 그의 요점은 이제 훨씬 간단했다. 우리가 선한 사람을 존경하는 이유는 그가 일관되게 윤리적인 행동을 하며 공정한 관찰자가 지시하는 삶을 사는 데 필요한 자기 통제력을 가졌기 때문이고, 이런 일관성과 자기 통제력은 쉽게 얻을 수 없기 때문이었다. 험난한 시기에는 언제나 가족, 친구, 국가, 단체에 대한 의무와 자신에 대한 의무를 일치시키기가 어렵다. 우리의 윤리적 행

애덤 스미스

동이 지나치게 경직되거나 방종하거나 지나치게 회의적으로 되지 않도록 막는 것도 마찬가지로 어렵다. 결국 스미스는 자기 사상의 근본으로 돌아가 근대 세계에서 우리가 미덕을 신중함과 선행, 인간 본성의 원리에 대한 흄학파적인 이해를 바탕으로 세워진 자질로 인식하고 있다는 것을 보여줬다. 이는 자신의 지적 유산을 마무리하는 작업이었으며, 계몽된 문명이 되도록 상업 문명의 시민과 행정관에게 전하는 윤리적 메시지였다. 아마도 이런 이유로 그는 지적인 젊은 하원의원 새뮤얼 로밀리Samuel Romilly에게 《도덕감정론》을 "[《국부론》보다] 훨씬 뛰어난 작업"이라고 생각한다고 말했을 것이다.[51]

스미스의 죽음은 거의 관심을 끌지 못했다. 로밀리는 "[스미스의] 죽음이 [런던에서] 별 인상을 남기지 못했다는 사실에 놀라면서 약간 분개했다. 존슨 박사가 [1784년에] 사망했을 때는 1년이 넘도록 사람들이 그의 전기, 편지, 일화 말고는 아무것도 이야기하지 않았던 반면 스미스의 죽음 이후에는 아무 일도 일어나지 않았다."[52]

에든버러 언론은 스미스의 죽음에 거의 무심했으나 런던 언론은 그나마 약간의 관심을 기울여 1790년 7월 31일 처음으로 〈세인트 제임스 크로니클St. James' Chronicle〉에 익명의 인물이 쓴 짧은 회고록을 실었다. 스미스를 알았던 인물이 작성한 것이 틀림없는, 다소 비방하는 듯한 이 기사는 그의 기이함 및 어색함과 프랑스 중농주의 경제학자들을 존중했다는 사실, 흄을 존경하면서 "세계가 낳은 가장 훌륭한 철학자"라고 찬사를 보냈다는 것, 그의 "강의 소유권[에 대한 경계심]"에 대해 언급했다. 여기에서 《도덕감정론》은 "기발하지만 공상적인" 작품으로, 《국부론》은 "[밀라노의 철학자] 베리 백작, [영국 정치 작가] 조사이아 터커와 흄"의 정치경제 체계와 별다를 것 없는 주장을 하는 작품으로 묘사됐다. 《백과전서》에서 얻은 데이터를 기반으로 했지만 "그의 전임자들보다 더 강력한 증거로 강화"됐다는 것이다. 저자는 "[스미스는] 국부를 국가 번영과 혼동하는 경향이 있는 체계를 전파했다는 데 최고의 칭찬과 비난을 받을 자격이 있다"라고 결론지었다.

스미스의 진면모를 보여준 것은 그가 사망한 직후부터 스튜어트가 쓰기 시작한 〈법학 박사 애덤 스미스의 삶과 작품Account of the Life and Writings of Adam Smith, LL. D.〉이었다. 그는 이 작품을 1793년 겨울 에든버러 왕립협회에 선보였고, 1794년 협회가 발간하는 〈트랜잭션Transactions〉에서 축약본을, 1795년에는 원본을 출판했다. 이후에는 《국부론》의 여러 판에 서론으로 실렸으며, 우리가 스미스의 성격을 이해할 때 바탕이 되는 자료가 됐다. 스튜어트는 스미스를 잘 알았고, "대중이 [이를] 볼 수 있게 하려면 매우 뛰어난 글솜씨가 필요할 것"이라고 말했다.[53] 스튜어트가 본 스미스는 친절하고 온화하며 사랑스러운 괴짜였고 "세상 사람들과 일반적인 교류를 하거나 활동적인 삶을 살기에는 확실히 적합하지 않은" 사람이었다. 그는 끊임없이 사색에 빠져 "흔히 일어나는 일이나 친숙한 대상에는 습관적으로 무관심"했고, 동료들과 함께할 때도 "자신의 연구에 몰두하는 경향이 있었으며 그의 입술이 움직이는 모양이나 외모, 몸짓을 보고 있을 때면 작곡에 열중하는 것처럼 보이기도 했다." 존슨의 더 클럽 회원을 비롯한 낯선 사람들은 그가 평범한 대화를 할 수 없고 "강의 형태로 자기 생각을 전달"하는 데 놀랐으며, 스튜어트가 묘사한 모습에 따르면 그는 아주 친한 친구와 함께 있을 때만 편안해했다고 한다.

그러나 스튜어트의 저작에서 그려진 모습으로는 대중적 지식인으로서 그와 인간 애덤 스미스로서의 모습에 어떤 차이가 있었는지 알 수 없다. 전문 직업인으로서 그의 목소리는 위엄이 있었다. 그는 자신의 강의가 인간 행동에 대한 연구를 새로운 토대 위에 놓고 있다는 사실을 알았고, 그 과정에서 철학적 세계 전반을 다루고 있다는 것도 잘 알고 있었다. 그의 철학의 여러 부분에서 파생된 공리들은 대담하게 제시됐으며, 그를 유명하게 한 방대한 학식이 이를 뒷받침했다. 스튜어트는 그를 비세속적인 철학자로 묘사했을 뿐 매우 강력하고 존경받는 학계 행정가로서의 능력은 보여주지 못했다. 버클루 공작은 자산을 운용하는 데 스미스에게 조언을 구하며 행정가로서 그의 가치를 높게 평가했고, 그에게 공공재정에 관한 조언을 구했던 내각 장관들도 존경을 표했다. 성실한 관세위원으로서의 경력 역시 행정가로서의 면모를 잘 보여준다. 일상적인 사회생활과 소통을 지루해하기는 했지만 아마도 너무 온화하고 너무 선하며 은둔자와는 거리가 멀어서 주변 사람들, 특히 친구들이 없이는 살 수 없는 사람이었던 것으로 보인다. 쉽게 친구를 만들고 평생 우정을 간직했다. 스튜어트는 "건강이 점점 약해지며 느끼는 압박 속에도 애덤 스미스가 누렸던 평온함과 유쾌함, 그리고 친구들의 안녕에 대해 그가 마지막까지 보여준 따뜻한 관심은 몇몇 친구에게 오랫동안 기억될 것이다. 그는 힘이 닿는 한 이 친구들과 매주 저녁을 함께했다. 그의 존재가 얼마나 가치 있었는지에 대한 기억은 이 친구들 사이에서 가슴 아프지만 유쾌한 유대를 만들어낸다"라고 썼다.

아마도 그의 삶과 철학에서 볼 수 있는 가장 지속적인 특징은 겸손일 것이다. 삶의 규모, 야망, 대담함을 통해 그는 인간 본성의 단순하고 눈에 띄지 않는 특성을 돌아본 겸손한 인간으로서 자신의 철학을 완성했다. 이 특성이란 모든 것이 평등할 때 자신의 운명을 개선하고 가족과 시민사회의 운명을 개선하고자 하는 열망으로 일용직 노동자나 귀족, 자신의 길을 개척해나가는 젊은이나 현자, 연륜 있는 정치가가 모두 가진 기질이었다. 그리고 신중한 시민에게 새 하늘과 새 땅을 창조해 천년 왕국을 세우려는 시도보다 삶과 사회의 문제들에서 작고 점진적인 변화를 소중히 여겨야 한다고 가르치는 기질이었다. 또한 결핍이 있는 종에게 자연스럽게 생기는 기질이며, 이 기질의 조용하고 겸손한 힘은 인류의 놀라운 물질적·도덕적·지적 진보와 문명의 진보에서 나타났다. 파이프의 깨어 있는 지주들과 연합법 이후 스코틀랜드의 개량 지향적 사상을 가진 시민사회에서 나고 자란 인물에게 이는 계몽된 연합의 자연적인 결과에 따라 운명이 변화하고 있었던 가족, 계급, 국가가 가진 기질이었다.

애덤 스미스

에필로그

1773년 처음 유언장을 작성하고 흄을 유언장 집행인으로 삼았을 때, 스미스는 자신이 좋아하던 천문학사에 관한 '젊은 시절의' 소논문을 제외하고 그때까지 출판되지 않은 모든 논문을 파기해달라고 요청했다. 천문학사에 관한 논문을 출판할지 말지는 흄의 재량에 맡겼다. 그런데 1790년에 미발표 논문을 어떻게 할 것인지에 대한 생각이 바뀌었다. 《도덕감정론》의 마지막 판을 알리면서 자신이 1759년 "[첫 번째 판에서] 발표한 모든 것을 실행할 수 있다는 데 의심의 여지가 없었을 때" 계획했던 법학에 관한 책을 "실행할 수 있으리라는 기대가 거의 없다"라고 인정했다.[1] 그는 강의 자료는 파기했지만 출판되지 않은 소논문 몇 개와 단편적인 글은 남겨뒀고, 이에 대한 처분은 훗날 유언 집행자가 된 조지프 블랙과 제임스 허턴의 재량에 따르기로 했다. 이들은 "교양 과학과 우아한 예술을 서로 연결하는 역사를 연구하기 위해 세운 계획의 일부로 보인다. 스미스가 그 방대한 계획을 포기할 필요가 있음을 깨달은 지는 오래됐다. 그리고 일부는 그가 죽을 때까지 그의 옆에 방치되어 있었다"라고 밝혔다. 이런 소논문들은《도덕감정론》과《국부론》이 체력의 한계가 없었더라면 실현 가능했을 인간 중심 과학을 위한 더 원대한 계획의 일부였다는 것을 상기시켜줬다.

스미스는 자신과 흄이 알았던 대로 인간 중심 과학을 개발하는 프로젝트는 진행될 수 없다는 사실을 깨달았던 것 같다. 흄과 스미스는 인간의 성격, 관습, 습관, 제도에 따른 정치 생활과 문명이 진보한 배경과 과정을 끊임없이 필요의 압박을 받는 궁핍한 종의 상상과 공감적인 대응으로 설명할 수 있음을 보여주려 했다. 흄은 스미스에게 인간이 정치사회에서 생존하고 번영하는 방법을 배우는 과정에 대한 회의적인 설명을 제공함으로써 프로젝트를 가능케 했다. 인간 정신의 형성에 대한 이런 필요 중심적 견해가 자연과 초자연 세계, 정치, 도덕, 종교에 대한 이해를 관통하여 어떻게 형성했는지를 보여준 인물이 바로 흄이며 그런 연구를 하기로 한 사람도 바로 그였다.

흄은 이 새로운 과학을 개발하는 임무를 스미스에게 맡겼다. 그가 출판한 작품과 출판하지 않은 작품, 완성한 원고와 완성하지 못한 원고들을 살펴보면 스미스가 시도한 연구와 성과를 거둔 연구에 대해 알 수 있다. 그는 인간의 성격이 표현되는 정서와 다양한 가닥의 감정을 연구하여 인간 정신의 작용과 사회화 과정을 연구할 수 있다는 것을 증명했다. 또한 그는 인간의 사교 기술과 성격의 기반이 되는 적정성과 정의, 정치적 의무, 아름다움에 대한 감각을 습득하는 과정을 탐구했다. 그 과정에서 그는 근대 철학이 무시해온 인간 본성의 원칙에

애덤 스미스

대한 간단한 관찰을 분석에 도입했는데, 인간의 타고난 궁핍함은 자신이 아주 안전하다고 느낄 때마다 생활 개선에 대한 욕구와 함께 움직였다는 것이다. 앞서 이야기한 바와 같이 이 원칙을 인간 삶의 모든 측면으로 확장하는 사업은 인간 중심 과학에서 스미스의 두드러지는 공헌이다. 그는 이성적으로 안정된 사회가 군주의 변덕에 따라 발전하기보다 자연스럽고 안전한 물질적·도덕적·정치적·지적 경로를 따라 발전하리라고 제안했다. 또한 철학과 역사, 사회과학에 대한 인간 중심 과학을 탐구하는 데 길이 남을 업적이 된 문명 발전의 단계적 모델을 개발한 것도 그였다. 이런 점에서 이 프로젝트는 다분히 에피쿠로스주의적이었다고 할 수 있다.

그러나 이는 흄의 매우 회의적인 지식 이론과 정신은 결국 상상의 제국이라는 도발적인 주장, 그리고 유럽에서 그가 진정한 철학을 연구할 자격이 있는 철학자로 인정받게 한 성직자의 영향력에 대한 혐오로 형성된 에피쿠로스주의적 프로젝트였다. 스미스의 회의론은 더욱 신중했고, 성직자에 대한 혐오 역시 분명하지 않았다. 그는 흄의 인간 본성 이론의 일반 원칙을 반박한 적은 없지만 액면 그대로 받아들이기보다는 탐구하고 발전시켜야 할 원칙으로 여겼다. 정서에 대한 연구를 바탕으로 인간 중심 과학을 발전시키려는 프로젝트를 가능케 한 사람은 흄이다. 그렇지만 상상력이 자연계와 도덕계에서 일어나는 다양한 사건에 어떻게 반응하는지를 고려하고 우리의 사회성과 생존 능력, 행복감의 기반이 되는 적정성과 정의, 도덕, 취향에 대한 감각을 어떻게 획득하는지를 설명하는 급진적 동감 이론을 발전시킨 사람은 스미스였다. 그가 유별나게 회의적인 결론에 이르게 한 연구였다.

스미스의 윤리학은 많은 사람이 양심이나 신의 소리라고 생각하는 것이 동감적 상호작용이라는 복잡한 과정에 기원을 두고 있으므로 기독교인들이 필연적으로 반대할 수밖에 없는 거짓 의식 형태로 부드럽게 축소된다는 것을 보여줬다. 법학과 정치경제학에서 그는 자유와 번영을 어떻게 증진할 것인가 하는 문제에 대해 유토피아적 해결책을 내놓기보다는 통치 계급에서 공공 행정 시스템을 자유화하도록 장려하는 회의적인 관찰자가 되어 정부 및 정치적 사안들을 바라봤다. 그는 흄처럼 공개적으로 이교도 취급을 받지는 않았으며 그의 종교적 공감대가 어디쯤 있는지 의심하는 스코틀랜드인은 거의 없었다. 글래스고대학교의 교수들은 1751년 그가 논리학 및 형이상학 교수로 임명됐을 때 그의 신앙심이 깊지 않다는 것을 감지했다. 버크는 흄이 비기독교인으로서 세상을 떠난 것을 두고 근대 비기독교 신자들의 전형적인 비속함이라며 비웃은 사람 중 하나였다. 보즈웰은 자신의 나이 든 교수를 "주머니 가발을 쓴 이교도"라는 불손한 별명으로 부르기도 했다. 아마도 버컨 백작으로 추정되는 '아스카니우스 Ascanius'는 1791년 《꿀벌의 우화》에서 근대적인 시각을 잘 표현했다. "많은 점에서 애덤 스미스는 에피쿠로스의 순결한 제자였다. (…) 오! 존경받아 마땅한 상냥하고 합리적인 그대여, 당신은 왜 그리스도인이 아니십니까."[2]

인간과 사회, 정치와 역사에 관한 의심할 여지 없는 진실을 확립한 지식에 대해 흄과 스미스의 프로젝트가 진정한 '과학적' 기여를 했다고 생각하는 사람은 많지 않았다. 기독교 철학자로서 날카로운 지성을 지녔던 토머스 리드는 인간 중심 과학의 기초가 세계에 대한 우리의 믿음에 대한 연구에 기초해야 한다는 것을 흄이 증명했다고 인정했다. 하지만 그들의 형이상학적 속성과 정신의 구성에 대해서는 더 많은 연구가 필요하다고 생각했다. 휴 블레어와 케임스 경은 이해력을 형성하는 데 스미스가 가치관에 부여한 중요성을 높게 평가했지만, 그 이해력의 뿌리는 정신의 구조와 단단히 연결되어 있으며 그 영향은 평범한 삶의 경험에 대한 독창적인 추측으로 간단히 설명될 수 없다고 확신했다. 윌리엄 로버트슨은 유럽과 아메리카의 역사에 관한 연구에서 문명의 진보에 대한 스미스의 해석에 크게 의존했지만, 그 과정을 존재와 본성 그리고 목적이 분명하지 않은 신이 목적론적으로 추진하는 과정으로 생각하고자 했다. 《도덕감정론》은 여러 지식인에게 비판을 받았다. 제임스 매킨토시James Mackintosh 경은 1815년 《브리태니커 백과사전》에 기고한 윤리학의 진보에 관한 영향력 있는 논문에서 《도덕감정론》이 동감 이론에 기반을 두고 있다는 이유로 비판했다. 인간 본성의 근본적인 속성과 영향력에 대해 답을 하기보다는 더 많은 질문을 던지며, 따라서 진정한 도덕과학의 안전한 기반으로 간주할 수 없다는 것이다.

가장 중요한 것은 비앙카마리아 폰타나Biancamaria Fontana가 보여줬듯, 19세기 초까지 《국부론》 자체가 후기 계몽주의 시대에 정치적·과학적·문학적 문화에 대해 가장 날카로운 비판의 목소리를 냈던 프랜시스 제프리Francis Jeffrey의 〈에든버러 리뷰〉 주변을 맴돌던 지적인 젊은이들에게 공격받았다는 것이다. 그들 대부분은 스튜어트의 제자였는데, 《국부론》의 정치경제학에 대한 종합적이고 철학적인 대응 방식, 학식과 우아함, 그것을 알리는 체계적인 사고, 그리고 무엇보다 한결같은 자유주의적 정서에 감탄하도록 배웠다. 스미스의 이론은 의심할 여지 없이 그럴듯했지만, 과연 진실이었을까? 냉철한 지성을 가진 프랜시스 호너Francis Horner에게 스미스의 사상은 단호함이 부족하고 정치경제학 및 정부에 대한 본질과 범위에 대해 너무 많은 질문에 답하지 않은 것으로 여겨졌다. 공리를 유지하기 위해 어려운 분석보다는 수사학의 설득력에 의존하곤 했던 시대에 그의 글은 너무 방대했다. 그는 "통속적이고 그럴듯하고 느슨한 가설은 저속한 사람들에게 알맞다"라고 다소 오만하게 평했다.[3]

호너는 과학에 회의적이었던 흄과 스미스의 개념이 후세에 요구되는 분석을 지속할 수 있을지에 의문을 제기했다. 그와 스튜어트의 수업을 듣는 젊은 수강생들은 이전 시대의 지적인 시민과 입법자들의 정치에 대한 이해를 새롭게 하려고 고안된 철학이 아니라 경제학 및 좋은 통치의 원칙에 대한 엄격한 정치적·경제적 진실을 제공하는 철학을 원했다. 실제로 새로운 정치와 경제, 지적 환경에서 사용하기 위해 《국부론》의 원칙을 수정하고 정제하고 재구성하는 문제는 편집하는 세대가 져야 할 과제였다.

스미스가 불태우지 않고 남겨둔 작품 중 하나가 1740년대에 시작해 그의 생애 내내 간직해온, 그리고 삶의 마지막까지 수정을 거듭한 것이 분명한 천문학사에 관한 소논문이었다는 사실은 우연이 아니다.[4] 이 작품은 스미스의 과학 개념에 대해 많은 것을 말해준다. 철학적 사고의 기원, 철학 체계의 생성, 철학이 대중에게 갖는 매력에 대한 소논문이었다. 스미스는 예상치 못한 것을 설명하고, 상상력을 충족시키고, 정신을 인지적 질서와 평온의 상태로 회복시키려는 심리적 욕구가 철학의 뿌리라고 봤다. 이는 원시인이나 만성적인 불안 상태에 있는 사람들에게 호소하기 위한 활동이 아니었다. 그런 이들에게 철학은 경이로움, 두려움, 미신만을 불러일으킬 뿐이다. 철학은 인간이 세상을 되돌아보고 "주위를 지나가는 일련의 사건들"에 주의를 기울이고 자연의 작용에서 설명할 수 없는 불규칙성을 감지할 수 있는 안전과 여가가 확보됐을 때만 심리적·사회적 기능을 수행할 수 있었다. 철학에 박차를 가한 것은 물질적 이득을 얻게 되리라는 희망이 아니라 경이로움이었고, 철학 자체의 보상은 "분리된 대상을 하나로 묶는 보이지 않는 사슬"을 찾는 즐거움이었다. 따라서 철학의 역사를 연구하는 사람의 임무는 진리의 진보에 철학이 어떻게 기여했는지 고려하는 것이 아니라 "각각이 상상력을 충족시키고 자연이라는 무대를 일관성 있게 만들어 그렇지 않을 때보다 더욱 장엄한 광경을 만드는 데 얼마나 적합했는지를 고려하는 것"이었다.[5]

실제로 모든 반대를 무릅쓰고 "철학에서 확립된 가장 보편적인 제국을 획득하는 수준까지 나아간 철학 체계를 발전시킨 것"은 뉴턴 철학의 영광이었다. "그의 원칙은 다른 어떤 체계에서도 찾을 수 없는 견고함과 건실함을 지니고 있으며 우리는 이를 인정해야 한다. 가장 회의적인 사람도 이를 느끼지 않을 수 없다."[6] 그것은 동시대인들의 진실성에 호소하는 철학 체계였으며, 스미스는 그 진실성이 훼손될 때만 자신의 철학 체계가 무너질 수 있으리라고 암시했다. 스미스가 뉴턴의 철학에 대해 주장한 것은 그 자신의 철학에 대해 주장한 것과 같았다. 자기 철학의 규모와 범위를 통틀어 그 권위의 본질에 대한 환상이 없었던 철학자의 주장이었다.

애덤 스미스

※ 이하에서 약어는 다음과 같은 의미다.

### 〈애덤 스미스의 작품〉

- Corr.:《서신Correspondence》, E. C. 모스너E. C. Mossner, I. S. 로스. S. Ross 편집 (1987)
- EPS:《철학적 주제들에 관한 소논문Essays on Philosophical Subjects》, W. P. D. 와이트먼W. P. D. Wightman, J. C. 브라이스J. C. Bryce), I. S. 로스 편집(1980)
- LJ:《법학에 관한 강의Lectures on Jurisprudence》, R. L. 미크R. L. Meek, D. D. 라파엘D. D. Raphael, P. G. 스타인P. G. Stein 편집(1978)
- LR:《수사학 및 순수문학에 관한 강의》, J. C. 브라이스 편집(1983)
- TMS:《도덕감정론》, D. D. 라파엘, A. L. 맥피A. L. Macfie 편집(1976)
- WN:《국부론》, R. H. 캠벨R. H. Campbell, A. S. 스키너A. S. Skinner 편집(1978)

### 〈애덤 스미스의 전기〉

- Campbell and Skinner: R. H. 캠벨과 A. S. 스키너, 《애덤 스미스Adam Smith》 (London, 1982)
- Rae: 존 레이J. Rae, 《애덤 스미스의 삶Life of Adam Smith》(London, 1895)
- Ross: I. S. 로스, 《애덤 스미스의 삶Life of Adam Smith》(Oxford, 1995)
- Scott: W. R. 스콧(W. R. Scott), 《학생이자 교수로서 애덤 스미스Adam Smith as Student and Professor》(Glasgow, 1937)
- Stewart:《철학적 주제들에 관한 소논문》에 포함된 D. 스튜어트D. Stewart, 〈법학박사 애덤 스미스의 삶과 작품Account of the Life and Writings of Adam Smith, LL. D.〉 (I.S. 로스 편집)

## 〈도서관〉

- EUL: 에든버러대학교 도서관Edinburgh University Library
- GUL: 글래스고대학교 도서관Glasgow University Library
- NLS: 스코틀랜드 국립도서관National Library of Scotland
- SRO: 스코틀랜드 기록보관소Scottish Record Offi ce

## 프롤로그

애덤 스미스의 첫 번째 정식 전기인 듀걸드 스튜어트의《법학 박사 애덤 스미스의 삶과 작품》은 에든버러 왕립학회를 위해 쓰여 1794년에 출판됐으며, 여전히 없어서는 안 될 출처로 남아 있다. 스튜어트는 노년 시절 스미스를 잘 알고 지내며 그가 경험한 지적·정치적 환경을 이해했다. 널리 알려진 그의 작품은 스미스 작품의 후기 판본에 포함돼 출판됐으며, 우리가 알고 있는 고전적인 애덤 스미스의 초상을 제시했다. 18세기 런던과 에든버러의 문학 세계가 다시 주목받던 시기에 쓰인 레이의《애덤 스미스의 삶》은 그의 생애를 처음으로 사회적·정치적 맥락에서 폭넓게 살펴본 작품이다. 완벽하지는 않지만 철저한 조사를 바탕으로 그의 생애를 훌륭하게 그린다. 스콧의《학생이자 교수로서 애덤 스미스》는 글래스고대학교의 기록보관소에서 찾은 자료를 최대한 활용했으며 커콜디와 글래스고에서 보낸 어린 시절과 교수 시절 그의 모습을 소개하는 작품이다. 로스의《애덤 스미스의 삶》은 스미스의 생애와 작품을 현대적인 맥락에서 해석하려 했으며, 현대 스미스 학자들이라면 누구나 감사해야 할 작품이라고 확신한다.

조금 더 짧은 작품 중에서 캠벨과 스키너의《애덤 스미스》는 지금보다 훨씬 큰 관심을 받을 자격이 있는 작품이다. D. D. 라파엘의《애덤 스미스》는 원로 스미스 학자이자 스미스 저서의 글래스고 판 편집자가 쓴 작품이다. J. Z. 멀러J. Z. Muller의《당대와 우리 시대의 애덤 스미스Adam Smith in His Time and Ours》는 고유한 관점에서 생기 있게 그의 삶을 조명한다. 버컨의《애덤 스미스, 그리고 완벽한 자유의 추구Adam Smith and the Pursuit of Perfect Liberty》는 방대한 정보를 포함한 명철한 작품으로 현존하는 스미스의 전기 중 가장 간결하게 스미스의 생애와 작품을 소개한다.

1. Hume, *The Letters of David Hume*, vol. ii, p. 314.

2. *Corr.,* p. 337.

3. *Corr.,* pp. 286-7.

4. Stewart, p. 327n.

5. Ibid., p. 303.

6. Ibid., p. 327.

7. *EPS,* p. 245.

8. *Corr.,* pp. 223-4.

## 1장

커콜디의 역사에 관해서는 T. 플레밍 목사의 훌륭한 저서로 위드링턴Withrington이 편집한《존 싱클레어 경의 스코틀랜드에 대한 통계적 설명The Statistical Account of Scotland by Sir John Sinclair》에서 '커콜디 교구' 부분과 그랜트Grant · 데니슨Dennison · 콜먼Coleman의 《히스토릭 커콜디Historic Kircaldy》를 참고하기 바란다. 교구 학교에서 스미스가 어떤 교육을 받았는지를 알고자 한다면 제임스 무어James Moore의 《계몽 교육 과정: 18세기 영국 학교의 교양 교육The Enlightened Curriculum: Liberal Education in Eighteenth Century British Schools》이 귀중한 자료가 될 것이다. 〈스펙테이터〉에 관한 내용은 나의 연구를 기반으로 했다. 나의 저서인《흄Hume》제2장에 이에 관한 참고문헌이 표시되어 있으며, 마찬가지로 〈앤과 초기 하노버 왕조에서의 정치와 예의 Politics and Politeness in theReigns of Anne and the Early Hanoverians〉를 참고하기 바란다.

1. Stewart, p. 269.

2. *The Bee or Literary Weekly Intelligencer,* iii (11 May 1791), pp. 164-7.

3. *Corr.,* p. 275.

4. Withrington and Grant, eds., *The Statistical Account of Scotland by Sir John Sinclair,* vol. x. *Fife,* pp. 505-65.

5. Dennison and Coleman, *Historic Kirkcaldy.*

6. Durie, *The Scottish Linen Industry in the Eighteenth Century,* pp. 16-17. See also Durie, 'Lairds, Improvement, Banking and Industry in Eighteenth Century Scotland', pp. 21-30.

7. Durie, *The Scottish Linen Industry,* p. 16.

8. Loch, *A Tour through most of the Trading Towns and Villages of Scotland*.

9. Warden, *The Linen Trade Ancient and Modern*, p. 561.

10. Withrington and Grant, *Statistical Account of Scotland*, vol. x. *Fife*, pp. 505-65.

11. [Oswald], Memorials of the Rt. Hon. James Oswald of Dunnikier, Preface.

12. Sedgwick, History of Parliament: The House of Commons 1715-54, 'Oswald, James'.

13. [Oswald], *Memorials of the Rt. Hon. James Oswald of Dunnikier*, p. 122.

14. Stewart, pp. 300, 333.

15. *WN*, pp. 376-8, 412.

16. *WN*, p. 461.

17. *WN*, p. 49.

18. 이 일화는 Kirkcaldy Council Book 1716-42를 통해 전해진다. 이 기록을 사용할 수 있도록 허락해준 자치 도시 기록보관소에 감사드린다.

19. Ibid., pp. 174, 217.

20. Ibid., pp. 299-300.

21. Eutropius, *Breviarum Historiae Romanae*, intro.

22. Chambers, *Domestic Annals of Scotland*, vol. iii, pp. 584-5.

23. Moore, 'The Enlightened Curriculum: Liberal Education in Eighteenth Century British Schools', pp. 97-16.

24. Mizuta, ed., *Adam Smith's Library: A Catalogue*, no. 574.

25. Ross, p. 15.

26. Epictetus, *The Discourses of Epictetus*, p. 287.

27. Ibid., p. 306.

28. Ibid., pp. 292, 17.

29. *TMS*, p. 283.

30. *TMS*, pp. 291-2.

31. *Spectator*, no. 6, 7 March 1710/11.

스미스의 학생 시절에 관해서는 스콧과 로스의 작품을 주로 참고하라. 글래스고의 역사는 다뤄지지 않았지만 디바인과 잭슨이 편집한 선구적인 작품인《글래스고, 제 1권: 시작부터 1830년까지Glasgow, Volume 1: Beginnings to 1830》를 참조하기 바란다. 담배 거래에 관해서는《토바코 경: 글래스고의 담배 상인과 그들의 거래 활동에 대한 연구The Tobacco Lords: A Study of the Tobacco Merchants of Glasgow and their Trading Activities》에서 신뢰할 만한 연구를 찾을 수 있다. 대학의 역사는 현대에서 더 많이 연구되어야 할 과제이지만 스콧과 J. D. 매키J. D. Mackie가 오래전에 집필한《글래스고 대학교 1451~1951The University of Glasgow 1451-1951》과 R. L. 에머슨R. L. Emerson 이 집필하고 후크(Hook)와 R. B. 셔R. B. Sher가 편집한《글래스고 계몽주의The Glasgow Enlightenment》의 '정치와 글래스고 교수들 1690~1800' 부분을 참조하라. 푸펜도르프에 관해서는 그의 저서이며 J. 툴리J. Tully가 편집한《인간과 시민의 의무 On the Duty of Man and Citizen》, R. 터크R. Tuck의《철학과 정부 1572~1651Philosophy and Government 1572-1651》과 이슈트반 혼트의《무역의 질투: 역사적 관점에서 본 국제 경쟁과 민족국가Jealousy of Trade: International Competition and the Nation-State in Historical Perspective》중 '사회성과 상업의 언어: 사무엘 푸펜도르프와 4단계의 이론적 토대' 부분을 참조하기 바란다. 맨더빌에 관해서는 F. B. 케이F. B. Kaye가 편집한 맨더빌의《꿀벌의 우화》와 E. J. 헌더트E. J. Hundert의《계몽주의 우화: 버나드 맨더빌과 사회의 발견The Enlightenment's Fable: Bernard Mandeville and the Discovery of Society》을 참조하라.

허치슨은 '스코틀랜드 계몽주의의 아버지'라는 오해의 소지가 있는 믿음을 바탕으로 광범위하게 연구됐다. 모범적인 전기인 W. R. 스콧의《프랜시스 허치슨: 그의 삶과 가르침, 철학사에서의 위치Francis Hutcheson: His Life, Teaching and Position in the History of Philosophy》는 오래전에 쓰였지만 여전히 가치가 있는 작품이다. T. D. 캠벨의 저서로 캠벨과 스키너가 편집한《스코틀랜드 계몽주의의 기원과 본질The Origins and Nature of the Scottish Enlightenment》중에서 '프랜시스 허치슨: 스코틀랜드 계몽주의의 아버지' 부분 역시 참고하라. 더블린에서의 경력에 관해서는 M. 브라운M. Brown의《더블린의 프랜시스 허치슨 1719~1730Francis Hutcheson in Dublin 1719-1730》과 이안 맥브라이드Ian McBride의 훌륭한 연구인〈덕의 학교: 프랜시스 허치슨, 아일랜드 장로교인과 스코틀랜드 계몽주의The School of Virtue: Francis Hutcheson,

Irish Presbyterians and the Scottish Enlightenment〉를 참조하기 바란다. 알려진 바가 거의 없는 그의 도덕적 사상과 정치적 사상의 관계에 대해서는 제임스 무어의 〈프랜시스 허치슨의 두 체계: 스코틀랜드 계몽주의의 기원에 대하여The Two Systems of Francis Hutcheson: On the Origins of the Scottish Enlightenment〉와 K. 하콘센K. Haakonssen의 〈자연법과 도덕적 현실주의: 스코틀랜드 신서시스Natural Law and Moral Realism: The Scottish Synthesis〉를 참조하라.

1. Defoe, *Tour thro the Whole Island of Great Britain*, p. 334.

2. 이어지는 내용은 다음 소논문을 기반으로 한다. Devine and Jackson, eds., *Glasgow. Volume I: Beginnings to 1830*.

3. Smout, *A History of the Scottish People, 1560-1830*, pp. 258-66.

4. Smout, 'The Glasgow Merchant Community in the Seventeenth Century', pp. 53-71.

5. Devine, *The Tobacco Lords. A Study of the Tobacco Merchants of Glasgow and their Trading Activities*, p. 171; Devine, 'The Scottish Merchant Community 1680-1740'.

6. *WN*, p. 493.

7. Sher, 'Commerce, Religion and Enlightenment in Eighteenth-century Glasgow', in *Glasgow*, p. 318.

8. Gray, ed., *Memoirs of the Life of Sir John Clark of Penicuick ⋯*, p. 248.

9. Defoe, *Tour thro the Whole Island of Great Britain*, p. 338.

10. Gibson, *The History of Glasgow, from the Earliest Accounts to the Present Time*, p. 114.

11. Knox, *The Works of John Knox*, pp. 619-21.

12. Emerson, 'Politics and the Glasgow Professors, 1690-800', pp. 21-9.

13. Robert, Viscount Molesworth, *An Account of Denmark as it was in the Year 1692*, 서문. 몰스워스에 관해서는 다음을 참조하기 바란다. Jones, 'The Scottish Professoriate and the Polite Academy 1720-40', pp. 89-117.

14. G. Turnbull-Molesworth, 3 Aug. 1722, *Historical Manuscripts Commission. Report on Manuscripts in Various Collections*, vol. viii (1913).

15. Molesworth, ibid.

16. [H. Blair], 'Hutcheson's Moral Philosophy', *Edinburgh Review*, i, 1755/56, pp. 9-23.

17. Hutcheson, *A System of Moral Philosophy*, vol. i, pp. xxvi, xxxii-iii, xxxv.

18. Leechman, *The Temper, Character and Duty of a Minister of the Gospel*, pp. 5, 12, 17.

19. 허치슨의 더블린 시절에 관해서는 다음을 참조하기 바란다. Brown, *Francis Hutcheson in Dublin 1719-1730: The Crucible of his Thought*, and McBride, 'The School of Virtue: Francis Hutcheson, Irish Presbyterianism and the Scottish Enlight enment'.

20. Wodrow, *Analecta or Materials for a History of Remarkable Providences*, vol. iv, p. 190.

21. Ibid., pp. 186-7.

22. Scott, *Francis Hutcheson*, p. 93.

23. Sher, 'Commerce, Religion and the Enlightenment'.

24. Defoe, *Tour thro the Whole Island of Great Britain*, p. 334.

25. Carlyle, *Anecdotes and Characters of the Times*, p. 38.

26. *Corr.*, p. 309.

27. Chamberlayne, *Magnae Britanniae Notitia*, pp. 12-13.

28. 라우든에 관해서는 다음을 참조하기 바란다. Moore, 'The two systems of Francis Hutcheson: on the origins of the Scottish Enlightenment', pp. 43-4.

29. Hutcheson, *System of Moral Philosophy*, vol. i, pp. iv-v 'Preface Giving some Account of the Life, Writings, and Character of the Author' by W. Leechman.

30. Brougham, *Lives of Men of Letters and Science who fl ourished in the time of George III*, vol. i, p. 483.

31. Stewart, pp. 270-71.

32. *Corr.*, p. 309.

33. Krieger, *The Politics of Discretion: Pufendorf and the Acceptance of Natural Law*, p. 13.

34. Pufendorf, *The Law of Nature and Nations: Or a General System of the Most Important Principles of Morality, Jurisprudence and Politics*, p. 623.

35. Ibid., p. 625.

36. Ibid., p. 624.

37. Pufendorf, *On the Duty of Man and Citizen According to Natural Law*, p. 35.

38. [Hutcheson], 'To the Author of the *London Journal*', *London Journal*, 21 November 1724.

39. Mandeville, *The Fable of the Bees: or Private Vices, Publick Benefits*, vol. i, pp. 323-4.

40. Ibid., p. 343.

41. Ibid., p. 331.

42. Ibid., p. 37.

43. Hutcheson, *An Inquiry into the Original of our Ideas of Beauty and Virtue*, p. 93.

44. Ibid., p. 186.

45. Ibid., p. 9.

46. Ibid., pp. 114-15.

47. Hutcheson, *System of Moral Philosophy*, vol. i, p. 14.

48. Hutcheson, *Inquiry*, p. 178.

49. Cited in Moore, 'The two systems of Francis Hutcheson', p. 59.

## 3장

스미스의 옥스퍼드 시절 경력에 대해서는 스튜어트와 로스의 작품을 참고하기 바란다.

옥스퍼드에 관해서는 서덜랜드Sutherland와 미첼Mitchell의 《옥스포드 대학의 역사, 제5권 18세기The History of the University of Oxford. Vol. 5 The Eighteenth Century》와 J. 존스J. Jones의 《베일리얼칼리지의 역사Balliol College: A History》와 H. W. C. 데이비스H. W. C. Davis의 《베일리얼칼리지Balliol College》를 참고하기 바란다.

흄의 《인간 본성에 관한 논고》에 관해서는 다양한 논문이 방대하게 발표됐지만, 인간 중심 과학을 발전시키려던 흄의 야심이나 이 주제가 스미스의 철학적 발전에 얼마나 지대한 영향을 미쳤는지에 대해서는 놀랍게도 관심을 기울인 이가 거의 없다. 그러나 셔펠Chappell의 《흄Hume》에 포함된 R. 포프킨R. Popkin의 고전 〈데이비드 흄: 그의 피론주의와 피론주의 비판David Hume: His Pyrrhonism and his Critique of Pyrrhonism〉, D. W. 리빙스턴D. W. Livingston의 《보편적 삶에 대한 흄의 철학Hume's Philosophy of Common Life》, 《데이비드 흄: 200주년 기록David Hume: Bicentenary Papers》에 포함됐으며 G. P. 모리스G. P. Morice가 편집한 D. D. 라파엘의 〈진정 오랜 흄의 철학The True Old Humean Philosophy〉과 '애덤 스미스에게 미친 영향' 부분, 그리고 D. 페이트 노턴D. Fate Norton의 《데이비드 흄: 상식적인 도덕주의자, 회의적인 형이상학자David Hume: Common-Sense Moralist, Sceptical Metaphysician》 등을 참고하라. 내 저서인 《흄》에서 인간 본성에 대한 흄의 접근 방식이 가지는 역사성에 관해 자세히 알 수 있을 것이다.

1. Ross, p. 58 and the *St James's Chronicle*, Saturday, 31 July 1790.
2. 그는 글래스고 평의회에서 후보로 지명됐지만 데이비드 레이노어David Raynor는 내게 그의 후견인인 아가일 공작의 비서 윌리엄 스미스가 선거에 관여했을 수 있다고 이야기했다. 스미스 자신은 이런 문제에서 자신의 후견인이 얼마나 영향력이 있는지 잘 알고 있었다. 1742년 스미스는 어머니에게 대학에서 곧 스넬 장학생을 한 명 더 뽑을 예정이라는 사실을 윌리엄 스미스에게 알려달라고 귀띔했다.
3. [N. Amhurst], Terrae-Filius, nos. vii and xliii.
4. Quoted in Ward, Georgian Oxford, p. 132.
5. Sutherland and Mitchell, eds., *The History of the University of Oxford. Vol. 5 The Eighteenth Century*, pp. 115-16.
6. *WN*, pp. 760-61.
7. Jones, *Balliol College: A History*, pp. 162, 165.
8. Davis, *Balliol College*, p. 159.
9. *St James's Chronicle*, Saturday, 31 July 1790.
10. *Corr.*, p. 1.
11. *Corr.*, p. 3.
12. Stewart, p. 271.
13. Ibid., pp. 271-2.
14. *TMS*, pp. 308-9. See also *EPS* p. 303.
15. *TMS*, p. 139.

16. 'De la Grandeur', in P. Nicole, *Oeuvres Philosophiques et Morales*. Translated by N. Keohane and quoted in *Philosophy and the State in France. The Renaissance to the Enlightenment*, pp. 296-7.

17. *TMS*, p. 123.

18. *LR*, p. 97.

19. *TMS*, p. 33.

20. Marivaux, *Journaux et Oeuvres Diverses*, p. 475.

21. Ibid., pp. 475-6.

22. 'C'est la société, c'est toute l'humanité même qui en tient la seule école qui soit convenable, école toujours ouverte, oú tout l'homme étudie les autres, et en est étudié à son tour, oú tout l'homme est tour à tour écolier et maître. Cette science reside dans le commerce que nous avons tous, et sans exception, ensemble' (Marivaux, *Journaux et Oeuvres Diverses*, p. 476).

23. '… un tissud'événements qui lui ont donné une certaine connaissance de la vie et du caractére des hommes' (Marivaux, *La Vie de Marianne, ou Les Aventures de Madame la Comtesse de\*\*\**, p. 85).

24. *TMS*, p. 143.

25. *Boswell in Extremes 1776-1778*, p. 11.

26. Hume, 'My Own Life', *Essays Moral, Political and Literary*, p. xxxiv.

27. Mossner, *The Life of David Hume*, pp. 144-5.

28. *Monthly Review*, vol. 22, 179 7, pp. 57ff. 이 이야기는 약간 다른 형태로 매컬러McCulloch의 《법학 박사 애덤 스미스의 저술과 삶에 대한 스케치Sketch of the Life and Writings of Adam Smith, LL. D.》, p. 8에도 등장한다. 이야기는 훗날 에든버러대학교 수학과 교수가 된 열정적인 흄학파인 존 레슬리John Leslie가 소개했다. 그는 1787~1788년 스미스의 조카이자 상속인인 데이비드 더글러스의 가정교사였다. 참고문헌을 제공하고 인용을 허락해준 데이비드 레이노어에게 감사드린다.

29. Hume, *A Treatise of Human Nature*, p. xvi.

30. Ibid., p. 415.

31. Ibid., p. 363.

32. Ibid., p. 427.

33. Ibid., pp. 316-17.

34. Hume, *Essays Moral, Political and Literary*, pp. 37-8.

35. [Adam Ferguson], 'Of the Principle of Moral Estimation. A Discourse between David Hume, Robert Clerk and Adam Smith', *The Manuscripts of Adam Ferguson*, p. 207.

**4장**

이 장은 연합법 이후 에든버러 역사에 관한 나의 연구를 바탕으로 전개했다. 연구의 요점은 〈18세기 지방의 문화와 사회: 에든버러 사례와 스코틀랜드 계몽주의Culture and Society in the Eighteenth Century Province: The Case of Edinburgh and the Scottish Enlightenment〉와 〈18세기 초 스코틀랜드 문화의 정치, 정중함 및 영국화Politics, Politeness and the Anglicisation of Early Eighteenth-Century Scottish Culture〉에서 찾을 수 있다. 연합법을 주제로 한 토론에 관해서는 J. 로버트슨이 편집한 《제국을 위한 연합: 정치적 사상과 1707년 연합A Union for Empire: Political Thought and the Union of 1707》을 참고하라. 에든버러의 클럽과 모임에 관한 고전적인 소개는 D. D. 맥엘로이 D. D. McElroy의 《스코틀랜드의 개선 시대: 18세기 문학 동호회 및 학회 조사Scotland's Age of Improvement: A Survey of Eighteenth Century Literary Clubs and Societies》에서 찾을 수 있다. 에든버러대학교의 근대사를 알 수 있는 자료는 거의 없지만 D. B. 혼D. B. Horn의 《에든버러대학교의 짧은 역사 1556~1889A Short History of the University of Edinburgh 1556-1889》와 앤더슨, 린치Lynch, 필립슨Phillipson의 《에든버러대학교: 설명 된 역사The University of Edinburgh: An Illustrated History》를 참고하라. 교회와 온건 장로교의 역사는 R. B. 셔의 영향력 있는 작품 《스코틀랜드 계몽주의의 교회와 대학: 에든버러의 온건과 문인Church and University in the Scottish Enlightenment: The Moderate Literati of Edinburgh》을 참조하기 바란다. 법조계의 역사에 관해서는 나의 저서 《스코틀랜드 휘그당과 당회 법원의 개혁 1785~1830The Scottish Whigs and the Reform of the Court of Session 1785-1830》과 콜린 키드Colin Kidd의 《스코틀랜드의 과거 파괴 Subverting Scotland's Past》를 참고하라. 《스코틀랜드 휘그 역사가들과 앵글로-브리티시 정체성의 창조Scottish Whig Historians and the Creation of an Anglo-British Identity》에서는 스코틀랜드 법에 반영된 스코틀랜드 북부 문제를 훌륭하게 다뤘다. 케임스 경이 문화 기업가로서 어떤 역할을 했는지는 아직 제대로 연구되지 않았지만 A. F. 타

이틀러A. F. Tytler와 우드하우즐리 경의《명예로운 헨리 홈의 삶과 글에 대한 케임스의 회고Memoirs of the Life and Writings of the Honourable Henry Home of Kames》와 J. S. 로스의《케임스 경과 당대 스코틀랜드Lord Kames and the Scotland of his Day》는 반드시 참고해야 할 자료다.

1.  'Ad.Smith LL. D. 1723-790'. EUL MSS, La. II 451/2, ff. 429-4.

2.  *Corr.*, pp. 24-5.

3.  Mudie, *The Modern Athens*, p. 162.

4.  Fletcher, *Political Works*, p. 193.

5.  상인들이 식민지와의 거래에 대해 거의 이해하지 못했다는 스미스의 언급은 글래스고 상인 공동체와 어울리는 동안 그들의 대화를 주의 깊게 경청하여 내린 결론이다. 글래스고 상인들은 연합이 생기기 20년 전에 항해조례를 회피하는 방법을 터득했다.

6.  *Scots Magazine*, 33, 1771, pp. 340-44.

7.  Emerson, 'The Philosophical Society of Edinburgh 1737-743'.

8.  *Select Transactions of the Honourable the Society for Improvement in the Knowledge of Agriculture in Scotland*, p. 1.

9.  MacLaurin, *An Account of Sir Isaac Newton's Philosophical Discoveries*, pp. vi-vii.

10. Carlyle, *Anecdotes and Characters*, p. 30.

11. Cameron, *Bank of Scotland*, pp. 45-6.

12. [David Hume], 'A True Account of the Behaviour and Conduct of Archibald Stewart, Esq. Late Lord Provost of Edinburgh', reprinted in J.V. Price, *The Ironic Hume*, pp. 154-74.

13. Sher, *Church and University in the Scottish Enlightenment*, pp. 37-44.

14. MacInnes, *Clanship, Commerce and the House of Stuart 1603-1788*, pp. 204-5, 211-13.

15. W. Crosse, 'Some considerations by way of Essays upon the means of civilizing the Highlands' (1748), NLS MS S201.

16. Pinkerton, ed., *The Minute Book of the Faculty of Advocates. Vol. 2: 1713-1750*, p. 225.

17. SRO GD110/963/7. 참고문헌을 제공한 데이비드 레이노어에게 감사드린다.

18. [H. Home], *Essays upon Several Subjects concerning British Antiquities*, Introduction.

19. Lieberman, 'The Legal Needs of a Commercial Society: The Jurisprudence of Lord Kames', and Phillipson, 'The Civic Leadership of Post Union Scotland'.

20. Home, *Elements of Criticism*, Introduction.

21. Allardyce, ed., *Scotland and Scotsmen in the Eighteenth Century: From the MSS of John Ramsay, Esq. of Ochtertyre*, vol. i, pp. 194-5.

22. Quoted in Shapin, 'Property, Patronage and the Politics of Science: The Founding of the Royal Society of Edinburgh', p. 10.

23. Allardyce, *Scotland and Scotsmen*, vol. i, pp. 204-5.

24. *Boswell, Laird of Auchinleck*, p. 385.

25. Tytler, *Memoirs of the Life and Writings of the Honourable Henry Home of Kames*, vol. i, p. 218.

26. *EPS* pp. 259-61.

# 5장

역사가들은 스미스의 연구 경력이 막 형성되기 시작한 이 시기를 매우 주의 깊게 다뤘다. 스미스가 어떤 환경에서 어떤 강의를 했는지 기록이 거의 없거나 모호하기 때문이다. 이런 기록은 확실히 다양한 방법으로 해석할 수 있다. 이 작품에 제공된 추측적 설명을 신중하고 꼼꼼하게 조사하는 데 시간과 노력을 기울여준 데이비드 레이노어에게 깊이 감사드린다. 그러나 우리의 대화와 서신을 통해 스미스가 수사학 및 법학 강의를 펼친 환경이 어땠는지, 한 주제씩(수사학을 먼저 강의하고, 1749~1750년에 법학을 추가했을 수 있다) 강의했는지 아니면 수사학과 법학을 같은 기간에 따로 강의했는지에 관한 모호한 질문에 대한 나의 설명이 설득력 있다고 확신하게 됐다. 이는 강의가 이뤄진 장소에 관한 설명으로 뒷받침할 수 있었다. 이와 같이 중요한 문제에서 전기 작가는 인물의 삶과 사상에 관한 일관된 설명을 제공할 수 있는지와 전기에 지대한 영향을 미치는 신선한 아이디어를 생각해낼 수 있는지 추측할 수 있어야 한다. 헨리 홈은 한때 제임스 보즈웰에게 이렇게 말하기도 했다. "그에게 생각의 샘이 있고 그것이 분출되어 주목을 받을 수 있었네. 추측을 한다고 지옥에 가지는 않을 것이네"(보즈웰:《심사위원의 박수The Applause of the Jury》, p. 36).

스미스의 수사학에 관해서는 S. J. 매케나s. J. McKenna의《애덤 스미스: 예의의 수사학Adam Smith: The Rhetoric of Propriety》을 참조하라. 크게 주목받진 못했지만 중요한 분야를 수면 위로 끌어올렸다. W. S. 하월w. S. Howell의〈애덤 스미스의 수사학 강의: 역사적 평가Adam Smith's Lectures on Rhetoric: An Historical Assessment〉도 참조하라. Q. 스키너Q. Skinner의《홉스 철학에서 이성과 수사학Reason and Rhetoric in the Philosophy of Hobbes》은 특히 설득력이 있다. 스미스의 언어학 이론에 관해서는 C. J. 베리c. J. Berry의〈언어에 대한 애덤 스미스의 고찰Adam Smith's Considerations on Language〉과 M. 다스칼M. Dascal)의〈애덤 스미스의 언어 이론Adam Smith's Theory of Language〉을, 좀 더 폭넓은 관점을 원한다면 한스 아슬레프Hans Aarsleff)의 고전《영국에서의 언어 연구 1780~1860The Study of Language in England 1780-1860》을 참고하라.

스미스의 법학과 서양 정치사상 역사에서 스미스의 법학 체계가 미치는 영향에 관해서는 이슈트반 혼트의《무역의 질투: 역사적 관점에서 본 국제 경쟁과 민족국가》가 근본적인 중요성을 지닌 작품이다. 또한 K. 하콘센의《입법자의 과학: 데이비드 흄과 애덤 스미스의 자연법학The Science of a Legislator: The Natural Jurisprudence of David Hume and Adam Smith)》역시 배울 점이 많은 작품이다. 또한 D. 리버먼D. Lieberman의《애덤 스미스의 케임브리지 동료The Cambridge Companion to Adam Smith》중 '정의와 권리, 법률에서 애덤 스미스' 부분을 참고하라.

1. Tytler, *Memoirs of the Life and Writings of the Honourable Henry Home of Kames*, vol. i, pp. 266-7.

2. Ross, p. 86.

3. Tytler, *Memoirs of the Life and Writings of the Honourable Henry Home*, vol. 1, pp. 266-7.

4. Sher, *Church and University in the Scottish Enlightenment*, p. 115.

5. Blair, *Lectures on Rhetoric and Belles Lettres*, vol. 2, p. 22n.

6. *LR*, Intro., p. 12.

7. *LR*, p. 26.

8. *LR*, p. 42.

9. *LR*, p. 8.

10. *LR*, p. 203.

11. *LR*, p. 9.

12. *LR*, pp. 9, 203-4.

13. *LR*, p. 204.

14. *LR*, pp. 223-4.

15. *LR*, p. 5.

16. *LR*, p. 55.

17. *LR*, pp. 56-7. Cf. Mandeville's devastating character sketch in 'A Search into the Nature of Society' in *The Fable of the Bees*, pp. 331-3.

18. *LR*, p. 63.

19. *LR*, pp. 111-12.

20. *LR*, pp. 142-6.

21. *LJ*, pp. 352, 494.

22. [Henry Home], *Essays upon Several Subjects concerning British Antiquities*, pp. 4, 24.

23. Sklar, *Montesquieu*, ch. 1 and Sonenscher, *Before the Deluge*, ch. 2.

24. Montesquieu, *The Spirit of the Laws*, p. 310.

25. Ibid.

26. Kapossy의 'Virtue, Sociability and the History of Mankind', p. 244에 인용됨.

27. Stewart, p. 275n.

28. Montesquieu, *Spirit of the Laws*, p. 3.

29. Hume, 'Of National Characters', *Essays Moral, Political and Literary*, pp. 197-215.

30. Moore, 'Natural Rights in the Scottish Enlightenment'.

31. Stewart, pp. 321-2. 논문 원고는 현재 남아 있지 않다.

32. *LJ*, p. 5.

33. *LJ*, p. 7.

34. *LJ*, p. 17.

35. *LJ*, pp. 14-16.

36. *LJ*, pp. 208-9. See also p. 338.

37. *LJ*, pp. 221, 218.

38. *LJ*, pp. 208-35.

39. *LJ*, p. 264.

40. *LJ*, p. 252.

41. *LJ* p. 260.

42. 1754년부터 1764년 사이 명사회는 네 차례에 걸쳐 한사상속의 이점에 관한 토론을 벌였으며 장자상속과 여성의 재산 상속에 관해서는 다섯 차례 토론을 벌였다. 귀족 정치와 민주주의에서 자유에 더 큰 위협을 가하는 이념이 무엇인지에 관해서는 세 차례 토론을 벌였다.

43. *LJ*, p. 6.

44. Hutcheson, *A System of Moral Philosophy*, vol. ii, p. 255.

45. Ibid.

46. Hutcheson, *A Short Introduction to Moral Philosophy*, p. 307.

47. Ibid., p. 308.

48. *LJ*, p. 333.

49. *LJ*, p. 334.

50. *LJ*, p. 338.

51. Locke, *Two Treatises of Government*, pp. 296-7.

52. *LJ*, p. 341.

53. EUL MSS. La II 451/2. 두 사람이 1749~1750년 겨울에 만났을 가능성도 있다.

54. Rae, p. 33.

55. EUL MSS. La II. 451/2.


## 6장

스콧, 캠벨, 스키너, 스튜어트, 로스는 이 시기 스미스의 연구 경력에 관한 정보를 제공하는 인물들이다. 글래스고대학교의 역사에 관해서는 2장의 주석을 참고하기 바란다. 글래스고대학교의 클럽과 소모임에 관해서는 J. 스트랭J. Strang의 《글래스고와 그곳의 클럽들Glasgowand its Clubs》을 참고하라. 주목받아 마땅한 파울리스 프레스에 관한 내용은 P. 가스켈P. Gaskell의 《파울리스 프레스의 저서 목록과 J. 매클호스의 글래스고대학교 출판부A Bibliography of the Foulis Press and J. Maclehose's The Glasgow

University Press》를 참조하기 바란다.

1. *Corr.*, p. 100.

2. *Corr.*, pp. 334-6.

3. *Corr.*, pp. 4-5.

4. Devine, *The Tobacco Lords*, p. 11.

5. *Boswell's Journal of a Tour to the Hebrides*, p. 364.

6. Cited in Peters, 'Glasgow's Tobacco Lords', pp. 364-6.

7. Gibson, *The History of Glasgow*, pp. 114, 120.

8. *WN*, p. 374.

9. Smout, *A History of the Scottish People*, pp. 379-90.

10. Thomson, *An Account of the Life, Lectures and Writings of William Cullen*, vol. i, p. 46.

11. Walker, ed., *The Correspondence of James Boswell and John Johnston of Grange*, p. 7.

12. *Corr.*, pp. 5-6. Jardine, *Outlines of Philosophical Education*, p. 26.

13. *Corr.*, pp. 5-6.

14. James Wodrow-Samuel Kenrick, 21 January 1752, Wodrow-Kenrick Correspondence. Dr. William's Library MSS 24.157 (16).

15. Jardine, *Outlines of Philosophical Education*, p. 24.

16. Ibid., pp. 85ff.

17. 'Book of the Foulis Exhibition 1913', *Proceedings of the Glasgow Bibliographical Society*, vol. ii, 1913, pp. 70-73.

18. Scott, p. 149.

19. Denina, *Essay on the Revolutions of Literature, reprinted in the Scots Magazine* (1764).

20. Carlyle, *Anecdotes and Characters of the Times*, p. 38.

21. *WN*, p. 267 and note 12.

22. *The Defects of an University Education and its Unsuitableness to a Commercial People*, p. 16.

23. [W. Thom], *The Motives which have determined the University of*

*Glasgow to desert the Blackfriars Church and betake themselves to a Chapel* ….

24. [W. Thom], *The Scheme for Erecting an Academy in Glasgow*, pp. 33-4.

25. *Adam Smith's Library: A Catalogue*, ed. Mizuta, pp. xvii-xxiii에서는 스미스의 책 수집 습관과 이후 세워진 그의 도서관과 관련된 역사에 대해 신뢰할 만한 설명을 제공한다.

26. Allardyce, ed., Scotland and *Scotsmen in the Eighteenth Century*, vol. i, p. 403n.

27. Richardson, *Discourses on Theological and Literary Subjects*, pp. 507-8.

28. Rae, p. 50.

29. Stewart, pp. 274-5.

30. Allardyce, ed., *Scotland and Scotsmen*, vol. i, pp. 462-3.

31. Stewart, pp. 275-6.

32. *St James's Chronicle*, Saturday, 31 July 1790.

33. Walker, ed., *Correspondence of James Boswell and John Johnston of Grange*, p. 7.

34. Sinclair, *Sketches of Old Times and Distant Places*, p. 9.

35. Allardyce, ed., *Scotland and Scotsmen*, vol. i, p. 463.

36. Rae, p. 61.

37. Ross, p. 214.

38. *Corr.*, p. 25.

39. *Corr.*, p. 12.

40. *Corr.*, pp. 9-10.

## 7장

《도덕감정론》에 관한 문헌은 매우 방대하다. 가장 간결하게 이 작품을 소개하는 것은 이 작품에서 인용한 D. D. 라파엘의 《도덕감정론》 서문과 2002년 출판된 케임브리지 판에 실린 K. 하코센의 서문이다. 라파엘의 〈공정한 관찰자The Impartial Spectator〉도 반드시 읽어야 할 연구다.

내가 보기에 지나치게 강조됐다고 생각하는 스미스 사상의 스토아학파주의적인 측면은 라파엘과 V. 브라운V. Brown의 《애덤 스미스의 담론: 규범, 상업, 양심 Adam Smith's Discourse: Canonicity, Commerce and Conscience》, 애솔 피츠기번스Athol Fitzgibbons의 《애덤 스미스의 자유, 부, 미덕의 체계Adam Smith's System of Liberty, Wealth and Virtue》, G. 비벤자G. Vivenza의 《애덤 스미스와 고전: 애덤 스미스 사상의 고전적 유산Adam Smith and the Classics: The Classical Heritage in Adam Smith's Thought》에서 논의됐다. 스미스와 루소 논쟁의 본질은 E. G. 웨스트E. G. West의 〈애덤 스미스와 루소의 불평등 담론: 영감인가 도발인가?Adam Smith and Rousseau's Discourse on Inequality: Inspiration or Provocation?〉에서 논의됐으며 M. 이그나티에프M. Ignatieff의 《낯선 사람의 요구The Needs of Strangers》에서도 훌륭한 설명을 찾을 수 있다.

스미스의 도덕 이론을 더 넓은 맥락에 놓고 보는 이들도 많았다. 제목에서도 알 수 있듯, T. D. 캠벨의 《애덤 스미스의 도덕과학Adam Smith's Science of Morals》과 A. S. 스키너의 《사회과학 시스템A System of Social Science》은 《도덕감정론》을 과학적 기반 위에서 도덕성을 연구하려는 시도의 일부로 봤다. J. 드와이어J. Dwyer는 《열정의 시대: 애덤 스미스와 스코틀랜드 계몽주의 문화의 해석The Age of the Passions: An Interpretation of Adam Smith and Scottish Enlightenment Culture》에서 스미스의 이론을 감정과 감성에 대한 스코틀랜드 지식인들의 관심과 같은 맥락으로 봤다. D. 마셜 D. Marshall은 《연극의 형상: 섀프츠베리, 디포, 애덤 스미스, 그리고 조지 엘리엇The Figure of Theater: Shaftesbury, Defoe, Adam Smith, and George Eliot》에서 감정의 언어에 내장된 연극성에 관해 고찰했다. 중요한 두 작품인 C. 그리스월드C. Griswold의 《애덤 스미스와 계몽의 미덕Adam Smith and the Virtues of Enlightenment》과 S. 플레이시하커S. Fleischacker의 《자유의 세 번째 개념: 칸트와 애덤 스미스의 판단과 자유A Third Concept of Liberty: Judgment and Freedom in Kant and Adam Smith》는 스미스의 도덕 이론이 윤리 이론이라는 사실을 일깨운다.

1. WN, p. 790.
2. Hume, 'Of Commerce', Essays Moral, Political and Literary, p. 261.
3. Hume, 'Of Money', Essays Moral, Political and Literary, p. 281.
4. Hume, 'Of Interest', Essays Moral, Political and Literary, p. 300.
5. Hume, 'Of Refinement in the Arts', Essays Moral, Political and Literary, pp. 270-71.
6. Ibid.

7. 스미스의 평론 두 권이 출판됐다. *EPS* pp. 232-54.

8. 흄이 작성한 현대 철학 창시자 목록은《인간 본성에 관한 논고》의 서론 p. xvii에서 찾을 수 있다. '로크 씨, 섀프츠베리 경, 맨더빌 박사, 허치슨 씨, 버틀러 박사 등'이라고 표시되어 있다.

9. 에든버러의 진취적인 소규모 인쇄업자 W. 그레이(W. Gray)와 W. 피터(W. Peter)가 1755년《꿀벌의 우화》9판을 재인쇄했다는 점은 주목할 만하다.

10. *EPS* pp. 250-51.

11. *TMS*, p. 9.

12. *TMS*, p. 9. 키케로에서 고문을 당할 때 겪는 고통은 우리가 고귀한 대의를 위해 고통을 감내한다고 느끼면 가장 끔찍한 고통이라도 덜 심각하게 느껴진다는 것을 보여주기 위해 소개됐다. 스미스는 우리가 이런 고통이 동정심으로 완화될 것을 기대한다고 여겼다. Cicero, *De Finibus Bonorum et Malorum*, ed. H. Rackham, LoebClassics (London, 1914), pp. 261-3.

13. *TMS*, p. 16.

14. *TMS*, p. 19.

15. *TMS*, p. 41.

16. *LJ*, p. 497.

17. *Corr.*, p. 43.

18. *TMS* pp. 51-2.

19. *TMS*, p. 50.

20. *TMS*, p. 82.

21. *TMS*, p. 82.

22. *TMS*, p. 83.

23. *TMS*, pp. 84-5.

24. *TMS*, pp. 113-14.

25. *TMS*, p. 83.

26. *TMS*, p. 342.


**8장**


《도덕감정론》의 문헌학적 역사에 관해서는 K. 트라이브K. Tribe가 편집한《애덤 스미스의 비판적 저작 목록A Critical Bibliography of Adam Smith》을, 이에 관한 반응에 관해서는 J. 리더J. Reeder가 편집한 유용한 문집인《도덕 감정에 관하여: 애덤 스미스에 대한 동시대의 반응On Moral Sentiments: Contemporary Responses to Adam Smith》을 참고하기 바란다. 스미스의 제자 토머스 피츠모리스의 글래스고대학교 이후 경력에 관해서는 L. B. 네이미어L. B. Namier와 J. 브룩J. Brooke의《의회의 역사: 하원 1754~1790The History of Parliament: The House of Commons 1754-1790》을 참고하라. 스미스의 정치경제 사상이 어떻게 발전했는지는 R. L. 미크와 A. S. 스키너의 고전인 〈분업에 관한 애덤 스미스의 사상 전개The Development of Adam Smith's Ideas on the Division of Labour〉를 참고하라. 이 연구는 스키너의《사회과학 체계: 애덤 스미스 관련 논문A System of Social Science: Papers Relating to Adam Smith》에 포함되어 재출판 됐다.

스미스의 건강 상태와 과로의 영향이 건강염려증으로 한층 복잡해졌다는 흥미로운 제안에 관해서는 M. 바풋(M. Barfoot)의 〈윌리엄 컬렌 박사와 애덤 스미스: 건강염려증 사례Dr. William Cullen and Mr. Adam Smith: A Case of Hypochondriasis〉를 참고하기 바란다.

1. 이는 합리적인 계약처럼 보이는데, 철학가로서 얻을 수 있었던 이익이 성공적인 역사가로서 얻을 수 있었던 것보다 현저하게 적었다는 사실을 짚고 넘어가는 것이 좋을 것 같다. 흄을 부자로 만든 작품은《영국사》였다. 저자가 어느 정도의 이득을 볼 수 있었는지는 R. B. 셔의《깨달음과 책The Enlightenment and the Book》제3장을 참조하기 바란다.《도덕감정론》출판에 관한 역사는 역시 셔의 〈영국과 아일랜드에서 애덤 스미스 저서의 초기 에디션, 1759~1804Early Editions of Adam Smith's Books in Britain and Ireland, 1759-1804〉를 참고하라.

2. *Corr.*, p. 35.

3. *Corr.*, p. 40.

4. *Corr.*, pp. 33-6.

5. James Wodrow-Samuel Kenrick, 10 July 1759, Wodrow-Kenrick Correspondence, Dr. William's Library MSS 24.157 (33).

6. *Diary of George Ridpath, 1755-1761* (Edinburgh, 1922). Cited in *On Moral Sentiments: Contemporary Responses to Adam Smith*, ed. J. Reeder, pp. 30-32. James Wodrow-Samuel Kenrick, 10 July 1759, Dr. William's

Library MSS 24.157 (33).

7. 데이비드 레이노어는 〈애덤 스미스의 《도덕감정론》에 대한 흄의 초록Hume's Abstract of Adam Smith's Theory of Moral Sentiments〉에서 이 비평을 흄이 썼다고 주장했고, 라파엘과 사카모토Sakamoto가 〈데이비드 흄의 이름을 밝히지 않은 저서Anonymous Writings of David Hume〉에서 그의 의견을 뒷받침했다.

8. *Annual Register* (1759). Reprinted in *On Moral Sentiments*, ed. Reeder, pp. 50-57.

9. *Corr.*, pp. 46-7.

10. *On Moral Sentiments*, ed. Reeder, pp. 33-50.

11. *Corr.*, p. 43.

12. *Corr.*, p. 49.

13. *On Moral Sentiments*, ed. Reeder, p. 66.

14. *Corr.*, pp. 54-5.

15. Rousseau, *The Discourses and Other Early Political Writings*, p. 148.

16. Stewart, p. 292.

17. *Corr.*, p. 27.

18. *Corr.*, p. 38.

19. What follows based on *Corr.*, pp. 41-73.

20. *Corr.*, p. 30.

21. *Corr.*, p. 29.

22. *Corr.*, p. 29.

23. *Corr.*, pp. 31-2.

24. *Corr.*, p. 70.

25. *Corr.*, p. 84.

26. *Corr.*, p. 98.

27. Namier and Brooke, *The History of Parliment*, 'Fitzmaurice, T.'

28. Stewart, p. 347.

29. Brown, 'Adam Smith's First Russian Followers'.

30. 스미스의 화를 돋운 유일한 동료는 고집 센 자연사 교수 존 앤더슨John Anderson 이었을 것으로 보인다. 그는 타고난 반항가였고 모든 문제를 개인적으로 받아들이는 재능이 있었는데, 스미스를 공격 대상으로 삼았던 듯하다. 앤더슨은 "그

들은 고상한 말투로 시비를 거는 탓에 자주 주먹다짐이 벌어질 위기에 처하곤
했다"라고 주장했다. Samuel Kenrick-James Wodrow, 22 February 1785,
Wodrow-Kenrick Correspondence, Dr. William's Library MSS 24.157 (92).

31. Scott, p. 213.

32. Stewart, p. 300.

33. *LJ*, p. 401.

34. *LJ*, p. 401.

35. *LJ*, p. 404.

36. 1762~1763년에 작성된 첫 번째 강의 노트 묶음은 1766년 수정된 이후의 노트
보다 스미스의 법학 강의에서 어떤 논의가 등장했는지 완전하고 포괄적인 설명
을 제공한다. 다만, 전체 강의를 포함하고 있지 않다는 사실을 짚고 넘어가야겠
다. 이 작품에서 인용한 두 번째 묶음에는 모든 강의가 포함되어 있지만, 스미스
의 이론에 관한 설명은 더 간략하고 덜 철저한 편이다.

37. *LJ*, p. 487.

38. *LJ*, pp. 488-9.

39. *LJ*, p. 492.

40. *LJ*, pp. 493-4.

41. *LJ*, pp. 347-8.

42. Stewart, p. 300.

43. *LJ*, p. 494. Cf. *LJ*, pp. 355-6.

44. Scott, p. 151.

45. *Corr.*, p. 9.

46. *Corr.*, p. 69.

## 9장

스튜어트, 로스, 레이가 스미스와 버클루의 여정에 관해 꽤 자세히 다뤘다. 중농주의
자에 관해서는 중농주의 사상이 스미스에게 얼마나 지대한 영향을 끼쳤는지에 관
해 쓴 스튜어트의 설득력 있는 논의와 R. L. 미크의 《선구자 애덤 스미스Precursors
of Adam Smith》, M. 골디(M. Goldie)와 R. 워클러R. Wokler가 편집한 T. J. 호크스트
라서T. J. Hochstrasser의 《18세기 정치사상의 케임브리지 역사The Cambridge History

of Eighteenth-Century Political Thought》에서 '중농정치와 자유방임 정치' 부분을 참고하라. 또한 그들의 이론이 발전하게 된 역사적 맥락을 잘 보여주는 최근의 두 중요한 논의도 참고할 만하다. 하나는 혼트의《무역의 질투: 역사적 관점에서 본 국제 경쟁과 민족국가》이고, 다른 하나는 M. 소넨처M. Sonenscher의《대홍수 이전: 공공부채, 불평등, 프랑스 혁명의 지적 기원Before the Deluge: Public Debt, Inequality, and the Intellectual Origins of the French Revolution》이다.

1. *Corr.*, p. 36.
2. Carlyle, *Anecdotes and Characters*, p. 199.
3. The list of books is given in *Corr.*, p. 58.
4. *Corr.*, pp. 95-6.
5. Tytler, *Memories of the Life and Writings of* ⋯ *Henry Home of Kames*, vol. i, pp. 272-3n.
6. Stewart, pp. 306-7.
7. Quoted in Bonnyman, 'Agricultural Improvement in the Scottish Enlightenment', p. 61.
8. 칼라일에 따르면, 톤젠드가 제자 한 명을 잃게 된 할램Hallam에게 연금 100파운드를 지급하자고 제안했고 버클루 공작은 "안 됩니다. (⋯) 할램이 스미스와 같은 액수를 받았으면 좋겠습니다. 할램은 저와 함께 여행을 떠날 사람으로 자신이 선택되지 않은 것을 엄청난 굴욕이라고 생각할 테니까요"라고 말했다. Carlyle, *Anecdotes and Characters*, p. 142n.
9. Carlyle, ibid. 댈림플 경이 호러스 월폴에게 전한 말이다. Ross, pp. 195-6.
10. D. Hume-Comtesse de Bouffl ers, 15 July 1766, Hume, *Letters of David Hume*, vol. ii, p. 63.
11. Quoted in Ross, 'Educating an Eighteenth-Century Duke', in *The Scottish Tradition: Essays in Honour of R.G. Cant*, p. 185.
12. Ibid., p. 184.
13. Quoted in Taillefer, *Vivre à Toulouse sous l'Ancien Régime*, p. 341.
14. *WN*, p. 726.
15. *TMS*, p. 120.
16. Taillefer, Vivre a Toulouse, p. 201; Godechot, *La Revolution Francaise*

*dans le Midi Toulousain*, ch. 1; Schneider, *The Ceremonial City. Toulouse Observed 1738-1780*, ch. 1.

17. *Corr.*, pp. 101-2; Ross, 'Educating an Eighteenth-Century Duke', pp. 178-97; Bonnyman, 'Agricultural Improvement in the Scottish Enlightenment', ch. 2.

18. *Corr.*, pp. 102-3.

19. Ross, pp. 207-9.

20. Clayden, *Early Life of Samuel Rogers*, p. 95.

21. Faujas Saint Fond, *Travels in England, Scotland, and the Hebrides*, vol. ii, p. 241.

22. Ross, 'Educating an Eighteenth-Century Duke', p. 183.

23. *Corr.*, p. 97.

24. *Corr.*, p. 108.

25. Hume, *Letters of David Hume*, vol. i, p. 524. 하트퍼드 경은 새 내각에서 직위를 박탈당했지만, 흄은 연금으로 400파운드를 평생 지급받기로 약속받은 뒤였다. Mossner, *Life of David Hume*, pp. 493-4.

26. Quoted in Ross, *Lord Kames and the Scotland of his Day*, p. 286.

27. Rae, p. 199.

28. Stewart, pp. 302-3.

29. Rae, p. 197.

30. 'Etat des habits linge et effet apartenant a Monsieur Smith', Scott, pp. 261-2.

31. Ross, pp. 213-14.

32. *WN*, p. 467.

33. Ross, p. 214.

34. 미라보의 《농촌 철학》의 원래 제목은 《Philosophie rurale, ouéconomie générale et politique de l'agriculture, réduite à l'ordre immuable, deslois physiques & morales qui assurent la prospérité des empires》이다. 케네의 저서 원래 제목은 《Physiocratie, ou constitution naturelle du gouvernementle plus avantageux au genre humain》이다.

35. The copy of Physiocratie that Quesnay presented to Smith is listed in

Mizuta, *Adam Smith's Library*, no. 1388.

36. *WN*, p. 679.

37. *Corr.*, p. 113.

38. *WN*, p. 678.

39. Stewart, p. 304.

40. Hume, *Letters of David Hume*, vol. ii, p. 205.

41. *WN*, pp. 663-4.

42. Jealousy of Trade, esp. ch. 5에 실린 이슈트반 혼트의 이코노미스트 프로젝트에 관한 논의를 참고했다.

43. *WN*, p. 665.

44. *WN*, p. 673.

45. *WN*, p. 674.

46. *WN*, p. 380. Hont, Jealousy of Trade, pp. 189-92, 368-72.

47. 'An Extract from Rural Philosophy (1763)', in Meek, ed., *Precursors of Adam Smith*, p. 111.

48. *Corr.*, p. 118.

49. *Corr.*, pp. 114-16.

50. *Corr.*, p. 121.

51. *Corr.*, p. 121. 이 편지의 수신인이 누구였는지는 밝혀지지 않았다. 로스는 프랜시스 스콧 부인일 거라고 추측했지만, 데이비드 레이노어는 캠벨 스콧의 양아버지인 톤젠드에게 보낸 것이었다는 더 그럴듯한 추측을 했다.

**10장**

로스, 레이, 캠벨, 스키너가 이 시기를 꽤 자세히 다뤘다. 보니먼의 박사 논문 〈스코틀랜드 계몽주의의 농업 개선: 버클루 3대 공작, 윌리엄 키어 그리고 버클루의 사유지, 1751~1812Agricultural Improvement in the Scottish Enlightenment: The Third Duke of Buccleuch, William Keir and the Buccleuch Estates, 1751-1812〉에서는 스미스가 버클루의 스코틀랜드 영지를 재편하는 데 얼마나 기여했는지에 관한 중요한 질문을 던지며 스미스의 경력에서 잘 드러나지 않았던 측면에 주목한다.

1. Bonnyman, 'Agricultural Improvement in the Scottish Enlightenment', ch. 1.

2. *Corr.*, pp. 328–34, esp. notes 1–2.

3. Campbell and Skinner, pp. 139–40.

4. *Corr.*, pp. 122–4.

5. *Corr.*, p. 252.

6. *Corr.*, p. 125.

7. Rae, pp. 259–60.

8. 이전에 제임스 오즈월드를 방문하기 위해 커콜디를 찾았을 때, 흄은 퍼스만을 건너는 이야기를 꺼내며 "그 끔찍한 멀미! 페리 선착장에서 집까지 가는 데 혹시 의자가 있습니까?"라고 물었다.

9. Carlyle, *Anecdotes and Characters*, p. 250.

10. Stuart, *Memoire of Frances, Lady Douglas*, pp. 52–3. 이 참고문헌을 사용할 수 있게 해준 데이비드 레이노어에게 감사드린다.

11. Bonnyman, 'Agricultural Improvement in the Scottish Enlightenment', p. 225.

12. *Corr.*, pp. 156, 180.

13. *Corr.*, p. 140.

14. *WN*, p. 678.

15. *WN*, pp. 312, 299.

16. Hamilton, 'The Failure of the Ayr Bank'.

17. *WN*, pp. 316–17.

18. *Corr.*, pp. 162–3.

19. *Corr.*, pp. 163–4.

20. *Corr.*, p. 168.

21. *Boswell: The Ominous Years*, p. 264.

22. *The Bee or Literary Weekly Intelligencer*, iii (11 May 1791).

23. *Corr.*, pp. 173–9; 'get my lug in my lufe' means 'I'll get my ears boxed'.

24. *Corr.*, p. 186.

25. Hume, 'Of Public Credit', *Essays Moral, Political and Literary*, pp. 360–61.

26. *WN*, p. 614. cf. p. 630.

27. 'Smith's Thoughts on the State of the Contest with America, February

1778', *Corr.*, pp. 376-85. It was fi rst published by G.H. Gutteridge in
*American Historical Review*, vol. xxxviii, 1933, pp. 714-20.

28. *WN*, p. 617.

29. *WN*, p. 616.

## 11장

사상을 연구하는 역사가와 지적 역사가들은 최근《국부론》을 역사적인 맥락에서 설명하기 위해 무척이나 관심을 쏟았다. 현존하는 작가 중 최초로 이런 시도를 하여 훌륭한 성공을 거둔 덩컨 포브스의 역작 〈과학적 휘그주의: 애덤 스미스와 존 밀러 Scientific Whiggism: Adam Smith and John Millar〉와 R. L. 미크의《경제학과 이데올로기 및 기타 소논문Economics and Ideology and Other Essays》중 〈마르크스주의 사회학에 대한 스코틀랜드의 기여The Scottish Contribution to Marxist Sociology〉를 참조하기 바란다. 포브스의 선구적인 소논문은 스미스의 1762~1763년 법학 강의 노트가 출판되기 전에 쓰였고, D. 윈치D. Winch의《애덤 스미스의 정치: 역사학적 개정판에 포함된 소논문Adam Smith's Politics: An Essay in Historiographic Revision》은 강의 노트들이 스미스의《국부론》을 역사적인 맥락에서 이해하는 데 얼마나 중요한지를 처음으로 진지하게 고민한 작품이다. 논의의 폭은 K. 하코센의《입법자의 과학: 데이비드 흄과 애덤 스미스의 자연법학》에서 확장됐으며 I. 혼트와 M. 이그나티에프가 편집한 《부와 미덕: 스코틀랜드 계몽주의 정치경제학의 형성Wealth and Virtue: The Shaping of Political Economy in the Scottish Enlightenment》에서 더 깊어졌다. 이보다 최근작인 에마 로스차일드Emma Rothschild의《경제 정서: 애덤 스미스, 콩도르세, 그리고 계몽주의Economic Sentiments: Adam Smith, Condorcet, and the Enlightenment》와 혼트의《무역의 질투》에서는 스미스의 정치경제 사상을 유럽 전체의 맥락에서 논의하고자 했다. 현재 진행되고 있는 논의들도 이 두 작품에서 파생된 것이라고 할 수 있다. 《국부론》을 철학적 연구로 이해하고자 한다면 S. 플레이시하커의《애덤 스미스의 국부론: 철학적 동반자On Adam Smith's Wealth of Nations: A Philosophical Companion》를 추천한다.

1. *Annual Register*, the *Monthly Review*, the *Critical Review*, the *London
   Magazine*, the *Scots Magazine*, the *Edinburgh Weekly Magazine* and the

*Hibernian Magazine* (Ross, p. 429)에 단평과 평론 등이 실렸다.

2. Sher, *The Enlightenment and the Book*, pp. 236-7.

3. *Corr.*, pp. 192, 190, 188.

4. Stewart, p. 310. See also Rothschild, *Economic Sentiments: Adam Smith, Condorcet, and the Enlightenment*, pp. 57-61.

5. Stewart, pp. 309-10.

6. *WN*, pp. 26-7, 138, 715.

7. Hume, *Letters of David Hume*, vol. ii, p. 205.

8. *WN*, p. 49.

9. *WN*, pp. 265-7.

10. *WN*, p. 276n.

11. *WN*, p. 283.

12. *WN*, p. 291.

13. *WN*, pp. 341-2.

14. *WN*, pp. 345-6.

15. *WN*, p. 377.

16. *WN*, pp. 378, 380.

17. *WN*, p. 380.

18. *WN*, pp. 49, 429, 449-50.

19. *WN*, pp. 434-5.

20. *WN*, p. 570.

21. *WN*, p. 493.

22. *WN*, p. 572.

23. *WN*, p. 580.

24. *WN*, pp. 604-5.

25. *A Letter from Governor Pownall to Adam Smith, LL. D. F.R.S., being an Examination of Several Points of Doctrine, laid down in his 'Inquiry in to the Nature and Causes of the Wealth of Nations'* (London 1776). Reprinted in *Corr.*, pp. 337-76; quote from p. 369.

26. *WN*, p. 456.

27. *WN*, p. 471.

28. *WN*, p. 687.

29. *WN*, p. 706.

30. *WN*, p. 715.

31. *WN*, p. 731.

32. *WN*, p. 764.

33. *WN*, p. 796.

34. *WN*, p. 788.

35. *WN*, p. 810.

36. *WN*, pp. 796-7.

37. *WN*, p. 830.

38. *WN*, p. 924.

39. *WN*, p. 911.

40. Hume, 'Of Public Credit', *Essays Moral, Political and Literary*, pp. 360-61.

41. *WN*, pp. 944-7.

## 12장

레이와 로스는 스미스의 생애에서 이 시기에 있었던 사건들은 잘 묘사한 반면 미와 모방 예술에 관한 스미스의 연구는 거의 다루지 않았다. 이런 소논문에 관해서 알아보고자 한다면 대안으로 《다시 보는 애덤 스미스Adam Smith Reviewed》 중 P. 존스P. Jones의 〈애덤 스미스의 미학The Aesthetics of Adam Smith〉과 《애덤 스미스의 케임브리지 동료》 중 A. S. 스키너와 N. 드 마르치N. De Marchi의 〈독창성, 즐거움 및 모방 예술에 대한 스미스Smith on Ingenuity, Pleasure, and the Imitative Arts〉를 참고하라.

1. *Corr.*, pp. 187-90.

2. *Corr.*, pp. 192-3.

3. *Corr.*, pp. 193-4.

4. Quoted in Ross, pp. 291-2.

5. *Corr.*, pp. 186-7.

6. *Corr.*, pp. 185-6.

7. *Corr.*, pp. 190-91.

8. *Corr.*, pp. 216-17.

9. *Corr.*, p. 206.

10. *Corr.*, pp. 194-5.

11. *Corr.*, p. 208.

12. *Corr.*, pp. 210-12.

13. *Corr.*, p. 203.

14. *Corr.*, p. 216.

15. *Corr.*, p. 206.

16. *Corr.*, pp. 217-21.

17. *Corr.*, pp. 203-4.

18. Cited in Rae, pp. 312-13. See also Aston, 'Horne and Heterodoxy: The Defence of Anglican Beliefs in the Late Enlightenment'.

19. Allardyce, ed., *Scotland and Scotsmen in the Eighteenth Century*, vol. i, pp. 466-7.

20. *Boswell in Extremes, 1776-1778*, pp. 270-71.

21. *Corr.*, p. 251.

22. *Corr.*, pp. 223-4. 구시대 전기 작가인 에드먼드 컬Edmund Curll은 돈이 될 만한 글을 찾아다니는 것으로 악명 높다.

23. Cited in Ross, p. 302.

24. Hume, 'Of Tragedy', *Essays Moral, Political and Literary*, p. 220.

25. 'Of the Imitative Arts', *EPS* p. 176.

26. 'Of the Imitative Arts', *EPS* pp. 178-9.

27. 'Of the Imitative Arts', *EPS* p. 178.

28. 'Of the Imitative Arts', *EPS* p. 187.

29. 'Of the Imitative Arts', *EPS* p. 209.

30. 'Of the Imitative Arts', *EPS* p. 192.

31. 'Of the Imitative Arts', *EPS* p. 194.

32. 'Of the Imitative Arts', *EPS* p. 204.

33. 'Of the Imitative Arts', *EPS* p. 205.

34. Ross, p. 380.

35. *Corr.*, p. 227.

36. *Corr.*, pp. 190, 213.

37. *Corr.*, pp. 227-8.

38. *Corr.*, p. 228.

39. *Corr.*, pp. 252-3.

## 13장

레이와 로스의 작품을 반드시 읽기 바란다. 비록 이 작품에서 제시한 것과는 결론이 약간 다르지만, 《도덕감정론》의 글래스고 판을 위해 D. D. 라파엘이 쓴 서문은 스미스의 수정 사항을 가장 꼼꼼하고 사려 깊게 다룬 작품이다.

1. *Corr.*, pp. 193, 190.

2. Youngson, *The Making of Classical Edinburgh 1750-1840*, pp. 61-5. 다리는 사용을 시작한 지 2년이 채 안 된 1769년 붕괴됐다. 다리의 길이도 너무 길었고 에든버러의 바람은 너무 셌다. 교외에 정착하려 했던 구시가지 주민들은 이제 공적 생활의 중심지와 너무 멀리 떨어지게 돼 실망했다.

3. 에든버러 시립 기록보관소에서 귀중한 정보를 찾아 제공해준 앤서니 루이스 Anthony Lewis에게 감사드린다.

4. Rae, pp. 326-7.

5. 존 브루어는 *The Sinews of Power: War, Money and the English State*, 1688-1783, pp. 211-17에서 런던의 세관 업무에 관한 인상적인 일화를 소개했다.

6. Thompson, ed., *The Anecdotes and Egotisms of Henry Mackenzie, 1745-1831*, pp. 91-2.

7. Campbell and Skinner, pp. 200-2.

8. Henry Dundas-Lords of Treasury, 2 November 1782, NLS, Melville MSS/Acc2761.

9. Ross, pp. 332-3.

10. *Corr.*, pp. 249-50.

11. Thompson, *Anecdotes and Egotisms of Henry Mackenzie*, p. 124. McElroy, *Scotland's Age of Improvement*, pp. 168-70에서 모임의 역사에 관한 꽤 신뢰할 만한 설명을 찾을 수 있다.

애덤 스미스

12. Playfair, 'Biographical Account of James Hutton …', *Transactions of the Royal Society of Edinburgh*, (1797) vol. v., pp. 117, 112.

13. Stewart, p. 331.

14. [Kay], *A Series of Original Portrait s and Caricature Etchings by the late John Kay*, vol. i, pp. 72-5.

15. [Scott], *The Miscellaneous Prose Works of Sir Walter Scott, Bart.*, p. 840.

16. EUL. MSS. La. II, 451-2, ff. 429-34.

17. *Corr.*, p. 253.

18. Ross, p. 351.

19. *Corr.*, p. 287.

20. 'Henry Mackenzie's Book of Anecdotes', NLS MS 2537. Quoted in Ross, p. 343.

21. Allardyce, ed., *Scotland and Scotsmen in the Eighteenth Century*, vol. i, p. 468.

22. *Corr.*, pp. 275-6.

23. [Walpole], *The Letters of Horace Walpole, Fourth Earl of Orford*, vol. xii, p. 252.

24. *Corr.*, p. 269.

25. *Corr.*, p. 266.

26. *Corr.*, p. 266.

27. *WN*, p. 654.

28. *WN*, p. 744.

29. *WN*, p. 733.

30. *WN*, p. 754.

31. *WN*, p. 752.

32. *WN*, p. 755.

33. Tribe, ed., *A Critical Bibliography of Adam Smith*, pp. 19-20.

34. *Corr.*, pp. 280-81.

35. *Corr.*, p. 281.

36. *Corr.*, pp. 308-9.

37. Quoted in Ross, p. 374.

38. 이 일화는 [Kay], *A Series of Original Portraits and Caricature Etchings by the late John Kay*, vol. i, pp. 74-5에 처음 등장했다.

39. Cited in Ross, p. 376.

40. *The Bee or Literary Weekly Intelligencer*, iii (11 May 1791), p. 166.

41. *Corr.*, pp. 308-9.

42. *Corr.*, pp. 310-11.

43. *Corr.*, p. 320.

44. *The Bee or Literary Weekly Intelligencer*, iii (11 May 1791), p. 166.

45. [Reid], *The Correspondence of Thomas Reid*, p. 104.

46. *TMS*, p. 216.

47. *TMS*, p. 216.

48. *TMS*, p. 229.

49. *TMS*, pp. 232-3.

50. *TMS*, p. 237.

51. Romilly, *Memoirs*, vol. i, p. 403.

52. Ibid.

53. 스튜어트는 스미스의 성격에 관한 설명을 남기며 그의 전기 회고록을 끝냈다. Stewart, pp. 329-32.


## 에필로그

1. *TMS*, p. 3.

2. *The Bee or Literary Weekly Intelligencer*, iii (11 May 1791), p. 167.

3. Fontana, *Rethinking the Politics of Commercial Society: The Edinburgh Review 1802-1832*, p. 47. See also Collini et al., *That Noble Science of Politics. A Study in Nineteenth-century Intellectual History*, esp. ch. 1.

4. 'The Principles which lead and direct Philosophical Enquiries; illustrated by the History of Astronomy', in *EPS* pp. 31-105.

5. Ibid., p. 46.

6. Ibid., pp. 104-5.

- Aarsleff, H., *The Study of Language in England 1780-1860* (Princeton, 1967).
- Allardyce, A. (ed.), *Scotland and Scotsmen in the Eighteenth Century: From the MSS of John Ramsay, Esq. of Ochtertyre*, 2 vols. (Edinburgh, 1888).
- Anderson, R.D., Lynch, M. and Phillipson, N., *The University of Edinburgh: An Illustrated History* (Edinburgh, 2003).
- Aston, N., 'Horne and Heterodoxy: The Defence of Anglican Beliefs in the Late Enlightenment', *English Historical Review* (1993), pp. 895-919.
- Barfoot, M., 'Dr. William Cullen and Mr Adam Smith: A Case of Hypochondriasis', *Proceedings of the Royal College of Physicians of Edinburgh* (1991), pp. 204-14.
- Berry, C.J., 'Adam Smith's Considerations on Language', *Journal of the History of Ideas* (1974), pp. 130-38.
- [Blair, H.], 'Hutcheson's Moral Philosophy', *Edinburgh Review* (1755-6).
- Blair, H., *Lectures on Rhetoric and Belles Lettres* (London, 1818).
- Bond, D.F. (ed.), *The Spectator* (Oxford, 1965).
- Bonnyman, B.D., 'Agricultural Improvement in the Scottish Enlightenment: The Third Duke of Buccleuch, William Keir and the Buccleuch Estates, 1751-1812', PhD thesis, University of Edinburgh, 2004.
- 'Book of the Foulis Exhibition 1913', *Proceedings of the Glasgow Bibliographical Society* (1913).
- *Boswell's Journal of a Tour to the Hebrides with Samuel Johnson, 1773*, ed. F.A. Pottle and C.H. Bennett (New York, 1961).

- *Boswell: The Ominous Years 1774-1776*, ed. C. Ryskamp and F.A. Pottle (London, 1963).
- *Boswell in Extremes 1776-1778*, ed. C.M. Weis and F.A. Pottle (New York, 1970).
- *Boswell, Laird of Auchinleck 1778-1782*, ed. J.W. Reed and F.A. Pottle (New York, 1977).
- *Boswell: The Applause of the Jury 1782-1785*, ed. I. Lustig and F.A. Pottle (London, 1981).
- Brewer, J., *The Sinews of Power: War, Money and the English State, 1688-1783* (London, 1989).
- Brougham, Viscount, *Lives of Men of Letters and Science who fl ourished in the time of George III* (London, 1845).
- Brown, A.H., 'Adam Smith's First Russian Followers', in *Essays on Adam Smith*, ed. A.S. Skinner and T. Wilson (Oxford, 1975), pp. 247-73.
- Brown, M., *Francis Hutcheson in Dublin 1719-1730: The Crucible of his Thought* (Dublin, 2002).
- Brown, V., *Adam Smith's Discourse. Canonicity, Commerce and Conscience* (London, 1994).
- Buchan, J., *Adam Smith and the Pursuit of Perfect Liberty* (London, 2006).
- Cameron, A., *Bank of Scotland* (Edinburgh, 1995).
- Campbell, R.H. and Skinner, A.S. *Adam Smith* (London, 1982).
- Campbell, R.H. and Skinner, A.S. (eds.), *The Origins and Nature of the Scottish Enlightenment* (Edinburgh, 1982).
- Campbell, T.D., *Adam Smith's Science of Morals* (London, 1971).
- Campbell, T.D., 'Francis Hutcheson: "Father" of the Scottish Enlightenment', in *The Origins and Nature of the Scottish Enlightenment*, ed. R.H. Campbell and A.S. Skinner (Edinburgh, 1982), pp. 167-85.
- Carlyle, A., *Anecdotes and Characters of the Times*, ed. J. Kinsley (London, 1973).
- Chamberlayne, J., *Magnae Britanniae Notitia: or the Present State of Great Britain with diverse Remarks upon the Ancient State thereof* (London,

1735).

- Chappell, V.C. (ed.), *Hume* (New York, 1966).
- Clayden, P.W., *Early Life of Samuel Rogers* (London, 1887).
- Collini, S., Winch, D. and Burrow, J., *That Noble Science of Politics. A Study in Nineteenth-century Intellectual History* (Cambridge, 1983).
- Dascal, M., 'Adam Smith's Theory of Language', in *The Cambridge Companion to Adam Smith*, ed. K. Haakonssen (Cambridge, 2006), pp. 79-111.
- Davis, H.W.C., *Balliol College* (London, 1899).
- *The Defects of an University Education and its Unsuitableness to a Commercial People: With the Expedience and Necessity of Erecting at Glasgow, an Academy, for the Instruction of Youth. In a letter to J.M. Esq.* London, 1762).
- Defoe, D., *Tour thro the Whole Island of Great Britain*, ed. G.D.H. Cole (London, 1962).
- De Marchi, N., 'Smith on Ingenuity, Pleasure, and *the Imitative Arts*', in *The Cambridge Companion to Adam Smith*, ed. K. Haakonssen (Cambridge, 2006), pp. 136-57.
- Denina, C.M., *Essay on the Revolutions of Literature* (Glasgow, 1763), reprinted in the *Scots Magazine* (1764), pp. 465-7.
- Dennison, E.P. and Coleman, R., *Historic Kirkcaldy. The Archaeological Implications of Development* (Edinburgh, 1995).
- Devine, T.M., *The Tobacco Lords. A Study of the Tobacco Merchants of Glasgow and their Trading Activities c. 1740-90 (Edinburgh, 1975).*
- Devine, T.M., 'The Scottish Merchant Community 1680-740', in *The Origins and Nature of the Scottish Enlightenment*, ed. R.H. Campbell and A.S. Skinner (Edinburgh, 1982), pp. 26-41.
- Devine, T.M. and Jackson, G. (eds.), *Glasgow. Volume I: Beginnings to 1830* (Manchester, 1995).
- Durie, A.J., 'Lairds, Improvement, Banking and Industry in Eighteenth Century Scotland: Capital and development in a Backward Economy',

*Papers of the Ninth Scottish Historical Conference* (1978), pp. 21-30.

- Durie, A.J., *The Scottish Linen Industry in the Eighteenth Century* (Edinburgh, 1979).

- Dwyer, J., *The Age of the Passions: An Interpretation of Adam Smith and Scottish Enlightenment Culture* (East Linton, 1998).

- Emerson, R.L., 'The Philosophical Society of Edinburgh 1737-743', *British Journal of the History of Science* (1979), pp. 154-91.

- Emerson, R.L., 'Politics and the Glasgow Professors, 1690-800', in *The Glasgow Enlightenment*, ed. A. Hook and R.B. Sher (Glasgow, 1995), pp. 21-39.

- Epictetus, *The Discourses of Epictetus*, ed. C. Gill (London, 1995).

- Eutropius, *Breviarum Historiae Romanae*, trans. and ed. H.W. Bird (Liverpool, 1992).

- Faujas Saint Fond, B., *Travels in England, Scotland, and the Hebrides* (Glasgow, 1907).

- [Ferguson, A.], 'Of the Principle of Moral Estimation. A Discourse between David Hume, Robert Clerk and Adam Smith', *The Manuscripts of Adam Ferguson*, ed. V. Merolle (London, 2006), pp. 207-15.

- Fitzgibbons, A., *Adam Smith's System of Liberty, Wealth and Virtue* (Oxford, 1995).

- Fleischacker, S., *A Third Concept of Liberty: Judgment and Freedom in Kant and Adam Smith* (Princeton, 1999).

- Fleischacker, S., On *Adam Smith's Wealth of Nations: A Philosophical Companion* (Princeton, 2004).

- Fletcher, A., *Political Works*, ed. John Robertson (Cambridge, 1997).

- Fontana, B., *Rethinking the Politics of Commercial Society: The Edinburgh Review 1802-1832* (Cambridge, 1985).

- Forbes, D., 'Scientific Whiggism: Adam Smith and John Millar', *Cambridge Journal* (1954), pp. 643-70.

- Gaskell, P., A *Bibliography of the Foulis Press* (London, 1964).

- Gibson, J., *The History of Glasgow, from the Earliest Accounts to the*

*Present Time* (Glasgow, 1777).

- Godechot, J., *La Revolution Francaise dans le Midi Toulousain* (Toulouse, 1986).
- Gray, J.M. (ed.), *Memoirs of the Life of Sir John Clerk of Penicuick* ··· (Scottish History Society, 1892).
- Griswold, C., *Adam Smith and the Virtues of Enlightenment* (Cambridge, 1999).
- Haakonssen, K., *The Science of a Legislator: The Natural Jurisprudence of David Hume and Adam Smith* (Cambridge, 1981).
- Haakonssen, K., 'Natural Law and Moral Realism: The Scottish Synthesis', in *Studies in the Philosophy of the Scottish Enlightenment*, ed. M.A. Stewart (Oxford, 1990), pp. 61-85.
- Haakonssen, K., 'Introduction', in Adam Smith, *The Theory of Moral Sentiments* (Cambridge, 2002).
- Haakonssen, K. (ed.), *The Cambridge Companion to Adam Smith* (Cambridge, 2006).
- Hamilton, H., 'The Failure of the Ayr Bank', *Economic History Review*, n.s. vol. 8, 3 (1956), pp. 405-17.
- Hochstrasser, T.J., 'Physiocracy and the Politics of *Laissez-faire*', in *The Cambridge History of Eighteenth-Century Political Thought*, ed. M. Goldie and R. Wokler (Cambridge, 2006), pp. 419-42.
- [Home, H.], *Essays upon Several Subjects concerning British Antiquities* ··· *composed anno* M.DCC.XLV. (Edinburgh, 1747).
- Home, H., *Elements of Criticism* (Edinburgh, 1762).
- Hont, I., *Jealousy of Trade: International Competition and the Nation-State in Historical Perspective* (Cambridge, Mass., 2005).
- Hont, I. and Ignatieff, M. (eds.), *Wealth and Virtue. The Shaping of Political Economy in the Scottish Enlightenment* (Cambridge, 1983).
- Hook, A. and Sher, R.B. (eds.), *Glasgow Enlightenment* (Glasgow, 1995).
- Horn, D.B., *A Short History of the University of Edinburgh 1556-1889* (Edinburgh, 1967).

- Howell, W.S., 'Adam Smith's Lectures on Rhetoric: An Historical Assessment', in *Essays on Adam Smith*, ed. A.S. Skinner and T. Wilson (Oxford, 1975), pp. 11-43.

- [Hume, D.], 'A True Account of the Behaviour and Conduct of Archibald Stewart, Esq. Late Lord Provost of Edinburgh' (1747). Reprinted in J.V. Price, *The Ironic Hume* (Austin, Tex., 1965), pp. 154-74.

- Hume, D., *The Letters of David Hume*, ed. J.Y.T. Greig (Oxford, 1969).

- Hume, D., *A Treatise of Human Nature*, ed. L.A. Selby-Bigge (Oxford, 1978).

- Hume, D., *Essays Moral, Political and Literary*, ed. E.F. Miller (Indianapolis, 1985).

- Hundert, E.J., *The Enlightenment's Fable: Bernard Mandeville and the Discovery of Society* (Cambridge, 1994).

- Hutcheson, F., A *Short Introduction to Moral Philosophy* (Glasgow, 1753).

- Hutcheson, F., A *System of Moral Philosophy*, 2 vols. (London, 1755).

- Hutcheson, F., *An Inquiry into the Original of our Ideas of Beauty and Virtue*, ed. W. Leidhold (Indianapolis, 2004).

- Ignatieff, M., *The Needs of Strangers* (London, 1984).

- Jardine, G., *Outlines of Philosophical Education illustrated by the Method of teaching the Logic ··· in the University of Glasgow* (Glasgow, 1825).

- Jones, J., *Balliol College: A History* (Oxford, 1997).

- Jones, P., 'The Scottish Professoriate and the Polite Academy 1720-0', in *Wealth and Virtue. The Shaping of Political Economy in the Scottish Enlightenment*, ed. I. Hont and M. Ignatieff (Cambridge, 1983), pp. 89-117.

- Jones, P., 'The Aesthetics of Adam Smith', in *Adam Smith Reviewed*, ed. P. Jones and A.S. Skinner (Edinburgh, 1992), pp. 56-78.

- Kapossy, B., 'Virtue, Sociability and the History of Mankind in Iselin's Contribution to the Swiss and European Enlightenment', PhD thesis, University of Cambridge, 2003.

- [Kay, J.], *A Series of Original Portraits and Caricature Etchings by the late*

*John Kay* (Edinburgh, 1877).

- Keohane, N., *Philosophy and the State in France. The Renaissance to the Enlightenment* (Princeton, 1980).

- Kidd, C., *Subverting Scotland's Past. Scottish Whig Historians and the Creation of an Anglo-British Identity* (Cambridge, 1993).

- Knox, J., *The Works of John Knox*, ed. D. Laing (Edinburgh, 1846-64).

- Krieger, L., *The Politics of Discretion: Pufendorf and the Acceptance of Natural Law* (Chicago, 1969).

- Leechman, W., *The Temper, Character and Duty of a Minister of the Gospel. A Sermon Preached before the Synod of Glasgow and Ayr at Glasgow. April 7th, 1741*, 3 rd edn (Glasgow, 1742).

- Lieberman, D., 'The Legal Needs of a Commercial Society: The Jurisprudence of Lord Kames', in *Wealth and Virtue. The Shaping of Political Economy in the Scottish Enlightenment*, ed. I. Hont and M. Ignatieff (Cambridge, 1983), pp. 203-34.

- Lieberman, D., 'Adam Smith on Justice, Rights, and Law', in *The Cambridge Companion to Adam Smith*, ed. K. Haakonssen (Cambridge, 2006), pp. 214-45.

- Livingston, D.W., *Hume's Philosophy of Common Life* (Chicago, 1984).

- Loch, D., *A Tour through most of the Trading Towns and Villages of Scotland* (Edinburgh, 1778).

- Locke, J., *Two Treatises of Government*, ed. Peter Laslett (Cambridge, 1988).

- McBride, I., 'The School of Virtue: Francis Hutcheson, Irish Presbyterians and the Scottish Enlightenment', in *Political Thought in Ireland since the Seventeenth Century*, ed. D.G. Boyce, R.R. Eccleshall and V. Geoghegan (London, 1993), pp. 73-99.

- McCulloch, J.R., *Sketch of the Life and Writings of Adam Smith, LL. D.* (Edinburgh, 1855).

- McElroy, D.D., *Scotland's Age of Improvement: A Survey of Eighteenth-Century Literary Clubs and Societies* (Pullman, Wash., 1969).

- MacInnes, A., *Clanship, Commerce and the House of Stuart 1603-1788* (East Linton, 1996).
- McKenna, S.J., *Adam Smith: The Rhetoric of Propriety* (Albany, NY, 2006).
- Mackie, J.D., *The University of Glasgow 1451 to 1951* (Glasgow, 1948).
- MacLaurin, C., *An Account of Sir Isaac Newton's Philosophical Discoveries*, ed. atrick Murdoch (London, 1750).
- Maclehose, J., *The Glasgow University Press* (Glasgow, 1931).
- Mandeville, B., *The Fable of the Bees: or Private Vices, Publick Benefits*, ed. F.B. Kaye (Indianapolis, 1988).
- Marivaux, P., *Journaux et Oeuvres Diverses*, ed. F. Deloffre and M. Gilot (Paris, 1969).
- Marivaux, P., *La Vie de Marianne, ou Les Aventures de Madame la Comtesse de \*\*\**, ed. M. Gilot (Paris, 1978).
- Marshall, D., *The Figure of Theater: Shaftesbury, Defoe, Adam Smith and George Eliot* (New York, 1986).
- Mason, R.A. (ed.), *Scotland and England 1286-1815* (Edinburgh, 1987).
- Meek, R.L., 'The Scottish Contribution to Marxist Sociology', in R.L. Meek, *Economics and Ideology and Other Essays* (London, 1967), pp. 34-50.
- Meek, R.L. (ed.), *Precursors of Adam Smith 1750-1775* (London, 1973).
- Mizuta, H. (ed.), *Adam Smith's Library: A Catalogue* (Oxford, 2000).
- Montesquieu, C.-L., *The Spirit of the Laws*, ed. A. Cohler, B. Miller and H. Stone (Cambridge, 1989).
- Moore, J., 'The two systems of Francis Hutcheson: on the origins of the Scottish Enlightenment', in *Studies in the Philosophy of the Scottish Enlightenment*, ed. M.A. Stewart (Oxford, 1990), pp. 37-59.
- Moore, J., 'Natural Rights in the Scottish Enlightenment', in *The Cambridge History of Eighteenth Century Political Thought*, ed. M. Goldie and R. Wokler (Cambridge, 2006), pp. 291-316.
- Moore, T.O., 'The Enlightened Curriculum: Liberal Education in Eighteenth Century British Schools', PhD thesis, University of Edinburgh, 1999.

- Morice, G.P. (ed.), *David Hume: Bicentenary Papers* (Edinburgh, 1977).
- Mossner, E.C., *The Life of David Hume* (Oxford, 1970).
- Mudie, R., *The Modern Athens: A Dissection and Demonstration of Men and Things in the Scotch Capital* (London, 1825).
- Muller, J.Z., *Adam Smith in His Time and Ours* (Princeton, 1995).
- Namier, L.B. and Brooke, J., *The History of Parliament: The House of Commons 1754-1790* (London, 1964).
- Norton, D.F., *David Hume: Common-Sense Moralist, Skeptical Metaphysician* (Princeton, 1982).
- [Oswald, J.], *Memorials of the Rt. Hon. James Oswald of Dunnikier* (Edinburgh, 1825).
- Peters, C.M., 'Glasgow's Tobacco Lords: An Examination of Wealth Creators in the Eighteenth Century', PhD thesis, University of Glasgow, 1990.
- Phillipson, N.T., 'Culture and Society in the Eighteenth Century Province: The Case of Edinburgh and the Scottish Enlightenment', in *The University in Society, Vol. 2, Europe, Scotland and the United States from the 16 th to the 20 th Century*, ed. L. Stone (Princeton, 1974), pp. 407-48.
- Phillipson, N.T., 'The Civic Leadership of Post Union Scotland', *Juridical Review* (1976), pp. 97-120.
- Phillipson, N.T., 'Politics, Politeness and the Anglicisation of Early Eighteenth-Century Scottish Culture', in *Scotland and England 1286-1815*, ed. R.A. Mason (Edinburgh, 1987), pp. 226-46.
- Phillipson, N.T., *Hume* (London, 1989).
- Phillipson, N.T., *The Scottish Whigs and the Reform of the Court of Session 1785-1830* (Edinburgh, 1990).
- Phillipson, N.T., 'Politics and Politeness in the Reigns of Anne and the Early Hanoverians', in *The Varieties British of Political Thought*, ed. J.G.A. Pocock et al. (Cambridge, 1993), pp. 211-45.
- Pinkerton, J.M. (ed.), *Minute Book of the Faculty of Advocates, Vol. 2, 1713-1750* (Edinburgh, 1980).

- Popkin, R., 'David Hume: His Pyrrhonism and his Critique of Pyrrhonism', in *Hume*, ed. V.C. Chappell (New York, 1966), pp. 53-98.

- Pufendorf, S., *The Law of Nature and Nations: Or a General System of the Most Important Principles of Morality, Jurisprudence and Politics*, trans. B. Kennett, 5th edn (London, 1749).

- Pufendorf, S., *On the Duty of Man and Citizen According to Natural Law*, ed. J. Tully (Cambridge, 1991).

- Rae, J., *Life of Adam Smith* (London, 1895).

- Raphael, D.D., 'The Impartial Spectator', in *Essays on Adam Smith*, ed. A.S. Skinner and T. Wilson (Oxford, 1975), pp. 83-99.

- Raphael, D.D., '"The True Old Humean Philosophy" and its Infl uence on Adam Smith', in *David Hume: Bicentenary Papers*, ed. G.P. Morice (Edinburgh, 1977), pp. 23-38.

- Raphael, D.D., *Adam Smith* (Oxford, 1985).

- Raphael, D.D. and Sakamoto, T., 'Anonymous Writings of David Hume', *Journal of the History of Philosophy*, 28 (1990), pp. 271-81.

- Raynor, D., 'Hume's Abstract of Adam Smith's *Theory of Moral Sentiments*', *Journal of the History of Philosophy*, 22 (1984), pp. 51-79.

- Reeder, J. (ed.), *On Moral Sentiments: Contemporary Responses to Adam Smith* (Bristol, 1997).

- [Reid, T.], *The Correspondence of Thomas Reid*, ed. P. Wood (Edinburgh, 2002).

- Richardson, W., *Discourses on Theological and Literary Subjects. By the late Rev. Archibald Arthur with an Account of Some Particulars of his Life and Character* (Glasgow, 1803).

- Robertson, J. (ed.), *A Union for Empire: Political Thought and the Union of 1707* (Cambridge, 1995).

- Romilly, S., *Memoirs* (London, 1840).

- Ross, I.S., *Lord Kames and the Scotland of his Day* (Oxford, 1972).

- Ross, I.S., 'Educating an Eighteenth-Century Duke', in *The Scottish Tradition: Essays in Honour of R.G. Cant*, ed. G.W.S. Barrow (Edinburgh,

1974), pp. 178-97.

- Ross, I.S., *The Life of Adam Smith* (Oxford, 1995).
- Rothschild, E., *Economic Sentiments: Adam Smith, Condorcet, and the Enlightenment* (Cambridge, Mass., 2001).
- Rousseau, J.-J., *The Discourses and Other Early Political Writings*, ed. V. Gourevitch (Cambridge, 1997).
- Schneider, R.A., *The Ceremonial City. Toulouse Observed 1738-1780* (Princeton, 1995).
- [Scott, W.], *The Miscellaneous Prose Works of Sir Walter Scott, Bart.* (Edinburgh, 1854).
- Scott, W.R., *Francis Hutcheson: His Life, Teaching and Position in the History of Philosophy* (Cambridge, 1900).
- Scott, W.R., *Adam Smith as Student and Professor* (Glasgow, 1937).
- Sedgwick, R., *History of Parliament: The House of Commons 1715-54* (London, 1970).
- *Select Transactions of the Honourable the Society for Improvement in the Knowledge of Agriculture in Scotland*, ed. R. Maxwell (Edinburgh, 1743).
- Shapin, S., 'Property, Patronage and the Politics of Science: The Founding of the Royal Society of Edinburgh', *British Journal for the History of Science* (March 1974), pp. 1-41.
- Sher, R.B., *Church and University in the Scottish Enlightenment: The Moderate Literati of Edinburgh* (Edinburgh, 1985).
- Sher, R.B., 'Commerce, Religion and the Enlightenment in Eighteenth-Century Glasgow', in *Glasgow, Volume I: Beginnings to 1830*, ed. T.M. Devine and G. Jackson (Manchester, 1995), pp. 312-59.
- Sher, R.B., 'Early Editions of Adam Smith's Books in Britain and Ireland, 1759-1804', in *A Critical Bibliography of Adam Smith*, ed. K. Tribe (London, 2002), pp. 13-26.
- Sher, R.B., *The Enlightenment and the Book: Scottish Authors and their Publishers in Eighteenth Century Britain, Ireland and America* (Chicago,

2006).

- Sinclair, J., *Sketches of Old Times and Distant Places* (London, 1875).
- Skinner, A.S., *A System of Social Science: Papers Relating to Adam Smith* (Oxford, 1979).
- Skinner, Q., *Reason and Rhetoric in the Philosophy of Hobbes* (Cambridge, 1996).
- Sklar, J.N., *Montesquieu* (Oxford, 1987).
- Smout, T.C., 'The Glasgow Merchant Community in the Seventeenth Century', *Scottish Historical Review* (1968), pp. 53-70.
- Smout, T.C., *A History of the Scottish People, 1560-1830* (London, 1969).
- Sonenscher, M., *Before the Deluge: Public Debt, Inequality and the Intellectual Origins of the French Revolution* (Princeton, 2007).
- Stewart, D., 'Account of the Life and Writings of Adam Smith, LL. D.', ed. I.S. Ross, in *Essays on Philosophical Subjects*, ed. W.P.D. Wightman, J.C. Bryce and I.S. Ross (Oxford, 1980).
- Stewart, M.A. (ed.), *Studies in the Philosophy of the Scottish Enlightenment* (Oxford, 1990).
- Strang, J., *Glasgow and its Clubs* (Glasgow, 1857).
- Stuart, L., *Memoire of Frances, Lady Douglas* (Edinburgh, 1985).
- Sutherland, L.S. and Mitchell, L.G. (eds.), *The History of the University of Oxford. Vol. 5 The Eighteenth Century* (Oxford, 1986).
- Taillefer, M., *Vivre a Toulouse sous l'Ancien Regime* (Paris, C., 2000).
- [Thom, W.], *The Scheme for Erecting an Academy in Glasgow* (Glasgow, 1762).
- [Thom, W.], *The Motives which have determined the University of Glasgow to desert the Blackfriars Church and betake themselves to a Chapel* ⋯ (Glasgow, 1765).
- Thompson, H.W. (ed.), *The Anecdotes and Egotisms of Henry Mackenzie, 1745-1831* (Oxford, 1927).
- Thomson, J., *An Account of the Life, Lectures and Writings of William Cullen M.D.* (Edinburgh, 1859).

- Tribe, K. (ed.), *A Critical Bibliography of Adam Smith* (London, 2002).
- Tuck, R., *Philosophy and Government 1572-1651* (Cambridge, 1993).
- Tytler, A.F., Lord Woodhouselee, *Memoirs of the Life and Writings of the Honourable Henry Home of Kames*, 3 vols., 2nd edn (Edinburgh, 1814).
- Vivenza, G., *Adam Smith and the Classics: The Classical Heritage in Adam Smith's Thought* (Oxford, 2001).
- Walker, R.S. (ed), *Correspondence of James Boswell and John Johnston of Grange* (London, 1966).
- [Walpole, H.], *The Letters of Horace Walpole, Fourth Earl of Orford*, ed. Mrs Paget Toynbee (Oxford, 1913-15).
- Ward, W.R., *Georgian Oxford* (Oxford, 1958).
- Warden, A.J., *The Linen Trade Ancient and Modern* (London, 1864).
- West, E.G., 'Adam Smith and Rousseau's *Discourse on Inequality*: Inspiration or Provocation?' *Journal of Economic Issues 5 (1971)*, pp. 56-70.
- Winch, D., *Adam Smith's Politics: An Essay in Historiographic Revision* (Cambridge, 1978).
- Withrington, D.J. and Grant, I.R. (eds.), *Statistical Account of Scotland by Sir John Sinclair*, vol. x. *Fife* (Edinburgh, 1978).
- Wodrow, R., *Analecta or Materials for a History of Remarkable Providences* (Edinburgh, 1843).
- Youngson, A.J., *The Making of Classical Edinburgh 1750-1840* (Edinburgh, 1966). Acknowledgements.

경제학의 아버지, 신화가 된 사상가
## 애덤 스미스

제1판 1쇄 발행 | 2023년 5월 30일
제1판 2쇄 발행 | 2023년 6월 15일

지은이 | 니콜라스 필립슨
옮긴이 | 배지혜
감　수 | 김광수
펴낸이 | 김수언
펴낸곳 | 한국경제신문 한경BP
책임편집 | 박혜정
교정교열 | 공순례
저작권 | 백상아
홍　보 | 이여진 · 박도현 · 정은주
마케팅 | 김규형 · 정우연
디자인 | 지소영
본문디자인 | 디자인 현

주소 | 서울특별시 중구 청파로 463
기획출판팀 | 02-3604-590, 584
영업마케팅팀 | 02-3604-595, 562　FAX | 02-3604-599
H | http://bp.hankyung.com　E | bp@hankyung.com
F | www.facebook.com/hankyungbp
등록 | 제 2-315(1967. 5. 15)

ISBN 978-89-475-4895-3　03320